# 政府会计制度

## 主要业务与事项

### 账务处理实务详解

（全新修订版）

政府会计制度编审委员会　编著

人民邮电出版社

北京

**图书在版编目（ＣＩＰ）数据**

政府会计制度主要业务与事项账务处理实务详解 ：全新修订版 / 政府会计制度编审委员会编著. -- 2版. -- 北京 ：人民邮电出版社，2021.4（2022.7重印）
ISBN 978-7-115-55981-4

Ⅰ．①政… Ⅱ．①政… Ⅲ．①预算会计－会计制度－中国 Ⅳ．①F810.6

中国版本图书馆CIP数据核字(2021)第029992号

## 内 容 提 要

《政府会计制度》已在全国范围内全面实施。本书旨在帮助广大行政事业单位的会计工作者，全面、系统、深入地学习新制度、掌握新制度。

本书严格依据《政府会计制度》的要求，以会计科目为节点、以经济业务为枝干、以实务案例为依托，介绍了行政事业单位主要业务和事项的规范化账务处理，体现了"一笔业务，两种分录" 的要求，构建了" 财务会计和预算会计适度分离并相互衔接" 的会计核算模式。

本书架构清晰，全面列举了行政事业单位的各项经济业务；论述透彻，通过业务概述、账务处理、案例解析三个模块，全方位讲解了各项经济业务的账务处理。

本书适合作为会计实操的培训用书，也适合作为工具书供会计工作者在实际工作中查阅。

◆ 编　　著　政府会计制度编审委员会
　　责任编辑　李士振
　　责任印制　彭志环
◆ 人民邮电出版社出版发行　　北京市丰台区成寿寺路 11 号
　　邮编　100164　　电子邮件　315@ptpress.com.cn
　　网址　https://www.ptpress.com.cn
　　北京七彩京通数码快印有限公司印刷
◆ 开本：700×1000　1/16
　　印张：28.75　　　　　　　2021 年 4 月第 2 版
　　字数：530 千字　　　　　2022 年 7 月北京第 6 次印刷
定价：120.00 元
读者服务热线：(010)81055296　印装质量热线：(010)81055316
反盗版热线：(010)81055315
广告经营许可证：京东市监广登字 20170147 号

# 前言
## PREFACE

自 2019 年 1 月 1 日起，《政府会计制度——行政事业单位会计科目和报表》（以下简称《政府会计制度》）已在全国范围内正式施行。

《政府会计制度》的颁布，有机整合了多种行业行政事业单位会计制度的内容。会计制度的统一，大大提高了政府各部门、各单位会计信息的可比性，为部门、单位编制合并财务报表和逐级汇总编制部门决算奠定了坚实的制度基础。

《政府会计制度》的实施，构建了"财务会计和预算会计适度分离并相互衔接"的会计核算模式，是我国政府会计制度的一次重大变革。

为帮助广大会计工作者在实务工作中准确地应用《政府会计制度》，本书严格依据《政府会计准则》和《政府会计制度》，详细讲解了政府会计主体的主要业务和事项的账务处理，体现了"一笔业务，两种分录"的要求，构建了"财务会计和预算会计适度分离并相互衔接"的会计核算模式。

本书在内容上，体现了以下几个特点。

**第一，以新制度为依据进行详细解析。**

本书以 2017 年 10 月 24 日财政部印发的《政府会计制度》为依据，严格按照新《政府会计制度》以及其他相关法律法规的要求进行编写，舍弃了旧准则的内容，对传统内容进行全面升级，以防读者产生困惑。同时对新制度中提出的"双功能""双基础""双分录""双报告"进行了详细解释，进一步帮助行政事业单位会计工作者理解和应用新制度。

**第二，体系科学，内容设置合理。**

本书在内容设置上，以财务会计的五大类会计要素和预算会计的三大类会计要素为干，以每一类会计要素所包括的主要会计科目为枝，以每一会计科目所涉及的经济业务事项为条，架构非常清晰。

本书从资产、负债、净资产、收入、费用、预算收入、预算支出和预算结余的角度入手，阐述相关会计科目有关事项的会计处理方法，书中具体内容基本涵盖了行政事业单位日常活动中发生的一般经济事项。读者首先能够从宏观上掌握会计体系，进而循序渐进地理解具体的会计科目，由面及点，由浅至深，加深对不同会计要素以及会计科目之间联系的理解，而不局限于为编制会计分录而编制会计分录。

**第三，形式活泼，易读易懂。**

为了方便作为会计新手的读者进行学习，本书以简单易懂的方式对每个业务进行详尽的介绍，对应每笔业务的会计处理结合相应的图表进行说明，总结出相应的会计分录。

**第四，案例翔实，实用性强。**

为了让读者能够将书中所学运用到实际的工作实务中，本书在每个科目的每项业务处理之后附上了尽可能充足的对应案例解析，有利于读者更加透彻地理解账务处理。全书层次分明、条理清晰、重点突出，无论读者是带着全面了解会计账务处理还是弥补某个遗漏知识点的目的而来，本书都能够较好地满足他的需求，可见其实用性之强。

本书的编写分工如下：中国财政科学研究院刘秀婷完成了本书的第 1 章；中国财政科学研究院晏燕完成了本书的第 2 章；中央财经大学胥彤完成了本书的第 3 章；中国传媒大学财务处的闫蕾完成了本书的第 4、5 章；对外经贸大学商令燕完成了本书的第 6、7 章。

在本书编写过程中，我们参考了相关的教材和资料以及相关专家的观点，并加以借鉴，在此谨向这些作者致以诚挚的谢意！

由于水平有限，书中难免存在疏漏之处，恳请读者批评指正。

编　者

# 目录
## CONTENTS

# 1.1  库存现金

行政事业单位的库存现金，是指存于单位内部用于日常零星开支的货币资金。

## 1.1.1  提现和存现

**1. 业务概述**

行政事业单位为了应付日常的零星开支，需经常保持一定数量的库存现金。当库存现金超出限额时，需要存入银行；当库存现金不足时，需要从银行补足。

**2. 账务处理**

从银行等金融机构提取现金，按照实际提取的金额，财务会计应当借记"库存现金"科目，贷记"银行存款"科目。预算会计不需要做账务处理。将现金存入银行等金融机构，按照实际存入金额，财务会计应当借记"银行存款"科目，贷记"库存现金"科目。预算会计不需要做账务处理。根据规定从单位零余额账户提取现金，按照实际提取的金额，财务会计应当借记"库存现金"科目，贷记"零余额账户用款额度"科目。预算会计应当借记"资金结存——货币资金"科目，贷记"资金结存——零余额账户用款额度"科目。将现金退回单位零余额账户，按照实际退回的金额，财务会计应当借记"零余额账户用款额度"科目，贷记"库存现金"科目。预算会计应当借记"资金结存——零余额账户用款额度"科目，贷记"资金结存——货币资金"科目。库存现金提现和存现的账务处理如表 1 – 1 所示。

表 1 - 1 库存现金提现和存现的账务处理

| | 财务会计处理 | 预算会计处理 |
|---|---|---|
| 从银行等金融机构提取现金 | 借：库存现金<br>　贷：银行存款等 | — |
| 将现金存入银行等金融机构 | 借：银行存款<br>　贷：库存现金等 | — |
| 从单位零余额账户提取现金 | 借：库存现金<br>　贷：零余额账户用款额度 | 借：资金结存——货币资金<br>　贷：资金结存——零余额账户用款额度 |
| 将现金退回单位零余额账户 | 借：零余额账户用款额度<br>　贷：库存现金 | 借：资金结存——零余额账户用款额度<br>　贷：资金结存——货币资金 |

**3．案例解析**

（1）提现

**【例 1 - 1】** 某单位于 2×19 年 12 月 20 日从甲银行账户提取现金 500 元作为备用金，其账务处理如下。

财务会计：

借：库存现金 500

　　贷：银行存款 500

预算会计不需要做账务处理。

（2）存现

**【例 1 - 2】** 某单位 2×19 年 12 月 25 日将内部职工出差退回的 300 元存入甲银行账户，账务处理如下。

财务会计：

借：银行存款 300

　　贷：库存现金 300

预算会计不需要做账务处理。

## 1.1.2　差旅费

**1．业务概述**

职工出差时，可能需要事先按照一定标准借出一定数量的库存现金，等出差回来后，按照实际报销金额计入费用，剩余的现金需要退回，或者超出事先借款额度的职工垫付资金，合理部分应当补足。

**2．账务处理**

因内部职工出差等原因借出的现金，按照实际借出的现金金额，财务会计应当借记"其他应收款"科目，贷记"库存现金"科目。预算会计不需要做账务处理。出差人员报销差旅费时，按照实际报销的金额，财务会计应当借记"业务活动费用""单位管理费用"等科目；按照实际借出的现金金额，贷记"其他应收款"科目；按照其差额，借记或贷记"库存现金"科目。预算会计应当借记"行政支出""事业支出"等相关科目，贷记"资金结存——货币资金"科目。差旅费的账务处理如表 1-2 所示。

表 1-2　　　　　　　　　　　　差旅费的账务处理

| | 财务会计处理 | 预算会计处理 |
|---|---|---|
| 职工出差等借出现金 | 借：其他应收款<br>　贷：库存现金 | — |
| 出差人员报销差旅费 | 借：业务活动费用/单位管理费用等<br>（实际报销金额）<br>　库存现金（实际报销金额小于借款金额的差额）<br>　贷：其他应收款<br>或：<br>借：业务活动费用/单位管理费用等<br>（实际报销金额）<br>　贷：其他应收款<br>　库存现金（实际报销金额大于借款金额的差额） | 借：行政支出/事业支出等<br>（实际报销金额）<br>　贷：资金结存——货币资金 |

**3．案例解析**

【例 1-3】某事业单位内部职工张三 2×19 年 2 月 10 日借出 2 000 元现金作为差旅费，2×19 年 3 月 10 日最终报销 1 800 元，归还 200 元，账务处理如下。

2×19 年 2 月 10 日借出现金时。

财务会计：

借：其他应收款——张三　　　　　　　　　　　　2 000

　　贷：库存现金　　　　　　　　　　　　　　　　　　2 000

预算会计不需要做账务处理。

2×19 年 3 月 10 日实际报销时。

财务会计：

借：业务活动费用　　　　　　　　　　　　　　　1 800

　　库存现金　　　　　　　　　　　　　　　　　　200

　　贷：其他应收款——张三　　　　　　　　　　　　2 000

预算会计：

借：事业支出                                 1 800

    贷：资金结存——货币资金              1 800

### 1.1.3 其他涉及现金收支的业务

**1. 业务概述**

《现金管理暂行条例》规定的现金使用范围为：支付职工工资、各种工资性津贴；支付个人劳务报酬，包括稿费、讲课费及其他专门工作报酬；支付给个人的奖金，包括根据国家规定颁发给个人的各种科学技术、文化艺术、体育等各种奖金；各种劳保、福利费用以及国家规定的对个人的其他现金支出；向个人收购农副产品和其他物资支付的价款；出差人员必须随身携带的差旅费；现金支付的结算起点以下的零星支出；中国人民银行确定需要支付现金的其他支出。目前行政事业单位的职工工资和各种津贴、奖金、福利费用等可以采用财政直接支付或授权支付，行政事业单位使用现金的范围越来越小。

**2. 账务处理**

（1）开展业务

因提供服务、物品或者其他事项收到现金，按照实际收到的金额，财务会计应当借记"库存现金"科目，贷记"事业收入""应收账款"等相关科目。预算会计应当借记"资金结存——货币资金"科目，贷记"事业预算收入"等相关收入。涉及增值税业务的，相关账务处理参见"应交增值税"科目。其他涉及现金收支业务的账务处理如表 1 - 3 所示。

表 1 - 3                    **其他涉及现金收支业务的账务处理**

| | 财务会计处理 | 预算会计处理 |
|---|---|---|
| 因开展业务等其他事项收到现金 | 借：库存现金<br>贷：事业收入/应收账款等 | 借：资金结存——货币资金<br>贷：事业预算收入等 |

（2）购买商品

因购买服务、物品或者其他事项支付现金，按照实际支付的金额，财务会计应当借记"业务活动费用""单位管理费用"等相关科目，贷记"库存现金"科目。预算会计应当借记"行政支出""事业支出""其他支出"等相关支出，贷记"资金结存——货币资金"科目。涉及增值税业务的，相关账务处理参见"应交增值税"科目。其他涉及购买服务、物品或其他事项支出现金的账务处理如表 1 - 4 所示。

**表 1－4**　　　　**其他涉及购买服务、物品或其他事项支出现金的账务处理**

| | 财务会计处理 | 预算会计处理 |
|---|---|---|
| 因购买服务、物品或其他事项支出现金 | 借：业务活动费用/单位管理费用/其他费用/应付账款等<br>　　贷：库存现金 | 借：行政支出/事业支出/其他支出等<br>　　贷：资金结存——货币资金 |

（3）对外捐赠

以库存现金对外捐赠，按照实际捐出的金额，财务会计应当借记"其他费用"科目，贷记"库存现金"科目。预算会计应当借记"其他支出"科目，贷记"资金结存——货币资金"科目。对外捐赠的账务处理如表 1－5 所示。

**表 1－5**　　　　　　　　**对外捐赠的账务处理**

| | 财务会计处理 | 预算会计处理 |
|---|---|---|
| 对外捐赠现金资产 | 借：其他费用<br>　　贷：库存现金 | 借：其他支出<br>　　贷：资金结存——货币资金 |

**3．案例解析**

（1）开展业务

【例 1－4】2×19 年 6 月 20 日，某事业单位因向乙企业提供相关服务获取了 400 元收益，账务处理如下。

财务会计：

借：库存现金　　　　　　　　　　　　　　　　　400

　　贷：事业收入　　　　　　　　　　　　　　　　400

预算会计：

借：资金结存——货币资金　　　　　　　　　　　400

　　贷：事业预算收入等　　　　　　　　　　　　　400

（2）购买商品

【例 1－5】2×19 年 6 月 30 日，某行政单位用现金支付办公用品费 150元，其账务处理如下。

财务会计：

借：单位管理费用　　　　　　　　　　　　　　　150

　　贷：库存现金　　　　　　　　　　　　　　　　150

预算会计：

借：行政支出　　　　　　　　　　　　　　　　　150

　　贷：资金结存——货币资金　　　　　　　　　　150

（3）对外捐赠

【例1-6】2×19年8月30日，某事业单位向希望工程捐赠现金20 000元，其账务处理如下。

财务会计：

借：其他费用            20 000

  贷：库存现金          20 000

预算会计：

借：其他支出            20 000

  贷：资金结存——货币资金     20 000

## 1.1.4　受托代理、代管现金

### 1. 业务概述

受托代理资产是在受托代理交易或事项中形成的，由受托方从委托方取得的，代为转交委托方或第三方的资产。受托方并不拥有受托代理资产的所有权和处分权，仅仅充当代为储存保管或代为转交的中介角色。受托代理业务具体来说包括受托转增物资、受托储存保管物资和受托收取并上缴罚没物资等几种类型。

### 2. 账务处理

接受委托人委托需要转赠给受赠人的物资、受委托人委托储存保管的物资或者罚没物资的时候，其成本按照有关凭据注明的金额确定。财务会计应当借记"库存现金——受托代理资产"科目，贷记"受托代理负债"科目。预算会计不需要做账务处理。如其成本无法可靠确定，单位应当设置备查簿进行登记。

受托协议约定由受托方承担相关税费、运输费等的，财务会计还应当按照实际支付的相关税费、运输费等金额，借记"其他费用"科目，贷记"银行存款"等科目。预算会计不需要做账务处理。

将受托转赠物资交付受赠人或根据委托人要求交付或发出受托储存保管的物资时，按照转赠或发出物资的成本，财务会计应当借记"受托代理负债"科目，贷记"库存现金——受托代理资产"科目。按照规定处置或移交罚没物资时，按照罚没物资的成本，借记"受托代理负债"科目，贷记"库存现金——受托代理资产"科目；处置时取得款项的，还需按照实际取得的款项金额，借记"银行存款"等科目，贷记"应缴财政款"等科目。预算会计不需要做账务处理。委托代理、代管现金的账务处理如表1-6所示。

表 1-6　　　　　　委托代理、代管现金的账务处理

| | 财务会计处理 | 预算会计处理 |
|---|---|---|
| 收到 | 借：库存现金——受托代理资产<br>　　贷：受托代理负债 | — |
| 支付 | 借：受托代理负债<br>　　贷：库存现金——受托代理资产 | — |

**3．案例解析**

【例 1-7】某单位 2×19 年 6 月 30 日收到 X 公司委托代理货币捐赠 50 000 元，专用于资助广西某村贫困学生上学，应做如下会计处理。

财务会计：

借：库存现金——受托代理资产　　　　　　　　　50 000

　　贷：受托代理负债　　　　　　　　　　　　　　　50 000

预算会计不需要做账务处理。

该单位 2×19 年 10 月 30 日将资助款支付用于给广西某村贫困学生采购学习用品和书籍，应做如下会计处理。

财务会计：

借：受托代理负债　　　　　　　　　　　　　　　50 000

　　贷：库存现金——受托代理资产　　　　　　　　　50 000

预算会计不需要做账务处理。

## 1.1.5　现金溢余

**1．业务概述**

在单位的所有资产中，现金的流动性最强，加强现金的管理对保护其安全、完整，防止意外或损失有着极为重要的意义。为了及时、准确地反映库存现金的余额，加强监督，保护现金的安全，出纳人员每日应对现金进行清点，除此之外，单位内部审计人员还应当定期或不定期地检查以确保现金的账实相符。现金清查的主要手段是实地盘点。清查小组盘点现金时，出纳人员应当在场，盘点后将实存数与账存数核对，并编制"库存现金盘点报告表"，列明实存、账存和余缺金额。如有余缺，应查明原因，并及时请领导审批。

**2．账务处理**

每日账款核对中发现现金溢余，按照实际溢余的金额，财务会计应当借记"库存现金"科目，贷记"待处理财产损溢"科目。预算会计应当借记"资金结存——货币资金"科目，贷记"其他预算收入"科目。

如为现金溢余，属于应支付给有关人员或单位的，财务会计应当借记"待处理财产损溢"科目，贷记"其他应付款"科目。预算会计不需要做账务处理。支付时，财务会计应当借记"其他应付款"科目，贷记"库存现金"科目。预算会计应当借记"其他预算收入"科目，贷记"资金结存——货币资金"科目。属于无法查明原因的，报经批准后，财务会计应当借记"待处理财产损溢"科目，贷记"其他收入"科目。预算会计不需要做账务处理。现金溢余的账务处理如表1-7所示。

表1-7　　　　　　　　　　　现金溢余的账务处理

|  | 财务会计处理 | 预算会计处理 |
|---|---|---|
| 发现现金溢余 | 借：库存现金<br>　　贷：待处理财产损溢 | 借：资金结存——货币资金<br>　　贷：其他预算收入 |
| 属于应支付给有关人员或单位的部分 | 借：待处理财产损溢<br>　　贷：其他应付款<br>借：其他应付款<br>　　贷：库存现金 | —<br><br>借：其他预算收入<br>　　贷：资金结存——货币资金 |
| 属于无法查明原因的部分，报经批准后 | 借：待处理财产损溢<br>　　贷：其他收入 | — |

### 3. 案例解析

【例1-8】某单位出纳人员在当日结账时发现现金溢余1 200元，经调查发现其中1 000元应支付给内部职员李四（已支付），剩余金额无法查明原因，报经批准后计入其他收入。应做如下会计处理。

发现现金溢余时：

财务会计：

借：库存现金　　　　　　　　　　　　　　　　　　　　　1 200

　　贷：待处理财产损溢　　　　　　　　　　　　　　　　　1 200

预算会计：

借：资金结存——货币资金　　　　　　　　　　　　　　　1 200

　　贷：其他预算收入　　　　　　　　　　　　　　　　　　1 200

报经批准后：

财务会计：

借：待处理财产损溢　　　　　　　　　　　　　　　　　　1 200

　　贷：其他应付款——李四　　　　　　　　　　　　　　　1 000

　　　　其他收入　　　　　　　　　　　　　　　　　　　　　200

借：其他应付款——李四　　　　　　　　　　　　　　　　1 000

　　　　贷：库存现金　　　　　　　　　　　　　　　　　　1 000

预算会计：

借：其他预算收入　　　　　　　　　　　　　　　　　1 000

　　贷：资金结存——货币资金　　　　　　　　　　　　　1 000

## 1.1.6　现金短缺

### 1. 业务概述

在单位的所有资产中，现金的流动性最强，加强现金的管理对保护其安全、完整，防止意外或损失有着极为重要的意义。为了及时、准确地反映库存现金的余额，加强监督，保护现金的安全，出纳人员每日应对现金进行清点，除此之外，单位内部审计人员还应当定期或不定期地检查以确保现金的账实相符。现金清查的主要手段是实地盘点。清查小组盘点现金时，出纳人员应当在场；盘点后将实存数与账存数核对，并编制"库存现金盘点报告表"，列明实存、账存和余缺金额。如有余缺，应查明原因，并及时请领导审批。

### 2. 账务处理

每日账款核对中如发现现金短缺，按照实际短缺的金额，财务会计应当借记"待处理财产损溢"科目，贷记"库存现金"科目。预算会计应当借记"其他支出"科目，贷记"资金结存——货币资金"科目。

如为现金短缺，属于应由责任人赔偿或向有关人员追回的，财务会计应当借记"其他应收款"科目，贷记"待处理财产损溢"科目。预算会计不需要做账务处理。收到现金时，财务会计应当借记"库存现金"科目，贷记"其他应收款"科目。预算会计应当借记"资金结存——货币资金"科目，贷记"其他支出"科目。属于无法查明原因的，报经批准核销时，财务会计应当借记"资产处置费用"科目，贷记"待处理财产损溢"科目。预算会计不需要做账务处理。现金短缺的账务处理如表 1 - 8 所示。

表 1 - 8　　　　　　　　　　现金短缺的账务处理

| | 财务会计处理 | 预算会计处理 |
|---|---|---|
| 发现现金短缺 | 借：待处理财产损溢　　贷：库存现金 | 借：其他支出　　贷：资金结存——货币资金 |
| 属于应由责任人赔偿或向有关人员追回的部分 | 借：其他应收款　　贷：待处理财产损溢　借：库存现金　　贷：其他应收款 | —借：资金结存——货币资金　　贷：其他支出 |

续表

| | 财务会计处理 | 预算会计处理 |
|---|---|---|
| 属于无法查明原因的部分，报经批准核销时 | 借：资产处置费用<br>　　贷：待处理财产损溢 | — |

### 3．案例解析

【例1-9】某单位出纳人员在当日结账时发现现金短缺2 000元，由于无法查清短款原因，报经批准后，由责任人王刚赔偿500元（已赔偿），其余短款计入当期费用。应做如下会计处理。

发现现金短缺时：

财务会计：

借：待处理财产损溢 　　　　　　　　　　　　　　　　　　　2 000

　　贷：库存现金 　　　　　　　　　　　　　　　　　　　　　　2 000

预算会计：

借：其他支出 　　　　　　　　　　　　　　　　　　　　　　2 000

　　贷：资金结存——货币资金 　　　　　　　　　　　　　　　　2 000

报经批准核销后：

财务会计：

借：其他应收款——王刚 　　　　　　　　　　　　　　　　　　500

资产处置费用 　　　　　　　　　　　　　　　　　　　　　1 500

　　贷：待处理财产损溢 　　　　　　　　　　　　　　　　　　　2 000

借：库存现金 　　　　　　　　　　　　　　　　　　　　　　　500

　　贷：其他应收款——王刚 　　　　　　　　　　　　　　　　　　500

预算会计：

借：资金结存——货币资金 　　　　　　　　　　　　　　　　　500

　　贷：其他支出 　　　　　　　　　　　　　　　　　　　　　　500

# 1.2　银行存款

银行存款是指行政事业单位存入银行或者其他金融机构的各种款项。

## 1.2.1　将款项存入银行或其他金融机构

### 1．业务概述

行政事业单位的资金来源包括财政拨款以及其他来源。具体而言，其他来源可能包括罚没收入、行政事业性收费、政府性基金、国有资产处置和出租出借收入、经营收入和其他收入等。随着信息化程度越来越高，现在这些业务中的绝大部分会通过银行账户之间的划拨进行，而涉及现金收付的则越来越少。当银行账户存款增加时，应当根据相关银行账户回单进行会计业务处理。

**2．账务处理**

将款项存入银行或者其他金融机构，按照实际存入的金额，财务会计应当借记"银行存款"科目，贷记"库存现金""应收账款""事业收入""经营收入""其他收入"等相关科目，需要上缴财政的，贷记"应缴财政款"科目。预算会计应当借记"资金结存——货币资金"科目，贷记"事业预算收入""其他预算收入"等相关科目。涉及增值税业务的，相关账务处理参见"应交增值税"科目。将收到的款项存入银行账户的账务处理如表 1-9 所示。

表 1-9　　　　将收到的款项存入银行账户的账务处理

| | 财务会计处理 | 预算会计处理 |
| --- | --- | --- |
| 将款项存入银行或其他金融机构 | 借：银行存款<br>　　贷：库存现金/事业收入/其他收入等 | 借：资金结存——货币资金<br>　　贷：事业预算收入/其他预算收入等 |

**3．案例解析**

【例 1-10】某事业单位 2×19 年 12 月 1 日将因提供相关服务获取的 3 万元收入存入甲银行账户，账务处理如下。

财务会计：

借：银行存款　　　　　　　　　　　　　　　　30 000

　　贷：事业收入　　　　　　　　　　　　　　　　30 000

预算会计：

借：资金结存——货币资金　　　　　　　　　　30 000

　　贷：事业预算收入　　　　　　　　　　　　　　30 000

## 1.2.2　支付款项

**1．业务概述**

行政事业单位为了维持正常的运作，需要购买在生产过程或提供劳务的过程中耗用的材料和物料以及固定资产等，同时也需要支付单位活动产生的各种费用，这些活动需要单位向出售方支付银行存款，从而导致银行存款的减少。

**2．账务处理**

以银行存款支付相关费用，按照实际支付的金额，财务会计应当借记"业务活动费用""单位管理费用""其他费用"等相关科目，贷记"银行存款"科目。以银行存款对外捐赠，按照实际捐出的金额，借记"其他费用"科目，贷记"银行存款"科目。预算会计应当借记"行政支出""事业支出""其他支出"等科目，贷记"资金结存——货币资金"科目。涉及增值税业务的，相关账务处理参见"应交增值税"科目。以银行存款支付相关费用的账务处理如表1－10所示。

表1－10 以银行存款支付相关费用的账务处理

| | 财务会计处理 | 预算会计处理 |
|---|---|---|
| 支付款项 | 借：业务活动费用/单位管理费用/其他费用等<br>　　贷：银行存款 | 借：行政支出/事业支出/其他支出等<br>　　贷：资金结存——货币资金 |

**3．案例解析**

【例1－11】某行政单位以银行转账方式购置文件柜、纸、笔、书桌等办公用品，共计3 000元，应做如下账务处理。

财务会计：

借：业务活动费用　　　　　　　　　　　　　　　　　3 000

　　贷：银行存款　　　　　　　　　　　　　　　　　　　3 000

预算会计：

借：行政支出　　　　　　　　　　　　　　　　　　　3 000

　　贷：资金结存——货币资金　　　　　　　　　　　　　3 000

## 1.2.3　银行存款账户

**1．业务概述**

大部分银行对于对公账户会收取一定的维护费用，包括开户费、账户管理费，根据账户开通的功能不同，具体收费项目还可能包括网银服务费、短信通知费、U盾费用、支票密码器费用、回单箱费用、决算卡费用等。但是收费标准因银行的不同而有所差别。各单位可以结合业务需求，综合权衡选择开户银行和服务项目。另外如果涉及跨行转账业务等，银行会根据转账金额收取一定手续费。这类费用由于金额不大，一般可以在收到银行回单的时候，计入财务费用。

传统的存款种类包括活期存款和定期存款等。随着银行业务的发展，单位还可以选择协议存款或通知存款等灵活的存款类别。协议存款是指银行与大额存款客户就存款利率进行协商，根据客户存款规模的情况，给予不同的存款利率，并需要与客户签订存款协议书。一般来说，客户存款规模越大，议价能力就越强，能获得的存款利率也越高。通知存款是短期存款的一种，根据存期的不同，分为一天通知存款与七天通知存款。以七天通知存款为例，客户可以随时提取七天通知存款，满七天的部分按照七天通知存款利率计息，不满部分按照活期计息。银行存款的利息一般按季度发放。原则上利息应当按月计提，但实务中，由于利息计算存在误差，根据重要性原则，对于利息金额不大的单位，也可在发放时直接冲减财务费用。

**2．账务处理**

收到银行存款利息时，按照实际收到的金额，财务会计应当借记"银行存款"科目，贷记"利息收入"科目。预算会计应当借记"资金结存——货币资金"科目，贷记"其他预算收入"科目。支付银行手续费时，财务会计应当借记"业务活动费用""单位管理费用"等相关科目，贷记"银行存款"科目。预算会计应当借记"行政支出""事业支出"等相关科目，贷记"资金结存——货币资金"科目，如表 1－11 所示。

表 1－11　　　　收到银行存款利息、支付银行手续费的账务处理

| | 财务会计处理 | 预算会计处理 |
|---|---|---|
| 收到银行存款利息 | 借：银行存款<br>　贷：利息收入 | 借：资金结存——货币资金<br>　贷：其他预算收入 |
| 支付银行手续费 | 借：业务活动费用/单位管理费用等<br>　贷：银行存款 | 借：行政支出/事业支出等<br>　贷：资金结存——货币资金 |

**3．案例解析**

【例 1－12】某行政单位期末收到银行存款利息共计 2 000 元，应做如下账务处理。

财务会计：

借：银行存款　　　　　　　　　　　　　　　　　2 000

　　贷：利息收入　　　　　　　　　　　　　　　　2 000

预算会计：

借：资金结存——货币资金　　　　　　　　　　　2 000

　　贷：其他预算收入　　　　　　　　　　　　　　2 000

【例 1－13】某行政单位因办理询证业务支付银行手续费 200 元，应做如下账务处理。

财务会计：

借：业务活动费用          200

  贷：银行存款           200

预算会计：

借：行政支出            200

  贷：资金结存——货币资金     200

## 1.2.4 受托代理、代管银行存款

### 1. 业务概述

受托代理资产是在受托代理交易或事项中形成的，由受托方从委托方取得的，代为转交委托方或第三方的资产。受托方并不拥有受托代理资产的所有权和处分权，仅仅充当代为存储保管或代为转交的中介角色。具体来说包括受托转增物资、受托存储保管物资和受托收取并上缴罚没物资等几种受托业务类型。

### 2. 账务处理

收到受托代理、代管的现金，按照实际收到的金额，借记"银行存款——受托代理资产"科目，贷记"受托代理负债"科目；支付受托代理、代管的现金，按照实际支付的金额，借记"受托代理负债"科目，贷记"银行存款——受托代理资产"科目。

预算会计不需要做账务处理。收到、支付受托代理、代管银行存款的账务处理，如表 1-12 所示。

表 1-12  收到、支付受托代理、代管银行存款的账务处理

| | 财务会计处理 | 预算会计处理 |
|---|---|---|
| 收到 | 借：银行存款——受托代理资产<br>  贷：受托代理负债 | — |
| 支付 | 借：受托代理负债<br>  贷：银行存款——受托代理资产 | — |

### 3. 案例解析

【例 1-14】某事业单位受托代理海外校友基金会货币捐赠 100 万元，准备用于建立一专项科研资助基金。该组织根据有关凭证，编制如下会计分录。

财务会计：

借：银行存款——受托代理资产    1 000 000

  贷：受托代理负债       1 000 000

预算会计不需要做账务处理。

转出受托代理资产时，编制如下会计分录。

财务会计：

借：受托代理负债　　　　　　　　　　　　　　　　1 000 000

　　贷：银行存款——受托代理资产　　　　　　　　　　　　1 000 000

预算会计不需要做账务处理。

## 1.2.5 外币业务

### 1. 业务概述

行政事业单位可能会涉及外币业务，包括外币收入和外币付款或者是外币债权、债务。涉及外币业务时，应当设置银行存款外币账户，按照收到款项、支付款项以及发生债权债务时的即期汇率折算为本位币，计入相关科目。在期末，各外币账户按照期末的即期汇率调整后的人民币余额与原账面人民币余额的差额，作为汇兑损益。

### 2. 账务处理

（1）以外币购买物资、劳务等

以外币购买物资、设备等，按照购入当日的即期汇率将支付的外币或应支付的外币折算为人民币金额，财务会计应当借记"库存物品"等科目，贷记"银行存款""应付账款"等科目的外币账户。预算会计应当借记"事业支出"等相关科目，贷记"资金结存——货币资金"科目。涉及增值税业务的，相关账务处理参见"应交增值税"科目。以外币购买物资、劳务的账务处理如表 1 - 13 所示。

表 1 - 13　　　　　　　以外币购买物资、劳务的账务处理

| | 财务会计处理 | 预算会计处理 |
|---|---|---|
| 以外币购买物资、劳务等 | 借：在途物品/库存物品等<br>　　贷：银行存款（外币账户）/<br>　　　　应付账款等（外币账户） | 借：事业支出等<br>　　贷：资金结存——货币资金 |

（2）以外币收取相关款项

销售物品、提供服务以外币收取相关款项等，按照收入确认当日的即期汇率将收取的外币或应收取的外币折算为人民币金额，财务会计应当借记"银行存款""应收账款"等科目的外币账户，贷记"事业收入"等相关科目。预算会计应当借记"资金结存——货币资金"科目，贷记"事业预算收入"等科目。

以外币收取相关款项的账务处理如表 1-14 所示。

**表 1-14 以外币收取相关款项的账务处理**

| | 财务会计处理 | 预算会计处理 |
|---|---|---|
| 以外币收取相关款项 | 借：银行存款（外币账户）/应收账款等（外币账户）<br>　　贷：事业收入等 | 借：资金结存——货币资金<br>　　贷：事业预算收入等 |

（3）核算汇兑损益

期末，各外币银行存款账户按照期末汇率调整后的人民币余额与原账面人民币余额的差额，作为汇兑损益，财务会计应当借记或贷记"银行存款"等科目，贷记或借记"业务活动费用""单位管理费用"等科目。预算会计应当借记或贷记"资金结存——货币资金"科目，贷记或借记"行政支出""事业支出"等相关科目。核算汇兑损益的账务处理如表 1-15 所示。

**表 1-15 核算汇兑损益的账务处理**

| | 财务会计处理 | 预算会计处理 |
|---|---|---|
| 期末，根据各外币账户按照期末的即期汇率调整后的人民币余额与原账面人民币余额的差额，作为汇兑损益 | 借：银行存款/应收账款/应付账款等<br>　　贷：业务活动费用/单位管理费用等（汇兑收益）<br>借：业务活动费用/单位管理费用等（汇兑损失）<br>　　贷：银行存款/应收账款/应付账款等 | 借：资金结存——货币资金<br>　　贷：行政支出/事业支出等（汇兑收益）<br>借：行政支出/事业支出等（汇兑损失）<br>　　贷：资金结存——货币资金 |

**3．案例解析**

【例 1-15】2×19 年 11 月 1 日某事业单位的美元银行存款账户余额为 500 000 美元，共折合人民币为 3 300 000 元；11 月 6 日该单位以 200 000 美元的价格从国外购进一批固定资产，当日的汇率为 1 美元 =6.53 元人民币；11 月 31 日的汇率为 1 美元 =6.50 元人民币。应做如下账务处理。

购进固定资产时：

财务会计：

借：固定资产　　　　　　　　　　　　　　　　　1 306 000

　　贷：银行存款——美元户　　　　　　　　　　　　　1 306 000

预算会计：

借：事业支出　　　　　　　　　　　　　　　　　1 306 000

　　贷：资金结存——货币资金　　　　　　　　　　　　1 306 000

月底计算汇兑损益时：

计算汇兑损益前"银行存款——美元户"的余额 = 3 300 000 - 1 306 000 = 1 994 000（元）

月末美元账户余额折合人民币金额 = (500 000 - 200 000) × 6.50 = 1 950 000（元）

11 月汇兑损失 = 1 994 000 - 1 950 000 = 44 000（元）

财务会计：

| | |
|---|---|
| 借：业务活动费用——汇兑损失 | 44 000 |
| 贷：银行存款 | 44 000 |

预算会计：

| | |
|---|---|
| 借：事业支出——汇兑损失 | 44 000 |
| 贷：资金结存——货币资金 | 44 000 |

# 1.3　零余额账户用款额度

财政支付包括两种方式：财政直接支付和财政间接支付。财政直接支付，指由财政部门向中国人民银行和代理银行签发支付指令，代理银行根据支付指令通过国库单一账户体系将资金直接支付到收款人或用款单位账户；财政授权支付指由预算单位按照财政部门的授权，自行向代理银行签发支付指令，代理银行根据支付指令，在财政部门批准的预算单位的用款额度内，通过国库单一账户体系将资金支付到收款人账户。实行财政直接支付的支出包括：工资支出、购买支出以及转移支付等。实行财政授权支付的支出包括：未实行财政直接支付的购买支出和零星支出等。

零余额账户是指财政部门为本部门和预算单位在商业银行开设的账户，包括"财政零余额账户"和"单位零余额账户"。财政部零余额账户在国库会计中使用，用于财政直接支付及清算。预算单位零余额账户在行政单位会计和事业单位会计中使用，用于财政授权支付及清算。因此，本书所讲的"零余额账户用款额度"仅指行政事业单位会计的用于财政授权支付及清算的零余额账户。

## 1.3.1　收到额度

### 1. 业务概述

财政部门按照年初核定的预算指标给单位下达财政授权支付额度时，根据

"财政授权支付到账通知书"进行账务处理。

**2．账务处理**

单位收到"财政授权支付到账通知书"时，根据通知书所列金额，财务会计应当借记"零余额账户用款额度"科目，贷记"财政拨款收入"科目。预算会计应当借记"资金结存——零余额账户用款额度"科目，贷记"财政拨款预算收入"科目。收到零余额账户用款额度的账务处理如表 1 – 16 所示。

表 1 – 16　　　　　收到零余额账户用款额度的账务处理

| | 财务会计处理 | 预算会计处理 |
|---|---|---|
| 收到"财政授权支付到账通知书" | 借：零余额账户用款额度<br>　　贷：财政拨款收入 | 借：资金结存——零余额账户用款额度<br>　　　贷：财政拨款预算收入 |

**3．案例解析**

【例 1 – 16】某行政单位收到财政授权支付额度到账通知书，收到财政拨款 200 000 元，应做如下会计分录。

财务会计：

借：零余额账户用款额度　　　　　　　　　　　　　200 000

　　贷：财政拨款收入　　　　　　　　　　　　　　200 000

预算会计：

借：资金结存——零余额账户用款额度　　　　　　　200 000

　　贷：财政拨款预算收入　　　　　　　　　　　　200 000

## 1.3.2　按照规定支用额度

**1．业务概述**

国库统一支付制度包括财政直接支付和财政授权支付。财政授权支付是指预算单位按照财政部门的授权，自行向代理银行签发支付指令，代理银行根据支付指令，在财政部门批准的预算单位的用款额度内，通过零余额账户将资金支付到收款人账户。

**2．账务处理**

支付日常活动费用时，按照支付的金额，财务会计应当借记"业务活动费用""单位管理费用"等科目，贷记"零余额账户用款额度"科目。预算会计应当借记"行政支出""事业支出"等相关科目，贷记"资金结存——零余额账户用款额度"科目。购买库存物品或购建固定资产，按照实际发生的成本，财务会计应当借记"库存物品""固定资产""在建工程"等科目，按照实际支付或应付的金额，贷记"零余额账户用款额度"科目。预算会计应当借记"行政支出""事业支出"等相关科目，贷记"资金结存——零余额账户用款额度"科目。涉及增值税业务的，相关账务处理参见"应交增值税"科目。按照规定支用额度的账务处理如表 1 – 17 所示。

表 1 – 17　　　　　按照规定支用额度的财务处理

| | 财务会计处理 | 预算会计处理 |
| --- | --- | --- |
| 支付日常活动费用 | 借：业务活动费用/单位管理费用等<br>　　贷：零余额账户用款额度 | 借：行政支出/事业支出等<br>　　贷：资金结存——零余额账户用款额度 |
| 购买库存物品或购建固定资产等 | 借：库存物品/固定资产/在建工程等<br>　　贷：零余额账户用款额度 | |

**3．案例解析**

【例 1 – 17】某行政单位使用零余额账户用款额度 50 000 元购进一批存货，应做如下会计分录。

财务会计：

借：库存物品　　　　　　　　　　　　　　　　50 000

　　贷：零余额账户用款额度　　　　　　　　　　　　50 000

预算会计：

借：行政支出　　　　　　　　　　　　　　　　50 000

　　贷：资金结存——零余额账户用款额度　　　　　　50 000

## 1.3.3　提现

**1．业务概述**

行政事业单位的库存现金，是指存于单位内部用于日常零星开支的货币资金。行政事业单位为了应付日常的零星开支，需经常保持一定数量的库存现金。当库存现金超出限额时，需要存入银行，当库存现金不足时，需要从银行补足。

**2．账务处理**

根据规定从行政事业单位零余额账户提取现金，按照实际提取的金额，财务会计应当借记"库存现金"科目，贷记"零余额账户用款额度"科目。预算会计应当借记"资金结存——货币资金"科目，贷记"资金结存——零余额账户用款额度"科目。将现金退回单位零余额账户，按照实际退回的金额，财务会计应当借记"零余额账户用款额度"科目，贷记"库存现金"科目。预算会计应当借记"资金结存——零余额账户用款额度"科目，贷记"资金结存——货币资金"科目。零余额账户提取现金的账务处理如表 1 - 18 所示。

表 1 - 18　　　　　零余额账户提取现金的账务处理

| | 财务会计处理 | 预算会计处理 |
|---|---|---|
| 从零余额账户提取现金 | 借：库存现金<br>　贷：零余额账户用款额度 | 借：资金结存——货币资金<br>　贷：资金结存——零余额账户用款额度 |
| 将现金退回单位零余额账户 | 借：零余额账户用款额度<br>　贷：库存现金 | 借：资金结存——零余额账户用款额度<br>　贷：资金结存——货币资金 |

### 3. 案例解析

【例 1 - 18】2×19 年 6 月 10 日，某行政单位从零余额账户中提现 2 000 元，应做如下会计分录。

财务会计：

借：库存现金　　　　　　　　　　　　　　　　　　　　2 000

　　贷：零余额账户用款额度　　　　　　　　　　　　　　　　　2 000

预算会计：

借：资金结存——货币资金　　　　　　　　　　　　　　2 000

　　贷：资金结存——零余额账户用款额度　　　　　　　　　　　2 000

2×19 年 6 月 30 日，该行政单位将剩余的 500 元现金退回单位零余额账户，应做如下会计分录。

财务会计：

借：零余额账户用款额度　　　　　　　　　　　　　　　500

　　贷：库存现金　　　　　　　　　　　　　　　　　　　　　　500

预算会计：

借：资金结存——零余额账户用款额度　　　　　　　　　500

　　贷：资金结存——货币资金　　　　　　　　　　　　　　　　500

## 1.3.4　因购货退回等发生国库授权支付额度退回

### 1. 业务概述

日常差旅等退回现金或是购货等发生款项退回时，在不超过规定的库存现金余额情况下，可暂由单位财务部门保管，待下次支付；若超过规定的库存现金余额，要按支用时的预算科目，填写"财政授权支付更正（退回）通知书"，与需要退回的现金或支票一起送交代理银行，由代理银行恢复预算单位相应科目用款额度。

## 2．账务处理

因购货退回等发生国库授权支付额度退回的，属于本年度授权支付的款项，按照退回金额，财务会计应当借记"零余额账户用款额度"科目，贷记"库存物品"等有关科目。预算会计应当借记"资金结存——零余额账户用款额度"科目，贷记"行政支出""事业支出"等有关科目。属于以前年度授权支付的款项，按照退回金额，财务会计应当借记"零余额账户用款额度"科目，贷记"以前年度盈余调整""库存物品"等有关科目。预算会计应当借记"资金结存——零余额账户用款额度"科目，贷记"财政拨款结转——年初余额调整""财政拨款结余——年初余额调整"科目。授权支付的款项的账务处理如表 1 - 19 所示。

表 1 - 19　　　　　授权支付的款项的账务处理

| | 财务会计处理 | 预算会计处理 |
| --- | --- | --- |
| 属于本年度授权支付的款项 | 借：零余额账户用款额度<br>　贷：库存物品等 | 借：资金结存——零余额账户用款额度<br>　贷：行政支出/事业支出等 |
| 属于以前年度授权支付的款项 | 借：零余额账户用款额度<br>　贷：库存物品/以前年度盈余调整等 | 借：资金结存——零余额账户用款额度<br>　贷：财政拨款结转——年初余额调整/财政拨款结余——年初余额调整 |

## 3．案例解析

【例 1 - 19】某事业单位 2×19 年 11 月 30 日因购货退回发生 2 500 元国库授权支付额度退回，退回的货物于 2×19 年 6 月 30 日用本年授权支付的款项购买，应做如下会计分录。

财务会计：
借：零余额账户用款额度　　　　　　　　　　　　2 500
　　贷：库存物品　　　　　　　　　　　　　　　　　2 500
预算会计：
借：资金结存——零余额账户用款额度　　　　　　2 500
　　贷：事业支出　　　　　　　　　　　　　　　　　2 500

若该批退回的货物是用以前年度授权支付的款项所购买，应做如下会计分录。

财务会计：
借：零余额账户用款额度　　　　　　　　　　　　2 500

　　　　　贷：库存物品　　　　　　　　　　　　　　　　　　　　2 500
　　预算会计：
　　借：资金结存——零余额账户用款额度　　　　　　　　　　2 500
　　　　　贷：财政拨款结余——年初余额调整　　　　　　　　　2 500

### 1.3.5　年末，注销额度

**1．业务概述**

　　当年行政事业单位实际支出数小于已下达的零余额账户用款额度，或者本年度财政授权支付预算指标数大于零余额账户额度下达数的，需要将未用完的零余额账户用款额度和未下达的财政授权支付预算指标注销。

**2．账务处理**

　　年末，根据代理银行提供的对账单注销财政授权支付额度的相关账务处理，财务会计应当借记"财政应返还额度——财政授权支付"科目，贷记"零余额账户用款额度"科目。预算会计应当借记"资金结存——财政应返还额度"科目，贷记"资金结存——零余额账户用款额度"科目。行政事业单位本年度财政授权支付预算指标数大于零余额账户用款额度下达数的，根据两者间的差额，财务会计应当借记"财政应返还额度——财政授权支付"科目，贷记"财政拨款收入"科目。预算会计应当借记"资金结存——财政应返还额度"科目，贷记"财政拨款预算收入"科目。

　　年末，注销额度根据代理银行提供的对账单注销财政授权支付额度。

　　年末，注销额度的账务处理如表 1-20 所示。

表 1-20　　　　　　　　　　年末，注销额度的账务处理

| | 财务会计处理 | 预算会计处理 |
| --- | --- | --- |
| 根据代理银行提供的对账单注销财政授权支付额度 | 借：财政应返还额度——财政授权支付<br>　　贷：零余额账户用款额度 | 借：资金结存——财政应返还额度<br>　　贷：资金结存——零余额账户用款额度 |
| 本年度财政授权支付预算指标数大于零余额账户用款额度下达数的，根据两者间的差额 | 借：财政应返还额度——财政授权支付<br>　　贷：财政拨款收入 | 借：资金结存——财政应返还额度<br>　　贷：财政拨款预算收入 |

**3．案例解析**

　　【例 1-20】2×19 年年末，某单位的代理银行提供的对账单中注销额度为

300 000 元，应做如下账务处理。

财务会计：

借：财政应返还额度——财政授权支付　　　　　　　　300 000

　　贷：零余额账户用款额度　　　　　　　　　　　　　　300 000

预算会计：

借：资金结存——财政应返还额度　　　　　　　　　　300 000

　　贷：资金结存——零余额账户用款额度　　　　　　　　300 000

【例 1-21】某单位当年财政授权支付的预算指标数为 1 000 000 元，当年财政授权支付实际支出数为 800 000 元，年末，应做如下账务处理。

财务会计：

借：财政应返还额度——财政授权支付　　　　　　　　200 000

　　贷：财政拨款收入　　　　　　　　　　　　　　　　　200 000

预算会计：

借：资金结存——财政应返还额度　　　　　　　　　　200 000

　　贷：财政拨款预算收入　　　　　　　　　　　　　　　200 000

## 1.3.6　下年初，恢复额度

### 1. 业务概述

上年行政事业单位实际支出数小于已下达的零余额账户用款额度的，下年初，根据代理银行提供的"财政授权支付额度恢复到账通知书"恢复。上年度财政授权支付预算指标数大于零余额账户额度的，在年初要重新下达指标，并且不占用单位下年指标财政授权支付额度，在收到财政部门批复的上年末未下达零余额账户用款额度进行相应的账务处理。

### 2. 账务处理

下年初，行政事业单位根据代理银行提供的"财政授权支付额度恢复到账通知书"做恢复额度的相关账务处理，财务会计应当借记"零余额账户用款额度"科目，贷记"财政应返还额度——财政授权支付"科目。预算会计应当借记"资金结存——零余额账户用款额度"科目，贷记"资金结存——财政应返还额度"科目。单位收到财政部门批复的上年未下达零余额账户用款额度，财务会计应当借记"零余额账户用款额度"科目，贷记"财政应返还额度——财政授权支付"科目。预算会计应当借记"资金结存——零余额账户用款额度"科目，贷记"资金结存——财政应返还额度"科目。

下年初，恢复额度根据代理银行提供的"财政授权支付额度恢复到账通知书"恢复财政授权支付额度。下年初，恢复额度的账务处理如表1-21所示。

表1-21　　　　　　　　下年初，恢复额度的账务处理

| | 财务会计处理 | 预算会计处理 |
| --- | --- | --- |
| 根据代理银行提供的财政授权支付额度恢复到账通知书恢复财政授权支付额度 | 借：零余额账户用款额度<br>　　贷：财政应返还额度——财政授权支付 | 借：资金结存——零余额账户用款额度<br>　　贷：资金结存——财政应返还额度 |
| 收到财政部门批复的上年末未下达零余额账户用款额度 | 借：零余额账户用款额度<br>　　贷：财政应返还额度——财政授权支付 | 借：资金结存——零余额账户用款额度<br>　　贷：资金结存——财政应返还额度 |

**3. 案例解析**

【例1-22】接【例1-21】，下年年初，该单位收到代理银行提供的额度恢复到账通知书中恢复额度为300 000元，应做如下会计处理。

财务会计：

借：零余额账户用款额度　　　　　　　　　　　　　　300 000

　　贷：财政应返还额度——财政授权支付　　　　　　　　　300 000

预算会计：

借：资金结存——零余额账户用款额度　　　　　　　　300 000

　　贷：资金结存——财政应返还额度　　　　　　　　　　　300 000

# 1.4　其他货币资金

其他货币资金是行政事业单位的外埠存款、银行本票存款、银行汇票存款、信用卡存款等各种其他货币资金。

## 1.4.1　形成其他货币资金

**1. 业务概述**

"其他货币资金"科目核算行政事业单位的外埠存款、银行本票存款、银行汇票存款、信用卡存款等各种其他货币资金。"其他货币资金"科目应当设置"外埠存款""银行本票存款""银行汇票存款""信用卡存款"等明细科目，进行明细核算。

**2. 账务处理**

将款项交存银行取得银行本票、银行汇票、信用卡存款时，按照取得的金额，财务会计应当借记"其他货币资金——银行本票存款/银行汇票存款/信用卡存款"科目，贷记"银行存款"科目。预算会计不需要做账务处理。形成其他货币资金的账务处理如表 1-22 所示。

表 1-22　　　　　　　　　　形成其他货币资金的账务处理

| | 财务会计处理 | 预算会计处理 |
|---|---|---|
| 取得银行本票、银行汇票、信用卡存款时 | 借：其他货币资金——银行本票存款<br>　　　　　　　　　　——银行汇票存款<br>　　　　　　　　　　——信用卡存款<br>　　贷：银行存款 | — |

**3. 案例解析**

【例 1-23】某单位取得一张金额为 20 000 元的银行本票，该业务的账务处理如下。

借：其他货币资金——银行本票存款　　　　　　　　　20 000

　　贷：银行存款　　　　　　　　　　　　　　　　　　　　20 000

预算会计不需要做账务处理。

## 1.4.2　发生支付

**1. 业务概述及账务处理**

使用银行本票、银行汇票、信用卡存款购买物品或固定资产等时，财务会计应当借记"在途物品""库存物品"等科目，贷记"其他货币资金——银行本票存款/银行汇票存款/信用卡存款"科目。预算会计应当借记"事业支出"等有关科目，贷记"资金结存——货币资金"科目。发生支付的账务处理如表 1-23 所示。

表 1-23　　　　　　　　　　发生支付的账务处理

| | 财务会计处理 | 预算会计处理 |
|---|---|---|
| 用银行本票、银行汇票、信用卡存款支付时 | 借：在途物品/库存物品等<br>　　贷：其他货币资金——银行本票存款<br>　　　　　　　　　　　——银行汇票存款<br>　　　　　　　　　　　——信用卡存款 | 借：事业支出等（实际支付金额）<br>　　贷：资金结存——货币资金 |

**2. 案例解析**

【例 1-24】某事业单位用银行汇票支付购买一批金额为 15 000 元的存货，其账务处理如下。

财务会计：

借：库存物品　　　　　　　　　　　　　　　　　　15 000

　　贷：其他货币资金——银行汇票存款　　　　　　　　　　　15 000

预算会计：

借：事业支出　　　　　　　　　　　　　　　　　　15 000

　　贷：资金结存——货币资金　　　　　　　　　　　　　　15 000

### 1.4.3　余款退回时

**1. 业务概述及账务处理**

因银行本票、银行汇票、信用卡存款超过付款期等原因而退回的款项，按照退款金额，财务会计应当借记"银行存款"科目，贷记"其他货币资金——银行本票存款/银行汇票存款/信用卡存款"科目。预算会计不需要做账务处理。余款退回时的账务处理如表 1 - 24 所示。

表 1 - 24　　　　　　　　　　余款退回时的账务处理

| | 财务会计处理 | 预算会计处理 |
|---|---|---|
| 银行本票、银行汇票、信用卡有款项退回时 | 借：银行存款<br>　　贷：其他货币资金——银行本票存款<br>　　　　　　　　　　——银行汇票存款<br>　　　　　　　　　　——信用卡存款 | — |

**2. 案例解析**

【例 1 - 25】2×19 年期末，银行将某单位银行汇票的余额 5 000 元退回，该业务的账务处理如下。

财务会计：

借：银行存款　　　　　　　　　　　　　　　　　　5 000

　　贷：其他货币资金——银行汇票存款　　　　　　　　　　　5 000

预算会计不需要做账务处理。

# 1.5　短期投资

## 1.5.1　取得短期投资

**1. 业务概述**

"短期投资"科目核算事业单位按照规定取得的，持有时间不超过 1 年（含

1 年）的投资。"短期投资"科目应当按照投资的种类等进行明细核算。

**2. 账务处理**

取得短期投资时，按照确定的投资成本，借记"短期投资"科目，贷记"银行存款"等科目。预算会计应当借记"投资支出"科目，贷记"资金结存——货币资金"科目。

收到购买时已到付息期但尚未领取的利息时，财务会计应当借记"银行存款"科目，贷记"短期投资"科目。预算会计应当借记"资金结存——货币资金"科目，贷记"投资支出"科目。取得短期投资的账务处理如表 1 - 25 所示。

表 1 - 25　　　　　　　　**取得短期投资的账务处理**

| | 财务会计处理 | 预算会计处理 |
| --- | --- | --- |
| 取得短期投资时 | 借：短期投资<br>　贷：银行存款等 | 借：投资支出<br>　贷：资金结存——货币资金 |
| 收到购买时已到付息期但尚未领取的利息时 | 借：银行存款<br>　贷：短期投资 | 借：资金结存——货币资金<br>　贷：投资支出 |

**3. 案例解析**

【例 1 - 26】3 月 1 日，某事业单位以银行存款购买 51 000 元的有价债券，其中包含已到付息期但尚未领取的利息 1 000 元，该事业单位准备 9 个月之内出售该债券。

财务会计：

借：短期投资　　　　　　　　　　　　　　　　　51 000

　　贷：银行存款　　　　　　　　　　　　　　　　　51 000

借：银行存款　　　　　　　　　　　　　　　　　1 000

　　贷：短期投资　　　　　　　　　　　　　　　　　1 000

预算会计：

借：投资支出　　　　　　　　　　　　　　　　　51 000

　　贷：资金结存——货币资金　　　　　　　　　　　51 000

借：资金结存——货币资金　　　　　　　　　　　1 000

　　贷：投资支出　　　　　　　　　　　　　　　　　1 000

## 1.5.2　短期投资持有期间收到利息

**1. 业务概述及账务处理**

收到短期投资持有期间的利息，按照实际收到的金额，财务会计应当借记"银行存款"科目，贷记"投资收益"科目。预算会计应当借记"资金结存——

货币资金"科目，贷记"投资预算收益"科目。短期投资持有期间收到利息的账务处理如表1-26所示。

表1-26　　　　　短期投资持有期间收到利息的账务处理

| | 财务会计处理 | 预算会计处理 |
|---|---|---|
| 收到短期投资持有期间的利息 | 借：银行存款<br>　　贷：投资收益 | 借：资金结存——货币资金<br>　　贷：投资预算收益 |

**2. 案例解析**

【例1-27】接【例1-26】，6月1日，该事业单位收到持有该债券利息500元。

财务会计：

借：银行存款　　　　　　　　　　　　　　　　　　500

　　贷：投资收益　　　　　　　　　　　　　　　　500

预算会计：

借：资金结存——货币资金　　　　　　　　　　　　500

　　贷：投资预算收益　　　　　　　　　　　　　　500

## 1.5.3　出售短期投资或到期收回短期投资（国债）本息

**1. 业务概述及账务处理**

出售短期投资或到期收回短期投资（国债）本息，按照实际收到的金额，财务会计应当借记"银行存款"科目，按照出售或收回短期投资的账面余额，贷记"短期投资"科目，按照其差额，借记或贷记"投资收益"科目。按照实际收到的金额，预算会计应当借记"资金结存——货币资金"科目，按照出售或收回短期投资的账面余额，贷记"投资支出"或"其他结余"科目，按照其差额，借记或贷记"投资预算收益"科目。涉及增值税业务的，相关账务处理参见"应交增值税"科目。出售短期投资或到期收回短期投资（国债）本息的账务处理如表1-27所示。

表1-27　　　出售短期投资或到期收回短期投资（国债）本息的账务处理

| | 财务会计处理 | 预算会计处理 |
|---|---|---|
| 出售短期投资或到期收回短期投资（国债）本息 | 借：银行存款（实际收到的金额）<br>　　投资收益（借差）<br>　　贷：短期投资（账面余额）<br>　　　　投资收益（贷差） | 借：资金结存——货币资金（实收款）<br>　　投资预算收益（实收款小于投资成本的差额）<br>　　贷：投资支出（出售或收回当年投资的）/其他结余（出售或收回以前年度投资的）<br>　　　　投资预算收益（实收款大于投资成本的差额） |

**2．案例解析**

【例 1 – 28】接【例 1 – 27】，12 月 1 日，该单位出售该债券，收到 50 500 元，并收到持有期间的其他利息 1 500 元。

财务会计：

借：银行存款　　　　　　　　　　　　　　　　　52 000
　　贷：短期投资　　　　　　　　　　　　　　　　　50 500
　　　　投资收益　　　　　　　　　　　　　　　　　 1 500

预算会计：

借：资金结存——货币资金　　　　　　　　　　　　52 000
　　贷：投资预算收益　　　　　　　　　　　　　　　 1 500
　　　　投资支出　　　　　　　　　　　　　　　　　50 500

# 1.6　财政应返还额度

财政应返还额度是指实行国库集中支付的行政事业单位应收财政返还的资金额度。

## 1.6.1　财政直接支付方式下，确认财政应返还额度

**1．业务概述**

"财政应返还额度"科目核算实行国库集中支付的行政事业单位应收财政返还的资金额度，包括可以使用的以前年度财政直接支付资金额度和财政应返还的财政授权支付资金额度。

"财政应返还额度"科目应当设置"财政直接支付""财政授权支付"两个明细科目进行明细核算。

**2．账务处理**

年末，行政事业单位根据本年度财政直接支付预算指标数大于当年财政直接支付实际发生数的差额，财务会计应当借记"财政应返还额度——财政直接支付"科目，贷记"财政拨款收入"科目。预算会计应当借记"资金结存——财政应返还额度"科目，贷记"财政拨款预算收入"科目。

下年度使用以前年度财政直接支付额度支付款项时，财务会计应当借记"业务活动费用""单位管理费用""库存物品"等有关科目，贷记"财政应返还额度——财政直接支付"科目。预算会计应当借记"行政支出""事业支出"

等有关科目，贷记"资金结存——财政应返还额度"科目。财政直接支付方式下，确认财政应返还额度的账务处理如表 1 - 28 所示。

表 1 - 28　　　　　**财政直接支付方式下，确认财政应返还额度的账务处理**

| | 财务会计处理 | 预算会计处理 |
| --- | --- | --- |
| 年末本年度财政直接支付预算指标数与当年实际发生数的差额 | 借：财政应返还额度——财政直接支付<br>　　贷：财政拨款收入 | 借：资金结存——财政应返还额度<br>　　贷：财政拨款预算收入 |
| 下年度使用以前年度财政直接支付额度支付款项时 | 借：业务活动费用/单位管理费用/库存物品等<br>　　贷：财政应返还额度——财政直接支付 | 借：行政支出/事业支出等<br>　　贷：资金结存——财政应返还额度 |

**3. 案例解析**

【例 1 - 29】某事业单位发生如下业务。

（1）至 2×19 年 12 月 31 日，本年度财政直接支付预算指标数为 200 000 元，当年财政直接支付实际支出数为 180 000 元。

财务会计：

借：财政应返还额度——财政直接支付　　　　　　　　　20 000

　　贷：财政拨款收入　　　　　　　　　　　　　　　　　　20 000

预算会计：

借：资金结存——财政应返还额度　　　　　　　　　　　20 000

　　贷：财政拨款预算收入　　　　　　　　　　　　　　　　20 000

（2）2×20 年 3 月，以财政直接支付方式发生实际支出 10 000 元。

财务会计：

借：业务活动费用　　　　　　　　　　　　　　　　　　10 000

　　贷：财政应返还额度——财政直接支付　　　　　　　　　10 000

预算会计：

借：事业支出　　　　　　　　　　　　　　　　　　　　10 000

　　贷：资金结存——财政应返还额度　　　　　　　　　　　10 000

## 1.6.2　财政授权支付方式下，确认财政应返还额度

**1. 业务概述**

上年行政事业单位实际支出数小于已下达的零余额账户用款额度的，下年

初，根据代理银行提供的"财政授权支付额度恢复到账通知书"恢复。上年度财政授权支付预算指标数大于零余额账户额度的，在年初要重新下达指标，并且不占用行政事业单位下年指标财政授权支付额度，在收到财政部门批复的上年末未下达零余额账户用款额度进行相应的账务处理。

**2. 账务处理**

年末，行政事业单位本年度财政授权支付预算指标数大于零余额账户用款额度下达数的，根据未下达的用款额度，财务会计应当借记"财政应返还额度——财政授权支付"科目，贷记"财政拨款收入"科目。预算会计应当借记"资金结存——财政应返还额度"科目，贷记"财政拨款预算收入"科目。

年末，根据代理银行提供的对账单作注销额度的相关账务处理，财务会计应当借记"财政应返还额度——财政授权支付"科目，贷记"零余额账户用款额度"科目。预算会计应当借记"资金结存——财政应返还额度"科目，贷记"资金结存——零余额账户用款额度"科目。

下年初，单位根据代理银行提供的上年度注销额度恢复到账通知书作恢复额度的相关账务处理，财务会计应当借记"零余额账户用款额度"科目，贷记"财政应返还额度——财政授权支付"科目。预算会计应当借记"资金结存——零余额账户用款额度"科目，贷记"资金结存——财政应返还额度"科目。单位收到财政部门批复的上年未下达零余额账户用款额度，财务会计应当借记"零余额账户用款额度"科目，贷记"财政应返还额度——财政授权支付"科目。预算会计应当借记"资金结存——零余额账户用款额度"科目，贷记"资金结存——财政应返还额度"科目。财政授权支付方式下，确认财政应返还额度的账务处理如表 1 – 29 所示。

**表 1 – 29　　财政授权支付方式下，确认财政应返还额度的账务处理**

| | 财务会计处理 | 预算会计处理 |
| --- | --- | --- |
| 年末本年度财政授权预算指标数大于零余额账户用款额度下达数的，根据未下达的用款额度 | 借：财政应返还额度——财政授权支付<br>　　贷：财政拨款收入 | 借：资金结存——财政应返还额度<br>　　贷：财政拨款预算收入 |
| 年末根据代理银行提供的对账单作注销额度处理 | 借：财政应返还额度——财政授权支付<br>　　贷：零余额账户用款额度 | 借：资金结存——财政应返还额度<br>　　贷：资金结存——零余额账户用款额度 |
| 下年初额度恢复和下年初收到财政部门批复的上年末未下达零余额账户用款额 | 借：零余额账户用款额度<br>　　贷：财政应返还额度——财政授权支付 | 借：资金结存——零余额账户用款额度<br>　　贷：资金结存——财政应返还额度 |

# 1.7 应收票据

应收票据是指事业单位因销售产品、从事经营活动而收到的商业汇票。商业票据按出票人不同可以分为银行汇票、商业汇票。商业汇票按承兑人不同分为商业承兑汇票、银行承兑汇票。商业汇票还可以按付款时间不同分为即期汇票、远期汇票，按有无附属单据分为光票、跟单汇票。

## 1.7.1 收到商业汇票

### 1. 业务概述

商业汇票是指由金融公司或某些信用较高的企业开出的无担保短期票据。事业单位在销售产品、从事经营活动收到收入时，可以选择以商业汇票结算。

### 2. 账务处理

因销售产品、提供服务等收到商业汇票，按照商业汇票的票面金额，财务会计应当借记"应收票据"科目，按照确认的收入金额，贷记"经营收入"等科目。预算会计不需要做账务处理。涉及增值税业务的，相关账务处理参见"应交增值税"科目。收到商业汇票的账务处理如表1-30所示。

表1-30　　　　　　　　收到商业汇票的账务处理

| | 财务会计处理 | 预算会计处理 |
| --- | --- | --- |
| 销售产品、提供服务等收到商业汇票时 | 借：应收票据<br>　　贷：经营收入等 | — |

### 3. 案例解析

【例1-30】某事业单位发生如下业务。

某事业单位销售M产品一批给甲公司，货已发出，价款为10 000元，增值税款为1 300元。按合同约定两个月后付款，甲公司交给该事业单位1张两个月到期的商业承兑汇票，面值为11 300元。其会计分录如下。

财务会计：

借：应收票据　　　　　　　　　　　　　　　　11 300

　　贷：经营收入　　　　　　　　　　　　　　　　10 000

　　　　应交增值税——应交税金（销项税额）　　　 1 300

预算会计不需要做账务处理。

## 1.7.2　商业汇票向银行贴现

### 1.业务概述及账务处理

持未到期的商业汇票向银行贴现，按照实际收到的金额（即扣除贴现息后的净额），财务会计应当借记"银行存款"科目；按照贴现息金额，借记"经营费用"等科目；按照商业汇票的票面金额，贷记"应收票据"科目（不附追索权）或"短期借款"科目（附追索权）。预算会计应当借记"资金结存——货币资金"科目，贷记"经营预算收入"等有关科目。附追索权的商业汇票到期未发生追索事项的，按照商业汇票的票面金额，财务会计应当借记"短期借款"科目，贷记"应收票据"科目。预算会计不需要做账务处理。商业汇票向银行贴现的账务处理如表 1 - 31 所示。

表 1 - 31　　　　　　商业汇票向银行贴现的账务处理

| | 财务会计处理 | 预算会计处理 |
|---|---|---|
| 持未到期的商业汇票向银行贴现 | 借：银行存款（贴现净额）<br>　　经营费用等（贴现利息）<br>　贷：应收票据（不附追索权）/短期借款（附追索权） | 借：资金结存——货币资金<br>　贷：经营预算收入等（贴现净额） |
| 附追索权的商业汇票到期未发生追索事项 | 借：短期借款<br>　贷：应收票据 | — |

### 2.案例解析

【例 1 - 31】 2×19 年 3 月 5 日，某事业单位持未到期面值为 10 000 元的商业汇票向银行贴现，到期日为 2×19 年 5 月 4 日，不附追索权，按 7.2% 的贴现率贴现。该业务账务处理如下。

贴现天数为 60 天。

贴现利息 = 10 000 × 60 × 7.2% ÷ 360 = 120（元）

实付贴现金额 = 10 000 - 120 = 9 880（元）

财务会计：

借：银行存款　　　　　　　　　　　　　　　　9 880

　　经营费用　　　　　　　　　　　　　　　　　120

　　　贷：应收票据　　　　　　　　　　　　　　　　10 000

预算会计：

借：资金结存——货币资金　　　　　　　　　　9 880

　　　贷：经营预算收入　　　　　　　　　　　　　　9 880

若上述贴现附追索权，则账务处理如下。

财务会计：

借：银行存款 9 880

经营费用 120

贷：短期借款 10 000

预算会计：

借：资金结存——货币资金 9 880

贷：经营预算收入 9 880

## 1.7.3 商业汇票背书转让

**1. 业务概述**

商业汇票的可靠程度依赖于发行企业的信用程度，可以背书转让，可以贴现。在商业汇票未到期之前，可以通过背书转让给第三方企业，作为结算工具；也可以通过向银行贴现，收回款项。向银行贴现分为有追索权的贴现和无追索权的贴现，前者在会计上，将贴现取得的款项作为短期借款处理。

**2. 账务处理**

用未到期的商业汇票通过背书与下家企业进行结算时，按照购买商品或支付费用实际负担的成本，财务会计应当借记"库存物品""单位管理费用"等科目；按照商业汇票的金额，贷记"应收票据"科目；按照收到的差额或者支付的补价，借记或贷记"银行存款"科目。预算会计应当按支付的金额借记"经营支出"等有关科目，贷记"资金结存——货币资金"科目。商业汇票背书转让的账务处理如表 1－32 所示。

表 1－32　　　　　　商业汇票背书转让的账务处理

| | 财务会计处理 | 预算会计处理 |
|---|---|---|
| 将持有的未到期商业汇票背书转让以取得所需物资 | 借：库存物品等<br>　贷：应收票据<br>　　　银行存款（差额） | 借：经营支出等（支付的金额）<br>　贷：资金结存——货币资金 |

**3. 案例解析**

【例 1－32】某事业单位将一张面值 5 000 元的商业汇票背书转让给甲公司并支付 1 000 元差额，用以取得一批价值 6 000 元的货物。该业务账务处理如下。

财务会计：

借：库存物品 6 000

　　贷：应收票据　　　　　　　　　　　　　　　　　　　　5 000
　　　　银行存款　　　　　　　　　　　　　　　　　　　　1 000
预算会计：
借：经营支出　　　　　　　　　　　　　　　　　　　　　1 000
　　贷：资金结存——货币资金　　　　　　　　　　　　　1 000

### 1.7.4　商业汇票到期

**1. 业务概述**

　　一般商业汇票的付款期限，最长不得超过 6 个月。商业汇票到期后，持票人按照票面金额向承兑人和付款人提示承兑和提示付款。

**2. 账务处理**

　　收回票款时，按照实际收到的商业汇票票面金额，财务会计应当借记"银行存款"科目，贷记"应收票据"科目。预算会计应当借记"资金结存——货币资金"科目，贷记"经营预算收入"等科目。

　　因付款人无力支付票款，收到银行退回的商业承兑汇票、委托收款凭证、未付票款通知书或拒付票款证明等，按照商业汇票的票面金额，财务会计应当借记"应收账款"科目，贷记"应收票据"科目。预算会计不需要做账务处理。商业汇票到期的账务处理如表 1 - 33 所示。

表 1 - 33　　　　　　　　商业汇票到期的账务处理

| | 财务会计处理 | 预算会计处理 |
| --- | --- | --- |
| 商业汇票到期，收回应收票款 | 借：银行存款<br>　　贷：应收票据 | 借：资金结存——货币资金<br>　　贷：经营预算收入等 |
| 商业汇票到期，付款人无力支付票款时 | 借：应收账款<br>　　贷：应收票据 | — |

**3. 案例解析**

　　【例 1 - 33】某事业单位收到付款人承兑到期的商业汇票的票面金额 10 000 元。该业务账务处理如下。

财务会计：
借：银行存款　　　　　　　　　　　　　　　　　　　10 000
　　贷：应收票据　　　　　　　　　　　　　　　　　　10 000
预算会计：
借：资金结存——货币资金　　　　　　　　　　　　　10 000
　　贷：经营预算收入　　　　　　　　　　　　　　　　10 000

若付款人无力支付票款时，账务处理如下。

财务会计：

借：应收账款                                                 10 000

     贷：应收票据                                            10 000

预算会计不需要做账务处理。

# 1.8   应收账款

应收账款是指事业单位因提供劳务、开展有偿服务以及销售产品等业务形成的应向客户收取的款项以及行政事业单位出租资产、出售物资等应当收取而尚未收取的款项，不包括借出款、备用金、应向职工收取的各种垫付款项等。

## 1.8.1   发生应收账款时

### 1. 业务概述

商业信用是指在商品交易中由于延期付款或预收货款所形成的企业间的借贷关系，是商品的交换中，由于商品和货币在时间上和空间上的分离而形成的企业之间的直接信用行为。具体形式包括应付账款、应付票据、预收账款等。现代经济生活中，商业信用普遍存在于各类交易行为中。行政事业单位可以根据自身的财务和内控规定，按照一定的信用条件，向客户提供劳务、开展有偿服务以及销售产品或者出租资产、出售物资等，其对价可以以应收账款的形式存在。但鉴于行政事业单位的特殊性质，需要区分该收到的对价是否需要上缴。

### 2. 账务处理

事业单位发生应收账款（不需上缴财政）时，按照应收未收金额，财务会计应当借记"应收账款"科目，贷记"事业收入""经营收入""其他收入"等科目。涉及增值税业务的，相关账务处理参见"应交增值税"科目。如果收到的款项需要上缴财政，则借记"应收账款"科目，贷记"应缴财政款"科目。预算会计不需要做账务处理。发生应收账款时的账务处理如表1-34所示。

表1-34                  发生应收账款时的账务处理

| | 财务会计处理 | 预算会计处理 |
|---|---|---|
| 应收账款收回后不需上缴财政 | 借：应收账款<br>    贷：事业收入/经营收入/其他收入等 | — |
| 应收账款收回后需上缴财政 | 借：应收账款<br>    贷：应缴财政款 | — |

**3. 案例解析**

【例 1 - 34】2×19 年 6 月 5 日，某向外提供劳务和产品的科研事业单位向甲公司提供劳务获得收入 50 000 元，不需要上缴财政。按照合同规定，这笔款项应在 6 月 25 日支付。账务处理如下。

6 月 5 日的会计分录如下。

财务会计：

借：应收账款　　　　　　　　　　　　　　　　　50 000

　　贷：经营收入　　　　　　　　　　　　　　　　　50 000

预算会计不需要做账务处理。

6 月 25 日收到款项时的会计分录如下。

财务会计：

借：银行存款　　　　　　　　　　　　　　　　　50 000

　　贷：应收账款　　　　　　　　　　　　　　　　　50 000

预算会计：

借：资金结存——货币资金　　　　　　　　　　　50 000

　　贷：经营预算收入　　　　　　　　　　　　　　　50 000

## 1.8.2　收回应收账款时

**1. 业务概述**

应收账款的回款速度是企业资金效率的重要组成部分。企业必须将应收账款的回款情况与企业的商业信用条件相结合，进行密切跟踪。

**2. 账务处理**

收回应收账款时（不需上缴财政），按照实际收到的金额，财务会计应当借记"银行存款"等科目，贷记"应收账款"科目。预算会计应当借记"资金结存——货币资金"等有关科目，贷记"事业预算收入""经营预算收入""其他预算收入"等有关科目。

应收账款收回后需上缴财政，财务会计应当借记"银行存款"等有关科目，贷记"应收账款"科目。预算会计不需要做账务处理。收回应收账款时的账务处理如表 1 - 35 所示。

表 1-35 收回应收账款时的账务处理

| | 财务会计处理 | 预算会计处理 |
|---|---|---|
| 应收账款收回后不需上缴财政 | 借：银行存款等<br>　　贷：应收账款 | 借：资金结存——货币资金等<br>　　贷：事业预算收入/经营预算收入/其他预算收入等 |
| 应收账款收回后需上缴财政 | 借：银行存款等<br>　　贷：应收账款 | — |

**3. 案例解析**

【例1-35】 2×19年6月5日，某向外提供劳务和产品的科研事业单位甲公司提供劳务获得收入50 000元，需要上缴财政。按照合同规定，这笔款项应在6月25日支付。账务处理如下。

6月25日收到款项时的会计分录如下。

财务会计：

借：银行存款 　　　　　　　　　　　　　　　　　　　　50 000

　　贷：应收账款 　　　　　　　　　　　　　　　　　　　50 000

预算会计不需要做财务处理。

## 1.8.3 逾期无法收回的应收账款

**1. 业务概述**

事业单位应当于每年年末，对收回后不需上缴财政的应收账款进行全面检查，如发生不能收回的迹象，应当计提坏账准备。行政单位以及事业单位收回后需要上缴财政的应收账款发生坏账损失时，应当采用直接销账法进行处理。这些单位应当于每年年末，对收回后应当上缴财政的应收账款进行全面检查。对于账龄超过规定年限、确认无法收回的应收账款，按照规定报经批准后予以核销。

**2. 账务处理**

对于账龄超过规定年限、确认无法收回的应收账款，按照规定报经批准后予以核销。按照核销金额，财务会计应当借记"坏账准备""应缴财政款"科目，贷记"应收账款"科目。核销的应收账款应在备查簿中保留登记。预算会计不需要做账务处理。

事业单位已核销不需上缴财政的应收账款在以后期间又收回的，按照实际收回金额，财务会计应当借记"应收账款"科目，贷记"坏账准备"科目；同时，借记"银行存款"科目，贷记"应收账款"科目。预算会计应当借记"资金结存——货币资金"科目，贷记"非财政拨款余额"等有关科目。

单位已核销需上缴财政的应收账款在以后期间收回的，财务会计应当借记"银行存款"等有关科目，贷记"应缴财政款"科目。预算会计不需要做账务处理。逾期无法收回的应收账款的会计处理如表 1 – 36 所示。

表 1 – 36　　　　　　逾期无法收回的应收账款的会计处理

| | 财务会计处理 | 预算会计处理 |
|---|---|---|
| 报批后予以核销 | 借：坏账准备/应缴财政款<br>　　贷：应收账款 | — |
| 事业单位已核销不需上缴财政的应收账款在以后期间收回 | 借：应收账款<br>　　贷：坏账准备<br>借：银行存款<br>　　贷：应收账款 | 借：资金结存——货币资金<br>　　贷：非财政拨款结余等 |
| 单位已核销需上缴财政的应收账款在以后期间收回 | 借：银行存款等<br>　　贷：应缴财政款 | — |

### 3．案例解析

【例 1 – 36】沿用【例 1 – 34】，6 月 25 日该事业单位发现无法完全收回甲公司应收账款，按规定报经批准后予以核销 10 000 元。7 月 26 日该事业单位收回 50 000 元应收账款。其账务处理如下。

6 月 25 日的会计分录如下。

财务会计：

借：坏账准备　　　　　　　　　　　　　　　　　　10 000

　　贷：应收账款　　　　　　　　　　　　　　　　10 000

预算会计不需要做账务处理。

7 月 26 日收到款项时的会计分录如下。

财务会计：

借：银行存款　　　　　　　　　　　　　　　　　　50 000

　　贷：坏账准备　　　　　　　　　　　　　　　　10 000

　　　　应收账款　　　　　　　　　　　　　　　　40 000

预算会计：

借：资金结存——货币资金　　　　　　　　　　　　50 000

　　贷：非财政拨款结余　　　　　　　　　　　　　50 000

【例 1 – 37】沿用【例 1 – 35】，6 月 25 日该事业单位发现无法完全收回甲公司应收账款，按规定报经批准后予以核销 10 000 元。7 月 26 日该事业单位收回 50 000 元应收账款。其账务处理如下。

6月25日的会计分录如下。

财务会计：

借：应缴财政款                                    10 000

　　贷：应收账款                                    10 000

预算会计不需要做账务处理。

7月26日收到款项时的会计分录如下。

财务会计：

借：银行存款                                      50 000

　　贷：应缴财政款                                  50 000

预算会计不需要做账务处理。

# 1.9　预付账款

　　预付账款是指行政事业单位按照购货、服务合同或协议规定预付给供应单位（或个人）的款项，以及按照合同规定向承包工程的施工企业预付的备料款和工程款。

## 1.9.1　发生预付账款时

### 1. 业务概述

　　对于建造周期较长或价值较高的商品或劳务，供应单位（或个人）可能要求一定金额的预付款或者定金。合同或协议存在预付款条款的，行政事业单位需要按照合同要求给付相应金额的货币资金。在收到购买的货物或服务后，核销预付款。

### 2. 账务处理

　　根据购货、服务合同或协议规定预付款项时，按照预付金额，财务会计应当借记"预付账款"科目，贷记"财政拨款收入""零余额账户用款额度""银行存款"等科目。预算会计应当借记"行政支出""事业支出"等有关科目，贷记"财政拨款预算收入""资金结存"科目。发生预付账款时的账务处理如表1-37所示。

表1-37　　　　　　　　发生预付账款时的账务处理

| | 财务会计处理 | 预算会计处理 |
|---|---|---|
| 发生预付账款时 | 借：预付账款<br>　　贷：财政拨款收入/零余额账户用款额度/银行存款等 | 借：行政支出/事业支出等<br>　　贷：财政拨款预算收入/资金结存 |

**3. 案例解析**

【例 1 - 38】2×19 年 1 月 10 日，某行政单位与 A 公司签订购买合同，约定购买 3 台设备，价款共 500 000 元，该行政单位先预付 30% 的款项，应做如下会计处理。

财务会计：

借：预付账款——A 公司　　　　　　　　　　150 000

　　贷：银行存款　　　　　　　　　　　　　　　150 000

预算会计：

借：行政支出　　　　　　　　　　　　　　150 000

　　贷：资金结存——货币资金　　　　　　　　　150 000

## 1.9.2　收到所购物资或劳务，以及根据工程进度结算工程价款等时

**1. 业务概述及账务处理**

收到所购资产或服务时，按照购入资产或服务的成本，财务会计应当借记"库存物品""固定资产""无形资产""业务活动费用"等相关科目；按照相关预付账款的账面余额，贷记"预付账款"科目；按照实际补付的金额，贷记"财政拨款收入""零余额账户用款额度""银行存款"等科目。按补付金额，预算会计应当借记"行政支出""事业支出"等有关科目，贷记"财政拨款预算收入""资金结存"科目。涉及增值税业务的，相关账务处理参见"应交增值税"科目。

根据工程进度结算工程价款及备料款时，按照结算金额，财务会计应当借记"在建工程"科目；按照相关预付账款的账面余额，贷记"预付账款"科目；按照实际补付的金额，贷记"财政拨款收入""零余额账户用款额度""银行存款"等科目。按补付金额，预算会计应当借记"行政支出""事业支出"等有关科目，贷记"财政拨款预算收入""资金结存"科目。收到所购物资或劳务，以及根据工程进度结算工程价款等时的账务处理如表 1 - 38 所示。

表 1 - 38　　　　　收到所购物资或劳务，以及根据工程进度

结算工程价款等时的账务处理

| | 财务会计处理 | 预算会计处理 |
|---|---|---|
| 收到所购物资或劳务，以及根据工程进度结算工程价款等时 | 借：业务活动费用/库存物品/固定资产/在建工程等<br>　　贷：预付账款<br>　　　　零余额账户用款额度/财政拨款收入/银行存款等（补付款项） | 借：行政支出/事业支出等（补付款项）<br>　　贷：财政拨款预算收入/资金结存 |

**2. 案例解析**

【例 1 - 39】沿用【例 1 - 38】，2×19 年 1 月 12 日，A 公司收到预付款后发货。1 月 15 日，该行政单位验货后支付剩余 70% 的价款，应做如下会计处理。

财务会计：

借：固定资产　　　　　　　　　　　　　　　　　500 000

　　贷：预付账款——A 公司　　　　　　　　　　　150 000

　　　　银行存款　　　　　　　　　　　　　　　　350 000

预算会计：

借：行政支出　　　　　　　　　　　　　　　　　350 000

　　贷：资金结存——货币资金　　　　　　　　　　350 000

## 1.9.3　预付账款退回

**1. 业务概述**

如果供应合同在执行前或执行过程中出现问题，导致原合同无法按照计划履行，则在双方协商一致的基础上，供应单位（或个人）应当将预付款项退回。

**2. 账务处理**

当年发生预付账款退回的，财务会计应当借记"财政拨款收入""零余额账户用款额度""银行存款"等有关科目，贷记"预付账款"科目。预算会计应当借记"财政拨款预算收入""资金结存"科目，贷记"行政支出""事业支出"等有关科目。

以前年度发生预付账款退回的，财务会计应当借记"财政应返还额度""零余额账户用款额度""银行存款"等有关科目，贷记"预付账款"科目。预算会计应当借记"资金结存"科目，贷记"财政拨款结余——年初余额调整""财政拨款结转——年初余额调整"等有关科目。预付账款退回的账务处理如表 1 - 39 所示。

表 1-39　　　　　　　　　　预付账款退回的账务处理

| | 财务会计处理 | 预算会计处理 |
|---|---|---|
| 当年预付账款退回 | 借：财政拨款预算收入/零余额账户用款额度/银行存款等<br>　　贷：预付账款 | 借：财政拨款预算收入/资金结存<br>　　贷：行政支出/事业支出等 |
| 以前年度预付账款退回 | 借：财政应返还额度/零余额账户用款额度/银行存款等<br>　　贷：预付账款 | 借：资金结存<br>　　贷：财政拨款结余——年初余额调整/财政拨款结转——年初余额调整等 |

**3. 案例解析**

【例 1-40】沿用【例 1-38】，2×19 年 1 月 12 日，A 公司收到预付款后发货。1 月 15 日，该行政单位发现设备质量不符合要求，将设备退回，并解除购货合同。1 月 20 日，A 公司将预付款退回，该行政单位应做如下会计处理。

财务会计：

借：银行存款　　　　　　　　　　　　　　　　　150 000

　　贷：预付账款——A 公司　　　　　　　　　　　150 000

预算会计：

借：资金结存——货币资金　　　　　　　　　　　150 000

　　贷：行政支出　　　　　　　　　　　　　　　　150 000

## 1.9.4　逾期无法收回的预付账款转为其他应收款

**1. 业务概述**

如果供应单位（或个人）由于经营困难等原因，导致无法履行原供应合同，并且也无法将预付款退回，则需进行核销。单位应当于每年年末，对预付账款进行全面检查。如果有确凿证据表明预付账款不再符合预付款项性质，或者因供应单位破产、撤销等原因可能无法收到所购货物、服务的，应当先将其转入其他应收款，再按照规定进行处理。

**2. 账务处理**

预付款无法退回，供应商也无法完成原合同规定义务的，将预付账款账面余额转入其他应收款时，财务会计应当借记"其他应收款"科目，贷记"预付账款"科目。预算会计不需要做账务处理。逾期无法收回的预付账款转为其他应收款的账务处理如表 1-40 所示。

表 1-40　　　　逾期无法收回的预付账款转为其他应收款的账务处理

| | 财务会计处理 | 预算会计处理 |
|---|---|---|
| 逾期无法收回的预付账款转为其他应收款 | 借：其他应收款<br>　　贷：预付账款 | — |

**3. 案例解析**

【例 1-41】沿用【例 1-38】，该行政单位预付 30% 的款项后，A 公司迟迟未发货。截至 2×23 年 3 月 31 日有确凿证据表明确实无法收到所购设备，也无法收回预付款，按照规定将其转为其他应收款。应做如下会计处理。

财务会计：

借：其他应收款　　　　　　　　　　　　　　　　150 000

　　贷：预付账款　　　　　　　　　　　　　　　　150 000

预算会计不需要做账务处理。

# 1.10　应收股利

详见"1.18 长期股权投资"。

# 1.11　应收利息

详见"1.19 长期债券投资"。

# 1.12　其他应收款

"其他应收款"科目用于核算行政事业单位除财政应返还额度、应收票据、应收账款、预付账款、应收股利、应收利息以外的其他各项应收及暂付款项，如职工预借的差旅费、已经偿还银行尚未报销的本单位公务卡欠款、拨付给内部有关部门的备用金、应向职工收取的各种垫付款项、支付的可以收回的订金或押金、应收的上级补助和附属单位上缴款项等。

## 1.12.1　发生暂付款项

### 1. 业务概述

职工预借的差旅费、偿还银行尚未报销的本单位公务卡欠款、应向职工收取的各种垫付款项以及支付的可以收回的订金或押金等都属于暂付款项，暂付款项发生时，单位需要先行垫付，等职工出差回来报销差旅费、报销单位公务卡欠款或者垫付款收回时，再进行其他应收款的核销。

除此之外，事业单位与其附属单位、被投资企业以及其隶属的上级单位（即关联单位）之间的资金往来也会形成其他应收款。一方面，事业单位为其关联单位垫支的职工工资、水电费、房租、住房公积金和福利费等各种费用属于暂付款，应当在"其他应收款"科目中核算；另一方面，事业单位应收的上级补助和附属单位上缴款以及被投资企业投资收益等属于其他应收款项，也应当在"其他应收款"科目中核算。

**2. 账务处理**

发生其他各种应收及暂付款项时，按照实际发生金额，财务会计应当借记"其他应收款"科目，贷记"零余额账户用款额度""银行存款""库存现金""上级补助收入""附属单位上缴收入"等科目。预算会计不需要做账务处理。涉及增值税业务的，相关账务处理参见"应交增值税"科目。收回其他各种应收及暂付款项时，按照收回的金额，财务会计应当借记"库存现金""银行存款"等科目，贷记"其他应收款"科目。预算会计不需要做账务处理。报销时，按照报销金额，财务会计应当借记"业务活动费用""单位管理费用"等科目，贷记"其他应收款"科目。预算会计应当借记"行政支出""事业支出"等有关科目，贷记"资金结存"科目。发生暂付款项的账务处理如表 1 – 41 所示。

表 1 – 41　　　　　　　　　发生暂付款项的账务处理

| | 财务会计处理 | 预算会计处理 |
|---|---|---|
| 暂付款项时 | 借：其他应收款<br>　　贷：银行存款/库存现金/零余额账户用款额度等 | — |
| 报销时 | 借：业务活动费用/单位管理费用等（实际报销金额）<br>　　贷：其他应收款 | 借：行政支出/事业支出等（实际报销金额）<br>　　贷：资金结存 |
| 收回暂付款项时 | 借：库存现金/银行存款等<br>　　贷：其他应收款 | — |

**3. 案例解析**

**【例 1 – 42】** 2×19 年 8 月 31 日，某行政单位为职工代垫房租和水电费 20 000 元。9 月 30 日，该行政单位从应付工资中扣除代垫款项。应做如下会计处理。

8 月 31 日，代垫房租和水电费时：

财务会计：

借：其他应收款 20 000

　　贷：银行存款 20 000

预算会计不需要做账务处理。

9月30日，从应付工资中扣除代垫款时：

财务会计：

借：应付工资薪酬 20 000

　　贷：其他应收款 20 000

预算会计：

借：行政支出 20 000

　　贷：资金结存——货币资金 20 000

## 1.12.2　发生其他各种应收款项

### 1. 业务概述及账务处理

发生其他各种应收及暂付款项时，按照实际发生金额，财务会计应当借记"其他应收款"科目，贷记"上级补助收入""附属单位上缴收入""其他收入"等科目。预算会计不需要做账务处理。涉及增值税业务的，相关账务处理参见"应交增值税"科目。

收回其他各种应收及暂付款项时，按照收回的金额，财务会计应当借记"库存现金""银行存款"等科目，贷记"其他应收款"科目。预算会计应当借记"资金结存——货币资金"科目，贷记"上级补助预算收入""附属单位上缴预算收入""其他预算收入"等有关科目。发生其他各种应收款项的账务处理如表1-42所示。

表1-42　　　　　　　　发生其他各种应收款项的账务处理

| | 财务会计处理 | 预算会计处理 |
|---|---|---|
| 确认其他应收款时 | 借：其他应收款<br>　　贷：上级补助收入/附属单位上缴收入/其他收入等 | — |
| 收到其他应收款项时 | 借：银行存款/库存现金等<br>　　贷：其他应收款 | 借：资金结存——货币资金<br>　　贷：上级补助预算收入/附属单位上缴预算收入/其他预算收入等 |

### 2. 案例解析

【例1-43】2×19年8月31日，某行政单位用上级补助收入为职工代垫房租和水电费 20 000 元。9 月 30 日，该行政单位收回该代垫款项。应做如下会计处理。

8 月 31 日，代垫房租和水电费时：

财务会计：

借：其他应收款　　　　　　　　　　　　　　　　　　20 000

　　贷：上级补助收入　　　　　　　　　　　　　　　　　　20 000

预算会计不需要做账务处理。

9 月 30 日，从应付工资中扣除代垫款时：

财务会计：

借：银行存款　　　　　　　　　　　　　　　　　　　20 000

　　贷：其他应收款　　　　　　　　　　　　　　　　　　　20 000

预算会计：

借：资金结存——货币资金　　　　　　　　　　　　　20 000

　　贷：上级补助预算收入　　　　　　　　　　　　　　　　20 000

## 1.12.3　拨付给内部有关部门的备用金

**1. 业务概述**

为了加强对单位现金的管理，大部分行政事业单位都制定了备用金管理制度。实行这种制度，通常是根据用款单位的实际需要，由财会部门会同有关用款单位核定备用金定额并拨付款项，同时规定单位内部实行备用金制度的，有关部门使用备用金以后应当及时到财务部门报销并补足备用金。

**2. 账务处理**

财务部门核定并发放备用金时，按照实际发放金额，财务会计应当借记"其他应收款"科目，贷记"库存现金"等科目。预算会计不需要做账务处理。根据报销金额用现金补足备用金定额时，财务会计应当借记"业务活动费用""单位管理费用"等有关科目，贷记"库存现金"等科目，报销数和拨补数都不再通过"其他应收款"科目核算。预算会计应当借记"行政支出""事业支出"等有关科目，贷记"资金结存——货币资金"科目。拨付给内部有关部门的备用金的账务处理如表 1 - 43 所示。

表 1 – 43　　　　　拨付给内部有关部门的备用金的账务处理

| | 财务会计处理 | 预算会计处理 |
|---|---|---|
| 财务部门核定并发放备用金时 | 借：其他应收款<br>　　贷：库存现金 | — |
| 根据报销数用现金补足备用金定额时 | 借：业务活动费用/单位管理费用等<br>　　贷：库存现金 | 借：行政支出/事业支出等<br>　　贷：资金结存——货币资金 |

**3．案例解析**

【例 1 – 44】某行政单位 2 月 1 日起实行备用金制度，由刘明负责管理备用金。管理部门的定额备用金核定为 3 000 元。2 月 15 日，刘明使用备用金购买办公用品 1 000 元，交来普通发票，财务用现金补足备用金。应做如下会计处理。

2 月 1 日，发放备用金时：

财务会计：

借：其他应收款——备用金　　　　　　　　　　　　　　3 000

　　贷：库存现金　　　　　　　　　　　　　　　　　　　3 000

预算会计不需要做账务处理。

2 月 15 日，补足备用金时：

财务会计：

借：业务活动费用　　　　　　　　　　　　　　　　　　1 000

　　贷：库存现金　　　　　　　　　　　　　　　　　　　1 000

预算会计：

借：行政支出　　　　　　　　　　　　　　　　　　　　1 000

　　贷：资金结存——货币资金　　　　　　　　　　　　　1 000

## 1.12.4　逾期无法收回的其他应收款

**1．业务概述**

行政事业单位逾期无法收回其他应收款核销时账务处理，可以参照应收账款相关的账务处理，首先应当区分事业单位和行政单位，前者需要使用备抵法，先计提坏账准备，再核销；而后者则使用直接核销法，将无法收回的其他应收款一次性核销。

**2．账务处理**

事业单位应当于每年年末，对其他应收款进行全面检查，如发生不能收回的迹象，应当先计提坏账准备。对于账龄超过规定年限、确认无法收回的其他应收款，按照规定报经批准后予以核销。按照核销金额，财务会计应当借记"坏账准备"科目，贷记"其他应收款"科目。行政单位应当于每年年末，对其他应收款进行全面检查。对于超过规定年限、确认无法收回的其他应收款，应当按照有关规定报经批准后予以核销。按照核销金额，财务会计应当借记"资产处置费用"科目，贷记"其他应收款"科目。无论事业单位还是行政单位，核销的其他应收款应在备查簿中保留登记。预算会计不需要做账务处理。

另外，已核销的其他应收款在以后期间又收回的，按照实际收回金额，事业单位财务会计应当借记"其他应收款"科目，贷记"坏账准备"科目；同时，借记"银行存款"等科目，贷记"其他应收款"科目。行政单位应当按照收回金额，财务会计应当借记"银行存款"等科目，贷记"其他收入"科目。事业单位和行政单位预算会计应当借记"资金结存——货币资金"科目，贷记"其他预算收入"科目。逾期无法收回的其他应收款的账务处理如表 1 – 44 所示。

表 1 – 44　　　　　逾期无法收回的其他应收款的账务处理

| | 财务会计处理 | 预算会计处理 |
| --- | --- | --- |
| 经批准核销时 | 借：坏账准备（事业单位）/资产处置费用（行政单位）<br>　　贷：其他应收款 | — |
| 已核销的其他应收款在以后期间收回 | 事业单位：<br>借：其他应收款<br>　　贷：坏账准备<br>借：银行存款等<br>　　贷：其他应收款<br>行政单位：<br>借：银行存款等<br>　　贷：其他收入 | 借：资金结存——货币资金<br>　　贷：其他预算收入 |

### 3．案例解析

【例 1 – 45】某事业单位估计 2 000 元的其他应收款中有 1 000 元无法收回，3 月 15 日经批准核销，其业务处理如下。

财务会计：

借：坏账准备　　　　　　　　　　　　　　　　　　　　　　　1 000

　　贷：其他应收款　　　　　　　　　　　　　　　　　　　　　　　1 000

预算会计不需要做账务处理。

4 月 15 日，该笔应收款全额收回，其业务处理如下。

财务会计：

借：银行存款              2 000

  贷：坏账准备            1 000

    其他应收款           1 000

预算会计：

借：资金结存——货币资金         2 000

  贷：其他预算收入          2 000

【例1-46】某行政单位预计1 000元的其他应付款无法收回，3月15日经批准核销，其业务处理如下。

财务会计：

借：资产处置费用            1 000

  贷：其他应收款           1 000

预算会计不需要做账务处理。

4月15日，该笔应收款全额收回，其业务处理如下。

财务会计：

借：银行存款              1 000

  贷：其他收入            1 000

预算会计：

借：资金结存——货币资金         1 000

  贷：其他预算收入          1 000

# 1.13 坏账准备

"坏账准备"科目核算事业单位对收回后不需上缴财政的应收账款和其他应收款提取的坏账准备。

## 1.13.1 年末全面分析不需上缴财政的应收账款和其他应收款

### 1. 业务概述

事业单位对收回后不需上缴财政的应收账款，采用备抵法，在每年年末，对收回后不需上缴财政的应收账款和其他应收款进行全面检查，分析其可收回性，如发生不能收回的迹象，对预计可能产生的坏账损失计提坏账准备、确认坏账损失。根据单位的具体规定，对于账龄超过一定年限并确认无法收回的应收账款，应当进行核销。

**2. 账务处理**

事业单位可以采用应收款项余额百分比法、账龄分析法、个别认定法等方法计提坏账准备。坏账准备计提方法一经确定，不得随意变更。如需变更，应当按照规定报经批准，并在财务报表附注中予以说明。当期应补提或冲减的坏账准备金额的计算公式如下：

当期应补提或冲减的坏账准备 = 按照期末应收账款和其他应收款计算应计提的坏账准备金额 – "坏账准备"科目期末贷方余额（或 + "坏账准备"科目期末借方余额）

按照期末应收账款和其他应收款计算应计提的坏账准备金额大于"坏账准备"科目期末贷方余额时，当期计提坏账准备，财务会计应当借记"其他费用"科目，贷记"坏账准备"科目。预算会计不需要做账务处理。按照期末应收账款和其他应收款计算应计提的坏账准备金额小于"坏账准备"科目期末贷方余额时，当期应冲减坏账准备，冲减坏账准备时，预算会计应当借记"坏账准备"科目，贷记"其他费用"科目。预算会计不需要做账务处理。年末全面分析不需上缴财政的应收账款和其他应收款的账务处理如表 1 – 45所示。

表 1 – 45　年末全面分析不需上缴财政的应收账款和其他应收款的账务处理

| | 财务会计处理 | 预算会计处理 |
| --- | --- | --- |
| 计提坏账准备，确认坏账损失 | 借：其他费用<br>　　贷：坏账准备 | — |
| 冲减坏账准备 | 借：坏账准备<br>　　贷：其他费用 | — |

**3. 案例解析**

【例 1 – 47】2 × 19 年，某事业单位根据应收款项余额百分比法计算出本年应计提的坏账准备金额为 25 000 元，"坏账准备"科目期末贷方余额为 20 000 元。则计提坏账准备的会计分录如下。

当期应补提的坏账准备 = 25 000 – 20 000 = 5 000（元）

财务会计：

借：其他费用——坏账损失　　　　　　　　　　　　5 000

　　贷：坏账准备　　　　　　　　　　　　　　　　　　5 000

预算会计不需要做账务处理。

### 1.13.2　逾期无法收回的应收账款和其他应收款

**1. 业务概述**

事业单位对收回后不需上缴财政的应收账款，采用备抵法，在每年年末，对收回后不需上缴财政的应收账款和其他应收款进行全面检查，分析其可收回性，如发生不能收回的迹象，对预计可能产生的坏账损失计提坏账准备、确认坏账损失。根据单位的具体规定，对于账龄超过一定年限并确认无法收回的应收账款，应当进行核销。

**2. 账务处理**

对于账龄超过规定年限并确认无法收回的应收账款、其他应收款，应当按照有关规定报经批准后，按照无法收回的金额，财务会计应当借记"坏账准备"科目，贷记"应收账款""其他应收款"科目。核销的应收账款应在备查簿中保留登记。预算会计不需要做账务处理。

已核销的应收账款、其他应收款在以后期间收回的，按照实际收回金额，财务会计应当借记"应收账款""其他应收款"科目，贷记"坏账准备"科目；同时，借记"银行存款"等科目，贷记"应收账款""其他应收款"科目。预算会计应当借记"资金结存——货币资金"等有关科目，贷记"非财政拨款结余"等有关科目。逾期无法收回的应收账款和其他应收款的账务处理如表1-46。

表 1-46　　　逾期无法收回的应收账款和其他应收款的账务处理

| | 财务会计处理 | 预算会计处理 |
|---|---|---|
| 报批后予以核销 | 借：坏账准备<br>　　贷：应收账款/其他应收款 | — |
| 已核销不需上缴财政的应收款项在以后期间收回 | 借：应收账款/其他应收款<br>　　贷：坏账准备<br>借：银行存款<br>　　贷：应收账款/其他应收款 | 借：资金结存——货币资金等<br>　　贷：非财政拨款结余等 |

# 1.14　在途物品

## 1.14.1　购入材料等物资

**1. 业务概述**

"在途物品"科目核算行政事业单位采购材料等物资时货款已付或已开出商

业汇票但尚未验收入库的在途物品的采购成本。"在途物品"科目可按照供应单位和物品种类进行明细核算。

**2. 账务处理**

行政事业单位购入材料等物品，按照确定的物品采购成本的金额，财务会计应当借记"在途物品"科目；按照实际支付的金额，贷记"财政拨款收入""零余额账户用款额度""银行存款"等科目。预算会计应当借记"行政支出""事业支出""经营支出"等科目，贷记"财政拨款预算收入""资金结存"科目。涉及增值税业务的，相关账务处理参见"应交增值税"科目。购入材料等物资的账务处理如表 1 - 47 所示。

表 1 - 47　　　　　　　　　购入材料等物资的账务处理

| | 财务会计处理 | 预算会计处理 |
| --- | --- | --- |
| 购入材料等物资，结算凭证收到货未到，款已付或已开出商业汇票 | 借：在途物品　　　　　　　贷：财政拨款收入/零余额账户用款额度/银行存款/应付票据等 | 借：行政支出/事业支出/经营支出等　　　贷：财政拨款预算收入/资金结存 |

**3. 案例解析**

【例 1 - 48】某事业单位 2×19 年 1 月 1 日购入物资，支付价款 30 000 元，结算凭证已收到，货仍在运输途中。其账务处理如下。

2×19 年 1 月 1 日。

财务会计：

借：在途物品 　　　　　　　　　　　　　　　　　 30 000

　　贷：银行存款 　　　　　　　　　　　　　　　　　 30 000

预算会计：

借：经营支出 　　　　　　　　　　　　　　　　　 30 000

　　贷：资金结存——货币资金 　　　　　　　　　　　 30 000

## 1.14.2　所购材料等物资验收入库

**1. 业务概述及账务处理**

所购材料等物品到达验收入库，按照确定的库存物品成本金额，财务会计应当借记"库存物品"科目；按照物品采购成本金额，贷记"在途物品"科目；按照使得入库物品达到目前场所和状态所发生的其他支出，贷记"银行存款"等科目。预算会计不需要做账务处理。所购材料等物资验收入库的账务处理如表 1 - 48 所示。

　　　　　　　　**所购材料等物资验收入库的账务处理**

|  | 财务会计处理 | 预算会计处理 |
|---|---|---|
| 所购材料等物资到达验收入库 | 借：库存物品<br>　贷：在途物品 | — |

**2．案例解析**

【例 1-49】 接【例 1-48】，单位 2×19 年 1 月 30 日，所购物资到达验收入库。其账务处理如下。

2×19 年 1 月 30 日。

财务会计：

借：库存物品　　　　　　　　　　　　　　　　　30 000

　　贷：在途物品　　　　　　　　　　　　　　　　　30 000

预算会计不需要做账务处理。

# 1.15　库存物品

"库存物品"科目核算行政事业单位在开展业务活动及其他活动中为耗用或出售而储存的各种材料、产品、包装物、低值易耗品，以及达不到固定资产标准的用具、装具、动植物等的成本。已完成的测绘、地质勘察、设计成果等的成本，也通过"库存物品"科目核算。

## 1.15.1　取得库存物品

**1．业务概述**

取得的库存物品，应当按照其取得时的成本入账。

**2．账务处理**

（1）外购的库存物品验收入库，按照确定的成本，财务会计应当借记"库存物品"科目，贷记"财政拨款收入""财政应返还额度""零余额账户用款额度""银行存款""应付账款""在途物品"等科目。预算会计应当借记"行政支出""事业支出""经营支出"等有关科目，贷记"财政拨款预算收入""资金结存"科目。涉及增值税业务的，相关账务处理参见"应交增值税"科目。

（2）自制的库存物品加工完成并验收入库，按照确定的成本，财务会计应当借记"库存物品"科目，贷记"加工物品——自制物品"科目。预算会计不需要做账务处理。

（3）委托外单位加工收回的库存物品验收入库，按照确定的成本，财务会计应当借记"库存物品"科目，贷记"加工物品——委托加工物品"等科目。预算会计不需要做账务处理。

（4）接受捐赠的库存物品验收入库，按照确定的成本，财务会计应当借记"库存物品"科目，按照发生的相关税费、运输费等，贷记"银行存款"等科目，按照其差额，贷记"捐赠收入"科目。预算会计应当按照实际支付的相关税费，借记"其他支出"科目，贷记"资金结存"科目。

接受捐赠的库存物品按照名义金额入账的，按照名义金额，财务会计应当借记"库存物品"科目，贷记"捐赠收入"科目。预算会计不需要做账务处理。同时，按照发生的相关税费、运输费等，财务会计应当借记"其他费用"科目，贷记"银行存款"等科目。预算会计应当借记"其他支出"科目，贷记"资金结存"科目。

（5）无偿调入的库存物品验收入库，按照确定的成本，财务会计应当借记"库存物品"科目，按照发生的相关税费、运输费等，贷记"银行存款"等科目，按照其差额，贷记"无偿调拨净资产"科目。预算会计应当按照实际支付的相关税费，借记"其他支出"科目，贷记"资金结存"科目。

（6）置换换入的库存物品验收入库，按照确定的成本，财务会计应当借记"库存物品"科目；按照换出资产的账面余额，贷记相关资产科目（换出资产为固定资产、无形资产的，还应当借记"固定资产累计折旧""无形资产累计摊销"科目）；按照置换过程中发生的其他相关支出，贷记"银行存款"等科目；按照借贷方差额，借记"资产处置费用"科目或贷记"其他收入"科目。预算会计应当按照实际支付的其他相关支出，借记"其他支出"科目，贷记"资金结存"科目。涉及补价的，分别以下情况处理。

①支付补价的，按照确定的成本，财务会计应当借记"库存物品"科目；按照换出资产的账面余额，贷记相关资产科目（换出资产为固定资产、无形资产的，还应当借记"固定资产累计折旧""无形资产累计摊销"科目）；按照支付的补价和置换过程中发生的其他相关支出，贷记"银行存款"等科目；按照借贷方差额，借记"资产处置费用"科目或贷记"其他收入"科目。预算会计应当按照实际支付的补价和其他相关支出，借记"其他支出"科目，贷记"资金结存"科目。

②收到补价的，按照确定的成本，财务会计应当借记"库存物品"科目；按照收到的补价，财务会计应当借记"银行存款"等科目；按照换出资产的账面余额，贷记相关资产科目（换出资产为固定资产、无形资产的，还应当借记"固定

资产累计折旧""无形资产累计摊销"科目）；按照置换过程中发生的其他相关支出，贷记"银行存款"等科目；按照补价扣减其他相关支出后的净收入，贷记"应缴财政款"科目；按照借贷方差额，借记"资产处置费用"科目或贷记"其他收入"科目。预算会计应当按照其他相关支出大于收到的补价的差额，借记"其他支出"科目，贷记"资金结存"科目。取得库存物品的账务处理如表 1 - 49 所示。

**表 1 - 49　　　　　　　　　　取得库存物品的账务处理**

| | 财务会计处理 | 预算会计处理 |
|---|---|---|
| 外购的库存物品验收入库 | 借：库存物品<br>　　贷：财政拨款收入/财政应返还额度/零余额账户用款额度/银行存款/应付账款等 | 借：行政支出/事业支出/经营支出等<br>　　贷：财政拨款预算收入/资金结存 |
| 自制的库存物品加工完成、验收入库 | 借：库存物品——相关明细科目<br>　　贷：加工物品——自制物品 | — |
| 委托外单位加工收回的库存物品 | 借：库存物品——相关明细科目<br>　　贷：加工物品——委托加工物品 | — |
| 置换换入的库存物品 | 借：库存物品（换出资产评估价值＋其他相关支出）<br>　　固定资产累计折旧/无形资产累计摊销<br>　　资产处置费用（借差）<br>　　贷：库存物品/固定资产/无形资产等（账面余额）<br>　　　　银行存款等（其他相关支出）<br>　　　　其他收入（贷差） | 借：其他支出（实际支付的其他相关支出）<br>　　贷：资金结存 |
| 涉及补价的：<br>①支付补价的 | 借：库存物品（换出资产评估价值＋其他相关支出＋补价）<br>　　固定资产累计折旧/无形资产累计摊销<br>　　资产处置费用（借差）<br>　　贷：库存物品/固定资产/无形资产等（账面余额）<br>　　　　银行存款等（其他相关支出＋补价）<br>　　　　其他收入（贷差） | 借：其他支出（实际支付的补价和其他相关支出）<br>　　贷：资金结存 |
| ②收到补价的 | 借：库存物品（换出资产评估价值＋其他相关支出－补价）<br>　　银行存款等（补价）<br>　　固定资产累计折旧/无形资产累计摊销<br>　　资产处置费用（借差）<br>　　贷：库存物品/固定资产/无形资产等（账面余额）<br>　　　　银行存款等（其他相关支出）<br>　　　　应缴财政款（补价－其他相关支出）<br>　　　　其他收入（贷差） | 借：其他支出（其他相关支出大于收到的补价的差额）<br>　　贷：资金结存 |

续表

| | 财务会计处理 | 预算会计处理 |
|---|---|---|
| 接受捐赠的库存物品 | 借：库存物品（按照确定的成本）<br>　贷：银行存款等（相关税费）<br>　　　捐赠收入 | 借：其他支出（实际支付的相关税费）<br>　贷：资金结存 |
| 无偿调入的库存物品 | 借：库存物品（按照确定的成本）<br>　贷：银行存款等（相关税费）<br>　　　无偿调拨净资产 | 借：其他支出（实际支付的相关税费）<br>　贷：资金结存 |
| 按照名义金额入账的接收捐赠、无偿调入的库存物品及发生的相关税费、运输费等 | 借：库存物品（名义金额）<br>　贷：捐赠收入（接受捐赠）/无偿调拨净资产（无偿调入）<br>借：其他费用<br>　贷：银行存款等 | 借：其他支出<br>　贷：资金结存 |

### 3. 案例解析

【例 1-50】某行政单位购入材料 80 000 元，当日收到材料并验收合格入库，应做如下会计处理。

若价款使用财政授权支付方式支付，收到材料并验收入库时：

财务会计：

借：库存物品　　　　　　　　　　　　　　　　　80 000

　　贷：零余额账户用款额度　　　　　　　　　　　　80 000

预算会计：

借：行政支出　　　　　　　　　　　　　　　　　80 000

　　贷：资金结存——零余额账户用款额度　　　　　　80 000

【例 1-51】2×19 年 1 月 5 日，某事业单位委托 C 公司加工材料一批，发出甲材料 200 000 元。1 月 7 日，支付加工费用和相关运输费月共计 100 000 元。3 月 10 日，材料加工完毕为乙材料，并验收入库。应做如下会计处理。

1 月 5 日，发出材料时：

财务会计：

借：加工物品——委托加工物品　　　　　　　　　200 000

　　贷：库存物品——甲材料　　　　　　　　　　　200 000

预算会计不需要做账务处理。

1 月 7 日，支付加工费用和相关运输费用时：

财务会计：

借：加工物品——委托加工物品　　　　　　　　　100 000

　　贷：零余额账户用款额度　　　　　　　　　　　100 000

预算会计：

借：经营支出　　　　　　　　　　　　　　　　　100 000

　　贷：资金结存——零余额账户用款额度　　　　　　100 000

3月10日，材料加工完毕验收入库时：

财务会计：

借：库存物品——乙材料　　　　　　　　　　　　300 000

　　贷：加工物品——委托加工物品　　　　　　　　　300 000

预算会计不需要做账务处理。

【例1-52】某行政单位用两台旧设备置换换入一批材料，换出旧设备的原价为500 000元，已提折旧300 000元，评估价值为200 000元。置换换出旧设备收到补价50 000元，当日收到材料并验收入库。应做如下会计处理。

财务会计：

借：库存物品　　　　　　　　　　　　　　　　　150 000

　　固定资产累计折旧　　　　　　　　　　　　　　300 000

　　银行存款　　　　　　　　　　　　　　　　　　50 000

　　贷：固定资产　　　　　　　　　　　　　　　　500 000

预算会计不需要做账务处理。

【例1-53】某单位收到上级无偿调入的库存物品，发票上注明价值共计100 000元，支付相关税费和运输费5 000元，收到材料当天验收入库，应做如下会计处理。

财务会计：

借：库存物品　　　　　　　　　　　　　　　　　105 000

　　贷：银行存款　　　　　　　　　　　　　　　　　5 000

　　　　无偿调拨净资产　　　　　　　　　　　　　100 000

预算会计：

借：其他支出　　　　　　　　　　　　　　　　　　5 000

　　贷：资金结存　　　　　　　　　　　　　　　　　5 000

【例1-54】某行政单位接受B公司的捐赠材料一批，发票上注明价值共计100 000元，并使用银行存款支付运输费5 000元，收到材料当天验收入库，应做如下会计处理。

财务会计：

借：库存物品　　　　　　　　　　　　　　　　　105 000

　　　　　贷：银行存款　　　　　　　　　　　　　　　　　　　　5 000

　　　　　　　　捐赠收入　　　　　　　　　　　　　　　　　　100 000

　　　预算会计：

　　　借：其他支出　　　　　　　　　　　　　　　　　　　　　5 000

　　　　　贷：资金结存——货币资金　　　　　　　　　　　　　5 000

## 1.15.2　发出库存物品

### 1. 业务概述

　　行政事业单位开展业务活动等领用、按照规定自主出售或加工物品发出库存物品，在领用、发出库存物品时，应当根据实际情况采用先进先出法、加权平均法或者个别计价法确定发出存货的实际成本。计价方法一经确定，不得随意变更。

### 2. 账务处理

　　（1）行政事业单位开展业务活动等领用、按照规定自主出售发出或加工发出库存物品，按照领用、出售等发出物品的实际成本，财务会计应当借记"业务活动费用""单位管理费用""经营费用""加工物品"等科目，贷记"库存物品"科目。预算会计不需要做账务处理。

　　采用一次转销法摊销低值易耗品、包装物的，在首次领用时将其账面余额一次性摊销计入有关成本费用，借记有关科目，贷记"库存物品"科目。

　　采用五五摊销法摊销低值易耗品、包装物的，首次领用时，将其账面余额的50%摊销计入有关成本费用，借记有关科目，贷记"库存物品"科目；使用完时，将剩余的账面余额转销计入有关成本费用，借记有关科目，贷记"库存物品"科目。

　　（2）经批准对外出售的库存物品（不含可自主出售的库存物品）发出时，按照库存物品的账面余额，财务会计应当借记"资产处置费用"科目，贷记"库存物品"科目；同时，按照收到的价款，借记"银行存款"等科目，按照处置过程中发生的相关费用，贷记"银行存款"等科目，按照其差额，贷记"应缴财政款"科目。

　　（3）经批准对外捐赠的库存物品发出时，按照库存物品的账面余额和对外捐赠过程中发生的归属于捐出方的相关费用合计数，财务会计应当借记"资产处置费用"科目，按照库存物品账面余额，贷记"库存物品"科目，按照对外捐赠过程中发生的归属于捐出方的相关费用，贷记"银行存款"等科目。预算会计应当按照实际支付的相关费用借记"其他支出"科目，贷记"资金结存"科目。

（4）经批准无偿调出的库存物品发出时，按照库存物品的账面余额，财务会计应当借记"无偿调拨净资产"科目，贷记"库存物品"科目；同时，按照无偿调出过程中发生的归属于调出方的相关费用，借记"资产处置费用"科目，贷记"银行存款"等科目。预算会计应当按照实际支付的相关费用借记"其他支出"科目，贷记"资金结存"科目。

（5）经批准置换换出的库存物品，参照"库存物品"科目有关置换换入库存物品的规定进行账务处理。

发出库存物品的账务处理如表1－50所示。

表1－50　　　　　　　发出库存物品的账务处理

| | 财务会计处理 | 预算会计处理 |
|---|---|---|
| 开展业务活动、按照规定自主出售或加工物品等领用、发出库存物品时 | 借：业务活动费用/单位管理费用/经营费用/加工物品等<br>　　贷：库存物品（按照领用、发出成本） | — |
| 经批准对外捐赠的库存物品发出时 | 借：资产处置费用<br>　　贷：库存物品（账面余额）<br>　　　　银行存款（归属于捐出方的相关费用） | 借：其他支出（实际支付的相关费用）<br>　　贷：资金结存 |
| 经批准无偿调出的库存物品发出时 | 借：无偿调拨净资产<br>　　贷：库存物品（账面余额）<br>借：资产处置费用<br>　　贷：银行存款等（归属于调出方的相关费用） | 借：其他支出（实际支付的相关费用）<br>　　贷：资金结存 |
| 经批准对外出售的库存物品（不含可自主出售的库存物品）发出时 | 借：资产处置费用<br>　　贷：库存物品（账面余额）<br>借：银行存款等（收到的价款）<br>　　贷：银行存款等（发生的相关税费）<br>　　　　应缴财政款 | — |
| 经批准置换换出的库存物品 | 参照置换换入"库存物品"的处理 | — |

**3．案例解析**

【例1－55】某单位为开展业务活动领用材料一批，价值50 000元，应做如下会计处理。

财务会计：

借：业务活动费用　　　　　　　　　　　　　　　　　　50 000

　　贷：库存物品　　　　　　　　　　　　　　　　　　　　50 000

预算会计不需要做账务处理。

【例 1 - 56】　某单位向西南小学捐赠图书，该批图书价值 100 000 元，并用银行存款支付运输费 2 000 元，应做如下会计处理。

财务会计：

借：资产处置费用　　　　　　　　　　　　　　　　　　102 000

　　贷：库存物品——图书　　　　　　　　　　　　　　　100 000

　　　　银行存款　　　　　　　　　　　　　　　　　　　2 000

预算会计：

借：其他支出　　　　　　　　　　　　　　　　　　　　2 000

　　贷：资金结存——货币资金　　　　　　　　　　　　　2 000

【例 1 - 57】　某单位向下级无偿调出库存物品一批，发票上注明价值共计 100 000 元，并用银行存款支付相关费用 2 000 元，应做如下会计处理。

财务会计：

借：无偿调拨净资产　　　　　　　　　　　　　　　　　100 000

　　贷：库存物品　　　　　　　　　　　　　　　　　　　100 000

借：资产处置费用　　　　　　　　　　　　　　　　　　2 000

　　贷：银行存款　　　　　　　　　　　　　　　　　　　2 000

预算会计：

借：其他支出　　　　　　　　　　　　　　　　　　　　2 000

　　贷：资金结存——货币资金　　　　　　　　　　　　　2 000

【例 1 - 58】　某单位经批准将一批材料出售（非自主出售），材料成本为 50 000 元，售价为 60 000 元，应做如下会计处理。

财务会计：

借：资产处置费用　　　　　　　　　　　　　　　　　　50 000

　　贷：库存物品　　　　　　　　　　　　　　　　　　　50 000

借：银行存款　　　　　　　　　　　　　　　　　　　　60 000

　　贷：应缴财政款　　　　　　　　　　　　　　　　　　60 000

预算会计不需要做账务处理。

### 1.15.3 库存物品定期盘点及毁损、报废

**1．业务概述**

行政事业单位应当定期对库存物品进行清查盘点，每年至少盘点一次。对于发生的库存物品盘盈、盘亏或者报废、毁损，应当先计入"待处理财产损溢"科目，按照规定报经批准后及时进行后续账务处理。

**2．账务处理**

（1）盘盈的库存物品，其成本按照有关凭据注明的金额确定；没有相关凭据但按照规定经过资产评估的，其成本按照评估价值确定；没有相关凭据也未经过评估的，其成本按照重置成本确定。如无法采用上述方法确定盘盈的库存物品成本的，按照名义金额入账。

盘盈的库存物品，按照确定的入账成本，财务会计应当借记"库存物品"科目，贷记"待处理财产损溢"科目。预算会计不需要做账务处理。

（2）盘亏或者毁损、报废的库存物品，按照待处理库存物品的账面余额，财务会计应当借记"待处理财产损溢"科目，贷记"库存物品"科目。预算会计不需要做账务处理。

属于增值税一般纳税人的单位，若因非正常原因导致的库存物品盘亏或者毁损，还应当将与该库存物品相关的增值税进项税额转出，按照其增值税进项税额，财务会计应当借记"待处理财产损溢"科目，贷记"应交增值税——应交税金（进项税额转出）"科目。预算会计不需要做账务处理。库存物品定期盘点及毁损、报废的账务处理如表1–51所示。

表1–51　　库存物品定期盘点及毁损、报废的账务处理

| | 财务会计处理 | 预算会计处理 |
|---|---|---|
| 盘盈的库存物品 | 借：库存物品<br>　　贷：待处理财产损溢 | — |
| 盘亏或者毁损、报废的库存物品转入待处理资产 | 借：待处理财产损溢<br>　　贷：库存物品（账面余额） | — |
| 增值税一般纳税人购进的非自用材料发生盘亏或毁损、报废的 | 借：待处理财产损溢<br>　　贷：应交增值税——应交税金（进项税额转出） | — |

**3．案例解析**

【例1–59】某单位拥有甲、乙和丙3种材料，丙材料为非自用材料，增值税税率为13%。2×19年6月30日，该单位进行存货盘点，发生如下业务。

（1）盘盈甲材料，价值 500 元。

财务会计：

借：库存物品——甲材料　　　　　　　　　　　　　　　500

　　贷：待处理财产损溢　　　　　　　　　　　　　　　　500

预算会计不需要做账务处理。

（2）盘点过程中，发现乙材料短缺，短缺的乙材料账面价值为 300 元。

财务会计：

借：待处理财产损溢　　　　　　　　　　　　　　　　　300

　　贷：库存物品——乙材料　　　　　　　　　　　　　　300

预算会计不需要做账务处理。

（3）盘点过程中，发现丙材料毁损，丙材料毁损账面价值为 200 元。

财务会计：

借：待处理财产损溢　　　　　　　　　　　　　　　　　226

　　贷：库存物品——丙材料　　　　　　　　　　　　　　200

　　　　应交增值税——应交税金（进项税额转出）　　　　 26

预算会计不需要做账务处理。

# 1.16　加工物品

　　政府会计主体不设置成本类科目，但是设置了"加工物品"科目核算行政事业单位自制或委托外单位加工的各种物品的实际成本。此外一些无形的生产成果的实际成本，例如未完成的测绘、地质勘察、设计成果的实际成本，也在"加工物品"中核算。

## 1.16.1　自制物品

### 1. 业务概述

　　自行加工的存货，其成本包括物料与人工两部分，具体来说包括耗用的直接材料费用、发生的直接人工费用和按照一定方法分配的与存货加工有关的间接费用。间接费用的归集与分配参照企业生产成本中间接费用的归集与分配，但是政府会计主体不设置成本类科目，因此直接材料、直接人工和间接费用直接归集到不同的加工物品中，构成加工物品的成本。待验收入库后，加工物品的成本再转入库存物品。

**2. 账务处理**

（1）为自制物品领用材料时，按照材料成本，财务会计应当借记"加工物品——自制物品（直接材料）"科目，贷记"库存物品"科目。预算会计不需要做账务处理。

（2）专门从事物资制造的人员发生的直接人工费用，按照实际发生的金额，财务会计应当借记"加工物品——自制物品（直接人工）"科目，贷记"应付职工薪酬"科目。预算会计不需要做账务处理。

（3）为自制物品发生的其他直接费用，按照实际发生的金额，财务会计应当借记"加工物品——自制物品（其他直接费用）"科目，贷记"财政拨款收入""零余额账户用款额度""银行存款"等科目；为自制物品发生的间接费用，按照实际发生的金额，借记"加工物品——自制物品（间接费用）"科目，贷记"零余额账户用款额度""银行存款""应付职工薪酬""固定资产累计折旧""无形资产累计摊销"等科目。预算会计应当按实际支付金额借记"事业支出""经营支出"等有关科目，贷记"财政拨款预算收入""资金结存"科目。

间接费用一般按照生产人员工资、生产人员工时、机器工时、耗用材料的数量或成本、直接费用（直接材料和直接人工）或产品产量等进行分配。单位可根据具体情况自行选择间接费用的分配方法。分配方法一经确定，不得随意变更。

（4）已经制造完成并验收入库的物品，按照所发生的实际成本（包括耗用的直接材料费用、直接人工费用、其他直接费用和分配的间接费用），财务会计应当借记"库存物品"科目，贷记"加工物品——自制物品（直接材料、直接人工、其他直接费用、间接费用）"科目。预算会计不需要做账务处理。

自制物品的账务处理如表 1-52 所示。

表 1-52　　　　　　　　　自制物品的账务处理

|  | 财务会计处理 | 预算会计处理 |
|---|---|---|
| 为自制物品领用材料 | 借：加工物品——自制物品（直接材料）<br>　　贷：库存物品（相关明细科目） | — |
| 专门从事物资制造的人员发生的直接人工费用 | 借：加工物品——自制物品（直接人工）<br>　　贷：应付职工薪酬 | — |
| 为自制物品发生的其他直接费用和间接费用 | 借：加工物品——自制物品（其他直接费用、间接费用）<br>　　贷：财政拨款收入/零余额账户用款额度/银行存款等 | 借：事业支出/经营支出等（实际支付金额）<br>　　贷：财政拨款预算收入/资金结存 |

续表

| | 财务会计处理 | 预算会计处理 |
|---|---|---|
| 自制加工完成、验收入库 | 借：库存物品（相关明细科目）<br>　　贷：加工物品——自制物品（直接材料、直接人工、其他直接费用、间接费用） | — |

**3. 案例解析**

【例 1－60】2×19 年 6 月 1 日，某事业单位自行加工材料一批，领用甲材料 200 000 元。7 月 1 日，发生直接人工费用共计 100 000 元，为自制物品发生其他费用 50 000 元。7 月 10 日，材料加工完毕为乙材料，并验收入库。应做如下会计处理。

2×19 年 6 月 1 日。

财务会计：

借：加工物品——自制物品　　　　　　　　　　200 000

　　贷：库存物品——甲材料　　　　　　　　　　　200 000

预算会计不需要做账务处理。

2×19 年 7 月 1 日。

财务会计：

借：加工物品——自制物品　　　　　　　　　　100 000

　　贷：应付职工薪酬　　　　　　　　　　　　　100 000

借：加工物品——自制物品　　　　　　　　　　 50 000

　　贷：银行存款　　　　　　　　　　　　　　　 50 000

预算会计：

借：经营支出　　　　　　　　　　　　　　　　 50 000

　　贷：资金结存——货币资金　　　　　　　　　 50 000

2×19 年 7 月 10 日。

财务会计：

借：库存物品——乙材料　　　　　　　　　　　350 000

　　贷：加工物品——自制物品　　　　　　　　　350 000

预算会计不需要做账务处理。

## 1.16.2 委托加工物品

**1. 业务概述**

委托加工的物品，应当将委托加工所用的物料、委托加工的成本（如委托加工费以及按规定应计入委托加工物品成本的相关税费等）以及使物品达到目前场所和状态所发生的归属于物品成本的其他支出先计入加工物品的成本，待验收入库后，再转入库存物品。

**2. 账务处理**

（1）发给外单位加工的材料等，按照其实际成本，财务会计应当借记"加工物品——委托加工物品"科目，贷记"库存物品"科目。预算会计不需要做账务处理。

（2）支付加工费、运输费等费用，按照实际支付的金额，财务会计应当借记"加工物品——委托加工物品"科目，贷记"财政拨款收入""零余额账户用款额度""银行存款"等科目。涉及增值税业务的，相关账务处理参见"应交增值税"科目。预算会计应当借记"行政支出""事业支出""经营支出"等有关科目，贷记"财政拨款预算收入""资金结存"科目。

（3）委托加工完成的物品等验收入库，按照加工前发出材料的成本和加工、运输成本等，财务会计应当借记"库存物品"等科目，贷记"加工物品——委托加工物品"科目。预算会计不需要做账务处理。

委托加工物品的账务处理如表1-53所示。

表1-53　　　　　　　　委托加工物品的账务处理

| | 财务会计处理 | 预算会计处理 |
|---|---|---|
| 发给外单位加工的材料 | 借：加工物品——委托加工物品<br>　贷：库存物品（相关明细科目） | — |
| 支付加工费用等 | 借：加工物品——委托加工物品<br>　贷：财政拨款收入/零余额账户用款额度/银行存款等 | 借：行政支出/事业支出/经营支出等<br>　贷：财政拨款预算收入/资金结存 |
| 委托加工完成的物品验收入库 | 借：库存物品（相关明细科目）<br>　贷：加工物品——委托加工物品 | — |

**3. 案例解析**

【例1-61】2×19年1月5日，某事业单位委托C公司加工材料一批，发出甲材料200 000元。1月7日，支付加工费用和相关运输费用共计100 000

元。3 月 10 日，材料加工完毕为乙材料，并验收入库。应做如下会计处理。

1 月 5 日，发出材料时：

财务会计：

借：加工物品——委托加工物品                      200 000

　　贷：库存物品——甲材料                          200 000

预算会计不需要做账务处理。

1 月 7 日，支付加工费用和相关运输费用时：

财务会计：

借：加工物品——委托加工物品                      100 000

　　贷：零余额账户用款额度                         100 000

预算会计：

借：经营支出                                      100 000

　　贷：资金结存——零余额账户用款额度             100 000

3 月 10 日，材料加工完毕验收入库时：

财务会计：

借：库存物品——乙材料                            300 000

　　贷：加工物品——委托加工物品                   300 000

预算会计不需要做账务处理。

# 1.17  待摊费用

摊销期限在 1 年以上的租入固定资产改良支出和其他费用，应当通过"长期待摊费用"科目核算，不通过"待摊费用"科目核算。

## 1.17.1  发生待摊费用

**1. 业务概述**

"待摊费用"科目核算行政事业单位已经支付，但应当由本期和以后各期分别负担的分摊期在 1 年以内（含 1 年）的各项费用，如预付航空保险费、预付租金等。

**2. 账务处理**

发生待摊费用时，按照实际预付的金额，财务会计应当借记"待摊费用"科目，贷记"财政拨款收入""零余额账户用款额度""银行存款"等科目。预算会计应当借记"行政支出""事业支出""经营支出"等有关科目，贷记"财政拨款预算收入""资金结存"科目。发生待摊费用的账务处理如表 1 – 54 所示。

表 1 – 54　　　　　　　　发生待摊费用的账务处理

| | 财务会计处理 | 预算会计处理 |
|---|---|---|
| 发生待摊费用时 | 借：待摊费用<br>　　贷：财政拨款收入/零余额账户用款额度/银行存款等 | 借：行政支出/事业支出等<br>　　贷：财政拨款预算收入/资金结存 |

### 3．案例解析

【例 1 – 62】某事业单位 2×19 年 3 月 1 日向 A 公司租赁一间房屋作为仓库，当日以银行存款支付了 1 年的房租 12 000 元。

财务会计：

借：待摊费用　　　　　　　　　　　　　　　　12 000

　　贷：银行存款　　　　　　　　　　　　　　　　12 000

预算会计：

借：事业支出　　　　　　　　　　　　　　　　12 000

　　贷：资金结存——货币资金　　　　　　　　　　12 000

## 1.17.2　按照收益期限分期平均摊销

### 1．业务概述

待摊费用应当在其受益期限内分期平均摊销，如预付航空保险费应在保险期的有效期内、预付租金应在租赁期内分期平均摊销，计入当期费用。

### 2．账务处理

按照受益期限分期平均摊销时，按照每期摊销金额，财务会计应当借记"业务活动费用""单位管理费用""经营费用"等科目，贷记"待摊费用"科目。预算会计不需要做账务处理。按照收益期限分期平均摊销的账务处理如表 1 – 55 所示。

表 1 – 55　　　　　　按照收益期限分期平均摊销的账务处理

| | 财务会计处理 | 预算会计处理 |
|---|---|---|
| 按照受益期限分期平均摊销时 | 借：业务活动费用/单位管理费用/经营费用等<br>　　贷：待摊费用（每期摊销金额） | — |

### 3．案例解析

【例 1 – 63】接【例 1 – 62】，该事业单位以后每月按照收益期限分期平均摊销。应做如下会计处理。

2×19 年 3 月 31 日。

财务会计：

借：业务活动费用　　　　　　　　　　　　　　　　　　1 000

　　贷：待摊费用　　　　　　　　　　　　　　　　　　　1 000

预算会计不需要做账务处理。

## 1.17.3　将摊余金额一次全部转入当期费用

### 1．业务概述

如果某项待摊费用已经不能使单位受益，应当将其摊余金额一次全部转入当期费用。

### 2．账务处理

按照摊销金额，财务会计应当借记"业务活动费用""单位管理费用""经营费用"等科目，贷记"待摊费用"科目。预算会计不需要做账务处理。将摊余金额一次全部转入当期费用的账务处理如表 1 – 56 所示。

表 1 – 56　　　　将摊余金额一次全部转入当期费用的账务处理

| | 财务会计处理 | 预算会计处理 |
| --- | --- | --- |
| 将摊余金额一次全部转入当期费用时 | 借：业务活动费用/单位管理费用/经营费用等<br>　　贷：待摊费用（全部未摊销金额） | — |

### 3．案例解析

【例 1 – 64】接【例 1 – 63】，2×19 年 8 月 31 日，该事业单位因情况发生变化不再需要使用租赁的该房屋。应做如下会计处理。

财务会计：

借：业务活动费用　　　　　　　　　　　　　　　　　　6 000

　　贷：待摊费用　　　　　　　　　　　　　　　　　　　6 000

预算会计不需要做账务处理。

# 1.18　长期股权投资

"长期股权投资"科目核算事业单位按照规定取得的，持有时间超过 1 年

（不含 1 年）的股权性质的投资。

## 1.18.1 取得长期股权投资

**1. 业务概述**

长期股权投资在取得时，应当按照其实际成本作为初始投资成本。

**2. 账务处理**

（1）以现金取得的长期股权投资，按照确定的投资成本，财务会计应当借记"长期股权投资"科目或"长期股权投资——成本"科目；按照支付的价款中包含的已宣告但尚未发放的现金股利或利润，借记"应收股利"科目；按照实际支付的全部价款，贷记"银行存款"等科目。预算会计应当按照实际支付的价款借记"投资支出"科目，贷记"资金结存——货币资金"科目。

实际收到取得投资时所支付价款中包含的已宣告但尚未发放的现金股利或利润时，财务会计应当借记"银行存款"科目，贷记"应收股利"科目。预算会计应当借记"资金结存——货币资金"科目，贷记"投资支出"等科目。

（2）以现金以外的其他资产置换取得的长期股权投资，参照"库存物品"科目中置换取得库存物品的相关规定进行账务处理。

（3）以未入账的无形资产取得的长期股权投资，按照评估价值加相关税费作为投资成本，财务会计应当借记"长期股权投资"科目；按照发生的相关税费，贷记"银行存款""其他应交税费"等科目；按其差额，贷记"其他收入"科目。预算会计应当按照支付的相关税费借记"其他支出"科目，贷记"资金结存"科目。

（4）接受捐赠的长期股权投资，按照确定的投资成本，财务会计应当借记"长期股权投资"科目或"长期股权投资——成本"科目；按照发生的相关税费，贷记"银行存款"等科目；按照其差额，贷记"捐赠收入"科目。预算会计应当按照支付的相关税费借记"其他支出"科目，贷记"资金结存"科目。

（5）无偿调入的长期股权投资，按照确定的投资成本，财务会计应当借记"长期股权投资"科目或"长期股权投资——成本"科目；按照发生的相关税费，贷记"银行存款"等科目；按照其差额，贷记"无偿调拨净资产"科目。预算会计应当按照支付的相关税费借记"其他支出"科目，贷记"资金结存"科目。

取得长期股权投资的账务处理如表 1－57 所示。

**表 1 - 57　　　　　　取得长期股权投资的账务处理**

| | 财务会计处理 | 预算会计处理 |
|---|---|---|
| 以现金取得的长期股权投资 | 借：长期股权投资——成本/长期股权投资<br>　　应收股利（实际支付价款中包含的已宣告但尚未发放的股利或利润）<br>　　贷：银行存款等（实际支付的价款） | 借：投资支出（实际支付的价款）<br>　　贷：资金结存——货币资金 |
| 收到取得投资时实际支付价款中所包含的已宣告但尚未发放的股利或利润时 | 借：银行存款<br>　　贷：应收股利 | 借：资金结存——货币资金<br>　　贷：投资支出等 |
| 以现金以外的其他资产置换取得长期股权投资 | 参照"库存物品"科目中置换取得库存物品的账务处理 | |
| 以未入账的无形资产取得的长期股权投资 | 借：长期股权投资<br>　　贷：银行存款/其他应交税费<br>　　　　其他收入 | 借：其他支出（支付的相关税费）<br>　　贷：资金结存 |
| 接受捐赠的长期股权投资 | 借：长期股权投资——成本/长期股权投资<br>　　贷：银行存款等（相关税费）<br>　　　　捐赠收入 | 借：其他支出（支付的相关税费）<br>　　贷：资金结存 |
| 无偿调入的长期股权投资 | 借：长期股权投资<br>　　贷：无偿调拨净资产<br>　　　　银行存款等（相关税费） | 借：其他支出（支付的相关税费）<br>　　贷：资金结存 |

### 3．案例解析

（1）以现金取得的长期股权投资

【例 1 - 65】2×19 年 6 月 20 日，某事业单位以 1 500 万元购入乙公司 10%的股权，其中包含已宣告但未发放的股利 20 万元，2×19 年 9 月 20 日该事业单位收到未发放股利 20 万元。该业务的账务处理如下。

2×19 年 6 月 20 日。

财务会计：

借：长期股权投资　　　　　　　　　　　　　　　　　　14 800 000

　　应收股利　　　　　　　　　　　　　　　　　　　　　 200 000

　　　贷：银行存款　　　　　　　　　　　　　　　　　15 000 000

预算会计：

借：投资支出　　　　　　　　　　　　　　　　　　　　15 000 000

　　贷：资金结存——货币资金　　　　　　　　　　　　15 000 000

2×19 年 9 月 20 日。

财务会计：

借：银行存款           200 000

  贷：应收股利          200 000

预算会计：

借：资金结存——货币资金     200 000

  贷：投资支出          200 000

（2）以现金以外的其他资产置换取得的长期股权投资

【例 1－66】某事业单位 2×18 年购入一台机器设备，原始价值为 100 000 元，预计使用年限为 10 年。2×19 年该设备已经计提折旧 10 000 元，该单位将该设备用于对外投资，双方协商作价 70 000 元。

财务会计：

借：长期股权投资        70 000

  累计折旧         10 000

  资产处置费用       20 000

  贷：固定资产        100 000

预算会计不需要做账务处理。

（3）接受捐赠的长期股权投资

【例 1－67】2×19 年，某事业单位接受 A 公司捐赠价值为 100 000 元的股权，其账务处理如下。

财务会计：

借：长期股权投资        100 000

  贷：捐赠收入         100 000

预算会计不需要做账务处理。

## 1.18.2 持有长期股权投资期间

### 1. 业务概述

长期股权投资在持有期间，通常应当采用权益法进行核算。

政府会计主体无权决定被投资单位的财务和经营政策或无权参与被投资单位的财务和经营政策决策的，应当采用成本法进行核算。

**2. 账务处理**

（1）采用成本法核算

①被投资单位宣告发放现金股利或利润时，按照应收的金额，财务会计应当借记"应收股利"科目，贷记"投资收益"科目。预算会计不需要做账务处理。

②收到现金股利或利润时，按照实际收到的金额，财务会计应当借记"银行存款"等科目，贷记"应收股利"科目。预算会计应当借记"资金结存——货币资金"科目，贷记"投资预算收益"科目。

（2）采用权益法核算

①被投资单位实现净利润的，按照应享有的份额，财务会计应当借记"长期股权投资——损益调整"科目，贷记"投资收益"科目。预算会计不需要做账务处理。

②被投资单位发生净亏损的，按照应分担的份额，财务会计应当借记"投资收益"科目，贷记"长期股权投资——损益调整"科目，但以"长期股权投资"科目的账面余额减记至零为限。

③发生亏损的被投资单位以后年度又实现净利润的，按照收益分享额弥补未确认的亏损分担额等后的金额，借记"长期股权投资——损益调整"科目，贷记"投资收益"科目。预算会计不需要做账务处理。

④被投资单位宣告分派现金股利或利润的，按照应享有的份额，财务会计应当借记"应收股利"科目，贷记"长期股权投资——损益调整"科目。预算会计不需要做账务处理。

⑤被投资单位发生除净损益和利润分配以外的所有者权益变动的，按照应享有或应分担的份额，财务会计应当借记或贷记"权益法调整"科目，贷记或借记"长期股权投资——其他权益变动"科目。预算会计不需要做账务处理。

（3）成本法与权益法的转换

①单位因处置部分长期股权投资等原因而对处置后的剩余股权投资由权益法改按成本法核算的，应当按照权益法下"长期股权投资"科目账面余额作为成本法下"长期股权投资——成本"科目账面余额。

其后，被投资单位宣告分派现金股利或利润时，属于单位已计入投资账面余额的部分，按照应分得的现金股利或利润份额，财务会计应当借记"应收股利"科目，贷记"长期股权投资"科目。预算会计不需要做账务处理。

②单位因追加投资等原因对长期股权投资的核算从成本法改为权益法的，

应当按照成本法下"长期股权投资"科目账面余额与追加投资成本的合计金额，财务会计应当借记"长期股权投资——成本"科目；按照成本法下"长期股权投资"科目账面余额，贷记"长期股权投资"科目；按照追加投资的成本，贷记"银行存款"等科目。预算会计应当按照实际支付的金额借记"投资支出"科目，贷记"资金结存——货币资金"科目。

持有长期股权投资期间的账务处理如表1-58所示。

表1-58　　　　持有长期股权投资期间的账务处理

| | | 财务会计处理 | 预算会计处理 |
|---|---|---|---|
| 成本法下 | 被投资单位宣告发放现金股利或利润时 | 借：应收股利<br>　贷：投资收益 | — |
| | 收到被投资单位发放的现金股利时 | 借：银行存款<br>　贷：应收股利 | 借：资金结存——货币资金<br>　贷：投资预算收益 |
| 权益法下 | 被投资单位实现净利润的，按照其份额 | 借：长期股权投资——损益调整<br>　贷：投资收益 | — |
| | 被投资单位发生净亏损的，按照其份额 | 借：投资收益<br>　贷：长期股权投资——损益调整 | — |
| | 被投资单位发生净亏损，但以后年度又实现净利润的，按规定恢复确认投资收益的 | 借：长期股权投资——损益调整<br>　贷：投资收益 | — |
| | 被投资单位宣告发放现金股利或利润的，按照其份额 | 借：应收股利<br>　贷：长期股权投资——损益调整 | — |
| | 被投资单位除净损益和利润分配以外的所有者权益变动时，按照其份额 | 借：长期股权投资——其他权益变动<br>　贷：权益法调整<br>或：<br>借：权益法调整<br>　贷：长期股权投资——其他权益变动 | — |
| | 收到被投资单位发放的现金股利 | 借：银行存款<br>　贷：应收股利 | 借：资金结存——货币资金<br>　贷：投资预算收益 |

续表

| | 财务会计处理 | 预算会计处理 |
|---|---|---|
| 追加投资，成本法改为权益法 | 借：长期股权投资——成本<br>　　贷：长期股权投资（成本法下账面余额）<br>　　　　银行存款等（追加投资） | 借：投资支出（实际支付的金额）<br>　　贷：资金结存——货币资金 |
| 权益法改为成本法 | 借：长期股权投资<br>　　贷：长期股权投资——成本<br>　　　　长期股权投资——损益调整<br>　　　　长期股权投资——其他权益变动 | — |

### 3. 案例解析

（1）成本法下

【例 1-68】2×19 年 1 月 20 日，某事业单位以 1 500 万元购入甲公司 80% 的股权。该事业单位取得该部分股权后，能够主导甲公司的相关活动并获得可变回报。2×19 年 6 月 30 日，甲公司宣告分派现金股利，该事业单位按照其持有比例确定可分回 20 万元。2×19 年 7 月 30 日，该事业单位收到现金股利。应做以下账务处理。

2×19 年 1 月 20 日。

财务会计：

借：长期股权投资　　　　　　　　　　　　　　　15 000 000

　　贷：银行存款　　　　　　　　　　　　　　　　　15 000 000

预算会计：

借：投资支出　　　　　　　　　　　　　　　　　15 000 000

　　贷：资金结存——货币资金　　　　　　　　　　　15 000 000

2×19 年 6 月 30 日。

财务会计：

借：应收股利　　　　　　　　　　　　　　　　　200 000

　　贷：投资收益　　　　　　　　　　　　　　　　　200 000

预算会计不需要做账务处理。

2×19 年 7 月 30 日。

财务会计：

借：银行存款　　　　　　　　　　　　　　　　　200 000

　　　　　贷：应收股利　　　　　　　　　　　　　　　　　200 000

预算会计：

借：资金结存——货币资金　　　　　　　　　　　　200 000

　　　贷：投资预算收益　　　　　　　　　　　　　　　200 000

（2）权益法下

【例1-69】某事业单位于2×19年1月1日取得A公司30%的股权，2×19年A公司实现净利润8 000 000元，其账务处理如下。

财务会计：

借：长期股权投资——损益调整　　　　　　　　　2 400 000

　　　贷：投资收益　　　　　　　　　　　　　　　　2 400 000

预算会计不需要做账务处理。

【例1-70】沿用【例1-69】，A公司于2×20年3月1日宣告发放现金股利，该事业单位按其持股比例计算确定可分得30 000元，2×20年6月1日，A公司支付现金股利。应做如下账务处理。

2×20年3月1日。

财务会计：

借：应收股利　　　　　　　　　　　　　　　　　　30 000

　　　贷：长期股权投资——损益调整　　　　　　　　　30 000

预算会计不需要做账务处理。

2×20年6月1日。

财务会计：

借：银行存款　　　　　　　　　　　　　　　　　　30 000

　　　贷：应收股利　　　　　　　　　　　　　　　　　30 000

预算会计：

借：资金结存——货币资金　　　　　　　　　　　　30 000

　　　贷：投资预算收益　　　　　　　　　　　　　　　30 000

（3）追加投资，成本法改为权益法

【例1-71】A事业单位于2×18年1月2日取得B公司10%的股权，成本为3 000 000元，因对被投资单位不具有重大影响且无法可靠确定该项投资的公允价值，A事业单位对其采用成本法核算。A事业单位按照净利润的10%提取盈余公积。

　　2×19年1月2日，A事业单位又以6 000 000元取得B公司12%的股权，当日 A 事业单位之前对 B 公司的长期股权投资账面价值为 4 000 000 元。

该事业单位应做如下账务处理。

2×19 年 1 月 2 日，A 事业单位应确认对 B 公司的长期股权投资。

财务会计：

借：长期股权投资——B 公司——成本　　　　　　10 000 000

　　贷：长期股权投资　　　　　　　　　　　　　　4 000 000

　　　　银行存款　　　　　　　　　　　　　　　　6 000 000

预算会计：

借：投资支出　　　　　　　　　　　　　　　　　6 000 000

　　贷：资金结存——货币资金　　　　　　　　　　6 000 000

（4）权益法改为成本法

【例 1-72】甲事业单位持有乙公司 30% 的有表决权股份，能够对乙公司的生产经营决策施加重大影响，采用权益法核算。2×19 年 10 月，甲事业单位将该项投资中的 50% 对外出售。出售以后，无法再对乙公司施加重大影响，且该项投资不存在活跃市场，公允价值无法可靠确定，转为采用成本法核算。出售时，该项长期股权投资的账面价值为 16 000 000 元，其中投资成本为 13 000 000 元，损益调整为 2 000 000 元，其他权益变动为 1 000 000 元。对于处置后剩余部分的投资相关账务处理如下。

财务会计：

借：长期股权投资　　　　　　　　　　　　　　　8 000 000

　　贷：长期股权投资——乙公司——成本　　　　　6 500 000

　　　　　　　　　　　　　——损益调整　　　　　1 000 000

　　　　　　　　　　　　　——其他权益变动　　　　500 000

预算会计不需要做账务处理。

## 1.18.3　出售（转让）长期股权投资

### 1. 业务概述

出售（转让）长期股权投资包括处置以现金取得的长期股权投资、处置以现金以外的其他资产取得的长期股权投资。

### 2. 账务处理

按照规定报经批准出售（转让）长期股权投资时，应当区分长期股权投资取得方式分别进行处理。

（1）处置以现金取得的长期股权投资

处置以现金取得的长期股权投资，按照实际取得的价款，财务会计应当借记"银行存款"等科目；按照被处置长期股权投资的账面余额，贷记"长期股权投资"科目；按照尚未领取的现金股利或利润，贷记"应收股利"科目；按照发生的相关税费等支出，贷记"银行存款"等科目；按照借贷方差额，借记或贷记"投资收益"科目。预算会计应当按照取得价款扣减支付的相关税费后的金额，借记"资金结存——货币资金"科目，贷记"投资支出""其他结余""投资预算收益"科目。处置以现金取得的长期股权投资的账务处理如表 1 – 59 所示。

表 1 – 59　　　　处置以现金取得的长期股权投资的账务处理

| | 财务会计处理 | 预算会计处理 |
|---|---|---|
| 处置以现金取得的长期股权投资 | 借：银行存款（实际取得价款）<br>　　投资收益（借差）<br>　贷：长期股权投资（账面余额）<br>　　　应收股利（尚未领取的现金股利或利润）<br>　　　银行存款等（支付的相关税费）<br>　　　投资收益（贷差） | 借：资金结存——货币资金（取得价款扣减支付的相关税费后的金额）<br>　贷：投资支出/其他结余（投资款）<br>　　　投资预算收益 |

（2）处置以现金以外的其他资产取得的长期股权投资

处置以现金以外的其他资产取得的长期股权投资，按照被处置长期股权投资的账面余额，财务会计应当借记"资产处置费用"科目，贷记"长期股权投资"科目；同时，按照实际取得的价款，借记"银行存款"等科目，按照尚未领取的现金股利或利润，贷记"应收股利"科目，按照发生的相关税费等支出，贷记"银行存款"等科目，按照贷方差额，贷记"应缴财政款"科目。按照规定将处置时取得的投资收益纳入本单位预算管理的，应当按照所取得价款大于被处置长期股权投资账面余额、应收股利账面余额和相关税费支出合计的差额，贷记"投资收益"科目。预算会计应当按照获得的现金股利或利润（处置净收入上缴财政的）或者按照取得价款扣减投资账面余额和相关税款后的差额（按照规定投资收益纳入单位预算管理的）借记"资金结存——货币资金"科目，贷记"投资预算收益"科目。处置以现金以外的其他资产取得的长期股权投资的账务处理如表 1 – 60 所示。

表 1-60　　　处置以现金以外的其他资产取得的长期股权投资的账务处理

| | 财务会计处理 | 预算会计处理 |
|---|---|---|
| 处置净收入上缴财政的 | 借：资产处置费用<br>　　贷：长期股权投资<br>　　借：银行存款（实际取得价款）<br>　　　　贷：应收股利（尚未领取的现金股利或利润）<br>　　　　　　银行存款等（支付的相关税费）<br>　　　　　　应缴财政款 | 借：资金结存——货币资金<br>　　贷：投资预算收益（获得的现金股利或利润） |
| 按照规定投资收益纳入单位预算管理的 | 借：资产处置费用<br>　　贷：长期股权投资<br>　　借：银行存款（实际取得价款）<br>　　　　贷：应收股利（尚未领取的现金股利或利润）<br>　　　　　　银行存款等（支付的相关税费）<br>　　　　　　投资收益（取得价款扣减投资账面余额、应收股利和相关税费后的差额）<br>　　　　　　应缴财政款（贷差） | 借：资金结存——货币资金（取得价款扣减投资账面余额和相关税费后的差额）<br>　　贷：投资预算收益 |

（3）其他方式处置长期股权投资

①因被投资单位破产清算等原因，有确凿证据表明长期股权投资发生损失，按照规定报经批准后予以核销时，按照予以核销的长期股权投资的账面余额，财务会计应当借记"资产处置费用"科目，贷记"长期股权投资"科目。预算会计不需要做账务处理。

②报经批准置换转出长期股权投资时，参照"库存物品"科目中置换换入库存物品的规定进行账务处理。

其他方式处置长期股权投资的账务处理如表 1-61 所示。

表 1-61　　　其他方式处置长期股权投资的账务处理

| | 财务会计处理 | 预算会计处理 |
|---|---|---|
| 按照规定核销时 | 借：资产处置费用<br>　　贷：长期股权投资（账面余额） | — |
| 置换转出时 | 参照"库存物品"科目中置换取得库存物品的账务处理 | |

采用权益法核算的长期股权投资的处置，除进行上述账务处理外，还应结转原直接计入净资产的相关金额，财务会计应当借记或贷记"权益法调整"科目，贷记或借记"投资收益"科目。预算会计不需要做账务处理，账务处理如表 1-62 所示。

表 1-62     结转权益法下直接计入净资产的相关金额的账务处理

| | 财务会计处理 | 预算会计处理 |
|---|---|---|
| 权益法下，处置时结转原直接计入净资产的相关金额 | 借：权益法调整<br>  贷：投资收益<br>或作相反分录 | — |

### 3. 案例解析

【例 1-73】2×19 年 2 月 1 日，该事业单位向外转让该长期股权投资，该长期股权投资原始投资额为 60 000 元，现在账面余额为 70 000 元，转让价格为 71 000 元，转让过程中共发生税费 8 000 元。其业务处理如下。

财务会计：

借：银行存款              63 000

  投资收益             7 000

   贷：长期股权投资        70 000

预算会计：

借：资金结存——货币资金       63 000

   贷：投资支出         60 000

    投资预算收益       3 000

【例 1-74】某事业单位持有对其他公司的长期股权投资，账面价值为 50 000 元。2×19 年 12 月 31 日，证实该公司破产清算，长期股权投资发生损失。

将待核销长期股权投资转入待处置资产。

财务会计：

借：资产处置费用         50 000

   贷：长期股权投资        50 000

预算会计不需要做账务处理。

# 1.19  长期债券投资

## 1.19.1  取得长期债券投资

### 1. 业务概述和账务处理

长期债券投资在取得时，应当按照其实际成本作为投资成本。取得的长期债券投资，按照确定的投资成本，财务会计应当借记"长期债券投资——成本"

科目；按照支付的价款中包含的已到付息期但尚未领取的利息，借记"应收利息"科目；按照实际支付的金额，贷记"银行存款"等科目。预算会计应当按照实际支付价款借记"投资支出"科目，贷记"资金结存——货币资金"科目。

实际收到取得债券时所支付价款中包含的已到付息期但尚未领取的利息时，财务会计应当借记"银行存款"科目，贷记"应收利息"科目。预算会计应当借记"资金结存——货币资金"科目，贷记"投资支出"等科目。取得长期债券投资的相关金额的账务处理如表 1 – 63 所示。

表 1 – 63　　　　　取得长期债券投资的相关金额的账务处理

|  | 财务会计处理 | 预算会计处理 |
|---|---|---|
| 取得长期债券投资时 | 借：长期债券投资——成本<br>　　应收利息（实际支付价款中包含的已到付息期但尚未领取的利息）<br>　贷：银行存款等（实际支付价款） | 借：投资支出（实际支付价款）<br>　贷：资金结存——货币资金 |
| 收到取得投资所支付价款中包含的已到付息期但尚未领取的利息时 | 借：银行存款<br>　贷：应收利息 | 借：资金结存——货币资金<br>　贷：投资支出等 |

**2. 案例解析**

**【例 1 – 75】** 某事业单位在 2×19 年 1 月 1 日取得长期债券投资，支付对价 70 000 元。

财务会计：

借：长期债券投资——成本　　　　　　　　　　　　70 000

　　贷：银行存款　　　　　　　　　　　　　　　　　70 000

预算会计：

借：投资支出　　　　　　　　　　　　　　　　　　70 000

　　贷：资金结存——货币资金　　　　　　　　　　　70 000

## 1.19.2　持有长期债券投资期间

**1. 业务概述和账务处理**

长期债券投资持有期间，按期以债券票面金额与票面利率计算确认利息收入时，如为到期一次还本付息的债券投资，财务会计应当借记"长期债券投资——应计利息"科目，贷记"投资收益"科目；如为分期付息、到期一次还本的债券投资，借记"应收利息"科目，贷记"投资收益"科目。预算会计不需要做账务处理。

收到分期支付的利息时，按照实收的金额，财务会计应当借记"银行存款"等科目，贷记"应收利息"科目。预算会计应当借记"资金结存——货币资金"科目，贷记"投资预算收益"科目。持有长期债券投资期间的账务处理如表1-64所示。

**表1-64　　　　　持有长期债券投资期间的账务处理**

| | 财务会计处理 | 预算会计处理 |
|---|---|---|
| 按期以票面金额与票面利率计算确认利息收入时 | 借：应收利息（分期付息、到期还本）/长期债券投资——应计利息（到期一次还本付息）<br>　　贷：投资收益 | — |
| 实际收到分期支付的利息时 | 借：银行存款<br>　　贷：应收利息 | 借：资金结存——货币资金<br>　　贷：投资预算收益 |

**2. 案例解析**

【例1-76】某事业单位在2×19年12月31日，收到被投资单位发放的利息5 000元，款项存入银行账户。

财务会计：

借：应收利息　　　　　　　　　　　　　　　　　　　　　　5 000

　　贷：投资收益　　　　　　　　　　　　　　　　　　　　　　5 000

借：银行存款　　　　　　　　　　　　　　　　　　　　　　5 000

　　贷：应收利息　　　　　　　　　　　　　　　　　　　　　　5 000

预算会计：

借：资金结存——货币资金　　　　　　　　　　　　　　　　5 000

　　贷：投资预算收益　　　　　　　　　　　　　　　　　　　　5 000

## 1.19.3　到期收回长期债券投资本息

**1. 业务概述和账务处理**

到期收回长期债券投资，按照实际收到的金额，财务会计应当借记"银行存款"等科目；按照长期债券投资的账面余额，贷记"长期债券投资"科目；按照相关应收利息金额，贷记"应收利息"科目；按照其差额，贷记"投资收益"科目。预算会计应当借记"资金结存——货币资金"科目，贷记"投资支出""其他结余""投资预算收益"科目。到期收回长期债券投资本息的账务处理如表1-65所示。

**表 1-65**　　　　　　　**到期收回长期债券投资本息的账务处理**

| | 财务会计处理 | 预算会计处理 |
|---|---|---|
| 到期收回长期债券投资本息 | 借：银行存款等<br>　　贷：长期债券投资（账面余额）/应收利息<br>　　　　投资收益 | 借：资金结存——货币资金<br>　　贷：投资支出/其他结余（投资成本）<br>　　　　投资预算收益 |

**2. 案例解析**

【例 1-77】某事业单位在 2×19 年 12 月 31 日，将持有的长期债券卖出，收到金额 10 万元，款项存入银行账户，长期债券投资账面余额为 9.5 万元。

财务会计：

借：银行存款　　　　　　　　　　　　　　　100 000

　　贷：长期债券投资　　　　　　　　　　　　95 000

　　　　投资收益　　　　　　　　　　　　　　5 000

预算会计：

借：资金结存——货币资金　　　　　　　　　100 000

　　贷：投资支出　　　　　　　　　　　　　　95 000

　　　　投资预算收益　　　　　　　　　　　　5 000

## 1.19.4　对外出售长期债券投资

**1. 业务概述和账务处理**

对外出售长期债券投资，按照实际收到的金额，财务会计应当借记"银行存款"等科目；按照长期债券投资的账面余额，贷记"长期债券投资"科目；按照已记入"应收利息"科目但尚未收取的金额，贷记"应收利息"科目；按照其差额，贷记或借记"投资收益"科目。预算会计应当借记"资金结存——货币资金"科目，贷记"投资支出""其他结余""投资预算收益"科目。涉及增值税业务的，相关账务处理参见"应交增值税"科目。对外出售长期债券投资的账务处理如表 1-66 所示。

**表 1-66**　　　　　　　**对外出售长期债券投资的账务处理**

| | 财务会计处理 | 预算会计处理 |
|---|---|---|
| 对外出售长期债券投资 | 借：银行存款等（实际收到的款项）<br>　　投资收益（借差）<br>　　贷：长期债券投资（账面余额）<br>　　　　应收利息<br>　　　　投资收益（贷差） | 借：资金结存——货币资金<br>　　贷：投资支出/其他结余（投资成本）<br>　　　　投资预算收益 |

**2．案例解析**

【例1-78】某事业单位于2×20年2月1日向外转让其持有的长期债券，转让价格为71 000元，届时长期债券投资账面余额为70 000元。

财务会计：

借：银行存款　　　　　　　　　　　　　　　　　　71 000

　　贷：长期债券投资　　　　　　　　　　　　　　　　70 000

　　　　投资收益　　　　　　　　　　　　　　　　　　 1 000

预算会计：

借：资金结存——货币资金　　　　　　　　　　　　71 000

　　贷：投资支出　　　　　　　　　　　　　　　　　　70 000

　　　　投资预算收益　　　　　　　　　　　　　　　　 1 000

# 1.20　固定资产

固定资产是指使用期限超过1年（不含1年）、单位价值在规定标准以上（1 000元以上，其中专用设备单位价值在1 500元以上），并在使用过程中基本保持原有物质形态的资产。在行政事业单位中价值虽未达到规定标准，但是耐用时间超过1年（不含1年）的大批同类物资，应当作为固定资产核算。

## 1.20.1　取得固定资产

**1．业务概述**

行政事业单位根据单位自身的需求，购置固定资产。固定资产预算及购置计划既要从实际需要出发又要注意节约，要根据各类资产的配备情况及使用标准合理配置，充分利用现有固定资产，防止积压浪费。对按规定实行统一采购的固定资产，要提供详细的使用目的并写明详尽的功能等要求。固定资产的采购需要按照规定，采用招标或其他方式进行。"固定资产"科目的核算内容包括单位购入的固定资产以及融资租赁租入的固定资产，但不包括借入、经营租赁租入的固定资产；包括购入境外具有所有权的土地，但不包括境内的土地使用权。

**2．账务处理**

固定资产在取得时，应当按照成本进行初始计量。

（1）购入不需安装的固定资产验收合格时，按照确定的固定资产成本，财务会计应当借记"固定资产"科目，贷记"财政拨款收入""零余额账户用款额度""应付账款""银行存款"等科目。预算会计应当借记"行政支出""事业支出""经营支出"等有关科目，贷记"财政拨款预算收入""资金结存"科目。

购入需要安装的固定资产，在安装完毕交付使用前通过"在建工程"科目核算，预算会计应当借记"行政支出""事业支出""经营支出"等有关科目，贷记"财政拨款预算收入""资金结存"科目。安装完毕交付使用时，在财务会计处理中应再转入"固定资产"科目。预算会计不需要做账务处理。

购入固定资产扣留质量保证金的，应当在取得固定资产时，按照确定的固定资产成本，财务会计应当借记"固定资产"科目（不需安装）或"在建工程"科目（需要安装）；按照实际支付或应付的金额，贷记"财政拨款收入"、"零余额账户用款额度"、"应付账款"（不含质量保证金）、"银行存款"等科目；按照扣留的质量保证金数额，贷记"其他应付款"［扣留期在 1 年以内（含 1 年）］或"长期应付款"（扣留期超过 1 年）科目。预算会计应当按照购买固定资产实际支付的金额借记"行政支出""事业支出""经营支出"等有关科目，贷记"财政拨款预算收入""资金结存"科目。

质保期满支付质量保证金时，财务会计应当借记"其他应付款""长期应付款"科目，贷记"财政拨款收入""零余额账户用款额度""银行存款"等科目。预算会计应当借记"行政支出""事业支出""经营支出"等有关科目，贷记"财政拨款预算收入""资金结存"科目。

（2）自行建造的固定资产交付使用时，按照在建工程成本，财务会计应当借记"固定资产"科目，贷记"在建工程"科目。预算会计不需要做账务处理。

已交付使用但尚未办理竣工决算手续的固定资产，按照估计价值入账，待办理竣工决算后再按照实际成本调整原来的暂估价值。

（3）融资租赁取得的固定资产，其成本按照租赁协议或者合同确定的租赁价款、相关税费以及固定资产交付使用前所发生的可归属于该项资产的运输费、途中保险费、安装调试费等确定。

融资租入的固定资产，按照确定的成本，财务会计应当借记"固定资产"科目（不需安装）或"在建工程"科目（需安装）；按照租赁协议或者合同确定的租赁付款额，贷记"长期应付款"科目；按照支付的运输费、途中保险费、安装调试费等金额，贷记"财政拨款收入""零余额账户用款额度""银行存款"等科目。预算会计应当借记"行政支出""事业支出""经营支出"等有关科目，贷记"财政拨款预算收入""资金结存"科目。

定期支付租金时，按照实际支付金额，财务会计应当借记"长期应付款"科目，贷记"财政拨款收入""零余额账户用款额度""银行存款"等科目。预算会计应当借记"行政支出""事业支出""经营支出"等有关科目，贷记"财政拨款预算收入""资金结存"科目。

（4）按照规定跨年度分期付款购入固定资产的账务处理，参照融资租入固定资产。

（5）接受捐赠的固定资产，按照确定的固定资产成本，财务会计应当借记"固定资产"科目（不需安装）或"在建工程"科目（需安装）；按照发生的相关税费、运输费等，贷记"零余额账户用款额度""银行存款"等科目；按照其差额，贷记"捐赠收入"科目。预算会计应当按照支付的相关税费、运输费等，借记"其他支出"科目，贷记"资金结存"科目。

接受捐赠的固定资产按照名义金额入账的，按照名义金额，财务会计应当借记"固定资产"科目，贷记"捐赠收入"科目；按照发生的相关税费、运输费等，借记"其他费用"科目，贷记"零余额账户用款额度""银行存款"等科目。预算会计应当按照支付的相关税费、运输费等，借记"其他支出"科目，贷记"资金结存"科目。

（6）无偿调入的固定资产，按照确定的固定资产成本，财务会计应当借记"固定资产"科目（不需安装）或"在建工程"科目（需安装）；按照发生的相关税费、运输费等，贷记"零余额账户用款额度""银行存款"等科目；按照其差额，贷记"无偿调拨净资产"科目。预算会计应当按照支付的相关税费、运输费等，借记"其他支出"科目，贷记"资金结存"科目。

（7）置换取得的固定资产，参照"库存物品"科目中置换取得库存物品的相关规定进行账务处理。

固定资产取得时涉及增值税业务的，相关账务处理参见"应交增值税"科目。

取得固定资产的账务处理如表 1 – 67 所示。

表 1 – 67　　　　　　　　取得固定资产的账务处理

| | 财务会计处理 | 预算会计处理 |
|---|---|---|
| （1）外购的固定资产<br>　①不需安装的 | 借：固定资产<br>　　贷：财政拨款收入/零余额账户用款额度/应付账款/银行存款等 | 借：行政支出/事业支出/经营支出等<br>　　贷：财政拨款预算收入/资金结存 |

| | 财务会计处理 | 预算会计处理 |
|---|---|---|
| ②需安装的固定资产先通过"在建工程"科目核算 | 借：在建工程<br>　　贷：财政拨款收入/零余额账户用款额度/应付账款/银行存款等 | 借：行政支出/事业支出/经营支出等<br>　　贷：财政拨款预算收入/资金结存 |
| 安装完工交付使用时 | 借：固定资产<br>　　贷：在建工程 | — |
| 购入固定资产扣留质量保证金的 | 借：固定资产（不需安装）/在建工程（需要安装）<br>　　贷：财政拨款收入/零余额账户用款额度/应付账款/银行存款等<br>　　　　其他应付款［扣留期在 1 年以内（含 1 年）］/长期应付款（扣留期超过 1 年） | 借：行政支出/事业支出/经营支出等（购买固定资产实际支付的金额）<br>　　贷：财政拨款预算收入/资金结存 |
| 质保期满支付质量保证金时 | 借：其他应付款/长期应付款<br>　　贷：财政拨款收入/零余额账户用款额度/银行存款等 | 借：行政支出/事业支出/经营支出等<br>　　贷：财政拨款预算收入/资金结存 |
| （2）自行建造的固定资产，工程完工交付使用时 | 借：固定资产<br>　　贷：在建工程 | — |
| （3）融资租入（或跨年度分期付款购入）的固定资产 | 借：固定资产（不需安装）/在建工程（需安装）<br>　　贷：长期应付款（协议或合同确定的租赁价款）<br>　　　　财政拨款收入/零余额账户用款额度/银行存款等（实际支付的相关税费、运输费等） | 借：行政支出/事业支出/经营支出等（实际支付的相关税费、运输费等）<br>　　贷：财政拨款预算收入/资金结存 |
| 定期支付租金（或分期付款）时 | 借：长期应付款<br>　　贷：财政拨款收入/零余额账户用款额度/银行存款等 | 借：行政支出/事业支出/经营支出等<br>　　贷：财政拨款预算收入/资金结存 |
| （4）接受捐赠的固定资产 | 借：固定资产（不需安装）/在建工程（需安装）<br>　　贷：银行存款/零余额账户用款额度等（发生的相关税费、运输费等）<br>　　　　捐赠收入（差额） | 借：其他支出（支付的相关税费、运输费等）<br>　　贷：资金结存 |
| 接受捐赠的固定资产按照名义金额入账的 | 借：固定资产（名义金额）<br>　　贷：捐赠收入<br>借：其他费用<br>　　贷：银行存款/零余额账户用款额度等（发生的相关税费、运输费等） | 借：其他支出（支付的相关税费、运输费等）<br>　　贷：资金结存 |

续表

| | 财务会计处理 | 预算会计处理 |
|---|---|---|
| （5）无偿调入的固定资产 | 借：固定资产（不需安装）/在建工程（需安装）<br>　　贷：银行存款/零余额账户用款额度等（发生的相关税费、运输费等）<br>　　　　无偿调拨净资产（差额） | 借：其他支出（支付的相关税费、运输费等）<br>　　贷：资金结存 |
| （6）置换取得的固定资产 | 参照"库存物品"科目中置换取得库存物品的账务处理 | |

### 3. 案例解析

（1）外购的固定资产

①不需安装

【例1-79】某事业单位用事业经费购入一项不需要安装的新设备，买价为10 000元，运杂费为1 000元，有关款项均已通过银行支付，该项固定资产安装完毕交付使用。会计处理如下。

财务会计：

借：固定资产　　　　　　　　　　　　　　　　　　11 000

　　贷：银行存款　　　　　　　　　　　　　　　　　　　11 000

预算会计：

借：事业支出　　　　　　　　　　　　　　　　　　11 000

　　贷：资金结存——货币资金　　　　　　　　　　　　　11 000

②需要安装

【例1-80】某事业单位用事业经费购入一项新设备，买价为10 000元，运杂费为300元，安装费为700元，有关款项均已通过银行支付，该项固定资产安装完毕交付使用。该业务处理如下。

购入设备时：

财务会计：

借：在建工程　　　　　　　　　　　　　　　　　　10 300

　　贷：银行存款　　　　　　　　　　　　　　　　　　　10 300

预算会计：

借：事业支出　　　　　　　　　　　　　　　　　　10 300

　　贷：资金结存——货币资金　　　　　　　　　　　　　10 300

安装时：

财务会计：

借：在建工程　　　　　　　　　　　　　　　　　　　　700

　　贷：银行存款　　　　　　　　　　　　　　　　　　　　700

预算会计：

借：事业支出　　　　　　　　　　　　　　　　　　　　　700

　　贷：资金结存——货币资金　　　　　　　　　　　　　　700

安装完工交付使用时：

财务会计：

借：固定资产　　　　　　　　　　　　　　　　　　　11 000

　　贷：在建工程　　　　　　　　　　　　　　　　　　11 000

预算会计不需要做账务处理。

（2）自行建造的固定资产

【例 1 – 81】某事业单位自行建造固定资产，在前期投入工程价款 2 000 000 元。

财务会计：

借：在建工程　　　　　　　　　　　　　　　　　　2 000 000

　　贷：银行存款　　　　　　　　　　　　　　　　　2 000 000

预算会计：

借：事业支出　　　　　　　　　　　　　　　　　　2 000 000

　　贷：资金结存——货币资金　　　　　　　　　　　2 000 000

工程中期发现原材料不足，故投入 400 000 元购买原材料以满足完工需要。

财务会计：

借：在建工程　　　　　　　　　　　　　　　　　　　400 000

　　贷：银行存款　　　　　　　　　　　　　　　　　　400 000

预算会计：

借：事业支出　　　　　　　　　　　　　　　　　　　400 000

　　贷：资金结存——货币资金　　　　　　　　　　　　400 000

工程交付使用。

借：固定资产　　　　　　　　　　　　　　　　　　2 400 000

　　贷：在建工程　　　　　　　　　　　　　　　　　2 400 000

预算会计不需要做账务处理。

（3）融资租入的固定资产

【例 1 - 82】某事业单位融资租入固定资产，固定资产价值为 400 000 元，支付运输费等 2 000 元。租赁协议规定该事业单位需要支付租赁价款 400 000 元，每个月支付 10 000 元，分 40 个月支付完。该事业单位的会计处理如下。

财务会计：

借：固定资产 402 000

　　贷：长期应付款 400 000

　　　　银行存款 2 000

预算会计：

借：事业支出 2 000

　　贷：资金结存——货币资金 2 000

该事业单位需要每月支付租金 10 000 元，支付租金时。

财务会计：

借：长期应付款 10 000

　　贷：银行存款 10 000

预算会计：

借：事业支出 10 000

　　贷：资金结存——货币资金 10 000

（4）接受捐赠的固定资产

【例 1 - 83】某单位接受社会捐赠的不需安装的固定资产，资产价值为 50 000 元，期间发生的运输费为 800 元。

财务会计：

借：固定资产 50 800

　　贷：捐赠收入 50 000

　　　　银行存款 800

预算会计：

借：其他支出 800

　　贷：资金结存——货币资金 800

（5）无偿调入的固定资产

【例 1 - 84】某单位接受无偿调入的不需安装的固定资产，资产价值为 70 000 元，期间发生的运输费 900 元。

财务会计：

借：固定资产　　　　　　　　　　　　　　　　　　70 900

　　贷：无偿调拨净资产　　　　　　　　　　　　　　70 000

　　　　银行存款　　　　　　　　　　　　　　　　　　　900

预算会计：

借：其他支出　　　　　　　　　　　　　　　　　　　　900

　　贷：资金结存——货币资金　　　　　　　　　　　　900

## 1.20.2　与固定资产有关的后续支出

**1.业务概述**

固定资产通常使用寿命较长、单位价值较高，因此需要单位建立良好的固定资产管理制度，包括建立固定资产卡片、定期维护并建立维护日志。除此之外，也可选择通过资产的改良、扩建代替处置、更新以节省运营成本。固定资产后续的维护、改建支出，在账务处理上有两种处理方法，即支出资本化和费用化。政府会计制度没有对两种处理方式的选择标准做出详细具体的规定，但资本化的支出通常应当符合资产的定义，即与该支出有关的经济利益很可能流入企业，并且该支出能够可靠地计量，则可以予以资本化，增加固定资产的账面价值。否则应当予以费用化，计入当期损益。资本化的支出是指为增加固定资产使用效能或延长其使用年限而发生的改建、扩建支出等，例如可以延长不动产使用寿命的翻修、可以增加不动产使用面积的扩建、可以提高产品生产效率的机器升级改造等的支出。费用化支出是指为保证固定资产正常使用发生的日常维修支出等支出。

**2.账务处理**

（1）符合固定资产确认条件的后续支出

通常情况下，将固定资产转入改建、扩建时，按照固定资产的账面价值，财务会计应当借记"在建工程"科目；按照固定资产已计提折旧，借记"固定资产累计折旧"科目；按照固定资产的账面余额，贷记"固定资产"科目。预算会计不需要做账务处理。

为增加固定资产使用效能或延长其使用年限而发生的改建、扩建等后续支出，财务会计应当借记"在建工程"科目，贷记"财政拨款收入""零余额账户用款额度""银行存款"等科目。预算会计应当借记"行政支出""事业支出""经营支出"等有关科目，贷记"财政拨款预算收入""资金结存"科目。

固定资产改建、扩建等完成交付使用时，按照在建工程成本，借记"固定资产"科目，贷记"在建工程"科目。

（2）不符合固定资产确认条件的后续支出

为保证固定资产正常使用发生的日常维修等支出，财务会计应当借记"业务活动费用""单位管理费用"等科目，贷记"财政拨款收入""零余额账户用款额度""银行存款"等科目。预算会计应当借记"行政支出""事业支出""经营支出"等有关科目，贷记"财政拨款预算收入""资金结存"科目。

与固定资产有关的后续支出的账务处理如表1-68所示。

表1-68　　　　　　与固定资产有关的后续支出的账务处理

| | 财务会计处理 | 预算会计处理 |
|---|---|---|
| 符合固定资产确认条件的（增加固定资产使用效能或延长其使用年限而发生的改建、扩建等后续支出） | 借：在建工程（固定资产账面价值）　　固定资产累计折旧　贷：固定资产（账面余额） | — |
| | 借：在建工程　贷：财政拨款收入/零余额账户用款额度/应付账款/银行存款等 | 借：行政支出/事业支出/经营支出等　　贷：财政拨款预算收入/资金结存 |
| 不符合固定资产确认条件的 | 借：业务活动费用/单位管理费用/经营费用等　贷：财政拨款收入/零余额账户用款额度/银行存款等 | 借：行政支出/事业支出/经营支出等　　贷：财政拨款预算收入/资金结存 |

### 3. 案例解析

【例1-85】某事业单位决定对固定资产进行扩建，固定资产账面余额为500 000元，已提折旧100 000元，扩建过程中支付工程款200 000元。

财务会计：

借：在建工程　　　　　　　　　　　　　　　　　　　400 000

　　累计折旧　　　　　　　　　　　　　　　　　　　100 000

　　贷：固定资产　　　　　　　　　　　　　　　　　　　500 000

借：在建工程　　　　　　　　　　　　　　　　　　　200 000

　　贷：银行存款　　　　　　　　　　　　　　　　　　　200 000

预算会计：

借：事业支出　　　　　　　　　　　　　　　　　　　200 000

　　贷：资金结存——货币资金　　　　　　　　　　　　　200 000

工程完工，交付使用。

财务会计：

借：固定资产　　　　　　　　　　　　　　　　　600 000

　　贷：在建工程　　　　　　　　　　　　　　　600 000

预算会计不需要做账务处理。

### 1.20.3　固定资产处置

**1. 业务概述**

为了提高各单位资产的使用效率，对于闲置的资产、过时淘汰的资产，各行政事业单位应当及时进行处置。行政事业单位也可以使用固定资产进行对外投资或者捐赠。一般来说，资产的处置流程都需要经过提出申请—审批—财务核销的程序，但具体到各单位，其固定资产处置流程应当符合国家和各单位内部的相关规定。

**2. 账务处理**

（1）报经批准出售、转让固定资产，按照被出售、转让固定资产的账面价值，财务会计应当借记"资产处置费用"科目；按照固定资产已计提的折旧，借记"固定资产累计折旧"科目；按照固定资产账面余额，贷记"固定资产"科目；同时，按照收到的价款，借记"银行存款"等科目；按照处置过程中发生的相关费用，贷记"银行存款"等科目；按照其差额，贷记"应缴财政款"科目。预算会计不需要做账务处理。

（2）报经批准对外捐赠固定资产，按照固定资产已计提的折旧，财务会计应当借记"固定资产累计折旧"科目；按照被处置固定资产账面余额，贷记"固定资产"科目；按照捐赠过程中发生的归属于捐出方的相关费用，贷记"银行存款"等科目；按照其差额，借记"资产处置费用"科目。预算会计应当按照对外捐赠过程中发生的归属于捐出方的相关费用，借记"其他支出"科目，贷记"资金结存"科目。

（3）报经批准无偿调出固定资产，按照固定资产已计提的折旧，财务会计应当借记"固定资产累计折旧"科目；按照被处置固定资产账面余额，贷记"固定资产"科目；按照其差额，借记"无偿调拨净资产"科目。预算会计不需要做账务处理。同时，按照无偿调出过程中发生的归属于调出方的相关费用，财务会计应当借记"资产处置费用"科目，贷记"银行存款"等科目。预算会计应当借记"其他支出"科目，贷记"资金结存"科目。

（4）报经批准置换换出固定资产，参照"库存物品"科目中置换换入库存物品的规定进行账务处理。

固定资产处置时涉及增值税业务的，相关账务处理参见"应交增值税"科目。

固定资产处置的账务处理如表 1－69 所示。

表 1－69　　　　　　　　固定资产处置的账务处理

| | 财务会计处理 | 预算会计处理 |
|---|---|---|
| 出售、转让固定资产 | 借：资产处置费用<br>　　固定资产累计折旧<br>　　贷：固定资产（账面余额） | — |
| | 借：银行存款（处置固定资产收到的价款）<br>　　贷：应缴财政款<br>　　　　银行存款等（发生的相关费用） | — |
| 对外捐赠固定资产 | 借：资产处置费用<br>　　固定资产累计折旧<br>　　贷：固定资产（账面余额）<br>　　　　银行存款等（归属于捐出方的相关费用） | 按照对外捐赠过程中发生的归属于捐出方的相关费用〔1〕<br>借：其他支出<br>　　贷：资金结存 |
| 无偿调出固定资产 | 借：无偿调拨净资产<br>　　固定资产累计折旧<br>　　贷：固定资产（账面余额） | — |
| | 借：资产处置费用<br>　　贷：银行存款等（归属于调出方的相关费用） | 借：其他支出<br>　　贷：资金结存 |
| 置换换出固定资产 | 参照"库存物品"科目中置换取得库存物品的规定进行账务处理 | |

**3．案例解析**

（1）出售、转让固定资产

【例 1－86】某事业单位出售固定资产一批，固定资产账面余额为 72 000 元，已计提折旧 60 000 元，出售固定资产收到价款 20 000 元。该业务的账务处理如下。

财务会计：

借：资产处置费用　　　　　　　　　　　　　　　　12 000

　　固定资产累计折旧　　　　　　　　　　　　　　60 000

　　　贷：固定资产　　　　　　　　　　　　　　　　　　72 000

借：银行存款　　　　　　　　　　　　　　　　　　20 000

　　贷：应缴财政款　　　　　　　　　　　　　　　　　　20 000

预算会计不需要做账务处理。

（2）对外捐赠固定资产

【例1－87】某事业单位对外捐赠固定资产，固定资产账面余额为100 000元，已计提折旧30 000元，另外该事业单位支付运输费3 000元。该业务的账务处理如下。

财务会计：

借：资产处置费用　　　　　　　　　　　　　　　73 000

　　固定资产累计折旧　　　　　　　　　　　　　30 000

　　贷：固定资产　　　　　　　　　　　　　　　　　100 000

　　　　银行存款　　　　　　　　　　　　　　　　　　3 000

预算会计：

借：其他支出　　　　　　　　　　　　　　　　　3 000

　　贷：资金结存——货币资金　　　　　　　　　　　　3 000

（3）无偿调出固定资产

【例1－88】某事业单位无偿调出固定资产，固定资产账面余额为200 000元，已计提折旧50 000元，另外该事业单位支付运输费3 000元。该业务的账务处理如下。

财务会计：

借：无偿调拨净资产　　　　　　　　　　　　　　150 000

　　固定资产累计折旧　　　　　　　　　　　　　50 000

　　贷：固定资产　　　　　　　　　　　　　　　　　200 000

借：资产处置费用　　　　　　　　　　　　　　　3 000

　　贷：银行存款　　　　　　　　　　　　　　　　　3 000

预算会计：

借：其他支出　　　　　　　　　　　　　　　　　3 000

　　贷：资金结存——货币资金　　　　　　　　　　　　3 000

## 1.20.4　固定资产定期盘点清查

**1. 业务概述**

行政事业单位应当定期对固定资产进行清查盘点，每年至少盘点一次。

**2. 账务处理**

对于发生的固定资产盘盈、盘亏或毁损、报废，应当先记入"待处理财产损溢"科目，按照规定报经批准后及时进行后续账务处理。

（1）盘盈的固定资产，其成本按照有关凭据注明的金额确定；没有相关凭据、但按照规定经过资产评估的，其成本按照评估价值确定；没有相关凭据、也未经过评估的，其成本按照重置成本确定。如无法采用上述方法确定盘盈固定资产成本的，按照名义金额（人民币1元）入账。盘盈的固定资产，按照确定的入账成本，财务会计应当借记"固定资产"科目，贷记"待处理财产损溢"科目。预算会计不需要做账务处理。

（2）盘亏、毁损或报废的固定资产，按照待处理固定资产的账面价值，财务会计应当借记"待处理财产损溢"科目；按照已计提折旧，借记"固定资产累计折旧"科目；按照固定资产的账面余额，贷记"固定资产"科目。预算会计不需要做账务处理。

固定资产定期盘点清查的账务处理如表1-70所示。

表1-70　　　　　　固定资产定期盘点清查的账务处理

| | 财务会计处理 | 预算会计处理 |
|---|---|---|
| 盘盈的固定资产 | 借：固定资产<br>　贷：待处理财产损溢 | — |
| 盘亏、毁损或报废的固定资产 | 借：待处理财产损溢（账面价值）<br>　　固定资产累计折旧<br>　贷：固定资产（账面余额） | — |

### 3．案例解析

【例1-89】某单位于2×19年年底对单位的固定资产进行盘点，发生如下业务：

盘盈固定资产A，价值为5 000元。

财务会计：

借：固定资产——A　　　　　　　　　　　　　　　　　5 000

　　贷：待处理财产损溢　　　　　　　　　　　　　　　　　5 000

预算会计不需要做账务处理。

盘点过程中，发现固定资产B毁损，B的账面价值为3 000元，已计提折旧2 000元。

财务会计：

借：待处理财产损溢　　　　　　　　　　　　　　　　　1 000

　　固定资产累计折旧　　　　　　　　　　　　　　　　　2 000

　　贷：固定资产——B　　　　　　　　　　　　　　　　　3 000

预算会计不需要做账务处理。

# 1.21 固定资产累计折旧

行政事业单位计提融资租入固定资产折旧时，应当采用与自有固定资产相一致的折旧政策。能够合理确定租赁期届满时将会取得租入固定资产所有权的，应当在租入固定资产尚可使用年限内计提折旧；无法合理确定租赁期届满时能够取得租入固定资产所有权的，应当在租赁期与租入固定资产尚可使用年限两者中较短的期间内计提折旧。

**1. 业务概述**

固定资产的基本特征是使用寿命较长，期限一般超过 1 年（不含 1 年）。固定资产的损耗，是为了企业的经济利益流入，因此其成本应当在使用期限内，按照合理的方法分摊至各个受益的会计期间。

通常情况下，政府会计主体应当按照表 1 - 71 中的规定确定各类应计提折旧的固定资产的折旧年限。政府会计主体应当在遵循规定的情况下，根据固定资产的性质和实际使用情况，合理确定其折旧年限。固定资产的折旧年限如表 1 - 71 所示。

表 1 - 71　　　　　　　　　固定资产的折旧年限

| 固定资产类别 | 内容 | | 折旧年限（年） |
|---|---|---|---|
| 房屋及构筑物 | 业务及管理用房 | 钢结构、钢筋混凝土结构 | 不低于 50 |
| | | 砖混结构、砖木结构 | 不低于 30 |
| | 简易房、房屋附属设施 | | 不低于 6 |
| | 构筑物 | | 不低于 8 |
| 通用设备 | 计算机设备；车辆；电气设备；雷达、无线电和卫星导航设备；通信设备；广播、电视、电影设备；机械设备 | | 不低于 5 |
| | 办公设备；图书档案设备 | | 不低于 10 |
| | 仪器仪表；电子和通信测量设备 | | 不低于 6 |
| | 计量标准器具及量具；衡器 | | 不低于 8 |

续表

| 固定资产类别 | 内容 | 折旧年限（年） |
|---|---|---|
| 专用设备 | 探矿、采矿、选矿和造块设备；石油、天然气开采专用设备；炼焦和金属冶炼轧制设备；石油和化学工业专用设备；炼焦和金属冶炼轧制设备 | 10～15 |
| | 电力工业专用设备；核工业专用设备；航空航天工业专用设备 | 20～30 |
| | 非金属矿物制品工业专用设备；工程机械；农业和林业机械；木材采集和加工设备；食品加工专用设备；饮料加工设备；烟草加工设备；粮油作物和饲料加工设备；纺织设备；缝纫、服饰、制革和毛皮加工设备；邮政专用设备；文艺设备；体育设备；娱乐设备；造纸和印刷机械；安全生产设备；环境污染防治设备；水工机械；铁路运输设备；水上交通运输设备；航空器及其配套设备 | 10～20 |
| | 化学药品和中药专用设备；医疗设备；电工、电子专用生产设备；公安专用设备；殡葬设备及用品；专用仪器仪表 | 5～10 |
| | 文艺设备；体育设备；娱乐设备 | 5～15 |
| 家具、用具及装具 | 家具 | 不低于15 |
| | 用具、装具 | 不低于5 |

## 2．账务处理

按月计提固定资产折旧时，按照应计提折旧金额，财务会计应当借记"业务活动费用""单位管理费用""经营费用""加工物品""在建工程"等科目，贷记"固定资产累计折旧"科目。预算会计不需要做账务处理。经批准处置或处理固定资产时，按照所处置或处理固定资产的账面价值，借记"资产处置费用""无偿调拨净资产""待处理财产损溢"等科目，按已计提折旧，借记本科目，按固定资产账面余额，贷记"固定资产"。涉及资金支付的，参照"固定资产"科目相关账务处理。固定资产折旧的账务处理如表1－72所示。

表1－72 固定资产折旧的账务处理

| | 财务会计处理 | 预算会计处理 |
|---|---|---|
| 按月计提固定资产折旧时 | 借：业务活动费用/单位管理费用/经营费用等<br>　　贷：固定资产累计折旧 | — |
| 处置固定资产时 | 借：待处理财产损溢/无偿调拨净资产/资产处置费用等固定资产累计折旧<br>　　贷：固定资产（账面余额） | |

**3．案例解析**

【例 1－90】某事业单位新购进固定资产一批，价值为 72 000 元，计划使用 6 年，每月计提折旧 1 000 元。

购进时：

财务会计：

借：固定资产　　　　　　　　　　　　　　　　　　72 000

　　贷：银行存款　　　　　　　　　　　　　　　　　　72 000

预算会计：

借：事业支出　　　　　　　　　　　　　　　　　　72 000

　　贷：资金结存——货币资金　　　　　　　　　　　　72 000

按月计提固定资产折旧时：

财务会计：

借：业务活动费用　　　　　　　　　　　　　　　　1 000

　　贷：固定资产累计折旧　　　　　　　　　　　　　1 000

预算会计不需要做账务处理。

假设第 5 年末对固定资产进行报废处置

财务会计：

借：待处理财产损溢　　　　　　　　　　　　　　　12 000

　　固定资产累计折旧　　　　　　　　　　　　　　60 000

　　贷：固定资产　　　　　　　　　　　　　　　　　　72 000

预算会计不需要做账务处理。

# 1.22　工程物资

## 1.22.1　取得工程物资

**1．业务概述和账务处理**

购入工程物资，按照确定的物资成本，财务会计应当借记"工程物资"科目，贷记"财政拨款收入""零余额账户用款额度""银行存款""应付账款"等科目。预算会计应当借记"行政支出""事业支出""经营支出"等有关科目，贷记"财政拨款预算收入""资金结存"科目。取得工程物资的账务处理如表 1－73 所示。

表 1 - 73　　　　　　　取得工程物资的账务处理

| | 财务会计处理 | 预算会计处理 |
|---|---|---|
| 购入工程物资 | 借：工程物资<br>　　贷：财政拨款收入/零余额账户用款额度/银行存款/应付账款/其他应付款等 | 借：行政支出/事业支出/经营支出等（实际支付的款项）<br>　　贷：财政拨款预算收入/资金结存 |

**2.案例解析**

【例 1 - 91】 2×19 年 1 月 1 日，某行政单位购入一批工程物资，支付 8 000 元。

财务会计：

借：工程物资　　　　　　　　　　　　　　　　　　　8 000

　　贷：银行存款　　　　　　　　　　　　　　　　　　　8 000

预算会计：

借：行政支出　　　　　　　　　　　　　　　　　　　8 000

　　贷：资金结存——货币资金　　　　　　　　　　　　　8 000

# 1.22.2　领用工程物资

**1.业务概述和账务处理**

领用工程物资，按照物资成本，财务会计应当借记"在建工程"科目，贷记"工程物资"科目。工程完工后将领出的剩余物资退库时做相反的会计分录。预算会计不需要做账务处理。领用工程物资的账务处理如表 1 - 74 所示。

表 1 - 74　　　　　　　领用工程物资的账务处理

| | 财务会计处理 | 预算会计处理 |
|---|---|---|
| 发出工程物资 | 借：在建工程<br>　　贷：工程物资 | — |

**2.案例解析**

【例 1 - 92】 接【例 1 - 91】，2×19 年 1 月 31 日该行政单位因建造需要领用该批工程物资的 80%。

财务会计：

借：在建工程　　　　　　　　　　　　　　　　　　　6 400

　　贷：工程物资　　　　　　　　　　　　　　　　　　　6 400

预算会计不需要做账务处理。

### 1.22.3　剩余工程物资

#### 1. 业务概述和账务处理

工程完工后将剩余的工程物资转作本单位存货等的，按照物资成本，财务会计应当借记"库存物品"等科目，贷记"工程物资"科目。预算会计不需要做账务处理。剩余工程物资的账务处理如表 1-75 所示。

表 1-75　　　　　　　　　　剩余工程物资的账务处理

| | 财务会计处理 | 预算会计处理 |
| --- | --- | --- |
| 剩余工程物资转为存货 | 借：库存物品<br>　贷：工程物资 | — |

#### 2. 案例解析

【例 1-93】接【例 1-92】，2×19 年 10 月 31 日，该行政单位将剩余 20% 的工程物资转为存货。

财务会计：

借：库存物品　　　　　　　　　　　　　　　　　　　　1 600

　　贷：工程物资　　　　　　　　　　　　　　　　　　　1 600

预算会计不需要做账务处理。

## 1.23　在建工程

一些大型的基础建设工程项目或者厂房设备需要经过较长的建设周期才能达到可以投入使用的状态，因此在计入固定资产或者无形资产之前，需要把在资产达到可使用状态发生的支出，在"在建工程"科目进行归集。动产、不动产或无形资产建造完成，达到可以使用的程度时，将归集在"在建工程"中的资产成本转入"固定资产"或"无形资产"科目，作为相关资产的入账价值。

### 1.23.1　建筑安装工程投资

#### 1. 业务概述

该明细科目用于核算行政事业单位发生的构成建设项目实际支出的建筑工程和安装工程的实际成本，不包括被安装设备本身的价值以及按照合同规定支付给施工单位的预付备料款和预付工程款。

#### 2. 账务处理

（1）将固定资产等资产转入改建、扩建等时，按照固定资产等资产的账面价值，财务会计应当借记"在建工程——建筑安装工程投资"科目；按照已计提的折旧或摊销，借记"固定资产累计折旧"等科目；按照固定资产等资产的原值，贷记"固定资产"等科目。预算会计不需要做账务处理。

固定资产等资产改建、扩建过程中涉及替换（或拆除）原资产的某些组成部分的，按照被替换（或拆除）部分的账面价值，财务会计应当借记"待处理财产损溢"科目，贷记"在建工程——建筑安装工程投资"科目。预算会计不需要做账务处理。

（2）单位对于发包建筑安装工程，根据建筑安装工程价款结算账单与施工企业结算工程价款时，按照应承付的工程价款，财务会计应当借记"在建工程——建筑安装工程投资"科目；按照预付工程款余额，贷记"预付账款"科目；按照其差额，贷记"财政拨款收入""零余额账户用款额度""银行存款""应付账款"等科目。预算会计应当借记"行政支出""事业支出"等有关科目，贷记"财政拨款预算收入""资金结存"科目。

（3）单位自行施工的小型建筑安装工程，按照发生的各项支出金额，财务会计应当借记"在建工程——建筑安装工程投资"科目，贷记"工程物资""零余额账户用款额度""银行存款""应付职工薪酬"等科目。预算会计应当按照实际支付的款项借记"行政支出""事业支出"等有关科目，贷记"资金结存"等科目。

（4）工程竣工，办妥竣工验收交接手续交付使用时，按照建筑安装工程成本（含应分摊的待摊投资），财务会计应当借记"固定资产"等科目，贷记"在建工程——建筑安装工程投资"科目。预算会计不需要做账务处理。

建筑安装工程投资的账务处理如表 1-76 所示。

表 1-76　　　　　　　　建筑安装工程投资的账务处理

| | 财务会计处理 | 预算会计处理 |
|---|---|---|
| 将固定资产等转入建、扩建时 | 借：在建工程——建筑安装工程投资<br>　　固定资产累计折旧等<br>　贷：固定资产等 | — |
| 发包工程预付工程款时 | 借：预付账款——预付工程款<br>　贷：财政拨款收入/零余额账户<br>　用款额度/银行存款等 | 借：行政支出/事业支出等<br>　贷：财政拨款预算收入/资金结存 |
| 按照进度结算工程款时 | 借：在建工程——建筑安装工程投资<br>　贷：预付账款——预付工程款<br>　财政拨款收入/零余额账户<br>用款额度/银行存款/应付账款等 | 借：行政支出/事业支出等（补付款项）<br>　贷：财政拨款预算收入/资金结存 |

| | 财务会计处理 | 预算会计处理 |
|---|---|---|
| 自行施工小型建筑安装工程发生支出时 | 借：在建工程——建筑安装工程投资<br>　　贷：工程物资/零余额账户用款额度/银行存款/应付职工薪酬等 | 借：行政支出/事业支出等（实际支付的款项）<br>　　贷：资金结存等 |
| 改扩建过程中替换（拆除）原资产某些组成部分的 | 借：待处理财产损溢<br>　　贷：在建工程——建筑安装工程投资 | — |
| 工程竣工验收交付使用时 | 借：固定资产等<br>　　贷：在建工程——建筑安装工程投资 | — |

### 3. 案例解析

【例 1-94】某行政单位一办公楼因多年使用需要改建，原值为 8 000 000 元，已计提折旧 5 000 000 元。改建过程中，拆除部分建筑，账面价值为 500 000 元，并获得残值收入 200 000 元。改建过程发生改建支出 3 000 000 元，用零余额账户用款额度支付。改建完工后，验收合格，投入使用。应做如下会计处理。

办公楼转入改建工程时：

财务会计：

借：在建工程——建筑安装工程投资　　　　　　　　3 000 000

　　固定资产累计折旧　　　　　　　　　　　　　　5 000 000

　　贷：固定资产——办公楼　　　　　　　　　　　　　8 000 000

预算会计不需要做账务处理。

拆除部分建筑时：

财务会计：

借：待处理财产损溢　　　　　　　　　　　　　　　500 000

　　贷：在建工程——建筑安装工程投资　　　　　　　　500 000

预算会计不需要做账务处理。

获得残值收入时：

财务会计：

借：银行存款　　　　　　　　　　　　　　　　　　200 000

　　贷：应缴财政款　　　　　　　　　　　　　　　　　200 000

预算会计不需要做账务处理。

发生改建支出时：

财务会计：

借：在建工程——建筑安装工程投资　　　　　　　3 000 000

　　贷：零余额账户用款额度　　　　　　　　　　　3 000 000

预算会计：

借：行政支出　　　　　　　　　　　　　　　　　3 000 000

　　贷：资金结存——零余额账户用款额度　　　　　3 000 000

完工验收时：

财务会计：

借：固定资产——办公楼　　　　　　　　　　　　5 500 000

　　贷：在建工程——建筑安装工程投资　　　　　　5 500 000

预算会计不需要做账务处理。

## 1.23.2　设备投资

**1. 业务概述**

"设备投资"明细科目核算构成行政事业单位建设项目实际支出的各种设备的实际成本。

**2. 账务处理**

（1）购入设备时，按照购入成本，财务会计应当借记"在建工程——设备投资"科目，贷记"财政拨款收入""零余额账户用款额度""银行存款"等科目。预算会计应当按照实际支付的款项，借记"行政支出""事业支出"等有关科目，贷记"财政拨款预算收入""资金结存"科目。采用预付款方式购入设备的，有关预付款的账务处理参照"在建工程"科目有关"建筑安装工程投资"明细科目的规定。

（2）设备安装完毕，办妥竣工验收交接手续交付使用时，按照设备投资成本（含设备安装工程成本和分摊的待摊投资），财务会计应当借记"固定资产"等科目，贷记"在建工程——设备投资""在建工程——建筑安装工程投资——安装工程"科目。预算会计不需要做账务处理。

（3）将不需要安装的设备和达不到固定资产标准的工具、器具交付使用时，按照相关设备、工具、器具的实际成本，财务会计应当借记"固定资产""库存物品"科目，贷记"在建工程——设备投资"科目。预算会计不需要做账务处理。

设备投资的账务处理如表 1 – 77 所示。

表 1 - 77　　　　　　　　　　　设备投资的账务处理

| | 财务会计处理 | 预算会计处理 |
| --- | --- | --- |
| 购入设备时 | 借：在建工程——设备投资<br>　　贷：财政拨款收入/零余额账户用款额度/应付账款/银行存款等 | 借：行政支出/事业支出等（实际支付的款项）<br>　　贷：财政拨款预算收入/资金结存 |
| 安装完毕，交付使用时 | 借：固定资产等<br>　　贷：在建工程——设备投资<br>　　　　　　——建筑安装工程投资<br>　　　　　　——安装工程 | — |
| 将不需要安装设备和达不到固定资产标准的工具器具交付使用时 | 借：固定资产/库存物品<br>　　贷：在建工程——设备投资 | — |

### 3. 案例解析

【例 1 - 95】某事业单位 2×19 年 1 月 1 日购入一台机器设备，支付 800 000 元，因需要安装，2×19 年 2 月 1 日支付安装费 200 000 元，2×19 年 5 月 1 日安装完毕后交付使用。其业务处理如下。

2×19 年 1 月 1 日。

财务会计：

借：在建工程——设备投资　　　　　　　　　　　800 000

　　贷：银行存款　　　　　　　　　　　　　　　　　800 000

预算会计：

借：事业支出　　　　　　　　　　　　　　　　　800 000

　　贷：资金结存——货币资金　　　　　　　　　　　800 000

2×19 年 2 月 1 日。

财务会计：

借：在建工程——建筑安装工程投资　　　　　　　200 000

　　贷：银行存款　　　　　　　　　　　　　　　　　200 000

预算会计：

借：事业支出　　　　　　　　　　　　　　　　　200 000

　　贷：资金结存——货币资金　　　　　　　　　　　200 000

2×19 年 5 月 1 日。

财务会计：

借：固定资产　　　　　　　　　　　　　　　　1 000 000

　　　　贷：在建工程——设备投资　　　　　　　　　　800 000

　　　　　　　　　　——建筑安装工程投资　　　　　200 000

　　预算会计不需要做账务处理。

## 1.23.3　待摊投资

### 1. 业务概述

"待摊投资"明细科目核算行政事业单位发生的构成建设项目实际支出的、按照规定应当分摊计入有关工程成本和设备成本的各项间接费用和税费支出。具体包括：勘察费、设计费、研究试验费、可行性研究费及项目其他前期费用，土地征用及迁移补偿费、土地复垦及补偿费、森林植被恢复费及其他为取得土地使用权、租用权而发生的费用，土地使用税、耕地占用税、契税、车船税、印花税及按照规定缴纳的其他税费，项目建设管理费、代建管理费、临时设施费、监理费、招投标费、社会中介审计（审查）费及其他管理性质的费用，项目建设期间发生的各类专门借款利息支出或融资费用，工程检测费、设备检验费、负荷联合试车费及其他检验检测类费用，固定资产损失、器材处理亏损、设备盘亏及毁损、单项工程或单位工程报废、毁损净损失及其他损失，系统集成等信息工程的费用支出，其他待摊性质支出。

### 2. 账务处理

建设工程发生的构成建设项目实际支出的、按照规定应当分摊计入有关工程成本和设备成本的各项间接费用和税费支出，先在"待摊投资"明细科目中归集；建设工程办妥竣工验收手续交付使用时，按照合理的分配方法，摊入相关工程成本、在安装设备成本等。

（1）行政事业单位发生的构成待摊投资的各类费用，按照实际发生金额，财务会计应当借记"在建工程——待摊投资"科目，贷记"财政拨款收入""零余额账户用款额度""银行存款""应付利息""长期借款""其他应交税费""固定资产累计折旧""无形资产累计摊销"等科目。预算会计应当按照实际支付款项借记"行政支出""事业支出"等有关科目，贷记"财政拨款预算收入""资金结存"科目。

（2）对于建设过程中试生产、设备调试等产生的收入，按照取得的收入金额，财务会计应当借记"银行存款"等科目；按照依据有关规定应当冲减建设工程成本的部分，贷记"在建工程——待摊投资"科目；按照其差额贷记"应缴财政款"或"其他收入"科目。预算会计应当借记"资金结存"科目，贷记

"其他预算收入"科目。

（3）由于自然灾害、管理不善等原因造成的单项工程或单位工程报废或毁损，扣除残料价值和过失人或保险公司等赔款后的净损失，报经批准后计入继续施工的工程成本的，按照工程成本扣除残料价值和过失人或保险公司等赔款后的净损失，财务会计应当借记"在建工程——待摊投资"科目；按照残料变价收入、过失人或保险公司赔款等，借记"银行存款""其他应收款"等科目；按照报废或毁损的工程成本，贷记"在建工程——建筑安装工程投资"科目。预算会计不需要做账务处理。

（4）工程交付使用时，按照合理的分配方法分配待摊投资，财务会计应当借记"在建工程——建筑安装工程投资""在建工程——设备投资"科目，贷记"在建工程——待摊投资"科目。预算会计不需要做账务处理。

待摊投资的分配方法，可按照下列公式计算。

①按照实际分配率分配。适用于建设工期较短、整个项目的所有单项工程一次竣工的建设项目。

实际分配率 = 待摊投资明细科目余额 ÷（建筑工程明细科目余额 + 安装工程明细科目余额 + 设备投资明细科目余额）× 100%

②按照概算分配率分配。适用于建设工期长、单项工程分期分批建成投入使用的建设项目。

概算分配率 =（概算中各待摊投资项目的合计数 – 其中可直接分配部分）÷（概算中建筑工程、安装工程和设备投资合计）× 100%

③某项固定资产应分配的待摊投资 = 该项固定资产的建筑工程成本或该项固定资产（设备）的采购成本和安装成本合计 × 分配率。

待摊投资的账务处理如表 1 – 78 所示。

表 1 – 78　　　　　　　　待摊投资的账务处理

| | 财务会计处理 | 预算会计处理 |
|---|---|---|
| 发生构成待摊投资的各类费用时 | 借：在建工程——待摊投资<br>　　贷：财政拨款收入/零余额账户用款额度/银行存款/应付利息/长期借款/其他应交税费等 | 借：行政支出/事业出等（实际支付的款项）<br>　　贷：财政拨款预算收入/资金结存 |
| 对于建设过程中试生产、设备调试等产生的收入 | 借：银行存款等<br>　　贷：在建工程——待摊投资（按规定冲减工程成本的部分）<br>　　　应缴财政款/其他收入（差额） | 借：资金结存<br>　　贷：其他预算收入 |

续表

| | 财务会计处理 | 预算会计处理 |
|---|---|---|
| 经批准将单项工程或单位工程报废净损失计入继续施工的工程成本的 | 借：在建工程——待摊投资<br>　　银行存款/其他应收款等（残料变价收入、赔款等）<br>　贷：在建工程——建筑安装工程投资（毁损报废工程成本） | — |
| 工程交付使用时，按照一定的分配方法进行待摊投资分配 | 借：在建工程——建筑安装工程投资<br>　　　　　　——设备投资<br>　贷：在建工程——待摊投资 | — |

**3. 案例解析**

【例 1 - 96】2×19 年 2 月 1 日，某事业单位在建造某一设备时，以银行存款支付可行性研究费用 15 000 元。根据相关凭证，做如下会计处理。

财务会计：

借：在建工程——待摊投资　　　　　　　　　　　　　　15 000

　　贷：银行存款　　　　　　　　　　　　　　　　　　　　15 000

预算会计：

借：事业支出　　　　　　　　　　　　　　　　　　　　15 000

　　贷：资金结存——货币资金　　　　　　　　　　　　　　15 000

2×19 年 3 月 1 日，该事业单位在设备调试过程中产生的收入为 2 000 元，分配的待摊投资为 1 000 元。做如下会计处理。

财务会计：

借：银行存款　　　　　　　　　　　　　　　　　　　　2 000

　　贷：在建工程——待摊投资　　　　　　　　　　　　　　1 000

　　　其他收入　　　　　　　　　　　　　　　　　　　　1 000

预算会计：

借：资金结存——货币资金　　　　　　　　　　　　　　1 000

　　贷：其他预算收入　　　　　　　　　　　　　　　　　　1 000

2×19 年 10 月 1 日，该设备完工交付使用，做如下会计处理。

财务会计：

借：在建工程——设备投资　　　　　　　　　　　　　　14 000

　　贷：在建工程——待摊投资　　　　　　　　　　　　　　14 000

预算会计不需要做账务处理。

## 1.23.4　其他投资

**1. 业务概述**

"其他投资"明细科目核算行政事业单位发生的构成建设项目实际支出的房屋购置支出，基本畜禽、林木等购置、饲养、培育支出，办公生活用家具、器具购置支出，软件研发和不能计入设备投资的软件购置等支出以及行政事业单位为进行可行性研究而购置的固定资产，以及取得土地使用权支付的土地出让金。

**2. 账务处理**

（1）行政事业单位为建设工程发生的房屋购置支出，基本畜禽、林木等的购置、饲养、培育支出，办公生活用家具、器具购置支出，软件研发和不能计入设备投资的软件购置等支出，按照实际发生金额，财务会计应当借记"在建工程——其他投资"科目，贷记"财政拨款收入""零余额账户用款额度""银行存款"等科目。预算会计应当按照实际支付的款项借记"行政支出""事业支出"等有关科目，贷记"财政拨款预算收入""资金结存"科目。

（2）工程完成将形成的房屋、基本畜禽、林木等各种财产以及无形资产交付使用时，按照其实际成本，财务会计应当借记"固定资产""无形资产"等科目，贷记"在建工程——其他投资"科目。预算会计不需要做账务处理。

其他投资的账务处理如表 1-79 所示。

表 1-79　　　　　　　　　　其他投资的账务处理

| | 财务会计处理 | 预算会计处理 |
| --- | --- | --- |
| 发生其他投资支出时 | 借：在建工程——其他投资<br>　　贷：财政拨款收入/零余额账户用款额度/银行存款等 | 借：行政支出/事业支出等（实际支付的款项）<br>　　贷：财政拨款预算收入/资金结存 |
| 资产交付使用时 | 借：固定资产/无形资产等<br>　　贷：在建工程——其他投资 | — |

**3. 案例解析**

【例 1-97】某行政单位 2×19 年 10 月 1 日新购入一批办公用家具，花费 5 万元，用银行存款支付。2×19 年 11 月 1 日，该批家具安装完成交付使用。应做如下会计处理。

2×19 年 10 月 1 日。

财务会计：

借：在建工程——其他投资　　　　　　　　　　　　50 000

    贷：银行存款           50 000

  预算会计：

  借：行政支出             50 000

    贷：资金结存——货币资金       50 000

  2×19 年 11 月 1 日。

  财务会计：

  借：固定资产             50 000

    贷：在建工程——其他投资        50 000

  预算会计不需要做账务处理。

## 1.23.5 基建转出投资

### 1. 业务概述

  "基建转出投资"明细科目核算为建设项目配套而建成的、产权不归属本单位的专用设施的实际成本。

### 2. 账务处理

  为建设项目配套而建成的、产权不归属本单位的专用设施，在项目竣工验收交付使用时，按照转出的专用设施的成本，财务会计应当借记"在建工程——基建转出投资"科目，贷记"在建工程——建筑安装工程投资"科目。预算会计不需要做账务处理。冲销转出的在建工程时，财务会计应当借记"无偿调拨净资产"科目，贷记"在建工程——基建转出投资"科目。预算会计不需要做账务处理。基建转出投资的账务处理如表 1-80 所示。

表 1-80        基建转出投资的账务处理

| | 财务会计处理 | 预算会计处理 |
|---|---|---|
| 建造的产权不归属本单位的专用设施转出时 | 借：在建工程——基建转出投资<br>  贷：在建工程——建筑安装工程投资 | — |
| 冲销转出的在建工程时 | 借：无偿调拨净资产<br>  贷：在建工程——基建转出投资 | — |

### 3. 案例解析

  【例 1-98】某行政单位新建一座办公楼，根据工作需要配套建设了一台仪器，但产权不归属本单位。该仪器的实际成本为 3 000 000 元，该项目完工后将产权移交其他部门，应做如下会计处理。

  财务会计：

  借：在建工程——基建转出投资      3 000 000

　　贷：在建工程——建筑安装工程投资　　　　　　　　3 000 000

预算会计不需要做账务处理。

### 1.23.6　待核销基建支出

**1. 业务概述**

"待核销基建支出"明细科目核算建设项目发生的江河清障、航道清淤、飞播造林、补助群众造林、水土保持、城市绿化、取消项目的可行性研究费以及项目整体报废等不能形成资产部分的基建投资支出。

**2. 账务处理**

（1）建设项目发生的江河清障、航道清淤、飞播造林、补助群众造林、水土保持、城市绿化等不能形成资产的各类待核销基建支出，按照实际发生金额，借记"在建工程——待核销基建支出"科目，贷记"财政拨款收入""零余额账户用款额度""银行存款"等科目。预算会计应当按照实际支付的款项借记"行政支出""事业支出"等有关科目，贷记"财政拨款预算收入""资金结存"科目。

（2）取消的建设项目发生的可行性研究费，按照实际发生金额，财务会计应当借记"在建工程——待核销基建支出"科目，贷记"在建工程——待摊投资"科目。预算会计不需要做账务处理。

（3）由于自然灾害等原因发生的建设项目整体报废所形成的净损失，报经批准后转入待核销基建支出，按照项目整体报废所形成的净损失，财务会计应当借记"在建工程——待核销基建支出"科目；按照报废工程回收的残料变价收入、保险公司赔款等，借记"银行存款""其他应收款"等科目；按照报废的工程成本，贷记"在建工程——建筑安装工程投资"科目。预算会计不需要做账务处理。

（4）建设项目竣工验收交付使用时，对发生的待核销基建支出进行冲销，财务会计应当借记"资产处置费用"科目，贷记"在建工程——待核销基建支出"科目。预算会计不需要做账务处理。

待核销基建支出的账务处理如表 1-81 所示。

表 1-81　　　　　　　　**待核销基建支出的账务处理**

| | 财务会计处理 | 预算会计处理 |
|---|---|---|
| 发生各类待核销基建支出时 | 借：在建工程——待核销基建支出<br>　　贷：财政拨款收入/零余额账户用款额度/银行存款等 | 借：行政支出/事业支出（实际支付的款项）<br>　　贷：财政拨款预算收入/资金结存 |

续表

| | 财务会计处理 | 预算会计处理 |
|---|---|---|
| 取消的项目发生的可行性研究费 | 借：在建工程——待核销基建支出<br>　　贷：在建工程——待摊投资 | — |
| 由于自然灾害等原因发生的项目整体报废所形成的净损失 | 借：在建工程——待核销基建支出<br>　　银行存款/其他应收款等（残料变价收入、保险赔款等）<br>　　　　贷：在建工程——建筑安装工程投资等 | — |
| 经批准冲销待核销基建支出时 | 借：资产处置费用<br>　　贷：在建工程——待核销基建支出 | — |

### 3．案例解析

【例1-99】 某事业单位新建一栋办公楼，已投资200 000元，现由于自然灾害导致项目整体报废，经批准冲销该基建支出。应做以下会计处理。

报废时：

财务会计：

借：在建工程——待核销基建支出　　　　　　　　　　200 000

　　贷：在建工程——建筑安装工程投资　　　　　　　　　200 000

预算会计不需要做账务处理。

经批准冲销时：

财务会计：

借：资产处置费用　　　　　　　　　　　　　　　　　200 000

　　贷：在建工程——待核销基建支出　　　　　　　　　　200 000

预算会计不需要做账务处理。

# 1.24　无形资产

无形资产是指不具有实物形态而能够为使用者提供某种权利的非货币性资产，包括著作权、土地使用权、专利权、非专利技术等。行政事业单位购入的不构成相关硬件不可缺少组成部分的软件，应当作为无形资产核算。

## 1.24.1　取得无形资产

### 1．业务概述

无形资产是指除了货币资金、应收账款、金融资产、长期股权投资之外的没有实物形态的可辨认资产。具体而言，包括著作权、土地使用权、专利权、非专利技术等。无形资产按取得来源分为自外部取得和内部自行研发取得，前者包括外购取得、委托第三方研发取得、置换取得以及接受捐赠、无偿调入取得。

**2. 账务处理**

无形资产在取得时，应当按照成本进行初始计量。

（1）外购的无形资产，按照确定的成本，财务会计应当借记"无形资产"科目，贷记"财政拨款收入""零余额账户用款额度""应付账款""银行存款"等科目。预算会计应当借记"行政支出""事业支出""经营支出"等科目，贷记"财政拨款预算收入""资金结存"科目。

（2）委托软件公司开发软件，视同外购无形资产进行处理。

合同中约定预付开发费用的，按照预付金额，财务会计应当借记"预付账款"科目，贷记"财政拨款收入""零余额账户用款额度""银行存款"等科目。预算会计应当借记"行政支出""事业支出""经营支出"等科目，贷记"财政拨款预算收入""资金结存"科目。

软件开发完成交付使用并支付剩余或全部软件开发费用时，按照软件开发费用总额，财务会计应当借记"无形资产"科目；按照相关预付账款金额，贷记"预付账款"科目；按照支付的剩余金额，贷记"财政拨款收入""零余额账户用款额度""银行存款"等科目。预算会计应当按照支付的剩余款项金额，借记"行政支出""事业支出""经营支出"等科目，贷记"财政拨款预算收入""资金结存"科目。

（3）自行研究开发形成的无形资产，按照研究开发项目进入开发阶段后至达到预定用途前所发生的支出总额，财务会计应当借记"无形资产"科目，贷记"研发支出——开发支出"科目。预算会计不需要做账务处理。

自行研究开发项目尚未进入开发阶段，或者确实无法区分研究阶段支出和开发阶段支出，但按照法律程序已申请取得无形资产的，按照依法取得时发生的注册费、聘请律师费等费用，财务会计应当借记"无形资产"科目，贷记"财政拨款收入""零余额账户用款额度""银行存款"等科目；按照依法取得前所发生的研究开发支出，借记"业务活动费用"等科目，贷记"研发支出"科目。预算会计应当借记"行政支出""事业支出""经营支出"等科目，贷记"财政拨款预算收入""资金结存"科目。

（4）接受捐赠的无形资产，按照确定的无形资产成本，财务会计应当借记

"无形资产"科目；按照发生的相关税费等，贷记"零余额账户用款额度""银行存款"等科目；按照其差额，贷记"捐赠收入"科目。预算会计应当按照支付的相关税费等，借记"其他支出"科目，贷记"资金结存"科目。

接受捐赠的无形资产按照名义金额入账的，按照名义金额，财务会计应当借记"无形资产"科目，贷记"捐赠收入"科目；同时，按照发生的相关税费等，借记"其他费用"科目，贷记"零余额账户用款额度""银行存款"等科目。预算会计应当按照支付的相关税费等，借记"其他支出"科目，贷记"资金结存"科目。

（5）无偿调入的无形资产，按照确定的无形资产成本，财务会计应当借记"无形资产"科目；按照发生的相关税费等，贷记"零余额账户用款额度""银行存款"等科目；按照其差额，贷记"无偿调拨净资产"科目。预算会计应当按照支付的相关税费等借记"其他支出"科目，贷记"资金结存"科目。

（6）置换取得的无形资产，参照"库存物品"科目中置换取得库存物品的相关规定进行账务处理。

无形资产取得时涉及增值税业务的，相关账务处理参见"应交增值税"科目。

取得无形资产的账务处理如表 1 - 82 所示。

表 1 - 82 　　　　　　　　取得无形资产的账务处理

| | 财务会计处理 | 预算会计处理 |
|---|---|---|
| （1）外购的无形资产入账时 | 借：无形资产<br>　　贷：财政拨款收入/零余额账户用款额度/应付账款/银行存款等 | 借：行政支出/事业支出/经营支出等<br>　　贷：财政拨款预算收入/资金结存 |
| （2）委托软件公司开发的软件，按照合同约定预付开发费时 | 借：预付账款<br>　　贷：财政拨款收入/零余额账户用款额度/银行存款等 | 借：行政支出/事业支出/经营支出等（预付的款项）<br>　　贷：财政拨款预算收入/资金结存 |
| 委托开发的软件交付使用，并支付剩余或全部软件开发费用时 | 借：无形资产（开发费总额）<br>　　贷：预付账款<br>　　　　财政拨款收入/零余额账户用款额度/银行存款等（支付的剩余款项） | 按照支付的剩余款项金额<br>　　借：行政支出/事业支出/经营支出等<br>　　　　贷：财政拨款预算收入/资金结存 |
| （3）自行开发<br>①开发完成，达到预定用途形成无形资产的 | 借：无形资产<br>　　贷：研发支出——开发支出 | — |

| | 财务会计处理 | 预算会计处理 |
|---|---|---|
| ②自行研究开发无形资产尚未进入开发阶段，或者确实无法区分研究阶段支出和开发阶段支出，但按照法律程序已申请取得无形资产的 | 借：无形资产（依法取得时发生的注册费、聘请律师费等费用）<br>　　贷：财政拨款收入/零余额账户用款额度/银行存款等 | 借：行政支出/事业支出/经营支出等<br>　　贷：财政拨款预算收入/资金结存 |
| （4）置换取得的无形资产 | 参照"库存物品"科目中置换取得库存物品的相关规定进行账务处理。 | |
| （5）接受捐赠的无形资产 | 借：无形资产<br>　　贷：银行存款/零余额账户用款额度等（发生的相关税费等）<br>　　　　捐赠收入（差额） | 借：其他支出（支付的相关税费等）<br>　　贷：资金结存 |
| 接受捐赠的无形资产按照名义金额入账的 | 借：无形资产（名义金额）<br>　　贷：捐赠收入<br>借：其他费用<br>　　贷：银行存款/零余额账户用款额度等（发生的相关税费等） | 借：其他支出（支付的相关税费等）<br>　　贷：资金结存 |
| （6）无偿调入的无形资产 | 借：无形资产<br>　　贷：银行存款/零余额账户用款额度等（发生的相关税费等）<br>　　　　无偿调拨净资产（差额） | 借：其他支出（支付的相关税费等）<br>　　贷：资金结存 |

### 3.案例解析

（1）外购

【例 1-100】某行政单位取得一项专利，使用财政授权支付方式支付价款 200 000 元，应做如下会计处理。

财务会计：

借：无形资产　　　　　　　　　　　　　　　　200 000

　　贷：零余额账户用款额度　　　　　　　　　　　200 000

预算会计：

借：行政支出　　　　　　　　　　　　　　　　200 000

　　贷：资金结存——零余额账户用款额度　　　　　200 000

（2）委托软件公司开发软件

【例 1-101】某行政单位与软件公司合作，委托其开发软件，价款为

500 000 元。根据合同，该行政单位先预付 40% 的开发费用，剩余费用完工交付后支付。所有款项使用财政授权支付方式支付。应做如下会计处理。

预付开发费用时：

财务会计：

| | | |
|---|---|---|
| 借：预付账款 | | 200 000 |
| 　贷：零余额账户用款额度 | | 200 000 |

预算会计：

| | | |
|---|---|---|
| 借：行政支出 | | 200 000 |
| 　贷：资金结存——零余额账户用款额度 | | 200 000 |

完工交付时：

财务会计：

| | | |
|---|---|---|
| 借：无形资产 | | 500 000 |
| 　贷：预付账款 | | 200 000 |
| 　　　零余额账户用款额度 | | 300 000 |

预算会计：

| | | |
|---|---|---|
| 借：行政支出 | | 300 000 |
| 　贷：资金结存——零余额账户用款额度 | | 300 000 |

（3）自行开发无形资产

【例 1-102】某行政单位自行开发一项技术，并申请专利，按法律程序申请专利时发生的注册费、聘请律师费等共计 100 000 元。在取得专利之前共发生研发费用 200 000 元。所有款项均使用财政授权支付方式进行支付。应做如下会计处理。

取得专利前发生研发费用时：

财务会计：

| | | |
|---|---|---|
| 借：研发支出 | | 200 000 |
| 　贷：零余额账户用款额度 | | 200 000 |

预算会计：

| | | |
|---|---|---|
| 借：行政支出 | | 200 000 |
| 　贷：资金结存——零余额账户用款额度 | | 200 000 |

依法取得专利时：

财务会计：

| | | |
|---|---|---|
| 借：无形资产 | | 300 000 |

　　　　贷：研发支出　　　　　　　　　　　　　　　　　　200 000

　　　　　　零余额账户用款额度　　　　　　　　　　　　　100 000

　　预算会计：

　　借：行政支出　　　　　　　　　　　　　　　　　　　　100 000

　　　　贷：资金结存——零余额账户用款额度　　　　　　　100 000

　　（4）置换取得

　　【例1-103】某行政单位用一项专利置换换入一批材料，换出专利的原价为500 000元，已提摊销300 000元，评估价值为200 000元。置换换出专利收到补价50 000元，当日收到材料并验收入库。应做如下会计处理。

　　财务会计：

　　借：库存物品　　　　　　　　　　　　　　　　　　　　150 000

　　　　无形资产累计摊销　　　　　　　　　　　　　　　　300 000

　　　　银行存款　　　　　　　　　　　　　　　　　　　　50 000

　　　　贷：无形资产　　　　　　　　　　　　　　　　　　500 000

　　预算会计不需要做账务处理。

　　（5）接受捐赠

　　【例1-104】某事业单位接受A公司捐赠的一项专利，价值为200 000元，支付相关税费2 000元。应做如下会计处理。

　　财务会计：

　　借：无形资产　　　　　　　　　　　　　　　　　　　　202 000

　　　　贷：银行存款　　　　　　　　　　　　　　　　　　2 000

　　　　　　捐赠收入　　　　　　　　　　　　　　　　　　200 000

　　预算会计：

　　借：其他支出　　　　　　　　　　　　　　　　　　　　2 000

　　　　贷：资金结存——货币资金　　　　　　　　　　　　2 000

　　（6）无偿调入

　　【例1-105】某单位接受无偿调入的无形资产，资产价值为50 000元，期间发生运输费400元。

　　财务会计：

　　借：无形资产　　　　　　　　　　　　　　　　　　　　50 400

　　　　贷：无偿调拨净资产　　　　　　　　　　　　　　　50 000

　　　　　　银行存款　　　　　　　　　　　　　　　　　　400

预算会计：

借：其他支出 400

  贷：资金结存——货币资金 400

### 1.24.2　与无形资产有关的后续支出

**1. 业务概述**

无形资产相关的后续支出，同样需要区分资本化支出和费用化支出对待。符合资产确认条件的支出，例如为增加无形资产的使用效能而发生的后续支出，应当资本化，否则应当费用化计入当期损益。例如增加了新功能，可以提高工作效率的软件升级的支出、商标权使用期满的续展费等可以作为资本化支出，计入相关无形资产的账面价值；而软件的日常维护等费用应当作为费用，计入当期损益。

**2. 账务处理**

（1）符合无形资产确认条件的后续支出

为增加无形资产的使用效能对其进行升级改造或扩展其功能时，如需暂停对无形资产进行摊销的，按照无形资产的账面价值，财务会计应当借记"在建工程"科目；按照无形资产已摊销金额，借记"无形资产累计摊销"科目；按照无形资产的账面余额，贷记"无形资产"科目。

无形资产后续支出符合无形资产确认条件的，按照支出的金额，财务会计应当借记"无形资产"科目（无需暂停摊销的）或"在建工程"科目（需暂停摊销的），贷记"财政拨款收入""零余额账户用款额度""银行存款"等科目。

暂停摊销的无形资产升级改造或扩展功能等完成交付使用时，按照在建工程成本，财务会计应当借记"无形资产"科目，贷记"在建工程"科目。

预算会计应当按照实际支付的资金，借记"行政支出""事业支出""经营支出"等科目，贷记"财政拨款预算收入""资金结存"科目。

（2）不符合无形资产确认条件的后续支出

为保证无形资产正常使用发生的日常维护等支出，财务会计应当借记"业务活动费用""单位管理费用"等科目，贷记"财政拨款收入""零余额账户用款额度""银行存款"等科目。预算会计应当借记"行政支出""事业支出""经营支出"等科目，贷记"财政拨款预算收入""资金结存"科目。

与无形资产有关的后续支出的账务处理如表1-83所示。

表 1－83　　　　　　　　与无形资产有关的后续支出的账务处理

| | 财务会计处理 | 预算会计处理 |
|---|---|---|
| 符合无形资产确认条件的后续支出（如为增加无形资产的使用效能而发生的后续支出） | 借：在建工程<br>　　无形资产累计摊销<br>　　贷：无形资产<br>借：在建工程/无形资产（无须暂停计提摊销的）<br>　　贷：财政拨款收入/零余额账户用款额度/银行存款等 | 借：行政支出/事业支出/经营支出等（实际支付的资金）<br>　　贷：财政拨款预算收入/资金结存 |
| 不符合无形资产确认条件的后续支出（为维护无形资产的正常使用而发生的后续支出） | 借：业务活动费用/单位管理费用/经营费用等<br>　　贷：财政拨款收入/零余额账户用款额度/银行存款等 | 借：行政支出/事业支出/经营支出等<br>　　贷：财政拨款预算收入/资金结存 |

### 3．案例解析

（1）资本化的后续支出

【例 1－106】某事业单位拥有一项软件技术，其账面价值为 50 000 元，已摊销 5 000 元，现为增加该软件技术的效用增加支出 20 000 元，若该支出符合无形资产确认条件，则账务处理如下。

财务会计：

借：在建工程　　　　　　　　　　　　　　　　　　45 000

　　无形资产累积摊销　　　　　　　　　　　　　　5 000

　　　贷：无形资产　　　　　　　　　　　　　　　　　　50 000

借：在建工程　　　　　　　　　　　　　　　　　　20 000

　　贷：银行存款　　　　　　　　　　　　　　　　　　20 000

预算会计：

借：其他支出　　　　　　　　　　　　　　　　　　20 000

　　贷：资金结存——货币资金　　　　　　　　　　　　20 000

（2）费用化的后续支出

【例 1－107】某事业单位拥有一项软件技术，其账面价值为 50 000 元，已摊销 5 000 元，现为维护该软件技术的正常使用发生后续支出 20 000 元，若该支出不符合无形资产确认条件，则账务处理如下。

财务会计：

借：业务活动费用　　　　　　　　　　　　　　　　20 000

　　贷：银行存款　　　　　　　　　　　　　　　　　　20 000

预算会计：

借：事业支出         20 000

  贷：资金结存——货币资金    20 000

## 1.24.3 处置无形资产

### 1．业务概述

无形资产的处置，是指行政事业单位由于业务不再需要，将无形资产对外出售、对外出租获取一定收益或者对外捐赠，也包括当无形资产无法为企业带来未来经济利益时，对其进行终止确认并将账面价值转销。但与固定资产类似，无形资产的处置必须符合法规和单位内部的相关规定，报经批准后，再进行账务处理。

### 2．账务处理

（1）报经批准出售、转让无形资产，按照被出售、转让无形资产的账面价值，借记"资产处置费用"科目；按照无形资产已计提的摊销，财务会计应当借记"无形资产累计摊销"科目；按照无形资产账面余额，贷记"无形资产"科目。预算会计不需要做账务处理。同时，按照收到的价款，财务会计应当借记"银行存款"等科目；按照处置过程中发生的相关费用，贷记"银行存款"等科目；按照其差额，贷记"应缴财政款"（按照规定应上缴无形资产转让净收入的）科目或"其他收入"（按照规定将无形资产转让收入纳入本单位预算管理的）科目。如转让收入按照规定纳入本单位预算，预算会计应当借记"资金结存"科目，贷记"其他预算收入"科目。

（2）报经批准对外捐赠无形资产，按照无形资产已计提的摊销，财务会计应当借记"无形资产累计摊销"科目；按照被处置无形资产账面余额，贷记"无形资产"科目；按照捐赠过程中发生的归属于捐出方的相关费用，贷记"银行存款"等科目；按照其差额，借记"资产处置费用"科目。预算会计应当按照归属于捐出方的相关费用，借记"其他支出"科目，贷记"资金结存"科目。

（3）报经批准无偿调出无形资产，按照无形资产已计提的摊销，财务会计应当借记"无形资产累计摊销"科目；按照被处置无形资产账面余额，贷记"无形资产"科目；按照其差额，借记"无偿调拨净资产"科目；同时，按照无偿调出过程中发生的归属于调出方的相关费用，借记"资产处置费用"科目，贷记"银行存款"等科目。预算会计应当按照归属于调出方的相关费用，借记

"其他支出"科目，贷记"资金结存"科目。

（4）报经批准置换换出无形资产，参照"库存物品"科目中置换换入库存物品的规定进行账务处理。

（5）无形资产预期不能为单位带来服务潜力或经济利益，按照规定报经批准核销时，按照待核销无形资产的账面价值，财务会计应当借记"资产处置费用"科目；按照已计提摊销，借记"无形资产累计摊销"科目；按照无形资产的账面余额，贷记"无形资产"科目。预算会计不需要做账务处理。

无形资产处置时涉及增值税业务的，相关账务处理参见"应交增值税"科目。

处置无形资产的账务处理如表 1 - 84 所示。

表 1 - 84　　　　　　　　　　　处置无形资产的账务处理

| | 财务会计处理 | 预算会计处理 |
|---|---|---|
| 出售、转让无形资产 | 借：资产处置费用<br>　　无形资产累计摊销<br>　　贷：无形资产 | — |
| | 借：银行存款等（收到的价款）<br>　　贷：银行存款等（发生的相关费用）<br>　　　　应缴财政款/其他收入 | 如转让收入按照规定纳入本单位预算<br>借：资金结存<br>　　贷：其他预算收入 |
| 对外捐赠无形资产 | 借：资产处置费用<br>　　无形资产累计摊销<br>　　贷：无形资产（账面余额）<br>　　　　银行存款等（归属于捐出方的相关费用） | 借：其他支出（归属于捐出方的相关费用）<br>　　贷：资金结存 |
| 无偿调出无形资产 | 借：无偿调拨净资产<br>　　无形资产累计摊销<br>　　贷：无形资产（账面余额）<br>借：资产处置费用<br>　　贷：银行存款等（相关费用） | 借：其他支出（归属于调出方的相关费用）<br>　　贷：资金结存 |
| 置换换出无形资产 | 参照"库存物品"科目中置换取得库存物品的规定进行账务处理 | |
| 经批准核销无形资产时 | 借：资产处置费用<br>　　无形资产累计摊销<br>　　贷：无形资产（账面余额） | — |

**3．案例解析**

（1）出售无形资产

【例 1 - 108】某行政单位经批准将一项专利权出售，该项专利权原价为

500 000 元，已计提摊销 300 000 元，售价为 250 000 元，应做如下会计处理。

财务会计：

借：资产处置费用             200 000

  无形资产累计摊销          300 000

  贷：无形资产            500 000

借：银行存款             250 000

  贷：应缴财政款           250 000

预算会计不需要做账务处理。

（2）对外捐赠无形资产

【例 1－109】某行政单位对外捐赠无形资产，无形资产账面余额为 100 000 元，已计提摊销 30 000 元，另外该行政单位支付运输费 3 000 元。该业务处理如下。

财务会计：

借：资产处置费用             73 000

  无形资产累计摊销          30 000

  贷：无形资产            100 000

    银行存款            3 000

预算会计：

借：其他支出              3 000

  贷：资金结存——货币资金       3 000

（3）无偿调出无形资产

【例 1－110】某事业单位打算无偿调出内部的一项无形资产，该无形资产的原值为 100 000 元，已计提摊销 20 000 元。该业务处理如下。

财务会计：

借：无偿调拨净资产           80 000

  无形资产累计摊销          20 000

  贷：无形资产            100 000

预算会计不需要做账务处理。

（4）无形资产的核销

【例 1－111】某行政单位将一批不再能为行政单位带来经济利益的著作权予以核销，该批著作权原价为 100 000 元，已计提摊销 85 000 元，应做如下会计处理。

　　财务会计：

借：资产处置费用　　　　　　　　　　　　　　　　　　15 000

　　无形资产累计摊销　　　　　　　　　　　　　　　　85 000

　　贷：无形资产　　　　　　　　　　　　　　　　　　　　100 000

预算会计不需要做账务处理。

# 1.25　无形资产累计摊销

## 按月进行无形资产摊销

### 1. 业务概述

　　行政事业单位应当设置"无形资产累计摊销"科目，该科目应当按照所对应无形资产的明细分类进行明细核算。与固定资产不同，并非所有的无形资产都需要摊销。行政事业单位只需要对使用年限有限的无形资产按月计提累计摊销。

### 2. 账务处理

　　按月对无形资产进行摊销时，按照应摊销金额，财务会计应当借记"业务活动费用""单位管理费用""加工物品""在建工程"等科目，贷记"无形资产累计摊销"科目。预算会计不需要做账务处理。按月进行无形资产摊销的账务处理如表 1 - 85 所示。

表 1 - 85　　　　　　　　按月进行无形资产摊销的账务处理

| | 财务会计处理 | 预算会计处理 |
|---|---|---|
| 按照月进行无形资产摊销时 | 借：业务活动费用/单位管理费用/加工物品等<br>　　贷：无形资产累计摊销 | — |

### 3. 案例解析

　　【例 1 - 112】2×19 年 3 月 9 日，某行政单位购入一项专利，总价款为 360 000 元，按规定摊销年限为 10 年，应做如下会计处理。

　　2×19 年 3 月 31 日，当月购入的无形资产不计提摊销。

　　2×19 年 4 月 30 日，计提专利权摊销。

　　专利权月摊销额 = 360 000 ÷ 10 ÷ 12 = 3 000（元）

财务会计：

借：单位管理费用 3 000

　　贷：无形资产累计摊销 3 000

预算会计不需要做账务处理。

# 1.26　研发支出（单位自行研究开发的无形资产）

## 1.26.1　自行研究开发项目研究阶段的支出

自行研究开发项目研究阶段的支出，应当先在"研发支出"科目归集。按照从事研究及其辅助活动人员计提的薪酬，研究活动领用的库存物品，发生的与研究活动相关的管理费、间接费和其他各项费用，财务会计应当借记"研发支出——研究支出"科目，贷记"应付职工薪酬""库存物品""财政拨款收入""零余额账户用款额度""固定资产累计折旧""银行存款"等科目。预算会计应当按照实际支付的款项借记"事业支出""经营支出"等科目，贷记"财政拨款预算收入""资金结存"科目。

期（月）末，应当将"研发支出"科目归集的研究阶段的支出金额转入当期费用，财务会计应当借记"业务活动费用"等科目，贷记"研发支出——研究支出"科目。预算会计不需要做账务处理。自行研究开发项目研究阶段的支出的账务处理如表 1 - 86 所示。

表 1 - 86　　　自行研究开发项目研究阶段的支出的账务处理

| | 财务会计处理 | 预算会计处理 |
|---|---|---|
| 应当按照合理的方法先归集 | 借：研发支出——研究支出<br>　　贷：应付职工薪酬/库存物品/<br>财政拨款收入/零余额账户用款额<br>度/银行存款等 | 借：事业支出/经营支出等（实<br>际支付的款项）<br>　　贷：财政拨款预算收入/资<br>金结存 |
| 期（月）末转入当期费用 | 借：业务活动费用等<br>　　贷：研发支出——研究支出 | — |

## 1.26.2　自行研究开发项目开发阶段的支出

自行研究开发项目开发阶段的支出，先通过"研发支出"科目进行归集。按照从事开发及其辅助活动人员计提的薪酬，开发活动领用的库存物品，发生的与开发活动相关的管理费、间接费和其他各项费用，财务会计应当借记"研发支出——开发支出"科目,贷记"应付职工薪酬""库存物品""财政拨款收入""零余额账户用款额度""固定资产累计折旧""银行存款"等科目。预算会计应当按照实际支付的款项借记"事业支出""经营支出"等科目,贷记"财政拨款预算收入""资金结存"科目。自行研究开发项目开发阶段的支出的账务处理如表 1 – 87 所示。

表 1 – 87　　　　自行研究开发项目开发阶段的支出的账务处理

| | 财务会计处理 | 预算会计处理 |
|---|---|---|
| 自行研究开发项目开发阶段的支出 | 借：研发支出——开发支出<br>　　贷：应付职工薪酬<br>　　　　库存物品<br>　　　　财政拨款收入/零余额账户用款额度/银行存款等 | 借：事业支出/经营支出等（实际支付的款项）<br>　　贷：财政拨款预算收入/资金结存 |

## 1.26.3　自行研究开发项目达到预定用途

自行研究开发项目完成,达到预定用途形成无形资产的,按照"研发支出"科目归集的开发阶段的支出金额,财务会计应当借记"无形资产"科目,贷记"研发支出——开发支出"科目。预算会计不需要做账务处理。自行研究开发项目达到预定用途的账务处理如表 1 – 88 所示。

表 1 – 88　　　　自行研究开发项目达到预定用途的账务处理

| | 财务会计处理 | 预算会计处理 |
|---|---|---|
| 自行研究开发项目完成,达到预定用途形成无形资产 | 借：无形资产<br>　　贷：研发支出——开发支出 | — |

## 1.26.4　自行研究开发项目不能达到预定用途

行政事业单位应于每年年度终了评估研究开发项目是否能达到预定用途,如预计不能达到预定用途（如无法最终完成开发项目并形成无形资产的）,应当将已发生的开发支出金额全部转入当期费用,财务会计应当借记"业务活动费用"等科目,贷记"研发支出——开发支出"科目。预算会计不需要做账务处理。

自行研究开发项目时涉及增值税业务的,相关账务处理参见"应交增值税"科目。自行研究开发项目不能达到预定用途的账务处理如表 1 – 89 所示。

表 1 - 89　　　　　　自行研究开发项目不能达到预定用途的账务处理

| | 财务会计处理 | 预算会计处理 |
|---|---|---|
| 年末经评估，研发项目预计不能达到预定用途 | 借：业务活动费用等<br>　　贷：研发支出——开发支出 | — |

# 1.27　公共基础设施

## 1.27.1　取得公共基础设施

### 1. 业务概述

公共基础设施，是指政府会计主体为满足社会公共需求而控制的，同时具有以下特征的有形资产：（1）是一个有形资产系统或网络的组成部分；（2）具有特定用途；（3）一般不可移动。

公共基础设施主要包括市政基础设施（如城市道路、桥梁、隧道、公交场站、路灯、广场、公园绿地、室外公共健身器材，以及环卫、排水、供水、供电、供气、供热、污水处理、垃圾处理等）、交通基础设施（如公路、航道、港口等）、水利基础设施（如大坝、堤防、水闸、泵站、渠道等）和其他公共基础设施。公共基础设施是政府资产的重要组成部分。

从资产的实物形态和相关价值标准而言，政府会计主体控制的公共基础设施与固定资产具有相当程度的相似性，因此涉及公共基础设施的很多业务的账务处理与固定资产基本相同。但考虑到我国政府公共基础设施数量众多，在资金来源、建造和管理方式、产权关系、用途等方面与政府会计主体占有、使用的固定资产有较大区别，因此单独设立一个科目进行核算。

与政府储备物资类似，公共基础设施的产权均属于国家，因此按规定，公共基础设施由对其负有管理维护职责的政府会计主体予以确认。多个政府会计主体共同管理维护的公共基础设施，应当由对该资产负有主要管理维护职责或者承担后续主要支出责任的政府会计主体予以确认。分为多个组成部分由不同政府会计主体分别管理维护的公共基础设施，应当由各个政府会计主体分别对其负责管理维护的公共基础设施的相应部分予以确认。负有管理维护公共基础设施职责的政府会计主体通过政府购买服务方式委托企业或其他会计主体代为管理维护公共基础设施的，该公共基础设施应当由委托方予以确认。

### 2. 账务处理

公共基础设施在取得时，应当按照其成本入账。

（1）自行建造的公共基础设施完工交付使用时，按照在建工程的成本，财务会计应当借记"公共基础设施"科目，贷记"在建工程"科目。预算会计不需要做账务处理。

已交付使用但尚未办理竣工决算手续的公共基础设施，按照估计价值入账，待办理竣工决算后再按照实际成本调整原来的暂估价值。

（2）接受其他单位无偿调入的公共基础设施，按照确定的成本，财务会计应当借记"公共基础设施"科目；按照发生的归属于调入方的相关费用，贷记"财政拨款收入""零余额账户用款额度""银行存款"等科目；按照其差额，贷记"无偿调拨净资产"科目。预算会计应当按照支付的归属于调入方的相关费用，借记"其他支出"科目，贷记"财政拨款预算收入""资金结存"科目。

无偿调入的公共基础设施成本无法可靠取得的，按照发生的相关税费、运输费等金额，财务会计应当借记"其他费用"科目，贷记"财政拨款收入""零余额账户用款额度""银行存款"等科目。预算会计应当借记"其他支出"科目，贷记"财政拨款预算收入""资金结存"科目。

（3）接受捐赠的公共基础设施，按照确定的成本，财务会计应当借记"公共基础设施"科目；按照发生的相关费用，贷记"财政拨款收入""零余额账户用款额度""银行存款"等科目；按照其差额，贷记"捐赠收入"科目。预算会计应当按照支付的归属于捐入方的相关费用，借记"其他支出"科目，贷记"财政拨款预算收入""资金结存"科目。

接受捐赠的公共基础设施成本无法可靠取得的，按照发生的相关税费等金额，财务会计应当借记"其他费用"科目，贷记"财政拨款收入""零余额账户用款额度""银行存款"等科目。预算会计应当借记"其他支出"科目，贷记"财政拨款预算收入""资金结存"科目。

（4）外购的公共基础设施，按照确定的成本，财务会计应当借记"公共基础设施"科目，贷记"财政拨款收入""零余额账户用款额度""银行存款"等科目。预算会计应当借记"行政支出""事业支出"科目，贷记"财政拨款预算收入""资金结存"科目。

（5）对于成本无法可靠取得的公共基础设施，单位应当设置备查簿进行登记，待成本能够可靠确定后按照规定及时入账。

取得公共基础设施的账务处理如表 1-90 所示。

表 1 - 90 取得公共基础设施的账务处理

| | 财务会计处理 | 预算会计处理 |
|---|---|---|
| 自行建造公共基础设施完工交付使用时 | 借：公共基础设施<br>　　贷：在建工程 | — |
| 接受无偿调入的公共基础设施 | 借：公共基础设施<br>　　贷：无偿调拨净资产<br>　　　　财政拨款收入/零余额账户用款额度/银行存款等（发生的归属于调入方的相关费用）<br>　　如无偿调入的公共基础设施成本无法可靠取得的<br>借：其他费用（发生的归属于调入方的相关费用）<br>　　贷：财政拨款收入/零余额账户用款额度/银行存款等 | 借：其他支出（支付的归属于调入方的相关费用）<br>　　贷：财政拨款预算收入/资金结存 |
| 接受捐赠的公共基础设施 | 借：公共基础设施<br>　　贷：捐赠收入<br>　　　　财政拨款收入/零余额账户用款额度/银行存款等（发生的归属于捐入方的相关费用）<br>如接受捐赠的公共基础设施成本无法可靠取得的<br>借：其他费用（发生的归属于捐入方的相关费用）<br>　　贷：财政拨款收入/零余额账户用款额度/银行存款等 | 借：其他支出（支付的归属于捐入方的相关费用）<br>　　贷：财政拨款预算收入/资金结存 |
| 外购的公共基础设施 | 借：公共基础设施<br>　　贷：财政拨款收入/零余额账户用款额度/应付账款/银行存款等 | 借：行政支出/事业支出<br>　　贷：财政拨款预算收入/资金结存 |

### 3．案例解析

（1）自行建造

【例 1 - 113】某行政单位根据市政规划自行建造市民广场，该项公共基础设施至交付使用前所完成的全部必要支出为 3 000 000 元，应做如下会计处理。

财务会计：

借：公共基础设施　　　　　　　　　　　　　　　　　　3 000 000

　　贷：在建工程　　　　　　　　　　　　　　　　　　3 000 000

预算会计不需要做账务处理。

（2）接受无偿调入

【例 1 - 114】某单位接受上级无偿调入健身设施，经评估该项公共基础设施的价值为 200 000 元，该单位支付安装费 10 000 元。应做如下会计处理。

财务会计：

借：公共基础设施　　　　　　　　　　　　　210 000

　　贷：无偿调拨净资产　　　　　　　　　　　200 000

　　　　银行存款　　　　　　　　　　　　　　 10 000

预算会计：

借：其他支出　　　　　　　　　　　　　　　 10 000

　　贷：资金结存——货币资金　　　　　　　　 10 000

（3）外购设施

【例 1-115】某行政单位外购一批防灾设施，支付款项 100 000 元，支付运费等相关支出 2 000 元，使用财政授权支付方式进行支付。应做如下会计处理。

财务会计：

借：公共基础设施　　　　　　　　　　　　　102 000

　　贷：零余额账户用款额度　　　　　　　　　102 000

预算会计：

借：行政支出　　　　　　　　　　　　　　　102 000

　　贷：资金结存——零余额账户用款额度　　　102 000

## 1.27.2　与公共基础设施有关的后续支出

**1．业务概述**

正如前文提到的，政府会计主体控制的公共基础设施与其固定资产的实物形态和相关价值标准都具有相当程度的相似性，因此二者后续计量涉及的经济业务也十分相似，都包括折旧计提、后续维护支出以及最终处置，具体的会计处理亦可参照固定资产相关部分。

**2．账务处理**

将公共基础设施转入改建、扩建时，按照公共基础设施的账面价值，财务会计应当借记"在建工程"科目；按照公共基础设施已计提折旧，借记"公共基础设施累计折旧（摊销）"科目；按照公共基础设施的账面余额，贷记"公共基础设施"科目。预算会计不需要做账务处理。

为增加公共基础设施使用效能或延长其使用年限而发生的改建、扩建等后续支出，财务会计应当借记"在建工程"科目，贷记"财政拨款收入""零余额账户用款额度""银行存款"等科目。预算会计应当按照实际支付的款项借记"行政支出""事业支出"科目，贷记"财政拨款预算收入""资金结存"科目。

公共基础设施改建、扩建完成，竣工验收交付使用时，按照在建工程成本，财务会计应当借记"公共基础设施"科目，贷记"在建工程"科目。预算会计不需要做账务处理。

为保证公共基础设施正常使用发生的日常维修等支出，财务会计应当借记"业务活动费用""单位管理费用"等科目，贷记"财政拨款收入""零余额账户用款额度""银行存款"等科目。预算会计应当按照实际支付的款项借记"行政支出""事业支出"科目，贷记"财政拨款预算收入""资金结存"科目。

与公共基础设施有关的后续支出的账务处理如表 1 – 91 所示。

**表 1 – 91　　与公共基础设施有关的后续支出的账务处理**

| | 财务会计处理 | 预算会计处理 |
|---|---|---|
| 为增加公共基础设施使用效能或延长其使用年限而发生的改建、扩建等后续支出 | 借：在建工程<br>　　公共基础设施累计折旧（摊销）<br>　贷：公共基础设施（账面余额）<br>借：在建工程（发生的相关后续支出）<br>　贷：财政拨款收入/零余额账户用款额度/应付账款/银行存款等 | 借：行政支出/事业支出（实际支付的款项）<br>　贷：财政拨款预算收入/资金结存 |
| 为维护公共基础设施的正常使用而发生的日常维修、养护等后续支出 | 借：业务活动费用<br>　贷：财政拨款收入/零余额账户用款额度/银行存款等 | 借：行政支出/事业支出（实际支付的款项）<br>　贷：财政拨款预算收入/资金结存 |

### 3. 案例解析

（1）发生改扩建等后续支出

【例 1 – 116】某行政单位为延长市民广场的使用年限对其进行改扩建，该市民广场账面价值为 1 000 000 元，计提累计折旧 200 000 元，发生后续支出共 200 000 元，使用财政授权支付方式进行支付，应做如下会计处理。

财务会计：

借：在建工程　　　　　　　　　　　　　　　　　　800 000

公共基础设施累计折旧　　　　　　　　　　　　200 000

　贷：公共基础设施　　　　　　　　　　　　　　　　1 000 000

借：在建工程　　　　　　　　　　　　　　　　　　200 000

　贷：零余额账户用款额度　　　　　　　　　　　　　200 000

预算会计：

借：行政支出　　　　　　　　　　　　　　　　　　200 000

　贷：资金结存——零余额账户用款额度　　　　　　　200 000

（2）发生日常维修、养护等后续支出

【例 1 - 117】某行政单位管理的市民广场为正常使用进行了日常维护，发生日常维护支出共 100 000 元，使用财政授权支付方式进行支付，应做如下会计处理。

财务会计：

借：业务活动费用　　　　　　　　　　　　　　　　　　100 000

　　贷：零余额账户用款额度　　　　　　　　　　　　　　　　100 000

预算会计：

借：行政支出　　　　　　　　　　　　　　　　　　　　100 000

　　贷：资金结存——零余额账户用款额度　　　　　　　　　　100 000

## 1.27.3　按照规定处置公共基础设施

### 1. 业务概述及账务处理

（1）报经批准对外捐赠公共基础设施，按照公共基础设施已计提的折旧或摊销，财务会计应当借记"公共基础设施累计折旧（摊销）"科目；按照被处置公共基础设施账面余额，贷记"公共基础设施"科目；按照捐赠过程中发生的归属于捐出方的相关费用，贷记"银行存款"等科目；按照其差额，借记"资产处置费用"科目。预算会计应当按照支付的归属于捐出方的相关费用，借记"其他支出"科目，贷记"资金结存"等科目。

（2）报经批准无偿调出公共基础设施，按照公共基础设施已计提的折旧或摊销，财务会计应当借记"公共基础设施累计折旧（摊销）"科目；按照被处置公共基础设施账面余额，贷记"公共基础设施"科目；按照其差额，借记"无偿调拨净资产"科目；同时，按照无偿调出过程中发生的归属于调出方的相关费用，借记"资产处置费用"科目，贷记"银行存款"等科目。预算会计应当按照支付的归属于调出方的相关费用借记"其他支出"科目，贷记"资金结存"等科目。

按照规定处置公共基础设施的账务处理如表 1 - 92 所示。

表 1 - 92　　　　　按照规定处置公共基础设施的账务处理

| | 财务会计处理 | 预算会计处理 |
| --- | --- | --- |
| 对外捐赠公共基础设施 | 借：资产处置费用<br>　　公共基础设施累计折旧（摊销）<br>　　贷：公共基础设施（账面余额）<br>　　　　银行存款等（归属于捐出方的相关费用） | 借：其他支出（支付的归属于捐出方的相关费用）<br>　　贷：资金结存等 |

续表

| | 财务会计处理 | 预算会计处理 |
|---|---|---|
| 无偿调出公共基础设施 | 借：无偿调拨净资产<br>　　公共基础设施累计折旧（摊销）<br>　贷：公共基础设施（账面余额）<br>借：资产处置费用<br>　贷：银行存款等（归属于调出方的相关费用） | 借：其他支出（支付的归属于调出方的相关费用）<br>　贷：资金结存等 |

**2. 案例解析**

【例1-118】 某行政单位将一项防洪设施无偿调拨给洪涝灾害多发地区，该设施原价为500 000元，已计提折旧100 000元，在调出过程中发生的相关税费由调出方承担，金额为5 000元，该单位已用银行存款支付。应做如下会计处理。

财务会计：

借：无偿调拨净资产　　　　　　　　　　　　400 000

　　公共基础设施累计折旧　　　　　　　　　100 000

　　贷：公共基础设施　　　　　　　　　　　　　　500 000

借：资产处置费用　　　　　　　　　　　　　　5 000

　　贷：银行存款　　　　　　　　　　　　　　　　　5 000

预算会计：

借：其他支出　　　　　　　　　　　　　　　　5 000

　　贷：资金结存——货币资金　　　　　　　　　　　5 000

## 1.27.4　报废、毁损的公共基础设施

**1. 业务概述及账务处理**

单位应当定期对公共基础设施进行清查盘点。对于发生的公共基础设施盘盈、盘亏、毁损或报废，应当先记入"待处理财产损溢"科目，按照规定报经批准后及时进行后续账务处理。

（1）盘盈的公共基础设施，其成本按照有关凭据注明的金额确定；没有相关凭据但按照规定经过资产评估的，其成本按照评估价值确定；没有相关凭据也未经过评估的，其成本按照重置成本确定。盘盈的公共基础设施成本无法可靠取得的，单位应当设置备查簿进行登记，待成本确定后按照规定及时入账。盘盈的公共基础设施，按照确定的入账成本，财务会计应当借记"公共基础设施"科目，贷记"待处理财产损溢"科目。预算会计不需要做账务处理。

（2）盘亏、毁损或报废的公共基础设施，按照待处置公共基础设施的账面价值，财务会计应当借记"待处理财产损溢"科目；按照已计提折旧或摊销，借记"公共基础设施累计折旧（摊销）"科目；按照公共基础设施的账面余额，贷记"公共基础设施"科目。预算会计不需要做账务处理。

报废、毁损的公共基础设施的账务处理如表 1 – 93 所示。

**表 1 – 93　　　　报废、毁损的公共基础设施的账务处理**

| | 财务会计处理 | 预算会计处理 |
|---|---|---|
| 报废、毁损的公共基础设施 | 借：待处理财产损溢<br>　　公共基础设施累计折旧（摊销）<br>贷：公共基础设施（账面余额） | — |

**2. 案例解析**

【例 1 – 119】 某行政单位管理的市民广场因洪灾遭到毁损，其原价为 3 000 000 元，已计提折旧 1 000 000 元，应做如下会计处理。

财务会计：

借：待处理财产损溢　　　　　　　　　　　　2 000 000

　　公共基础设施累计折旧　　　　　　　　　1 000 000

　　贷：公共基础设施　　　　　　　　　　　　　3 000 000

预算会计不需要做账务处理。

# 1.28　公共基础设施累计折旧（摊销）

## 1.28.1　按月计提公共基础设施折旧或摊销

### 1. 业务概述

政府会计主体应当对公共基础设施计提折旧或摊销，但政府会计主体持续进行良好的维护使得其性能得到永久维持的公共基础设施和确认为公共基础设施的单独计价入账的土地使用权除外。此外，处于改建、扩建等建造活动期间的公共基础设施，应当暂停计提折旧或摊销。已提足折旧或摊销的公共基础设施不再提折旧或摊销。

公共基础设施应计提的折旧或摊销总额为其成本，计提公共基础设施折旧或摊销时不考虑预计净残值。政府会计主体应当对暂估入账的公共基础设施计提折旧或摊销，实际成本确定后不需调整原已计提的折旧或摊销额。

**2. 账务处理**

按月计提公共基础设施折旧时，按照应计提的折旧额，财务会计应当借记"业务活动费用"科目，贷记"公共基础设施累计折旧"科目。预算会计不需要做账务处理。

按月对确认为公共基础设施的单独计价入账的土地使用权进行摊销时，按照应计提的摊销额，财务会计应当借记"业务活动费用"科目，贷记"公共基础设施累计摊销"科目。预算会计不需要做账务处理。

按月计提公共基础设施折旧或摊销的账务处理如表1-94所示。

表1-94　　　按月计提公共基础设施折旧或摊销的账务处理

| | 财务会计处理 | 预算会计处理 |
|---|---|---|
| 按月计提公共基础设施折旧或摊销 | 借：业务活动费用<br>　　贷：公共基础设施累计折旧（摊销） | — |

**3. 案例解析**

【例1-120】2×19年10月31日，某行政单位购入一项环保设施，入账价值为1 200 000元，预计使用年限为20年，预计净残值为0，按照直线法计提折旧，则当年11月计提的会计处理如下。

折旧金额=1 200 000÷20÷12=5 000（元）

财务会计：

借：业务活动费用　　　　　　　　　　　　　　　　　　　5 000

　　贷：公共基础设施累计折旧　　　　　　　　　　　　　　5 000

预算会计不需要做账务处理。

## 1.28.2　处置公共基础设施

**1. 业务概述及账务处理**

处置公共基础设施时，按照所处置公共基础设施的账面价值，财务会计应当借记"资产处置费用""无偿调拨净资产""待处理财产损溢"等科目；按照已提取的折旧和摊销，借记"公共基础设施累计折旧（摊销）"科目；按照公共基础设施账面余额，贷记"公共基础设施"科目。预算会计不需要做账务处理。处置公共基础设施的账务处理如表1-95所示。

表 1 - 95　　　　　　　　　处置公共基础设施的账务处理

| | 财务会计处理 | 预算会计处理 |
|---|---|---|
| 处置公共基础设施时 | 借：待处理财产损溢/资产处置费用/无偿调拨净资产等<br>　　公共基础设施累计折旧（摊销）<br>贷：公共基础设施（账面余额） | — |

### 2. 案例解析

【例 1 - 121】 某行政单位对外捐赠公共基础设施，该设施账面余额为 100 000 元，已计提折旧 30 000 元，另外该行政单位支付运输费 3 000 元。该业务处理如下。

财务会计：

借：资产处置费用　　　　　　　　　　　　　　　73 000

　　公共基础设施累计折旧　　　　　　　　　　　30 000

　　贷：公共基础设施　　　　　　　　　　　　　　　100 000

　　　　银行存款　　　　　　　　　　　　　　　　　3 000

预算会计：

借：其他支出　　　　　　　　　　　　　　　　　3 000

　　贷：资金结存——货币资金　　　　　　　　　　　3 000

# 1.29　政府储备物资

## 1.29.1　取得政府储备物资

### 1. 业务概述

政府储备物资，是指政府会计主体为满足实施国家安全与发展战略、进行抗灾救灾、应对公共突发事件等特定公共需求而控制的，同时具有下列特征的有形资产：

（1）在应对可能发生的特定事件或情形时动用；

（2）其购入、存储保管、更新（轮换）、动用等由政府及相关部门发布的专门管理制度规范。

政府储备物资是政府资产的重要组成部分。我国政府储备物资包括战略及能源物资、抢险抗灾救灾物资、农产品、医药物资和其他重要商品物资，对于保障国家安全、服务国计民生具有重要意义。政府储备物资通常情况下由政府会计主体委托承储单位存储。

从资产物质形态来说，政府储备物资与存货具有一定相似性，但政府储备物资在功能作用、管理方式、资金来源、业务流程等方面与存货存在着显著差异。

首先，从管理方式来看，政府会计主体对于存货一般采取由其自身直接储存的方式进行管理，而我国政府储备物资主要采取委托存储的管理模式。其次，政府储备物资需要根据特定文件规定进行采购、存储、保管、轮换、发出等，发出物资收回往往具有不确定性。最后，不同于政府会计主体通常对自身控制的存货拥有所有权，政府会计准则规定政府储备物资，应当由按规定对其负有行政管理职责的政府会计主体予以确认。所谓行政管理职责主要指提出或拟定收储计划、更新（轮换）计划、动用方案等。如果是对政府储备物资不负有行政管理职责但接受委托具体负责执行其存储保管等工作的政府会计主体，只能将受托代储的政府储备物资作为受托代理资产核算。相关行政管理职责由不同政府会计主体行使的政府储备物资，由负责提出收储计划的政府会计主体予以确认。

**2. 账务处理**

政府储备物资取得时，应当按照其成本入账。

（1）购入的政府储备物资验收入库，按照确定的成本，财务会计应当借记"政府储备物资"科目，贷记"财政拨款收入""零余额账户用款额度""银行存款"等科目。预算会计应当借记"行政支出""事业支出"科目，贷记"财政拨款预算收入""资金结存"科目。

（2）涉及委托加工政府储备物资业务的，相关账务处理参照"加工物品"科目。

（3）接受捐赠的政府储备物资验收入库，按照确定的成本，财务会计应当借记"政府储备物资"科目；按照单位承担的相关税费、运输费等，贷记"零余额账户用款额度""银行存款"等科目；按照其差额，贷记"捐赠收入"科目。预算会计应当按照捐入方承担的相关税费，借记"其他支出"科目，贷记"财政拨款预算收入""资金结存"科目。

（4）接受无偿调入的政府储备物资验收入库，按照确定的成本，财务会计应当借记"政府储备物资"科目；按照单位承担的相关税费、运输费等，贷记"零余额账户用款额度""银行存款"等科目；按照其差额，贷记"无偿调拨净资产"科目。预算会计应当按照调入方承担的相关税费，借记"其他支出"科目，贷记"财政拨款预算收入""资金结存"科目。

取得政府储备物资的账务处理如表 1 - 96 所示。

**表 1 - 96**　　　　　　　　**取得政府储备物资的账务处理**

| | 财务会计处理 | 预算会计处理 |
| --- | --- | --- |
| 购入的政府储备物资 | 借：政府储备物资<br>　　贷：财政拨款收入/零余额账户用款额度/应付账款/银行存款等 | 借：行政支出/事业支出<br>　　贷：财政拨款预算收入/资金结存 |
| 接受捐赠的政府储备物资 | 借：政府储备物资<br>　　贷：捐赠收入<br>　　　　财政拨款收入/零余额账户用款额度/银行存款（捐入方承担的相关税费） | 借：其他支出（捐入方承担的相关税费）<br>　　贷：财政拨款预算收入/资金结存 |
| 无偿调入的政府储备物资 | 借：政府储备物资<br>　　贷：无偿调拨净资产<br>　　　　财政拨款收入/零余额账户用款额度/银行存款（调入方承担的相关税费） | 借：其他支出（调入方承担的相关税费）<br>　　贷：财政拨款预算收入/资金结存 |

**3. 案例解析**

（1）购入的政府储备物资

【例 1 - 122】某行政单位购入一批抗震救灾政府储备物资，价款为 5 000 000 元，相关税费为 850 000 元，运费、保险费共计 20 000 元，使用财政授权支付方式进行结算，购入的政府储备物资验收入库。应做如下会计处理。

财务会计：

借：政府储备物资　　　　　　　　　　　　　　5 870 000

　　贷：零余额账户用款额度　　　　　　　　　　　　　5 870 000

预算会计：

借：行政支出　　　　　　　　　　　　　　　　5 870 000

　　贷：资金结存——零余额账户用款额度　　　　　　　5 870 000

（2）接受捐赠、无偿调入的政府储备物资

【例 1 - 123】某行政单位接受一批抗震救灾政府储备物资的捐赠，价款为 2 000 000 元，支付运输费用 5 000 元，物资验收入库。应做如下会计处理。

财务会计：

借：政府储备物资　　　　　　　　　　　　　　2 005 000

　　贷：捐赠收入　　　　　　　　　　　　　　　　　2 000 000

　　　　银行存款　　　　　　　　　　　　　　　　　　5 000

预算会计：

借：其他支出 5 000

　　贷：资金结存——货币资金 5 000

## 1.29.2　发出政府储备物资

### 1. 业务概述

如前所述，首先，进行政府储备物资发出会计核算的政府会计主体应当是对其负有行政管理职责的政府会计主体。对政府储备物资不负有行政管理职责但接受委托具体负责执行其存储保管等工作的政府会计主体，只能将受托代储的政府储备物资作为受托代理资产核算。

其次，政府储备物资需要根据相关规定进行采购、存储、保管、轮换、发出，发出物资的收回往往具有不确定性。

国家储备物资的收储、动用、轮换，一般通过市场化方式进行，即政府会计主体通常可以通过销售出清需要轮换的储备物资，并重新通过购买、委托加工等方式取得新的储备物资。

### 2. 账务处理

政府储备物资发出时，分别以下情况处理。

（1）因动用而发出无需收回的政府储备物资的，按照发出物资的账面余额，财务会计应当借记"业务活动费用"科目，贷记"政府储备物资"科目。预算会计不需要做账务处理。

（2）因动用而发出需要收回或者预期可能收回的政府储备物资的，在发出物资时，按照发出物资的账面余额，财务会计应当借记"政府储备物资——发出"科目，贷记"政府储备物资——在库"科目；按照规定的质量验收标准收回物资时，按照收回物资原账面余额，借记"政府储备物资——在库"科目；按照未收回物资的原账面余额，借记"业务活动费用"科目；按照物资发出时登记在"政府储备物资"科目所属"发出"明细科目中的余额，贷记"政府储备物资——发出"科目。预算会计不需要做账务处理。

（3）因行政管理主体变动等原因而将政府储备物资调拨给其他主体的，按照无偿调出政府储备物资的账面余额，财务会计应当借记"无偿调拨净资产"科目，贷记"政府储备物资"科目。预算会计不需要做账务处理。

（4）对外销售政府储备物资并将销售收入纳入本单位预算统一管理的，发出物资时，按照发出物资的账面余额，财务会计应当借记"业务活动费用"科目，贷记"政府储备物资"科目；实现销售收入时，按照确认的收入金额，借记"银行存款""应收账款"等科目，贷记"事业收入"等科目；按照发生的相关税费，借记"业务活动费用"科目，贷记"银行存款"等科目。预算会计应当按照收到的销售价款，借记"资金结存"科目，贷记"事业预算收入"等科目；同时，按照支付的相关税费，借记"行政支出""事业支出"科目，贷记"资金结存"科目。

对外销售政府储备物资并按照规定将销售净收入上缴财政的，发出物资时，按照发出物资的账面余额，财务会计应当借记"资产处置费用"科目，贷记"政府储备物资"科目；取得销售价款时，按照实际收到的款项金额，借记"银行存款"等科目；按照发生的相关税费，贷记"银行存款"等科目；按照销售价款大于所承担的相关税费后的差额，贷记"应缴财政款"科目。预算会计不需要做账务处理。

发出政府储备物资的账务处理如表 1 - 97 所示。

表 1 - 97　　　　　　　　发出政府储备物资的账务处理

| | 财务会计处理 | 预算会计处理 |
|---|---|---|
| 动用发出无需收回的政府储备物资 | 借：业务活动费用<br>　　贷：政府储备物资（账面余额） | — |
| 动用发出需要收回或预期可能收回的政府储备物资 | 发出物资时<br>借：政府储备物资——发出<br>　　贷：政府储备物资——在库<br>按照规定的质量验收标准收回物资时<br>借：政府储备物资——在库（收回物资的账面余额）<br>　　业务活动费用（未收回物资的账面余额）<br>　　贷：政府储备物资——发出 | — |
| 因行政管理主体变动等原因而将政府储备物资调拨给其他主体的 | 借：无偿调拨净资产<br>　　贷：政府储备物资（账面余额） | |
| 按照规定物资销售收入纳入本单位预算的 | 借：业务活动费用<br>　　贷：政府储备物资<br>借：银行存款/应收账款等<br>　　贷：事业收入等<br>借：业务活动费用<br>　　贷：银行存款等（发生的相关税费） | 借：资金结存（收到的销售价款）<br>　　贷：事业预算收入等<br>借：行政支出/事业支出<br>　　贷：资金结存（支付的相关税费） |

| | 财务会计处理 | 预算会计处理 |
|---|---|---|
| 按照规定销售收入扣除相关税费后上缴财政的 | 借：资产处置费用<br>　　贷：政府储备物资<br>借：银行存款等（收到的销售价款）<br>　　贷：银行存款（发生的相关税费）<br>　　　　应缴财政款 | — |

### 3．案例解析

【例1－124】接【例1－123】，该行政单位经批准将这批政府储备物资向灾区捐赠，运输费用为2 000元，应做如下会计处理。

财务会计：

借：业务活动费用　　　　　　　　　　　　　　　　　2 007 000

　　贷：政府储备物资　　　　　　　　　　　　　　　　2 005 000

　　　　银行存款　　　　　　　　　　　　　　　　　　　2 000

预算会计：

借：行政支出　　　　　　　　　　　　　　　　　　　　2 000

　　贷：资金结存——货币资金　　　　　　　　　　　　　2 000

## 1.29.3　政府储备物资盘盈、盘亏、报废或毁损

### 1．业务概述及账务处理

行政事业单位应当定期对政府储备物资进行清查盘点，每年至少盘点一次。对于发生的政府储备物资盘盈、盘亏或者报废、毁损，应当先记入"待处理财产损溢"科目，按照规定报经批准后及时进行后续账务处理。

（1）盘盈的政府储备物资，按照确定的入账成本，财务会计应当借记"政府储备物资"科目，贷记"待处理财产损溢"科目。预算会计不需要做账务处理。

（2）盘亏或者毁损、报废的政府储备物资，按照待处理政府储备物资的账面余额，财务会计应当借记"待处理财产损溢"科目，贷记"政府储备物资"科目。预算会计不需要做账务处理。

政府储备物资盘盈、盘亏、报废或毁损的账务处理如表1－98所示。

表 1-98 政府储备物资盘盈、盘亏、报废或毁损的账务处理

| | 财务会计处理 | 预算会计处理 |
|---|---|---|
| 盘盈的政府储备物资 | 借：政府储备物资<br>　　贷：待处理财产损溢 | — |
| 盘亏、报废或毁损的政府储备物资 | 借：待处理财产损溢<br>　　贷：政府储备物资 | — |

**2. 案例解析**

【例 1-125】接【例 1-124】，该批政府储备物资由于洪灾损毁，报经批准予以核销，应做如下会计处理。

财务会计：

借：待处理财产损溢 2 005 000

　　贷：政府储备物资 2 005 000

预算会计不需要做账务处理。

# 1.30 文物文化资产

文物文化资产是指用于展览、教育或研究等目的的历史文物、艺术品以及其他具有文化或者历史价值并作长期或者永久保存的典藏等。

## 1.30.1 取得文物文化资产

**1. 业务概述**

文物文化资产与其他存货和固定资产相比，具有特殊的文化、历史价值，并且具有长期或者永久存续的特点，因此涉及文物文化资产的经济业务也具有许多特殊之处。以文物文化资产的取得业务为例，文物文化资产的取得方式以无偿划拨为主，捐赠取得与外购取得占一定比例，但自建取得的文物文化资产占比极小，只有一些纪念碑、博物馆等文化资产可以通过自建取得。

**2. 账务处理**

文物文化资产在取得时，应当按照其成本入账。

（1）外购的文物文化资产，其成本包括购买价款、相关税费以及可归属于该项资产达到预定用途前所发生的其他支出（如运输费、安装费、装卸费等）。

外购的文物文化资产，按照确定的成本，财务会计应当借记"文物文化资产"科目，贷记"财政拨款收入""零余额账户用款额度""银行存款"等科目。预算会计应当借记"行政支出""事业支出"科目，贷记"财政拨款预算

收入""资金结存"科目。

（2）接受其他单位无偿调入的文物文化资产，其成本按照该项资产在调出方的账面价值加上归属于调入方的相关费用确定。

调入的文物文化资产，按照确定的成本，财务会计应当借记"文物文化资产"科目，按照发生的归属于调入方的相关费用，贷记"零余额账户用款额度""银行存款"等科目，按照其差额，贷记"无偿调拨净资产"科目。

无偿调入的文物文化资产成本无法可靠取得的，按照发生的归属于调入方的相关费用，财务会计应当借记"其他费用"科目，贷记"零余额账户用款额度""银行存款"等科目。预算会计应当借记"其他支出"科目，贷记"财政拨款预算收入""资金结存"科目。

（3）接受捐赠的文物文化资产，其成本按照有关凭据注明的金额加上相关费用确定；没有相关凭据可供取得，但按照规定经过资产评估的，其成本按照评估价值加上相关费用确定；没有相关凭据可供取得、也未经评估的，其成本比照同类或类似资产的市场价格加上相关费用确定。

接受捐赠的文物文化资产，按照确定的成本，财务会计应当借记"文物文化资产"科目；按照发生的归属于捐入方的相关税费、运输费等金额，贷记"零余额账户用款额度""银行存款"等科目；按照其差额，贷记"捐赠收入"科目。

接受捐赠的文物文化资产成本无法可靠取得的，按照发生的相关税费、运输费等金额，财务会计应当借记"其他费用"科目，贷记"零余额账户用款额度""银行存款"等科目。预算会计应当借记"其他支出"科目，贷记"资金结存"等科目。

（4）对于成本无法可靠取得的文物文化资产，单位应当设置备查簿进行登记，待成本能够可靠确定后按照规定及时入账。

取得文物文化资产的账务处理如表1-99所示。

表1-99　　　　　　　　取得文物文化资产的账务处理

| | 财务会计处理 | 预算会计处理 |
| --- | --- | --- |
| 外购的文物文化资产 | 借：文物文化资产<br>　　贷：财政拨款收入/零余额账户用款额度/应付账款/银行存款等 | 借：行政支出/事业支出<br>　　贷：财政拨款预算收入/资金结存 |

| | 财务会计处理 | 预算会计处理 |
|---|---|---|
| 接受无偿调入的文物文化资产 | 借：文物文化资产<br>　　贷：无偿调拨净资产<br>　　　　财政拨款收入/零余额账户用款额度/银行存款等（发生的归属于调入方的相关费用）<br>如无偿调入的文物文化资产成本无法可靠取得<br>借：其他费用（发生的归属于调入方的相关费用）<br>　　贷：财政拨款收入/零余额账户用款额度/银行存款等 | 借：其他支出（支付的归属于调入方的相关费用）<br>　　贷：财政拨款预算收入/资金结存 |
| 接受捐赠的文物文化资产 | 借：文物文化资产<br>　　贷：捐赠收入<br>　　　　财政拨款收入/零余额账户用款额度/银行存款（发生的归属于捐入方的相关费用）<br>接受捐赠的文物文化资产成本无法可靠取得的<br>借：其他费用（发生的归属于调入方的相关费用）<br>　　贷：财政拨款收入/零余额账户用款额度/银行存款等 | 借：其他支出（支付的归属于捐入方的相关费用）<br>　　贷：资金结存等 |

**3. 案例解析**

（1）外购的文物文化资产

【例 1 - 126】某事业单位用事业经费购入一批文物文化资产，买价为 10 000 元，运杂费为 1 000 元，有关款项均已通过银行支付。会计处理如下。

财务会计：

借：文物文化资产　　　　　　　　　　　　　　　　11 000

　　贷：银行存款　　　　　　　　　　　　　　　　　11 000

预算会计：

借：事业支出　　　　　　　　　　　　　　　　　　11 000

　　贷：资金结存——货币资金　　　　　　　　　　　11 000

（2）接受无偿调入的文物文化资产

【例 1 - 127】某单位接受无偿调入的文物文化资产，资产价值为 70 000 元，期间发生的运输费为 900 元。

财务会计：

借：文物文化资产　　　　　　　　　　　　　　　　70 900

    贷：无偿调拨净资产　　　　　　　　　　　　　　　　70 000

        银行存款　　　　　　　　　　　　　　　　　　　　900

预算会计：

借：其他支出　　　　　　　　　　　　　　　　　　　900

    贷：资金结存——货币资金　　　　　　　　　　　　900

（3）接受捐赠的文物文化资产

**【例 1 - 128】** 某单位接受社会捐赠的文物文化资产，资产价值为 50 000 元，期间发生的运输费为 800 元。

财务会计：

借：文物文化资产　　　　　　　　　　　　　　　　50 800

    贷：捐赠收入　　　　　　　　　　　　　　　　　50 000

        银行存款　　　　　　　　　　　　　　　　　　　800

预算会计：

借：其他支出　　　　　　　　　　　　　　　　　　　800

    贷：资金结存——货币资金　　　　　　　　　　　　800

## 1.30.2　与文物文化资产有关的后续支出

与文物文化资产有关的后续支出，参照"公共基础设施"科目相关规定进行处理。

## 1.30.3　按照规定处置文物文化资产

### 1. 业务概述

由于文物文化资产具有长期或者永久存续的特点，即文物文化资产的价值不因时间流逝而损耗，相反，在保存良好的情况下，其价值随着时间的流逝而增加，因此文物文化资产不计提折旧。同时考虑到文物文化资产的特殊文化、历史价值与不可再生的稀缺性，文物文化资产的日常修缮维护工作就变得十分重要，并且国家通过法律对文物文化资产的处置进行了严格的限制，因此文物文化资产的处置主要是无偿调拨以及少量的对外捐赠。

### 2. 账务处理

按照规定报经批准处置文物文化资产，应当分别以下情况处理。

（1）报经批准对外捐赠文物文化资产，按照被处置文物文化资产账面余额和捐赠过程中发生的归属于捐出方的相关费用合计数，财务会计应当借记"资产处置费用"科目；按照被处置文物文化资产账面余额，贷记"文物文化资产"科目；按照捐赠过程中发生的归属于捐出方的相关费用，贷记"银行存款"等科目。预算会计应当按照支付的归属于捐出方的相关费用借记"其他支出"科目，贷记"资金结存"等科目。

（2）报经批准无偿调出文物文化资产，按照被处置文物文化资产账面余额，财务会计应当借记"无偿调拨净资产"科目，贷记"文物文化资产"科目；同时，按照无偿调出过程中发生的归属于调出方的相关费用，借记"资产处置费用"科目，贷记"银行存款"等科目。预算会计应当按照支付的归属于调出方的相关费用借记"其他支出"科目，贷记"资金结存"等科目。

按照规定处置文物文化资产的账务处理如表 1 - 100 所示。

表 1 - 100　　　　按照规定处置文物文化资产的账务处理

| | 财务会计处理 | 预算会计处理 |
|---|---|---|
| 对外捐赠文物文化资产 | 借：资产处置费用<br>　贷：文物文化资产（账面余额）<br>　　银行存款等（归属于捐出方的相关费用） | 借：其他支出（支付的归属于捐出方的相关费用）<br>　贷：资金结存等 |
| 无偿调出文物文化资产 | 借：无偿调拨净资产<br>　贷：文物文化资产（账面余额）<br>借：资产处置费用<br>　贷：银行存款等（归属于调出方的相关费用） | 借：其他支出（支付的归属于调出方的相关费用）<br>　贷：资金结存等 |

**3．案例解析**

（1）对外捐赠文物文化资产

【例 1 - 129】某行政单位对外捐赠文物文化资产，文物文化资产账面余额为 100 000 元，另外该行政单位支付运输费 3 000 元。该业务处理如下。

财务会计：

借：资产处置费用　　　　　　　　　　　　　103 000

　　贷：文物文化资产　　　　　　　　　　　100 000

　　　　银行存款　　　　　　　　　　　　　　3 000

预算会计：

借：其他支出　　　　　　　　　　　　　　　3 000

　　贷：资金结存——货币资金　　　　　　　　3 000

（2）无偿调出文物文化资产

【例 1 - 130】某事业单位打算无偿调出内部的一项无形资产，该无形资产的原值为 100 000 元，另外该事业单位支付运输费 3 000 元。该业务处理如下。

财务会计：

借：无偿调拨净资产　　　　　　　　　　　　　100 000

　　贷：文物文化资产　　　　　　　　　　　　　　　100 000

借：资产处置费用　　　　　　　　　　　　　　3 000

　　贷：银行存款　　　　　　　　　　　　　　　　　3 000

预算会计：

借：其他支出　　　　　　　　　　　　　　　　3 000

　　贷：资金结存——货币资金　　　　　　　　　　　3 000

### 1.30.4　盘点文物文化资产

**1. 业务概述及账务处理**

行政事业单位应当定期对文物文化资产进行清查盘点，每年至少盘点一次。对于发生的文物文化资产盘盈、盘亏、毁损或报废等，参照"公共基础设施"科目相关规定进行账务处理。盘点文物文化资产的账务处理如表 1-101 所示。

表 1-101　　　　　盘点文物文化资产的账务处理

| | 财务会计处理 | 预算会计处理 |
|---|---|---|
| 盘盈时 | 借：文物文化资产<br>　　贷：待处理财产损溢 | — |
| 盘亏、毁损、报废时 | 借：待处理财产损溢<br>　　贷：文物文化资产（账面余额） | — |

**2. 案例解析**

【例 1-131】某单位于 2×19 年年底对单位的文物文化资产进行盘点，发现价值 3 000 元的文物文化资产毁损。会计处理如下。

财务会计：

借：待处理财产损溢　　　　　　　　　　　　　3 000

　　贷：文物文化资产　　　　　　　　　　　　　　　3 000

预算会计不需要做账务处理。

# 1.31　保障性住房

保障性住房是与商品房相对的，由政府为中低收入住房困难家庭所提供的限定标准、限定价格或租金的住房，一般包括廉租住房、经济适用住房、政策性租赁住房、定向安置房等种类。"保障性住房"科目核算单位为满足社会公共需求而控制的保障性住房的原值。

## 1.31.1　保障性住房的取得

### 1. 业务概述

行政事业单位可以通过自建、外购以及无偿划拨取得保障性住房。保障性住房在取得时，应当按其成本入账。

### 2. 账务处理

（1）外购的保障性住房，其成本包括购买价款、相关税费以及可归属于该项资产达到预定用途前所发生的其他支出。外购的保障性住房，按照确定的成本，财务会计应当借记"保障性住房"科目，贷记"财政拨款收入""零余额账户用款额度""银行存款"等科目。预算会计应当借记"行政支出""事业支出"科目，贷记"财政拨款预算收入""资金结存"科目。

（2）自行建造的保障性住房交付使用时，按照在建工程成本，财务会计应当借记"保障性住房"科目，贷记"在建工程"科目。已交付使用但尚未办理竣工决算手续的保障性住房，按照估计价值入账，待办理竣工决算后再按照实际成本调整原来的暂估价值。预算会计不需要做账务处理。

（3）接受其他单位无偿调入的保障性住房，其成本按照该项资产在调出方的账面价值加上归属于调入方的相关费用确定。无偿调入的保障性住房，按照确定的成本，财务会计应当借记"保障性住房"科目；按照发生的归属于调入方的相关费用，贷记"零余额账户用款额度""银行存款"等科目；按照其差额，贷记"无偿调拨净资产"科目。预算会计应当按照支付的相关税费借记"其他支出"科目，贷记"资金结存"等科目。

（4）接受捐赠、融资租赁取得的保障性住房，参照"固定资产"科目相关规定进行处理。

保障性住房的取得的账务处理如表 1 – 102 所示。

表 1 – 102　　　　　　　保障性住房的取得的账务处理

| | 财务会计处理 | 预算会计处理 |
|---|---|---|
| 外购的保障性住房 | 借：保障性住房　　贷：财政拨款收入/零余额账户用款额度/银行存款等 | 借：行政支出/事业支出　　贷：财政拨款预算收入/资金结存 |

| | 财务会计处理 | 预算会计处理 |
|---|---|---|
| 自行建造的保障性住房，工程完工交付使用时 | 借：保障性住房<br>　　贷：在建工程 | — |
| 无偿调入的保障性住房 | 借：保障性住房<br>　　贷：银行存款/零余额账户用款额度等（发生的相关费用）<br>　　　　无偿调拨净资产（差额） | 借：其他支出（支付的相关税费）<br>　　贷：资金结存等 |

### 3．案例解析

【例1-132】2×19年3月15日，某事业单位外购一批保障性住房，支付价款2 000 000元，使用财政授权支付方式进行结算。该业务会计处理如下。

财务会计：

借：保障性住房　　　　　　　　　　　　　　　　　2 000 000

　　贷：零余额账户用款额度　　　　　　　　　　　　　2 000 000

预算会计：

借：事业支出　　　　　　　　　　　　　　　　　　2 000 000

　　贷：资金结存——零余额账户用款额度　　　　　　　2 000 000

【例1-133】2×19年10月15日，某单位自行建造的保障性住房工程完工交付使用，前期投入工程价款3 000 000元。该业务会计处理如下。

财务会计：

借：保障性住房　　　　　　　　　　　　　　　　　3 000 000

　　贷：在建工程　　　　　　　　　　　　　　　　　3 000 000

预算会计不需要做账务处理。

【例1-134】2×19年10月30日，某单位接受无偿调入的保障性住房10套，价值4 000 000元，该单位支付相关费用20 000元。该业务处理如下。

财务会计：

借：保障性住房　　　　　　　　　　　　　　　　　4 020 000

　　贷：银行存款　　　　　　　　　　　　　　　　　　20 000

　　　　无偿调拨净资产　　　　　　　　　　　　　　4 000 000

预算会计：

借：其他支出　　　　　　　　　　　　　　　　　　　20 000

　　贷：资金结存——货币资金　　　　　　　　　　　　20 000

## 1.31.2　出租保障性住房

### 1. 业务概述

保障性住房包括廉租住房、经济适用住房、政策性租赁住房、定向安置房等，其中廉租住房和政策性租赁住房不允许出售，但可以租赁，因此会产生租赁收入。

### 2. 账务处理

按照规定出租保障性住房并将出租收入上缴同级财政，按照收取的租金金额，财务会计应当借记"银行存款"等科目，贷记"应缴财政款"科目。预算会计不需要做账务处理。出租保障性住房的账务处理如表 1－103 所示。

表 1－103　　　　　　　　出租保障性住房的账务处理

| | 财务会计处理 | 预算会计处理 |
| --- | --- | --- |
| 按照收取或应收的租金金额 | 借：银行存款/应收账款<br>　　贷：应缴财政款 | — |

### 3. 案例解析

【例 1－135】某单位将拥有的保障性住房租给单位职工，每月收取租金 1 000 元，该业务会计处理如下。

财务会计：

借：银行存款　　　　　　　　　　　　　　　　　　1 000

　　贷：应缴财政款　　　　　　　　　　　　　　　　　　1 000

预算会计不需要做账务处理。

## 1.31.3　处置保障性住房

### 1. 业务概述

处置保障性住房又可以分为无偿调出保障性住房和出售保障性住房。

### 2. 账务处理

（1）报经批准无偿调出保障性住房，按照保障性住房已计提的折旧，财务会计应当借记"保障性住房累计折旧"科目；按照被处置保障性住房账面余额，贷记"保障性住房"科目；按照其差额，借记"无偿调拨净资产"科目；同时，按照无偿调出过程中发生的归属于调出方的相关费用，借记"资产处置费用"科目，贷记"银行存款"等科目。预算会计应当借记"其他支出"科目，贷记"资金结存"等科目。

（2）报经批准出售保障性住房，按照被出售保障性住房的账面价值，财务会计应当借记"资产处置费用"科目；按照保障性住房已计提的折旧，借记"保障性住房累计折旧"科目；按照保障性住房账面余额，贷记"保障性住房"科目；同时，按照收到的价款，借记"银行存款"等科目；按照出售过程中发生的相关费用，贷记"银行存款"等科目；按照其差额，贷记"应缴财政款"科目。预算会计不需要做账务处理。保障性住房的处置的账务处理如表 1 - 104 所示。

表 1 - 104　　　　　　　　保障性住房的处置的账务处理

| | 财务会计处理 | 预算会计处理 |
|---|---|---|
| 无偿调出保障性住房 | 借：无偿调拨净资产<br>　　保障性住房累计折旧<br>　贷：保障性住房（账面余额） | 借：其他支出<br>　贷：资金结存等 |
| | 借：资产处置费用<br>　贷：银行存款（归属于调出方的相关费用） | |
| 出售保障性住房 | 借：资产处置费用<br>　　保障性住房累计折旧<br>　贷：保障性住房（账面余额） | — |
| | 借：银行存款（处置保障性住房收到的价款）<br>　贷：应缴财政款<br>　　银行存款（发生的相关费用） | |

### 3. 案例解析

【例 1 - 136】某事业单位出售保障性住房一批，保障性住房账面余额为 72 000 元，已计提折旧 60 000 元，出售保障性住房收到价款 20 000 元。该业务的账务处理如下。

财务会计：

借：资产处置费用　　　　　　　　　　　　　　12 000

　　保障性住房累计折旧　　　　　　　　　　　60 000

　　　贷：保障性住房　　　　　　　　　　　　　　　　72 000

借：银行存款　　　　　　　　　　　　　　　　20 000

　　　贷：应缴财政款　　　　　　　　　　　　　　　　20 000

预算会计不需要做账务处理。

## 1.31.4　保障性住房定期盘点清查

### 1. 业务概述

行政事业单位应当定期对保障性住房进行清查盘点。盘点的结果可分为保障性住房盘盈和保障性住房盘亏、毁损或报废。

### 2. 账务处理

对于发生的保障性住房盘盈、盘亏、毁损或报废等，参照"固定资产"科目的相关规定进行账务处理。保障性住房定期盘点清查的账务处理如表 1 – 105 所示。

表 1 – 105　　　　　保障性住房定期盘点清查的账务处理

| | 财务会计处理 | 预算会计处理 |
| --- | --- | --- |
| 盘盈的保障性住房 | 借：保障性住房<br>　　贷：待处理财产损溢 | — |
| 盘亏、毁损或报废的保障性住房 | 借：待处理财产损溢（账面价值）<br>　　　保障性住房累计折旧<br>　　贷：保障性住房（账面余额） | — |

### 3. 案例解析

【例 1 – 137】某单位于 2×19 年年底对单位的保障性住房进行盘点，发生如下业务。

盘盈保障性住房，价值为 50 000 元。该业务的账务处理如下。

财务会计：

借：保障性住房　　　　　　　　　　　　　　　　　50 000

　　贷：待处理财产损溢　　　　　　　　　　　　　　50 000

预算会计不需要做账务处理。

# 1.32　保障性住房累计折旧

同公共基础设施类似，保障性住房与固定资产在实物形态和价值标准方面也具有许多相似点，因此保障性住房的后续支出以及处置与固定资产的对应业务也基本相同，都包括折旧计提以及修缮改良支出以及最终处置等。"保障性住房累计折旧"科目核算单位计提的保障性住房的累计折旧。

## 按月计提保障性住房折旧时

### 1. 业务概述

保障性住房同固定资产的业务一样，也要按月计提保障性住房折旧。

### 2. 账务处理

按月计提保障性住房折旧时，按照应计提的折旧额，财务会计应当借记"业务活动费用"科目，贷记"保障性住房累计折旧"科目。预算会计不需要做账务处理。按月计提保障性住房折旧的账务处理如表 1 – 106 所示。

表 1 – 106　　　　　　　按月计提保障性住房折旧的账务处理

| | 财务会计处理 | 预算会计处理 |
|---|---|---|
| 按月计提保障性住房折旧时 | 借：业务活动费用<br>　贷：保障性住房累计折旧 | — |

### 3. 案例解析

【例 1 – 138】某事业单位新购进保障性住房一批，价值为 72 000 元，计划使用 6 年，每月计提折旧 1 000 元。该业务的会计处理如下。

财务会计：

借：业务活动费用　　　　　　　　　　　　　　　　　　　1 000

　　贷：保障性住房累计折旧　　　　　　　　　　　　　　　1 000

预算会计不需要做账务处理。

# 1.33　受托代理资产

"受托代理资产"科目核算单位接受委托方委托管理的各项资产，包括受托指定转赠的物资、受托存储保管的物资等的成本。行政事业单位管理的罚没物资也应当通过"受托代理资产"科目核算。受托代理资产是在受托代理交易或事项中形成的，由受托方从委托方取得的，代为转交委托方或第三方的资产。受托方并不拥有受托代理资产的所有权和处分权，仅仅充当代为储存保管或代为转交的中介角色。具体来说有受托转增物资、受托储存保管物资和受托收取并上缴罚没物资等几种受托业务类型。

## 1.33.1　受托转赠物资

### 1. 业务概述

受托转赠物资是指委托人通过本单位受托保管物资，受托人再将受托转赠物资交付给受赠人。

**2. 账务处理**

（1）接受委托人委托需要转赠给受赠人的物资，其成本按照有关凭据注明的金额确定。财务会计应当借记"受托代理资产"科目，贷记"受托代理负债"科目。如其成本无法可靠确定的，单位应当设置备查簿进行登记。预算会计不需要做账务处理。

（2）受托协议约定由受托方承担相关税费、运输费等的，还应当按照实际支付的相关税费、运输费等金额，财务会计应当借记"其他费用"科目，贷记"银行存款"等科目。预算会计应当借记"其他支出"科目，贷记"财政拨款预算收入""资金结存"科目。

（3）将受托转赠物资交付受赠人时，按照转赠或发出物资的成本，财务会计应当借记"受托代理负债"科目，贷记"受托代理资产"科目。预算会计不需要做账务处理。

（4）转赠物资的委托人取消了对捐赠物资的转赠要求，且不再收回捐赠物资的，应当将转赠物资转为单位的存货、固定资产等。按照转增物资的成本，财务会计应当借记"受托代理负债"科目，贷记"受托代理资产"科目；同时，借记"库存物品""固定资产"等科目，贷记"其他收入"科目。预算会计不需要做账务处理。

受托转增物资的账务处理如表 1 – 107 所示。

表 1 – 107　　　　　　　　　　受托转增物资的账务处理

| | 财务会计处理 | 预算会计处理 |
|---|---|---|
| 接受委托人委托需要转赠给受赠人的物资 | 借：受托代理资产<br>　　贷：受托代理负债 | — |
| 受托协议约定由受托方承担相关税费、运输费的 | 借：其他费用<br>　　贷：财政拨款收入/零余额账户用款额度/银行存款等 | 借：其他支出（实际支付的相关税费、运输费等）<br>　　贷：财政拨款预算收入/资金结存 |
| 将受托转增物资交付受赠人时 | 借：受托代理负债<br>　　贷：受托代理资产 | — |
| 转赠物资的委托人取消了对捐赠物资的转赠要求，且不再收回捐赠物资 | 借：受托代理负债<br>　　贷：受托代理资产<br>借：库存物品/固定资产等<br>　　贷：其他收入 | — |

**3. 案例解析**

【例 1 – 139】2×19 年 6 月 3 日，某行政单位接受 E 公司受托转增物资一批验收入库，该批物资的实际成本为 360 000 元，该行政单位使用银行存款支付运费 5 000 元。应做如下会计处理。

2×19 年 6 月 3 日，接受受托转赠物资时：

财务会计：

借：受托代理资产　　　　　　　　　　　　　　　　360 000

　　贷：受托代理负债　　　　　　　　　　　　　　　　360 000

借：其他费用　　　　　　　　　　　　　　　　　　　5 000

　　贷：银行存款　　　　　　　　　　　　　　　　　　5 000

预算会计：

借：其他支出　　　　　　　　　　　　　　　　　　　5 000

　　贷：资金结存——货币资金　　　　　　　　　　　　5 000

2×19 年 7 月 5 日，该行政单位将物资交付受赠人甲希望小学，业务处理如下。

财务会计：

借：受托代理负债　　　　　　　　　　　　　　　　360 000

　　贷：受托代理资产　　　　　　　　　　　　　　　　360 000

预算会计不需要做账务处理。

若 2×19 年 6 月 15 日，E 公司取消了对捐赠物资的转赠要求，且不再收回捐赠物资。业务的账务处理如下。

财务会计：

借：受托代理负债　　　　　　　　　　　　　　　　360 000

　　贷：受托代理资产　　　　　　　　　　　　　　　　360 000

借：库存物品　　　　　　　　　　　　　　　　　　360 000

　　贷：其他收入　　　　　　　　　　　　　　　　　　360 000

预算会计不需要做账务处理。

## 1.33.2　受托存储保管物资

### 1. 业务概述

受托存储保管物资是指受托人接受委托人存储保管的物资，之后可能根据委托人要求交付或发出受托存储保管的物资。

### 2. 账务处理

（1）接受委托人委托储存保管的物资，其成本按照有关凭据注明的金额确定。接受委托储存的物资验收入库，按照确定的成本，财务会计应当借记"受托代理资产"科目，贷记"受托代理负债"科目。预算会计不需要做账务处理。

（2）发生由受托单位承担的与受托存储保管的物资相关的运输费、保管费等费用时，按照实际发生的费用金额，财务会计应当借记"其他费用"等科目，贷记"银行存款"等科目。预算会计应当借记"其他支出"等科目，贷记"财政拨款预算收入""资金结存"科目。

（3）根据委托人要求交付或发出受托存储保管的物资时，按照发出物资的成本，财务会计应当借记"受托代理负债"科目，贷记"受托代理资产"科目。预算会计不需要做账务处理。

受托储存保管物资的账务处理如表 1 – 108 所示。

表 1 – 108　　　　　　　　　受托储存保管物资的账务处理

| | 财务会计处理 | 预算会计处理 |
| --- | --- | --- |
| 接受委托人委托储存保管的物资 | 借：受托代理资产<br>　　贷：受托代理负债 | — |
| 支付由受托单位承担的与受托储存保管的物资相关的运输费、保管费等 | 借：其他费用等<br>　　贷：财政拨款收入/零余额账户用款额度/银行存款等 | 借：其他支出（实际支付的运输费、保管费等）<br>　　贷：财政拨款预算收入/资金结存 |
| 根据委托人要求交付受托存储保管的物资时 | 借：受托代理负债<br>　　贷：受托代理资产 | — |

### 3．案例解析

【例 1 – 140】2×19 年 7 月 7 日，某行政单位接受 F 公司委托储存物资一批，实际成本为 480 000 元，该行政单位用银行存款支付运费 6 000 元，并将物资验收入库。应做如下会计处理。

2×19 年 7 月 7 日，接受受托储存物资时：

财务会计：

借：受托代理资产　　　　　　　　　　　　　　　　480 000

　　贷：受托代理负债　　　　　　　　　　　　　　　　480 000

借：其他费用　　　　　　　　　　　　　　　　　　6 000

　　贷：银行存款　　　　　　　　　　　　　　　　　　6 000

预算会计：

借：其他支出　　　　　　　　　　　　　　　　　　6 000

　　贷：资金结存——货币资金　　　　　　　　　　　　6 000

2×19年7月16日，该行政单位根据委托将受托储存物资交付。应做如下会计处理。

财务会计：

借：受托代理负债 480 000

　　贷：受托代理资产 480 000

预算会计不需要做账务处理。

### 1.33.3　受托收取并上缴罚没物资

**1. 业务概述**

依法查处走私贩私、投机倒把、违反物价管理等违法犯罪案件的罚没款和没收的物资，称"罚没物资"。

**2. 账务处理**

（1）取得罚没物资时，其成本按照有关凭据注明的金额确定。罚没物资验收（入库），按照确定的成本，财务会计应当借记"受托代理资产"科目，贷记"受托代理负债"科目。罚没物资成本无法可靠确定的，单位应当设置备查簿进行登记。预算会计不需要做账务处理。

（2）按照规定处置或移交罚没物资时，按照罚没物资的成本，财务会计应当借记"受托代理负债"科目，贷记"受托代理资产"科目。处置时取得款项的，按照实际取得的款项金额，借记"银行存款"等科目，贷记"应缴财政款"科目。预算会计不需要做账务处理。

受托收取并上缴罚没物资的账务处理如表1-109所示。

表1-109　　　　　　受托收取并上缴罚没物资的账务处理

| | 财务会计处理 | 预算会计处理 |
|---|---|---|
| 取得罚没物资时 | 借：受托代理资产<br>　　贷：受托代理负债 | — |
| 按照规定处置罚没物资时 | 借：受托代理负债<br>　　贷：受托代理资产<br>处置时取得款项的<br>借：银行存款等<br>　　贷：应缴财政款 | — |

**3. 案例解析**

【例1-141】2×19年10月1日，某行政单位没收一批物资，该物资成本为30 000元。应做如下会计处理。

财务会计：

借：受托代理资产　　　　　　　　　　　　　　　　　30 000

　　贷：受托代理负债　　　　　　　　　　　　　　　　　30 000

预算会计不需要做账务处理。

2×19 年 12 月 1 日，该行政单位按照规定处置罚没物资，取得款项 30 500 元。应做如下会计处理。

财务会计：

借：受托代理负债　　　　　　　　　　　　　　　　　30 500

　　贷：受托代理资产　　　　　　　　　　　　　　　　　30 500

借：银行存款　　　　　　　　　　　　　　　　　　　30 500

　　贷：应缴财政款　　　　　　　　　　　　　　　　　　30 500

预算会计不需要做账务处理。

# 1.34　长期待摊费用

长期待摊费用，是指行政事业单位已经支出，但摊销期限在 1 年以上（不含 1 年）的各项费用。行政事业单位发生的固定资产大修理支出、租入固定资产的改良支出和已足额提取折旧的固定资产的改建支出等，应当在费用项目的受益期限内分期平均摊销。根据所得税相关规定，固定资产的大修理支出，是指同时符合下列条件的支出：（1）修理支出达到取得固定资产时的计税基础 50% 以上；（2）修理后固定资产的使用年限延长 2 年以上。

## 1.34.1　发生长期待摊费用

### 1. 业务概述及账务处理

发生长期待摊费用时，按照支出金额，财务会计应当借记"长期待摊费用"科目，贷记"财政拨款收入""零余额账户用款额度""银行存款"等科目。预算会计应当借记"行政支出""事业支出"等科目，贷记"财政拨款预算收入""资金结存"科目。发生长期待摊费用的账务处理如表 1－110 所示。

表 1－110　　　　　　　　发生长期待摊费用的账务处理

| | 财务会计处理 | 预算会计处理 |
| --- | --- | --- |
| 发生长期待摊费用 | 借：长期待摊费用<br>　　贷：财政拨款收入/零余额账户用款额度/银行存款等 | 借：行政支出/事业支出等<br>　　贷：财政拨款预算收入/资金结存 |

**2．案例解析**

【例1-142】2×19年4月1日，某事业单位对其以经营租赁方式新租入的办公楼进行装修，一共发生120 000元的支出，使用财政授权支付方式进行结算。假定不考虑其他因素，应做如下会计处理。

2×19年4月1日。

财务会计：

借：长期待摊费用 120 000

　　贷：零余额账户用款额度 120 000

预算会计：

借：事业支出 120 000

　　贷：资金结存——零余额账户用款额度 120 000

## 1.34.2　按期摊销或一次转销长期待摊费用剩余账面余额

**1．业务概述**

长期待摊费用应当通过按期摊销的方式进行摊销。如果行政事业单位某项长待摊费用已经不能使单位受益，应当将其余金额一次全部转入当期费用。

**2．账务处理**

按照受益期间摊销长期待摊费用时，按照摊销金额，财务会计应当借记"业务活动费用""单位管理费用""经营费用"等科目，贷记"长期待摊费用"科目。按照一次转销长期待摊费用剩余账面余额，借记"业务活动费用""单位管理费用""经营费用"等科目，贷记"长期待摊费用"科目。预算会计不需要做账务处理。按期摊销或一次转销长期待摊费用剩余账面余额的账务处理如表1-111所示。

表1-111　　　按期摊销或一次转销长期待摊费用剩余账面余额的账务处理

| | 财务会计处理 | 预算会计处理 |
|---|---|---|
| 按期摊销或一次转销长期待摊费用剩余账面余额 | 借：业务活动费用/单位管理费用/经营费用等<br>　　贷：长期待摊费用 | — |

**3．案例解析**

【例1-143】接【例1-142】，2×19年11月30日，该办公楼装修完工，达到预定可使用状态并交付使用，按租赁期10年开始进行摊销。假定不考虑其他因素，应做如下会计处理。

2×19 年 12 月摊销装修支出时。

财务会计：

借：业务活动费用　　　　　　　　　　　　　　　　　　1 000

　　贷：长期待摊费用　　　　　　　　　　　　　　　　　1 000

预算会计不需要做账务处理。

# 1.35　待处理财产损溢

"待处理财产损溢"属于资产类账户，核算行政事业单位在资产清查过程中已经查明的各种资产的盘盈、盘亏和毁损的价值。

## 1.35.1　账款核对时发现的库存现金短缺或溢余

### 1. 业务概述

在行政事业单位的所有资产中，现金的流动性最强，加强现金的管理对保护其安全、完整，防止意外或损失有着极为重要的意义。为了及时、准确地反映库存现金的余额，加强监督，保护现金的安全，出纳人员每日应对现金进行清点，除此之外，单位内部审计人员还应当定期或不定期地检查以确保现金的账实相符。现金清查的主要手段是实地盘点。清查小组盘点现金时，出纳人员应当在场，盘点后将实存数与账存数核对，并编制"库存现金盘点报告表"，列明实存、账存和余缺金额。如有余缺，应查明原因，并及时请领导审批。

### 2. 账务处理

每日账款核对中发现现金短缺或溢余，属于现金短缺，按照实际短缺的金额，财务会计应当借记"待处理财产损溢"科目，贷记"库存现金"科目；属于现金溢余，按照实际溢余的金额，借记"库存现金"科目，贷记"待处理财产损溢"科目。预算会计不需要做账务处理。

如为现金短缺，属于应由责任人赔偿或向有关人员追回的，财务会计应当借记"其他应收款"科目，贷记"待处理财产损溢"科目；属于无法查明原因的，报经批准核销时，借记"资产处置费用"科目，贷记"待处理财产损溢"科目。预算会计不需要做账务处理。

如为现金溢余，属于应支付给有关人员或单位的，财务会计应当借记"待处理财产损溢"科目，贷记"其他应付款"科目；属于无法查明原因的，报经批准后，借记"待处理财产损溢"科目，贷记"其他收入"科目。预算会计不需要做账务处理。

账务处理图表参照"库存现金"科目的账务处理。

**3.案例解析**

案例解析参照"库存现金"科目的案例解析例题。

## 1.35.2 盘盈的非现金资产

**1.业务概述**

为了做到账实相符，行政事业单位应当定期或不定期地对本单位的各类资产进行全部或部分的清点，以确实掌握该期末各类资产的数量和价值，同时针对账实不符之处，找出问题，提升单位管理水平。

**2.账务处理**

（1）转入待处理资产时，按照确定的成本，财务会计应当借记"库存物品""固定资产""无形资产""公共基础设施""政府储备物资""文物文化资产""保障性住房"等科目，贷记"待处理财产损溢"科目。预算会计不需要做账务处理。

（2）按照规定报经批准后处理时，对于盘盈的流动资产，财务会计应当借记"待处理财产损溢"科目，贷记"单位管理费用"（事业单位）科目或"业务活动费用"（行政单位）科目。对于盘盈的非流动资产，如属于本年度取得的，按照当年新取得相关资产进行账务处理；如属于以前年度取得的，按照前期差错处理，借记"待处理财产损溢"科目，贷记"以前年度盈余调整"科目。预算会计不需要做账务处理。

盘盈的非现金资产的账务处理如表 1 - 112 所示。

表 1 - 112　　　　盘盈的非现金资产的账务处理

| | | 财务会计处理 | 预算会计处理 |
|---|---|---|---|
| 转入待处理财产时 | | 借：库存物品/固定资产/无形资产/公共基础设施/政府储备物资/文物文化资产/保障性住房等<br>　　贷：待处理财产损溢 | — |
| 报经批准后处理时 | 流动资产 | 借：待处理财产损溢<br>　　贷：单位管理费用（事业单位）<br>　　　　业务活动费用（行政单位） | — |
| | 非流动资产 | 借：待处理财产损溢<br>　　贷：以前年度盈余调整 | — |

**3. 案例解析**

【例 1 – 144】某事业单位在 2×19 年 11 月 10 日对固定资产盘点时，盘盈一台设备，账面价值为 3 000 元。报经批准后 2×19 年 12 月 10 日对该设备进行处理。业务处理如下。

2×19 年 11 月 10 日。

财务会计：

借：固定资产——设备　　　　　　　　　　　　　　　　　3 000

　　贷：待处理财产损溢　　　　　　　　　　　　　　　　3 000

预算会计不需要做账务处理。

2×19 年 12 月 10 日。

财务会计：

借：待处理财产损溢　　　　　　　　　　　　　　　　　3 000

　　贷：以前年度盈余调整　　　　　　　　　　　　　　3 000

预算会计不需要做账务处理。

## 1.35.3　盘亏或毁损、报废的非现金资产

**1. 业务概述**

除了盘存中发现的资产盘盈和盘亏，日常活动中，由于自然灾害以及管理不善等原因也会造成资产的毁损和报废，这些情况下，对于盘亏、报废、毁损的资产应当先记入"待处理财产损溢"科目，待查明原因并上报批准后，再进行进一步处理。

**2. 账务处理**

（1）转入待处理资产时，财务会计应当借记"待处理财产损溢——待处理财产价值"科目（盘亏、毁损、报废固定资产、无形资产、公共基础设施、保障性住房的，还应借记"固定资产累计折旧""无形资产累计摊销""公共基础设施累计折旧/摊销""保障性住房累计折旧"科目），贷记"库存物品""固定资产""无形资产""公共基础设施""政府储备物资""文物文化资产""保障性住房""在建工程"等科目。涉及增值税业务的，相关账务处理参见"应交增值税"科目。预算会计不需要做账务处理。

（2）报经批准处理时，财务会计应当借记"资产处置费用"科目，贷记"待处理财产损溢——待处理财产价值"科目。预算会计不需要做账务处理。

（3）处理毁损、报废实物资产过程中取得的残值或残值变价收入、保险理

赔和过失人赔偿等，财务会计应当借记"库存现金""银行存款""库存物品""其他应收款"等科目，贷记"待处理财产损溢——处理净收入"科目。预算会计不需要做账务处理。

（4）处理毁损、报废实物资产过程中发生的相关费用，财务会计应当借记"待处理财产损溢——处理净收入"科目，贷记"库存现金""银行存款"等科目。预算会计不需要做账务处理。

（5）处理收支结清，如果处理收入大于相关费用，按照处理收入减去相关费用后的净收入，财务会计应当借记"待处理财产损溢——处理净收入"科目，贷记"应缴财政款"科目。预算会计不需要做账务处理。

（6）处理收支结清，如果处理收入小于相关费用，按照相关费用减去处理收入后的净支出，财务会计应当借记"资产处置费用"科目，贷记"待处理财产损溢——处理净收入"科目。预算会计应当按照支付的处理支出借记"其他支出"科目，贷记"资金结存"等科目。

盘亏或毁损、报废的非现金资产的账务处理如表 1 – 113 所示。

表 1 – 113 　　　　盘亏或毁损、报废的非现金资产的账务处理

| | 财务会计处理 | 预算会计处理 |
|---|---|---|
| 转入待处理财产时 | 借：待处理财产损溢——待处理财产价值<br>　　　固定资产累计折旧/公共基础设施累计折旧（摊销）/无形资产累计摊销/保障性住房累计折旧<br>　　贷：库存物品/固定资产/公共基础设施/无形资产/政府储备物资/文物文化资产/保障性住房等 | — |
| 报经批准处理时 | 借：资产处置费用<br>　　贷：待处理财产损溢——待处理财产价值 | — |
| 处理毁损、报废实物资产过程中取得的残值或残值变价收入、保险理赔和过失人赔偿等 | 借：库存现金/银行存款/库存物品/其他应收款等<br>　　贷：待处理财产损溢——处理净收入 | — |
| 处理毁损、报废实物资产过程中发生的相关费用 | 借：待处理财产损溢——处理净收入<br>　　贷：库存现金/银行存等 | — |
| 处理收支结清，处理收入大于相关费用的 | 借：待处理财产损溢——处理净收入<br>　　贷：应缴财政款 | — |
| 处理收支结清，处理收入小于相关费用的 | 借：资产处置费用<br>　　贷：待处理财产损溢——处理净收入 | 借：其他支出<br>　　贷：资金结存等<br>（支付的处理净支出） |

**3. 案例解析**

【例 1－145】某事业单位在 2×19 年 6 月 1 日对固定资产盘点时，盘点过程中，发现一台设备 B 毁损，设备 B 的账面价值为 5 000 元，已计提折旧 4 000 元。2×19 年 6 月 10 日，报经批准处理。2×19 年 6 月 30 日，对毁损的设备 B 变卖获取 300 元，另支付运费 100 元。账务处理如下。

2×19 年 6 月 1 日。

财务会计：

借：待处理财产损溢——待处理财产价值　　　　　　　　　　1 000

　　固定资产累计折旧　　　　　　　　　　　　　　　　　　4 000

　　贷：固定资产　　　　　　　　　　　　　　　　　　　　　　5 000

预算会计不需要做账务处理。

2×19 年 6 月 10 日。

财务会计：

借：资产处置费用　　　　　　　　　　　　　　　　　　　　1 000

　　贷：待处理财产损溢

　　　　——待处理财产价值　　　　　　　　　　　　　　　　　1 000

预算会计不需要做账务处理。

2×19 年 6 月 30 日。

财务会计：

借：银行存款　　　　　　　　　　　　　　　　　　　　　　300

　　贷：待处理财产损溢——处理净收入　　　　　　　　　　　　300

借：待处理财产损溢——处理净收入　　　　　　　　　　　　100

　　贷：银行存款　　　　　　　　　　　　　　　　　　　　　　100

借：待处理财产损溢——处理净收入　　　　　　　　　　　　200

　　贷：应缴财政款　　　　　　　　　　　　　　　　　　　　　200

预算会计不需要做账务处理。

# 2.1 短期借款

短期借款是指事业单位经批准向银行或其他金融机构借入的期限在 1 年内（含 1 年）的各种借款。从经济意义上来看，短期借款实质上反映了事业单位与资金供给方之间短期资金借贷的关系。

## 2.1.1 借入各种短期借款

**1．业务概述**

事业单位因生产经营需要，向银行或其他金融机构取得借款。办理该项借款时，单位应按有关规定向银行提出年度、季度借款计划，经银行核定后，在借款计划中根据借款借据办理借款，并在期限届满之后归还相应的金额。

**2．账务处理**

借入各种短期借款时，按照实际借入的金额，财务会计应当借记"银行存款"科目，贷记"短期借款"科目。预算会计应当借记"资金结存——货币资金"科目，贷记"债务预算收入"科目。借入各种短期借款的账务处理如表 2-1 所示。

表 2-1　　　　　　　　借入各种短期借款的账务处理

| | 财务会计处理 | 预算会计处理 |
|---|---|---|
| 借入各种短期借款 | 借：银行存款<br>　贷：短期借款 | 借：资金结存——货币资金<br>　贷：债务预算收入 |

**3．案例解析**

【例 2-1】某事业单位为满足事业业务发展的资金需要，从某银行 A 支行借入 100 000 元，借款期限 8 个月，年利率 6%。账务处理如下。

财务会计：

借：银行存款 100 000

　　贷：短期借款——某银行 A 支行 100 000

预算会计：

借：资金结存——货币资金 100 000

　　贷：债务预算收入 100 000

## 2.1.2　银行承兑汇票到期转入短期借款科目

**1. 业务概述**

事业单位因银行承兑汇票到期，但是由于资金不足或者其他原因暂时无法偿付资金时，应该将需要承兑的银行承兑汇票到期转入短期借款。

**2. 账务处理**

银行承兑汇票到期，本单位无力支付票款的，按照应付票据的账面金额，财务会计应当借记"应付票据"科目，贷记"短期借款"科目。预算会计应当借记"经营支出"等科目，贷记"债务预算收入"科目。银行承兑汇票到期，本单位无力偿付的账务处理如表 2 - 2 所示。

表 2 - 2　　　　银行承兑汇票到期，本单位无力偿付的账务处理

| | 财务会计处理 | 预算会计处理 |
| --- | --- | --- |
| 银行承兑汇票到期，本单位无力支付票款 | 借：应付票据<br>　　贷：短期借款 | 借：经营支出等<br>　　贷：债务预算收入 |

**3. 案例解析**

【例 2 - 2】2×19 年 3 月 1 日，某事业单位因采购需要向 B 银行申请了银行承兑汇票 50 000 元。截至到期日 2×19 年 9 月 1 日，本单位无力支付票款。账务处理如下。

财务会计：

借：应付票据 50 000

　　贷：短期借款 50 000

预算会计：

借：经营支出 50 000

　　贷：债务预算收入 50 000

### 2.1.3　归还短期借款本息

**1. 业务概述**

事业单位借入短期借款应支付利息。在实际工作中，如果短期借款利息是按期支付的，如按季度支付利息，或者利息是在借款到期时连同本金一起归还，并且其数额较大的，事业单位应采用月末预提方式进行短期借款利息的核算。

**2. 账务处理**

短期借款利息属于筹资费用，应当于发生时直接计入当期财务费用。支付短期借款利息时，财务会计应当借记"应付利息"科目，贷记"银行存款"科目。预算会计应当借记"其他支出"科目，贷记"资金结存"科目。归还短期借款时，财务会计应当借记"短期借款"科目，贷记"银行存款"科目。预算会计应当借记"债务还本支出"科目，贷记"资金结存——货币资金"科目。归还短期借款账务处理如表2-3所示。

表2-3　　　　　　　　　归还短期借款账务处理

| | 财务会计处理 | 预算会计处理 |
|---|---|---|
| 归还短期借款 | 借：短期借款<br>　贷：银行存款 | 借：债务还本支出<br>　贷：资金结存——货币资金 |

**3. 案例解析**

【例2-3】沿用【例2-1】，该事业单位到期归还上述短期借款。账务处理如下。

财务会计：

借：短期借款　　　　　　　　　　　　　　　　10 000

　　贷：银行存款　　　　　　　　　　　　　　　　10 000

预算会计：

借：债务还本支出　　　　　　　　　　　　　　10 000

　　贷：资金结存——货币资金　　　　　　　　　　10 000

## 2.2　应交增值税

应交增值税是指行政事业单位销售货物或者提供加工、修理修配劳务活动本期应缴纳的增值税。增值税纳税人分为一般纳税人和小规模纳税人。

## 2.2.1　一般纳税人购入资产或服务

### 1. 业务概述

进项税抵扣的情况较为复杂。根据税法规定，进项税抵扣的情形分为不可抵扣以及可以抵扣。业务如图 2 - 1 所示。

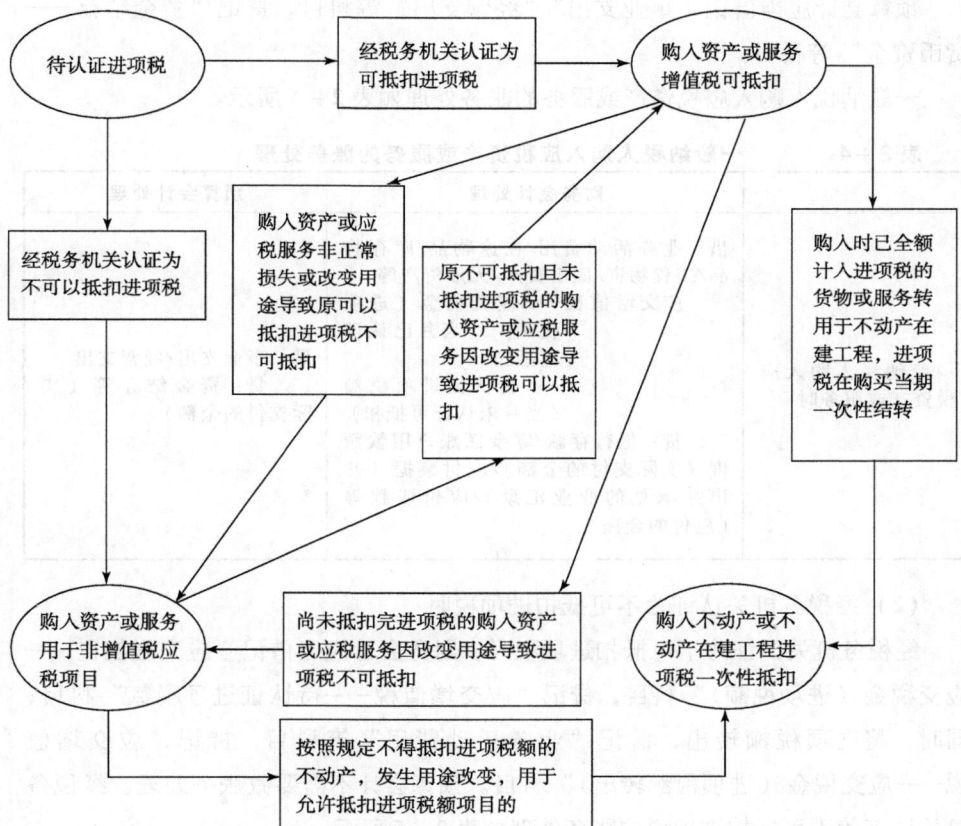

**图 2 - 1　一般纳税人购入资产或服务**

### 2. 账务处理

（1）购入应税资产或服务时

行政事业单位购买用于增值税应税项目的资产或服务等时，按照应计入相关成本费用或资产的金额，财务会计应当借记"业务活动费用""在途物品""库存物品""工程物资""在建工程""固定资产""无形资产"等科目；按照当月已认证的可抵扣增值税额，借记"应交增值税——应交税金（进项税额）"科目；按照当月未认证的可抵扣增值税额，借记"应交增值税——待认证进项税额"科目；按照实际支付的金额，贷记"银行存款""零余额账户用款额度"等科目；按照开出并承兑的商业汇票，贷记"应付票据"科目；按照应付的金额，贷记"应付账款"等科目。发生退货的，如原增值税专用发票已做认证，应根据税务机关开具的红字增值税专用发票做相反的会计分录；如原增值税专用发票未做认证，应将发票退回并做相反的会计分录。

预算会计应当借记"事业支出""经营支出"等科目，贷记"资金结存——货币资金"等科目。

一般纳税人购入应税资产或服务的账务处理如表 2-4 所示。

表 2-4　　　　一般纳税人购入应税资产或服务的账务处理

| | 财务会计处理 | 预算会计处理 |
|---|---|---|
| 一般纳税人购入应税资产或服务时 | 借：业务活动费用/在途物品/库存物品/工程物资/固定资产/无形资产等<br>　　应交增值税——应交税金（进项税额）（当月已认证可抵扣）<br>　　——待认证进项税额（当月未认证可抵扣）<br>　贷：银行存款/零余额账户用款额度（实际支付的金额）/应付票据（开出并承兑的商业汇票）/应付账款等（应付的金额） | 借：事业支出/经营支出<br>　贷：资金结存等（实际支付的金额） |

（2）经税务机关认证为不可抵扣进项税时

经税务机关认证为不可抵扣进项税时，财务会计应当借记"应交增值税——应交税金（进项税额）"科目，贷记"应交增值税——待认证进项税额"科目；同时，将进项税额转出，借记"业务活动费用"等科目，贷记"应交增值税——应交税金（进项税额转出）"科目。预算会计不需要做账务处理。经税务机关认证为不可抵扣进项税的账务处理如表 2-5 所示。

表 2-5　　　　经税务机关认证为不可抵扣进项税的账务处理

| | 财务会计处理 | 预算会计处理 |
|---|---|---|
| 经税务机关认证为不可抵扣进项税时 | 借：应交增值税——应交税金（进项税额）<br>　贷：应交增值税——待认证进项税额<br>同时：<br>借：业务活动费用等<br>　贷：应交增值税——应交税金（进项税额转出） | — |

（3）购进应税不动产或不动产在建工程按规定一次性抵扣进项税额

行政事业单位取得应税项目为不动产或者不动产在建工程，其进项税额按照现行增值税制度规定自购进当期一次性抵扣进项税额，按照取得成本，财务会计应当借记"固定资产""在建工程"等科目；按照可抵扣的增值税额，借记"应交增值税——应交税金（进项税额）"科目；按照应付或实际支付的金额，贷记"应付账款""应付票据""银行存款""零余额账户用款额度"等科目。预算会计应当按照实际支付的金额借记"事业支出""经营支出"科目，贷记"资金结存——货币资金"科目。

自 2019 年 4 月 1 日起，《营业税改征增值税试点有关事项的规定》（财税〔2016〕36 号印发）第一条第（四）项第 1 点、第二条第（一）项第 1 点停止执行，纳税人取得不动产或者不动产在建工程的进项税额不再分 2 年抵扣。此前按照上述规定尚未抵扣完毕的待抵扣进项税额，可自 2019 年 4 月税款所属期起从销项税额中抵扣。购进应税不动产或不动产在建工程按规定一次性抵扣进项税额的账务处理如表 2 - 6 所示。

**表 2 - 6      购进应税不动产或不动产在建工程按规定**

**一次性抵扣进项税额的账务处理**

|  | 财务会计处理 | 预算会计处理 |
|---|---|---|
| 购进应税不动产或不动产在建工程按规定一次性抵扣进项税额 | 借：固定资产/在建工程等<br>应交增值税——应交税金（进项税额）<br>贷：银行存款/零余额账户用款额度等（实际支付金额）/应付票据（开出并承兑的商业汇票）/应付账款等（应付的金额） | 借：事业支出/经营支出<br>贷：资金结存等（实际支付的金额） |

（4）进项税额抵扣情况发生改变

行政事业单位购进属于增值税应税项目的资产后，因发生非正常损失或改变用途等，原已计入进项税额、待抵扣进项税额或待认证进项税额，但按照现行增值税制度规定不得从销项税额中抵扣的，财务会计应当借记"待处理财产损溢""固定资产""无形资产"等科目，贷记"应交增值税——应交税金（进项税额转出）""应交增值税——待抵扣进项税额""应交增值税——待认证进项税额"科目。预算会计不需要做账务处理。进项税额抵扣情况发生改变的账务处理如表 2 - 7 所示。

表2－7　　　　　进项税额抵扣情况发生改变的账务处理

| | 财务会计处理 | 预算会计处理 |
|---|---|---|
| 购进属于增值税应税项目的资产后，发生非正常损失或改变用途的 | 借：待处理财产损溢/固定资产/无形资产等（按照现行增值税制度规定不得从销项税额中抵扣的进项税额）<br>　　贷：应交增值税——应交税金（进项税额转出）<br>　　　　——待认证进项税额<br>　　　　——待抵扣进项税额 | — |

（5）原不得抵扣且未抵扣进项税额的固定资产、无形资产等，因改变用途等用于允许抵扣进项税额的应税项目的，应按照允许抵扣的进项税额，财务会计应当借记"应交增值税——应交税金（进项税额）"科目，贷记"固定资产""无形资产"等科目。固定资产、无形资产等经上述调整后，应按照调整后的账面价值在剩余尚可使用年限内计提折旧或摊销。预算会计不需要做账务处理。改变用途等用于允许抵扣进项税额的账务处理如表2－8所示。

表2－8　　　　改变用途等用于允许抵扣进项税额的账务处理

| | 财务会计处理 | 预算会计处理 |
|---|---|---|
| 原不得抵扣且未抵扣进项税额的固定资产、无形资产等，因改变用途等用于允许抵扣进项税额的应税项目 | 借：应交增值税——应交税金（进项税额）（可以抵扣的进项税额）<br>　　贷：固定资产/无形资产等 | — |

（6）购买方作为扣缴义务人时

按照现行增值税制度规定，境外单位或个人在境内发生应税行为，在境内未设有经营机构的，以购买方为增值税扣缴义务人。境内一般纳税人购进服务或资产时，按照应计入相关成本费用或资产的金额，财务会计应当借记"业务活动费用""在途物品""库存物品""工程物资""在建工程""固定资产""无形资产"等科目；按照可抵扣的增值税额，借记"应交增值税——应交税金（进项税额）"科目（小规模纳税人应借记相关成本费用或资产科目）；按照应付或实际支付的金额，贷记"银行存款""应付账款"等科目；按照应代扣代缴的增值税额，贷记"应交增值税——代扣代交增值税"科目。预算会计应当借记"事业支出""经营支出"科目，贷记"资金结存——货币资金"科目。

实际缴纳代扣代缴增值税时，按照代扣代缴的增值税额，财务会计应当借记"应交增值税——代扣代交增值税"科目，贷记"银行存款""零余额账户用款额度"等科目。预算会计应当借记"事业支出""经营支出"科目，贷记

"资金结存——货币资金"科目。购买方作为扣缴义务人的账务处理如表 2 - 9 所示。

表 2 - 9　　　　　　　　购买方作为扣缴义务人的账务处理

| | 财务会计处理 | 预算会计处理 |
|---|---|---|
| 购进资产或服务时作为扣缴义务人时 | 借：业务活动费用/在途物品/库存物品/工程物资/固定资产/无形资产等<br>　　应交增值税——应交税金（进项税额）（当期可抵扣）<br>　贷：银行存款（实际支付的金额）<br>　　应付账款等<br>　　应交增值税——代扣代交增值税 | 借：事业支出/经营支出等<br>　贷：资金结存（实际支付的金额） |
| | 实际缴纳代扣代缴增值税时：<br>借：应交增值税——代扣代交增值税<br>　贷：银行存款/零余额账户用款额度等 | 借：事业支出/经营支出等<br>　贷：资金结存（实际支付的金额） |

### 3. 案例解析

【例 2 - 4】2×19 年 5 月 1 日，某事业单位买了一座楼办公用，价格为 2 000 万元，进项税额为 220 万元，款项由财政直接支付。会计处理如下。

财务会计：

借：固定资产　　　　　　　　　　　　　　　　　20 000 000

　　应交增值税——应交税金（进项税额）　　　　2 200 000

　　贷：财政拨款收入　　　　　　　　　　　　　　　22 200 000

预算会计：

借：事业支出　　　　　　　　　　　　　　　　　22 200 000

　　贷：财政拨款预算收入　　　　　　　　　　　　　22 200 000

【例 2 - 5】沿用【例 2 - 4】，在 2×20 年 4 月，单位将办公楼改造成员工食堂，用于集体福利。假设 2×20 年 4 月，该不动产的净值为 1 800 万元。会计处理如下。

不动产净值率 = 1 800 ÷ 2 000 × 100% = 90%

不得抵扣的进项税额 = 220 × 90% = 198（万元）

由于不得抵扣的进项税额为 198 万元，小于已抵扣的进项税额 220 万元，所以财务会计：

借：固定资产　　　　　　　　　　　　　　　　　1 980 000

　　贷：应交增值税——应交税金（进项税额转出）　　1 980 000

预算会计不需要做账务处理。

【例2-6】承接【例2-5】，假设2×20年4月，该不动产的净值为1 000万元。会计处理如下。

不动产净值率 = 1 000 ÷ 2 000 × 100% = 50%

不得抵扣的进项税额 = 220 × 50% = 110（万元）

由于不得抵扣的进项税额为110万元，小于已抵扣的进项税额220万元，所以财务会计：

借：固定资产　　　　　　　　　　　　　　　　1 100 000
　　贷：应交增值税——应交税金（进项税额转出）　　1 100 000

预算会计不需要做账务处理。

【例2-7】2×19年7月9日，某事业单位购入一台打印机用于办公，取得增值税专用发票并认证通过，专用发票上注明的金额为20 000元，增值税税额为2 600元。会计处理如下。

财务会计：

借：固定资产　　　　　　　　　　　　　　　　20 000
　　应交增值税——应交税金（进项税额）　　　　2 600
　　贷：财政拨款收入　　　　　　　　　　　　　22 600

预算会计：

借：事业支出　　　　　　　　　　　　　　　　22 600
　　贷：财政拨款预算收入　　　　　　　　　　　22 600

假定该打印机分10年按直线法计提折旧，无残值。2×20年8月20日，该打印机改用于免税项目。

打印机每年计提的折旧 = 20 000 ÷ 10 = 2 000（元）

2×20年8月，打印机净值 = 20 000 - 2 000 = 18 000（元）

打印机不得抵扣的进项税额 = 18 000 × 13% = 2 340（元）

财务会计：

借：固定资产　　　　　　　　　　　　　　　　2 340
　　贷：应交增值税——应交税金（进项税额转出）　　2 340

预算会计不需要做账务处理。

## 2.2.2　一般纳税人销售应税产品或提供应税服务

### 1. 业务概述

销项税额是指一般纳税人在销售货物时，应向购货方收取的货物增值税税额。一般纳税人在销售货物时要收两部分钱，一部分是不含税价款，另一部分是销项税额。

**2. 账务处理**

（1）销售应税产品或提供应税服务

行政事业单位销售应税产品或提供应税服务，按照应收或已收的金额，财务会计应当借记"应收账款""应收票据""银行存款"等科目；按照确认的收入金额，贷记"经营收入""事业收入"等科目；按照现行增值税制度规定计算的销项税额（或采用简易计税方法计算的应纳增值税税额），贷记"应交增值税——应交税金（销项税额）"或"应交增值税——简易计税"科目（小规模纳税人应贷记"应交增值税"科目）。

预算会计应当借记"资金结存——货币资金"科目，贷记"事业预算收入""经营预算收入"科目。

发生销售退回的，应根据按照规定开具的红字增值税专用发票做相反的会计分录。

按照政府会计度及相关政府会计准则确认收入的时点早于按照增值税制度确认增值税纳税义务发生时点的，应将相关销项税额计入"应交增值税——待转销项税额"，待实际发生纳税义务时再转入"应交增值税——应交税金（销项税额）"或"应交增值税——简易计税"科目。

按照增值税制度确认增值税纳税义务发生时点早于按照本制度及相关政府会计准则确认收入的时点的，应按照应纳增值税税额，借记"应收账款"科目，贷记"应交增值税——应交税金（销项税额）"或"应交增值税——简易计税"科目。

销售应税产品或提供应税服务的账务处理如表 2 - 10 所示。

表 2 - 10　　　**销售应税产品或提供应税服务的账务处理**

| | 财务会计处理 | 预算会计处理 |
|---|---|---|
| 销售应税产品或提供应税服务时 | 借：银行存款/应收账款/应收票据等（包含增值税的价款总额）<br>　　贷：事业收入/经营收入等（扣除增值税销项税额后的价款）<br>　　　　应交增值税——应交税金（销项税额）<br>　　　　/应交增值税——简易计税 | 借：资金结存（实际收到的含税金额）<br>　　贷：事业预算收入/经营预算收入等 |

（2）金融商品转让，按照规定以盈亏相抵后的余额作为销售额

金融商品实际转让月末，如产生转让收益，则按照应纳税额，财务会计应

当借记"投资收益"科目，贷记"应交增值税——转让金融商品应交增值税"科目。预算会计不需要做账务处理。如产生转让损失，则按照可结转下月抵扣税额，财务会计应当借记"应交增值税——转让金融商品应交增值税"科目，贷记"投资收益"科目。预算会计不需要做账务处理。

缴纳增值税时，财务会计应当借记"应交增值税——转让金融商品应交增值税"科目，贷记"银行存款"等科目。预算会计应当按照实际支付的金额借记"投资预算收益"等科目，贷记"资金结存——货币资金"科目。

年末"应交增值税——转让金额商品应交增值税"科目如有借方余额，财务会计应当借记"投资收益"科目，贷记"应交增值税——转让金融商品应交增值税"科目。预算会计不需要做账务处理。

金融商品转让的账务处理如表 2 - 11 所示。

表 2 - 11　　　　　　　金融商品转让的账务处理

| | 财务会计处理 | 预算会计处理 |
|---|---|---|
| 产生收益时 | 借：投资收益（按净收益计算的应纳增值税）<br>贷：应交增值税——转让金融商品应交增值税 | — |
| 产生损失时 | 借：应交增值税——转让金融商品应交增值税<br>贷：投资收益（按净损失计算的应纳增值税） | — |
| 缴纳增值税时 | 借：应交增值税——转让金融商品应交增值税<br>贷：银行存款等 | 借：投资预算收益等<br>　　贷：资金结存<br>（实际支付的金额） |
| 年末，如有借方余额 | 借：投资收益<br>贷：应交增值税——转让金融商品应交增值税 | — |

## 3. 案例解析

【例 2 - 8】某事业单位属于增值税一般纳税人，经营业务为销售商品，销售商品不含税价格共计 20 000 元，增值税销项税额为 2 600 元，货款共计 22 600 元，款项尚未收到。

财务会计：

借：应收账款　　　　　　　　　　　　　　　　22 600

　　贷：经营收入　　　　　　　　　　　　　　　　20 000

　　　　应交增值税——应交税金（销项税额）　　　2 600

预算会计不需要做账务处理。

### 2.2.3　一般纳税人月末转出应缴未缴、多缴的增值税

#### 1. 业务概述

月度终了，行政事业单位应当将当月应缴未缴或多缴的增值税自"应交税金"明细科目转入"未交税金"明细科目。

#### 2. 账务处理

对于当月应缴未缴的增值税，财务会计应当借记"应交增值税——应交税金（转出未交增值税）"科目，贷记"应交增值税——未交税金"科目；对于当月多缴的增值税，借记"应交增值税——未交税金"科目，贷记"应交增值税——应交税金（转出多交增值税）"科目。预算会计不需要做账务处理。月末转出多缴增值税的账务处理如表 2 - 12 所示，月末应缴未缴增值税的账务处理如表 2 - 13 所示。

表 2 - 12　　　　　　月末转出多缴增值税的账务处理

| | 财务会计处理 | 预算会计处理 |
| --- | --- | --- |
| 月末转出多缴增值税 | 借：应缴增值税——未缴税金<br>　　贷：应 缴 增 值 税——应 缴 税 金<br>（转出多交增值税） | — |

表 2 - 13　　　　　　月末应缴未缴增值税的账务处理

| | 财务会计处理 | 预算会计处理 |
| --- | --- | --- |
| 月末应缴未缴增值税 | 借：应缴增值税——应缴税金（转出未缴税金）<br>　　贷：应缴增值税——未缴税金 | — |

### 2.2.4　一般纳税人缴纳增值税

#### 1. 业务概述

行政事业单位缴纳增值税的情况分为以下几种：缴纳当月应缴增值税，缴纳以前期间未缴增值税，预缴增值税，减免增值税。

#### 2. 账务处理

（1）缴纳当月应缴增值税

行政事业单位缴纳当月应缴的增值税，财务会计应当借记"应交增值税——应交税金（已交税金）"科目（小规模纳税人借记"应交增值税"科目），贷记"银行存款"等科目。预算会计应当借记"事业支出""经营支出"科目，贷记"资金结存——货币资金"科目。本月缴纳本月增值税的账务处理如表 2 - 14 所示。

表2－14 　　　　　　　　**本月缴纳本月增值税的账务处理**

| | 财务会计处理 | 预算会计处理 |
|---|---|---|
| 本月缴纳本月增值税时 | 借：应交增值税——应交税金（已交税金）<br>　　贷：银行存款/零余额账户用款额度等 | 借：事业支出/经营支出等<br>　　贷：资金结存 |

（2）缴纳以前期间未缴增值税

行政事业单位缴纳以前期间未缴的增值税，财务会计应当借记"应交增值税——未交税金"科目（小规模纳税人借记"应交增值税"科目），贷记"银行存款"等科目。预算会计应当借记"事业支出""经营支出"科目，贷记"资金结存——货币资金"科目。缴纳以前期间未缴增值税的账务处理如表2－15所示。

表2－15 　　　　　　　　**缴纳以前期间未缴增值税的账务处理**

| | 财务会计处理 | 预算会计处理 |
|---|---|---|
| 本月缴纳以前期间未缴增值税 | 借：应交增值税——未交税金<br>　贷：银行存款/零余额账户用款额度等 | 借：事业支出/经营支出等<br>　　贷：资金结存 |

（3）预缴增值税

行政事业单位预缴增值税时，财务会计应当借记"应交增值税——预交税金"科目，贷记"银行存款"等科目。预算会计应当借记"事业支出""经营支出"科目，贷记"资金结存——货币资金"科目。

月末，单位应将"预交税金"明细科目余额转入"未交税金"明细科目，财务会计应当借记"应交增值税——未交税金"科目，贷记"应交增值税——预交税金"科目。预算会计不需要做账务处理。

按规定预缴增值税的账务处理如表2－16所示。

表2－16 　　　　　　　　**按规定预缴增值税的账务处理**

| | 财务会计处理 | 预算会计处理 |
|---|---|---|
| 按规定预缴增值税 | 预缴时：<br>借：应交增值税——预交税金<br>　　贷：银行存款/零余额账户用款额度等<br>月末：<br>借：应交增值税——未交税金<br>　　贷：应交增值税——预交税金 | 借：事业支出/经营支出等<br>　　贷：资金结存 |

（4）减免增值税

对于当期直接减免的增值税应纳税额，财务会计应当借记"应交增值税——应交税金（减免税款）"科目，贷记"业务活动费用""经营费用"等科目。预算会计不需要做账务处理。

按照现行增值税制度规定，单位初次购买增值税税控系统专用设备支付的费用以及缴纳的技术维护费允许在增值税应纳税额中全额抵减的，按照规定抵减的增值税应纳税额，财务会计应当借记"应交增值税——应交税金（减免税款）"科目（小规模纳税人借记"应交增值税"科目），贷记"业务活动费用""经营费用"等科目。预算会计不需要做账务处理。

当期直接减免的增值税应纳税额的账务处理如表 2-17 所示。

表 2-17　　当期直接减免的增值税应纳税额的账务处理

| | 财务会计处理 | 预算会计处理 |
|---|---|---|
| 当期直接减免的增值税应纳税额 | 借：应交增值税——应交税金（减免税款）<br>贷：业务活动费用/经营费用等 | — |

## 2.2.5　小规模纳税人业务

**1. 业务概述**

属于小规模纳税人的单位，购进货物时，将支付的增值税计入材料的采购成本；销售货物或者提供劳务时，一般情况下，只开普通发票，按不含税价格的 3% 计算应交增值税。采用销售额和应纳税金合并定价的，按照"销售额 = 含税金额 ÷（1 + 3%）"公式还原为不含税销售额。

**2. 账务处理**

（1）购入应税资产或服务时

小规模纳税人购买资产或服务等时不能抵扣增值税，发生的增值税计入资产成本或相关成本费用。财务会计应当借记"业务活动费用""在途物品""库存物品"等科目，贷记"银行存款""应付账款"等科目。

预算会计应当借记"事业支出""经营支出"科目，贷记"资金结存——货币资金"科目。

小规模纳税人购入应税资产或服务的账务处理如表 2-18 所示。

表 2－18   小规模纳税人购入应税资产或服务的账务处理

| | 财务会计处理 | 预算会计处理 |
|---|---|---|
| 小规模纳税人购入应税资产或服务时 | 借：业务活动费用/在途物品/库存物品等（按价税合计金额）<br>  贷：银行存款等（实际支付的金额）/应付票据（开出并承兑的商业汇票）/应付账款等（应付的金额） | 借：事业支出/经营支出等<br>  贷：资金结存（实际支付的金额） |

（2）购进资产或服务时作为扣缴义务人

发生代扣代缴义务时，财务会计应当借记相关成本费用或资产科目，按照应付或实际支付的金额，贷记"银行存款""应付账款"等科目，按照应代扣代缴的增值税额，贷记"应交增值税——代扣代交增值税"科目。

预算会计应当借记"事业支出""经营支出"等科目，贷记"资金结存——货币资金"科目。

实际缴纳代扣代缴增值税时，按照代扣代缴的增值税额，财务会计借记"应交增值税——代扣代交增值税"科目，贷记"银行存款""零余额账户用款额度"等科目。

预算会计应当借记"事业支出""经营支出"科目，贷记"资金结存——货币资金"科目。

小规模纳税人购进应税资产或服务作为扣缴义务人的账务处理如表 2－19 所示。

表 2－19  小规模纳税人购进应税资产或服务作为扣缴义务人的账务处理

| | 财务会计处理 | 预算会计处理 |
|---|---|---|
| 小规模纳税人购进应税资产或服务时作为扣缴义务人 | 借：在途物品/库存物品/固定资产/无形资产等<br>  贷：应付账款/银行存款等<br>   应交增值税——代扣代交增值税<br>借：应交增值税——代扣代交增值税<br>  贷：银行存款/零余额账户用款额度 | 借：事业支出/经营支出等<br>  贷：资金结存（实际支付的金额） |

（3）金融商品转让

参见一般纳税人的账务处理：2.2.2 中 2.（2）的处理。

（4）缴纳增值税时

小规模纳税人缴纳增值税时，按实际缴纳的金额，财务会计应当借记"应交增值税"科目，贷记"银行存款"等科目。预算会计应当借记"事业支出"
"经营支出"等科目，贷记"资金结存"科目。

（5）减免增值税

参见一般纳税人的账务处理：2.2.4 中 2.（4）的处理。

# 2.3　其他应交税费

其他应交税费是指行政事业单位按照国家税法等有关规定计算应当缴纳的
除增值税以外的各种税费，包括城市维护建设税、教育费附加、地方教育费附
加、房产税、车船税、城镇土地使用税和企业所得税等。单位代扣代缴的个人
所得税也通过"其他应交税费"科目核算。应缴纳的印花税不需要预提应交税
费，直接通过"业务活动费用""单位管理费用""经营费用"等科目核算，不
通过"其他应交税费"科目核算。

行政事业单位应当设置"其他应交税费"科目，按照税法等规定对应当缴
纳的各种税费进行核算。"其他应交税费"科目应当按照应缴纳的税费种类进行
明细核算。

"其他应交税费"科目借方反映当期应交税费的减少；贷方反映当期应交税
费的增加。"其他应交税费"科目期末贷方余额，反映单位应缴未缴的除增值税
以外的税费金额；期末如为借方余额，反映单位多缴纳的除增值税以外的税费
金额。

## 2.3.1　城市维护建设税、教育费附加、地方教育费附加、车船税、房产税、城镇土地使用税等

**1. 业务概述**

行政事业单位应该根据相关业务活动计算城市维护建设税、教育费附加、
地方教育费附加、车船税、房产税、城镇土地使用税等纳税义务。

**2. 账务处理**

发生城市维护建设税、教育费附加、地方教育费附加、车船税、房产税、
城镇土地使用税等纳税义务的，按照税法规定计算的应缴税费金额，财务会计
应当借记"业务活动费用""单位管理费用""经营费用"等科目，贷记"其他
应交税费——应交城市维护建设税/应交教育费附加/应交地方教育费附加/应交
车船税/应交房产税/应交城镇土地使用税等"科目。预算会计不需要做账务
处理。

实际缴纳时，财务会计应当借记"其他应交税费——应交城市维护建设税/应交教育费附加/应交地方教育费附加/应交车船税/应交房产税/应交城镇土地使用税等"科目，贷记"银行存款"等科目。

预算会计应当借记"事业支出""经营支出"科目，贷记"资金结存——货币资金"科目。

其他应交税费的账务处理如表2-20所示。

表2-20                 其他应交税费的账务处理

| | | 财务会计处理 | 预算会计处理 |
|---|---|---|---|
| 城市维护建设税、教育费附加、地方教育费附加、车船税、房产税、城镇土地使用税等 | 发生时，按照税法规定计算的应缴税费金额 | 借：业务活动费用/单位管理费用/经营费用等<br>    贷：其他应交税费——应交城市维护建设税/应交教育费附加/应交地方教育费附加/应交车船税/应交房产税/应交城镇土地使用税等 | — |
| | 实际缴纳时 | 借：其他应交税费——应交城市维护建设税/应交教育费附加/应交地方教育费附加/应交车船税/应交房产税/应交城镇土地使用税等<br>    贷：银行存款等 | 借：事业支出/经营支出等<br>    贷：资金结存 |

### 3. 案例解析

【例2-9】某事业单位用车本年应缴纳车船税1 000元。账务处理如下。

财务会计：

借：业务活动费用                         1 000

    贷：其他应交税费——应交车船税          1 000

预算会计不需要做账务处理。

该事业单位实际缴纳时，账务处理如下。

财务会计：

借：其他应交税费——应交车船税          1 000

    贷：银行存款                       1 000

预算会计：

借：事业支出                             1 000

    贷：资金结存——货币资金           1 000

## 2.3.2　代扣代缴职工个人所得税

**1. 业务概述**

个人所得税是由员工自身负担的。代扣代缴个人所得税的意思是指员工发生应纳税所得时，由单位帮员工先缴纳，再从员工的工资里面扣取。

**2. 账务处理**

按照税法规定计算应代扣代缴职工（含长期聘用人员）的个人所得税，财务会计应当借记"应付职工薪酬"科目，贷记"其他应交税费——应交个人所得税"科目。预算会计不需要做账务处理。

按照税法规定计算应代扣代缴支付给职工（含长期聘用人员）以外人员的劳务费的个人所得税，财务会计应当借记"业务活动费用""单位管理费用"等科目，贷记"其他应交税费——应交个人所得税"科目。预算会计不需要做账务处理。

实际缴纳代扣代缴个人所得税时，财务会计应当借记"其他应交税费——应交个人所得税"科目，贷记"银行存款""财政拨款收入""零余额账户用款额度"科目。预算会计应当借记"行政支出""事业支出""经营支出"等科目，贷记"资金结存——货币资金""财政拨款预算收入"科目。

代扣代缴职工个人所得税的账务处理如表 2-21 所示。

表 2-21　　　　　代扣代缴职工个人所得税的账务处理

| | | 财务会计处理 | 预算会计处理 |
|---|---|---|---|
| 代扣代缴职工个人所得税 | 计算应代扣代缴的职工个人所得税金额 | 借：应付职工薪酬<br>　　贷：其他应交税费——应交个人所得税 | — |
| | 计算应代扣代缴职工以外其他人员个人所得税 | 借：业务活动费用/单位管理费用等<br>　　贷：其他应交税费——应交个人所得税 | — |
| | 实际缴纳时 | 借：其他应交税费——应交个人所得税<br>　　贷：财政拨款收入/零余额账户用款额度/银行存款等 | 借：行政支出/事业支出/经营支出等<br>　　贷：财政拨款预算收入/资金结存 |

**3. 案例解析**

【例 2-10】某行政单位从职工工资中代扣个人所得税 60 000 元，从劳务费中代扣个人所得税 30 000 元，应做如下会计处理。

计算代扣代缴个人所得税时：

财务会计：

| | |
|---|---|
| 借：应付职工薪酬 | 60 000 |
| 　业务活动费用 | 30 000 |
| 　　贷：其他应交税费——应交个人所得税 | 90 000 |

预算会计不需要做账务处理。

实际缴纳代扣代缴个人所得税时：

财务会计：

| | |
|---|---|
| 借：其他应交税费——应交个人所得税 | 90 000 |
| 　　贷：银行存款 | 90 000 |

预算会计：

| | |
|---|---|
| 借：行政支出 | 90 000 |
| 　　贷：资金结存——货币资金 | 90 000 |

## 2.3.3　发生企业所得税纳税义务

### 1. 业务概述

企业所得税是指对中华人民共和国境内的企业（居民企业及非居民企业）和其他取得收入的组织以其生产经营所得为课税对象所征收的一种所得税。作为企业所得税纳税人，各单位应依照《中华人民共和国企业所得税法》缴纳企业所得税，但个人独资企业及合伙企业除外。

### 2. 账务处理

发生企业所得税纳税义务的，按照税法规定计算的应缴纳的所得税额，财务会计应当借记"所得税费用"科目，贷记"其他应交税费——单位应交所得税"科目。预算会计不需要做账务处理。

实际缴纳时，财务会计应当借记"其他应交税费——单位应交所得税"科目，贷记"银行存款"等科目。预算会计应当借记"非财政拨款结余"科目，贷记"资金结存——货币资金"科目。

发生企业所得税纳税义务的账务处理如表 2-22 所示。

表 2 - 22　　　　　　发生企业所得税纳税义务的账务处理

| | | 财务会计处理 | 预算会计处理 |
| --- | --- | --- | --- |
| 发生企业所得税纳税义务 | 发生时，按照税法规定计算的应交税费金额 | 借：所得税费用<br>　　贷：其他应交税费——单位应交所得税 | — |
| | 实际缴纳时 | 借：其他应交税费——单位应交所得税<br>　　贷：银行存款等 | 借：非财政拨款结余<br>　　贷：资金结存 |

### 3. 案例解析

【例 2 - 11】 某事业单位按照税法规定计算得出，应缴纳企业所得税 10 000 元。账务处理如下。

财务会计：

借：所得税费用　　　　　　　　　　　　　　　　　　　10 000

　　贷：其他应交税费——单位应交所得税　　　　　　　　10 000

预算会计不需要做账务处理。

该事业单位实际缴纳企业所得税 10 000 元时。账务处理如下。

财务会计：

借：其他应交税费——单位应交所得　　　　　　　　　　10 000

　　贷：银行存款等　　　　　　　　　　　　　　　　　10 000

预算会计：

借：非财政拨款结余　　　　　　　　　　　　　　　　　10 000

　　贷：资金结存——货币资金　　　　　　　　　　　　10 000

# 2.4　应缴财政款

应缴财政款是指单位取得或应收的按照规定应当上缴财政的款项，包括应缴国库的款项和应缴财政专户的款项，但不包括单位按照国家税法等有关规定应当缴纳的各种税费。

## 2.4.1　取得或应收按照规定应缴财政的款项

### 1. 业务概述

应缴财政款是行政事业单位因相关制度法规的要求向上级缴纳的款项。办理该项业务时，行政事业单位应按有关规定向上级部门及时缴纳相关资金，并进行账务处理。实际缴纳时，及时按照规定从银行划转资金即可。

**2．账务处理**

行政事业单位取得或应收按照规定应缴财政的款项时，财务会计应当借记"银行存款""应收账款"等科目，贷记"应缴财政款"科目。预算会计不需要做账务处理。取得或应收按照规定应缴财政的款项的账务处理如表2－23所示。

表2－23　　　　　取得或应收按照规定应缴财政的款项的账务处理

| | 财务会计处理 | 预算会计处理 |
|---|---|---|
| 取得或应收按照规定应缴财政的款项时 | 借：银行存款/应收账款等<br>　　贷：应缴财政款 | — |

上缴财政款项时，财务会计应当借记"应缴财政款"科目，贷记"银行存款"等科目。预算会计不需要做账务处理。上缴财政款项的账务处理如表2－24所示。

表2－24　　　　　　　上缴财政款项的账务处理

| | 财务会计处理 | 预算会计处理 |
|---|---|---|
| 上缴财政款项时 | 借：应缴财政款<br>　　贷：银行存款等 | — |

**3．案例解析**

【例2－12】某事业单位收到一项事业性收费5 000元，已经存入银行账户。此款项按规定需要全额上缴财政专户。会计处理如下。

财务会计：

借：银行存款　　　　　　　　　　　　　　　　　5 000

　　贷：应缴财政款　　　　　　　　　　　　　　　　5 000

预算会计不需要做账务处理。

上缴财政款项时。

财务会计：

借：应缴财政款　　　　　　　　　　　　　　　　5 000

　　贷：银行存款　　　　　　　　　　　　　　　　　5 000

预算会计不需要做账务处理。

## 2.4.2　处置资产取得的应上缴财政款的处置净收入

**1．业务概述**

不管是行政单位还是事业单位，国有资产处置收入属于国家所有，应当按照政府非税收入管理的规定，实行"收支两条线"管理。国有资产的处置收入都要计入应缴财政专户款，清理费用计入相关支出（行政单位计入行政支出或经营支出，事业单位计入事业支出或者经营支出）。

**2. 账务处理**

行政事业单位处置资产取得的应上缴财政的处置净收入的账务处理，参见"待处理财产损溢"科目的相关账务处理。

**3. 案例解析**

【例 2 - 13】某行政单位经批准将一项专利权出售，该项专利权原价为 600 000 元，已计提摊销 400 000 元，售价为 250 000 元，应做如下会计处理。

财务会计：

| 借：资产处置费用 | 200 000 |
| 无形资产累计摊销 | 400 000 |
| 　贷：无形资产 | 600 000 |
| 借：银行存款 | 250 000 |
| 　贷：应缴财政款 | 250 000 |

预算会计不需要做账务处理。

上缴财政款时。

财务会计：

| 借：应缴财政款 | 250 000 |
| 　贷：银行存款 | 250 000 |

预算会计不需要做账务处理。

## 2.5　应付职工薪酬

行政事业单位应当设置"应付职工薪酬"科目，对单位应付给职工及为职工支付的各种薪酬进行核算。"应付职工薪酬"科目应当根据国家有关规定按照"基本工资（含离退休费）""国家统一规定的津贴补贴""规范津贴补贴（绩效工资）""改革性补贴""社会保险费""住房公积金""其他个人收入"等进行明细核算。其中，"社会保险费"和"住房公积金"明细科目核算内容包括单位从职工工资中代扣代缴的社会保险费、住房公积金，以及单位为职工计算缴纳的社会保险费、住房公积金。

"应付职工薪酬"科目借方反映当期行政事业单位应付职工薪酬的减少；贷

方反映当期行政事业单位应付职工薪酬的增加；"应付职工薪酬"科目期末贷方余额，反映行政事业单位应付未付的职工薪酬。

## 2.5.1 计算确认当期应付职工薪酬

### 1. 业务概述

行政事业单位计算确认当期应付职工薪酬，包括基本工资、国家统一规定的津贴补贴、规范津贴补贴（绩效工资）、改革性补贴、社会保险费（如职工基本养老保险费、职业年金、基本医疗保险费等）、住房公积金等。应由产品、劳务负担的职工薪酬，计入产品成本或劳务成本在税前扣除；应由在建工程、无形资产负担的职工薪酬，计入固定资产或无形资产成本，资本化后分期扣除。

### 2. 账务处理

（1）从事专业及其辅助活动人员的职工薪酬

计提从事专业及其辅助活动人员的职工薪酬，财务会计应当借记"业务活动费用""单位管理费用"科目，贷记"应付职工薪酬"科目。预算会计不需要做账务处理。从事专业及其辅助活动人员的职工薪酬的账务处理如表 2－25 所示。

表 2－25　　　从事专业及其辅助活动人员的职工薪酬的账务处理

| | 财务会计处理 | 预算会计处理 |
|---|---|---|
| 从事专业及其辅助活动人员的职工薪酬 | 借：业务活动费用/单位管理费用<br>　　贷：应付职工薪酬 | — |

（2）应由在建工程、加工物品、自行研发无形资产负担的职工薪酬

计提应由在建工程、加工物品、自行研发无形资产负担的职工薪酬，财务会计应当借记"在建工程""加工物品""研发支出"等科目，贷记"应付职工薪酬"科目。预算会计不需要做账务处理。在建工程、加工物品、自行研发无形资产负担的职工薪酬的账务处理如表 2－26 所示。

表 2－26　　　　　在建工程、加工物品、自行研发无形
资产负担的职工薪酬的账务处理

| | 财务会计处理 | 预算会计处理 |
|---|---|---|
| 在建工程、加工物品、自行研发无形资产负担的职工薪酬 | 借：在建工程/加工物品/研发支出等<br>　　贷：应付职工薪酬 | — |

（3）从事专业及其辅助活动之外的经营活动人员的职工薪酬

计提从事专业及其辅助活动之外的经营活动人员的职工薪酬，财务会计应当借记"经营费用"科目，贷记"应付职工薪酬"科目。预算会计不需要做账务处理。从事专业及其辅助活动之外的经营活动人员的职工薪酬的账务处理如表 2 - 27 所示。

表 2 - 27　　从事专业及其辅助活动之外的经营活动人员的职工薪酬的账务处理

| | 财务会计处理 | 预算会计处理 |
| --- | --- | --- |
| 从事专业及其辅助活动之外的经营活动人员的职工薪酬 | 借：经营费用<br>　贷：应付职工薪酬 | — |

（4）因解除与职工的劳动关系而给予的补偿

因解除与职工的劳动关系而给予的补偿，财务会计应当借记"单位管理费用"科目，贷记"应付职工薪酬"科目。预算会计不需要做账务处理。因解除与职工的劳动关系而给予补偿的账务处理如表 2 - 28 所示。

表 2 - 28　　　　因解除与职工的劳动关系而给予补偿的账务处理

| | 财务会计处理 | 预算会计处理 |
| --- | --- | --- |
| 因解除与职工的劳动关系而给予补偿 | 借：单位管理费用<br>　贷：应付职工薪酬 | — |

## 3. 案例解析

【例 2 - 14】某行政单位本月职工薪酬总额为 900 000 元，其中，从事专业及其辅助活动职工工资为 720 000 元，离退休费为 80 000 元，地方津贴补贴为 50 000 元，住房公积金为 50 000 元，代扣代缴住房公积金为 50 000 元，代扣代缴社会保险费为 12 000 元，代扣代缴个人所得税为 36 000 元，代扣为职工垫付的房租、水电费共 75 000 元。应做如下会计处理。

计算本月应付职工薪酬时：

财务会计：

借：业务活动费用　　　　　　　　　　　　　　　　900 000

　　贷：应付职工薪酬——基本工资　　　　　　　　　720 000

　　　　　　　　　　——离退休费　　　　　　　　　 80 000

　　　　　　　　　　——地方津贴补贴　　　　　　　 50 000

　　　　　　　　　　——住房公积金　　　　　　　　 50 000

预算会计不需要做账务处理。

计算本月代扣代缴税费和代扣垫付费用时：

财务会计：

| | | |
|---|---|---|
| 借：其他应收款 | 75 000 | |
| 贷：银行存款 | | 75 000 |
| 借：应付职工薪酬——基本工资 | 173 000 | |
| 贷：应付职工薪酬——住房公积金 | | 50 000 |
| ——社会保险费 | | 12 000 |
| 其他应交税费——应交个人所得税 | | 36 000 |
| 其他应收款 | | 75 000 |

预算会计不需要做账务处理。

使用财政直接支付方式支付职工薪酬和代缴住房公积金、社会保险费和个人所得税时。

财务会计：

| | | |
|---|---|---|
| 借：应付职工薪酬——基本工资 | 547 000 | |
| ——离退休费 | 80 000 | |
| ——地方津贴补贴 | 50 000 | |
| ——住房公积金 | 100 000 | |
| ——社会保险费 | 12 000 | |
| 其他应交税费——应交个人所得税 | 36 000 | |
| 贷：财政拨款收入 | | 825 000 |

预算会计：

| | | |
|---|---|---|
| 借：事业支出 | 825 000 | |
| 贷：财政拨款预算收入 | | 825 000 |

## 2.5.2 向职工支付工资、津贴补贴等薪酬

**1. 业务概述**

行政事业单位应及时向职工支付工资、津贴补贴等薪酬，包括之前计入"应付职工薪酬"科目的基本工资、国家统一规定的津贴补贴、规范津贴补贴（绩效工资）、改革性补贴、社会保险费（如职工基本养老保险费、职业年金、基本医疗保险费等）、住房公积金等。

**2. 账务处理**

按照实际支付的金额，财务会计应当借记"应付职工薪酬"科目，贷记"财政拨款收入""零余额账户用款额度""银行存款"等科目。预算会计应当

借记"行政支出""事业支出""经营支出"等科目，贷记"财政拨款预算收入""资金结存"科目。向职工支付工资、津贴补贴等薪酬的账务处理如表 2 – 29 所示。

**表 2 – 29　　向职工支付工资、津贴补贴等薪酬的账务处理**

| | 财务会计处理 | 预算会计处理 |
|---|---|---|
| 向职工支付工资、津贴补贴等薪酬 | 借：应付职工薪酬<br>　　贷：财政拨款收入/零余额账户用款额度/银行存款等 | 借：行政支出/事业支出/经营支出等<br>　　贷：财政拨款预算收入/资金结存 |

## 2.5.3　从职工薪酬中代扣各种款项

### 1. 业务概述

按照税法规定，行政事业单位可以从职工薪酬中代扣以下款项：代扣代缴职工个人所得税；代扣社会保险费和住房公积金；代扣为职工垫付的水电费、房租等费用。

### 2. 账务处理

（1）代扣代缴职工个人所得税

按照税法规定代扣职工个人所得税时，财务会计应当借记"应付职工薪酬——基本工资"科目，贷记"其他应交税费——应交个人所得税"科目。预算会计不需要做账务处理。代扣代缴职工个人所得税的账务处理如表 2 – 30 所示。

**表 2 – 30　　代扣代缴职工个人所得税的账务处理**

| | 财务会计处理 | 预算会计处理 |
|---|---|---|
| 代扣代缴职工个人所得税 | 借：应付职工薪酬——基本工资<br>　　贷：其他应交税费——应交个人所得税 | — |

（2）代扣社会保险费和住房公积金

从应付职工薪酬中代扣社会保险费和住房公积金，按照代扣的金额，财务会计应当借记"应付职工薪酬——基本工资"科目，贷记"应付职工薪酬——社会保险费/住房公积金"科目。预算会计不需要做账务处理。代扣社会保险费和住房公积金的账务处理如表 2 – 31 所示。

**表 2 – 31　　代扣社会保险费和住房公积金的账务处理**

| | 财务会计处理 | 预算会计处理 |
|---|---|---|
| 代扣社会保险费和住房公积金 | 借：应付职工薪酬——基本工资<br>　　贷：应付职工薪酬——社会保险费/住房公积金 | — |

（3）代扣为职工垫付的水电费、房租等费用

从应付职工薪酬中代扣为职工垫付的水电费、房租等费用时，按照实际扣除的金额，财务会计应当借记"应付职工薪酬——基本工资"科目，贷记"其他应收款"等科目。预算会计不需要做账务处理。为职工垫付的水电费、房租等费用的账务处理如表2－32所示。

表2－32　　　　为职工垫付的水电费、房租等费用的账务处理

| | 财务会计处理 | 预算会计处理 |
|---|---|---|
| 为职工垫付的水电费、房租等费用 | 借：应付职工薪酬——基本工资<br>　　贷：其他应收款等 | — |

### 2.5.4　缴纳职工社会保险费和住房公积金

**1. 业务概述**

社会保险和住房公积金简称五险一金。五险一金是指用人单位给予劳动者的几种保障性待遇的合称，包括养老保险、医疗保险、失业保险、工伤保险和生育保险，以及住房公积金。其中养老保险、医疗保险、失业保险和住房公积金的缴纳方式为单位和个人各负担一定比例。

**2. 账务处理**

按照国家有关规定缴纳职工社会保险费和住房公积金时，按照实际支付的金额，财务会计应当借记"应付职工薪酬——社会保险费/住房公积金"科目，贷记"财政拨款收入""零余额账户用款额度""银行存款"等科目。预算会计应当借记"行政支出""事业支出""经营支出"等科目，贷记"财政拨款预算收入""资金结存"科目。缴纳职工社会保险费和住房公积金的账务处理如表2－33所示。

表2－33　　　　缴纳职工社会保险费和住房公积金的账务处理

| | 财务会计处理 | 预算会计处理 |
|---|---|---|
| 缴纳职工社会保险费和住房公积金 | 借：应付职工薪酬——社会保险费/住房公积金<br>　　贷：财政拨款收入/零余额账户用款额度/银行存款等 | 借：行政支出/事业支出/经营支出等<br>　　贷：财政拨款预算收入/资金结存 |

### 2.5.5　从应付职工薪酬中支付的其他款项

从应付职工薪酬中支付其他款项时，财务会计应当借记"应付职工薪酬"

科目，贷记"零余额账户用款额度""银行存款"等科目。预算会计应当借记
"行政支出""事业支出""经营支出"等科目，贷记"资金结存"等科目。从
应付职工薪酬中支付的其他款项的账务处理如表 2 – 34 所示。

表 2 – 34　　　从应付职工薪酬中支付的其他款项的账务处理

| | 财务会计处理 | 预算会计处理 |
|---|---|---|
| 从应付职工薪酬中支付的其他款项 | 借：应付职工薪酬<br>　　贷：零余额账户用款额度/银行存款等 | 借：行政支出/事业支出/经营支出等<br>　　贷：资金结存等 |

## 2.6　应付票据

### 1. 业务概述

应付票据，是指事业单位因购买材料、物资等而开出、承兑的商业汇票，
包括银行承兑汇票和商业承兑汇票。按国家有关规定，单位之间只有在商品交
易的情况下，才能使用商业汇票结算方式。在会计核算中，购买商品在采用商
业汇票结算方式下，如果开出的是商业承兑汇票，必须由付款方（购买单位）
承兑；如果是银行承兑的汇票，必须经银行承兑。付款单位应在商业汇票到期
前，及时将款项足额交存其开户银行，银行在到期日凭票将款项划转给收款人、
被背书人或贴现银行。

### 2. 账务处理

（1）开出、承兑商业汇票

开出、承兑商业汇票时，财务会计应当借记"库存物品""固定资产"等科
目，贷记"应付票据"科目。预算会计不需要做账务处理。涉及增值税业务的，
相关账务处理参见"应交增值税"科目。开出、承兑商业汇票的账务处理如表
2 – 35 所示。

表 2 – 35　　　开出、承兑商业汇票的账务处理

| | 财务会计处理 | 预算会计处理 |
|---|---|---|
| 开出、承兑商业汇票 | 借：库存物品/固定资产等<br>　　贷：应付票据 | — |

（2）以商业汇票抵付应付账款

以商业汇票抵付应付账款时，财务会计应当借记"应付账款"科目，贷记
"应付票据"科目。预算会计不需要做账务处理。以商业汇票抵付应付账款的账

务处理如表 2 - 36 所示。

表 2 - 36　　　　以商业汇票抵付应付账款的账务处理

| | 财务会计处理 | 预算会计处理 |
|---|---|---|
| 以商业汇票抵付应付账款时 | 借：应付账款<br>　　贷：应付票据 | — |

（3）支付银行承兑汇票的手续费

支付银行承兑汇票的手续费时，财务会计应当借记"业务活动费用""经营费用"等科目，贷记"银行存款""零余额账户用款额度"等科目。预算会计应当借记"事业支出""经营支出"科目，贷记"资金结存——货币资金"科目。支付银行承兑汇票的手续费的账务处理如表 2 - 37 所示。

表 2 - 37　　　　支付银行承兑汇票的手续费的账务处理

| | 财务会计处理 | 预算会计处理 |
|---|---|---|
| 支付银行承兑汇票的手续费 | 借：业务活动费用/经营费用等<br>　　贷：银行存款等 | 借：事业支出/经营支出<br>　　贷：资金结存——货币资金 |

（4）商业汇票到期

商业汇票到期时，应当分别以下情况处理。

①收到银行支付到期票据的付款通知时，财务会计应当借记"应付票据"科目，贷记"银行存款"科目。预算会计应当借记"事业支出""经营支出"科目，贷记"资金结存——货币资金"科目。收到银行支付到期票据的付款通知的账务处理如表 2 - 38 所示。

表 2 - 38　　　收到银行支付到期票据的付款通知的账务处理

| | 财务会计处理 | 预算会计处理 |
|---|---|---|
| 收到银行支付到期票据的付款通知 | 借：应付票据<br>　　贷：银行存款 | 借：事业支出/经营支出<br>　　贷：资金结存——货币资金 |

②银行承兑汇票到期，单位无力支付票款的，按照应付票据账面余额，财务会计应当借记"应付票据"科目，贷记"短期借款"科目。预算会计应当借记"事业支出""经营支出"科目，贷记"债务预算收入"科目。单位无力支付银行承兑汇票的账务处理如表 2 - 39 所示。

表 2 - 39　　　　单位无力支付银行承兑汇票的账务处理

| | 财务会计处理 | 预算会计处理 |
|---|---|---|
| 单位无力支付银行承兑汇票 | 借：应付票据<br>　　贷：短期借款 | 借：事业支出/经营支出<br>　　贷：债务预算收入 |

③商业承兑汇票到期，单位无力支付票款的，按照应付票据账面余额，财务会计应当借记"应付票据"科目，贷记"应付账款"科目。预算会计不需要做账务处理。单位无力支付商业承兑汇票的账务处理如表 2 - 40 所示。

表 2 - 40　　　　单位无力支付商业承兑汇票的账务处理

| | 财务会计处理 | 预算会计处理 |
|---|---|---|
| 单位无力支付商业承兑汇票 | 借：应付票据<br>　　贷：应付账款 | — |

### 3. 案例解析

【例 2 - 15】某事业单位 2×19 年 3 月 2 日购入所需物资，共计 60 000 元，货物已经验收入库，并交付供货方金额为 60 000 元的银行承兑汇票。支付银行承兑汇票的手续费 2 000 元。会计处理如下。

财务会计：

借：库存物品　　　　　　　　　　　　　　　60 000

　　贷：应付票据　　　　　　　　　　　　　　　　60 000

借：业务活动费用　　　　　　　　　　　　　　2 000

　　贷：银行存款　　　　　　　　　　　　　　　　2 000

预算会计：

借：事业支出　　　　　　　　　　　　　　　　2 000

　　贷：资金结存——货币资金　　　　　　　　　　2 000

【例 2 - 16】沿用【例 2 - 15】，若该银行承兑汇票已到期，收到银行支付到期票据的付款通知时。

财务会计：

借：应付票据　　　　　　　　　　　　　　　60 000

　　贷：银行存款　　　　　　　　　　　　　　　　60 000

预算会计：

借：事业支出　　　　　　　　　　　　　　　60 000

　　贷：资金结存——货币资金　　　　　　　　　　60 000

若该银行承兑汇票到期，无力支付票据。

财务会计：

借：应付票据　　　　　　　　　　　　　　　60 000

　　贷：短期借款　　　　　　　　　　　　　　　　60 000

预算会计：

借：事业支出                                                60 000

    贷：债务预算收入                                     60 000

# 2.7 应付账款

## 1. 业务概述

应付账款是指行政事业单位因购买物资或服务、工程建设等而应付的偿还期限在 1 年以内（含 1 年）的款项。应付账款应当在收到所购物资或服务、完成工程时确认。"应付账款"科目应当按照债权人进行明细核算。对于建设项目，还应设置"应付器材款""应付工程款"等明细科目，并按照具体项目进行明细核算。

## 2. 账务处理

（1）收到所购材料等但尚未付款

收到所购材料、物资、设备或服务以及确认完成工程进度但尚未付款时，根据发票及账单等有关凭证，按照应付未付款项的金额，财务会计应当借记"库存物品""固定资产""在建工程"等科目，贷记"应付账款"科目。涉及增值税业务的，相关账务处理参见"应交增值税"科目。预算会计不需要做账务处理。收到所购材料等但尚未付款的账务处理如表 2－41 所示。

表 2－41           **收到所购材料等但尚未付款的账务处理**

| | 财务会计处理 | 预算会计处理 |
|---|---|---|
| 收到所购材料等但尚未付款 | 借：库存物品/固定资产/在建工程等<br>    贷：应付账款 | — |

（2）偿付应付账款

偿付应付账款时，按照实际支付的金额，财务会计应当借记"应付账款"科目，贷记"财政拨款收入""零余额账户用款额度""银行存款"等科目。预算会计应当借记"事业支出""行政支出"等科目，贷记"财政拨款预算收入""资金结存"科目。偿付应付账款的账务处理如表 2－42 所示。

表 2－42             **偿付应付账款的账务处理**

| | 财务会计处理 | 预算会计处理 |
|---|---|---|
| 偿付应付账款 | 借：应付账款<br>    贷：财政拨款收入/零余额账户用款额度/银行存款等 | 借：行政支出/事业支出等<br>    贷：财政拨款预算收入/资金结存 |

（3）开出、承兑商业汇票抵付应付账款

开出、承兑商业汇票抵付应付账款时，财务会计应当借记"应付账款"科目，贷记"应付票据"科目。预算会计不需要做账务处理。开出、承兑商业汇票抵付应付账款的账务处理如表 2 - 43 所示。

表 2 - 43　　　开出、承兑商业汇票抵付应付账款的账务处理

|  | 财务会计处理 | 预算会计处理 |
| --- | --- | --- |
| 开出、承兑商业汇票抵付应付账款 | 借：应付账款<br>　　贷：应付票据 | — |

（4）无法偿还或债权人豁免偿还的应付账款

无法偿还或债权人豁免偿还的应付账款，应当按照规定报经批准后进行账务处理。经批准核销时，财务会计应当借记"应付账款"科目，贷记"其他收入"科目。预算会计不需要做账务处理。

核销的应付账款应在备查簿中保留登记。单位应该在每年年末确认相关会计科目的余额并在相关账务中进行确定。

无法偿还或债权人豁免偿还的应付账款的账务处理如表 2 - 44 所示。

表 2 - 44　　　无法偿还或债权人豁免偿还的应付账款的账务处理

|  | 财务会计处理 | 预算会计处理 |
| --- | --- | --- |
| 无法偿还或债权人豁免偿还的应付账款 | 借：应付账款<br>　　贷：其他收入 | — |

### 3. 案例解析

（1）购入物资

【例 2 - 17】 2×19 年 5 月 1 日，某事业单位向某供应商购买自用材料一批，增值税专用发票上表明含增值税价格为 2 260 元，材料已经入库，款项未付。账务处理如下。

财务会计：

借：库存物品　　　　　　　　　　　　　　　　　　　　　　 2 000

　　应交增值税——应交税金（进项税额）　　　　　　　　　　 260

　　　贷：应付账款——某供应商　　　　　　　　　　　　　　　 2 260

预算会计不需要做账务处理。

（2）偿付应付账款

【例 2 - 18】 沿用【例 2 - 17】，2×19 年 6 月 30 日，该事业单位偿付该笔应付账款，账务处理如下。

财务会计：

借：应付账款——某供应商　　　　　　　　　　　　2 260
　　贷：银行存款　　　　　　　　　　　　　　　　　　2 260

预算会计：

借：事业支出　　　　　　　　　　　　　　　　　　2 260
　　贷：资金结存——货币资金　　　　　　　　　　　　2 260

（3）开出商业汇票抵付应付账款

【例 2 - 19】某事业单位开出商业汇票用以抵付对甲公司的应付账款 20 000 元，该账务处理如下。

财务会计：

借：应付账款　　　　　　　　　　　　　　　　　20 000
　　贷：应付票据　　　　　　　　　　　　　　　　　20 000

预算会计不需要做账务处理。

（4）无法偿付或债权人豁免偿还的应付账款

【例 2 - 20】某事业单位的一项应付账款账面余额为 1 700 元，因债权人豁免偿还予以核销。

财务会计：

借：应付账款——某供应商　　　　　　　　　　　　1 700
　　贷：其他收入　　　　　　　　　　　　　　　　　1 700

预算会计不需要做账务处理。

# 2.8　应付政府补贴款

## 1. 业务概述

应付政府补贴款是指负责发放政府补贴的行政单位，按照有关规定应付给政府补贴接受者的各种政府补贴款。应付政府补贴款应当在规定发放政府补贴的时间确认。

"应付政府补贴款"科目借方反映当期行政单位应付政府补贴款的减少；贷方反映当期行政单位应付政府补贴款的增加；"应付政府补贴款"科目期末贷方余额，反映行政单位应付未付的政府补贴金额。

## 2. 账务处理

（1）发生（确认）应付政府补贴款

发生应付政府补贴款时，按照依规定计算确定的应付政府补贴金额，财务会计应当借记"业务活动费用"科目，贷记"应付政府补贴款"科目。预算会计不需要做账务处理。发生（确认）应付政府补贴款的账务处理如表 2 - 45所示。

表 2 - 45　　　　　发生（确认）应付政府补贴款的账务处理

| | 财务会计处理 | 预算会计处理 |
|---|---|---|
| 发生（确认）应付政府补贴款 | 借：业务活动费用<br>　　贷：应付政府补贴款 | — |

（2）支付应付政府补贴款

支付应付政府补贴款时，按照支付的金额，借记"应付政府补贴款"科目，贷记"零余额账户用款额度""银行存款"等科目。预算会计应当借记"行政支出"科目，贷记"资金结存"等科目。支付应付政府补贴款的账务处理如表 2 - 46 所示。

表 2 - 46　　　　　支付应付政府补贴款的账务处理

| | 财务会计处理 | 预算会计处理 |
|---|---|---|
| 支付应付政府补贴款 | 借：应付政府补贴款<br>　　贷：零余额账户用款额度/银行存款等 | 借：行政支出<br>　　贷：资金结存等 |

**3. 案例解析**

（1）发生应付政府补贴款

【例 2 - 21】某行政单位负责给当地的低保居民发放政府给予的生活补助，共计 650 000 元，计算应付政府补贴金额时，应做如下会计处理。

财务会计：

借：业务活动费用　　　　　　　　　　　　　　650 000

　　贷：应付政府补贴款——生活补助　　　　　　　　650 000

预算会计不需要做账务处理。

（2）支付应付政府补贴款

【例 2 - 22】沿用【例 2 - 21】，该行政单位用财政授权支付方式支付上述政府补贴款，应做如下会计处理。

财务会计：

借：应付政府补贴款——生活补助　　　　　　　650 000

　　贷：零余额账户用款额度　　　　　　　　　　　　650 000

预算会计：

借：行政支出　　　　　　　　　　　　　　　　　650 000

　　贷：资金结存——零余额账户用款额度　　　　　　　650 000

# 2.9　应付利息

**1．业务概述**

应付利息是指事业单位按照合同约定应支付的借款利息，包括短期借款、分期付息到期还本的长期借款等应支付的利息。

**2．账务处理**

（1）按期计提利息费用

为建造固定资产、公共基础设施等借入的专门借款的利息，属于建设期间发生的，按期计提利息费用时，按照计算确定的金额，财务会计应当借记"在建工程"科目，贷记"应付利息"科目。预算会计不需要做账务处理。

不属于建设期间发生的或者其他借款，按期计提利息费用时，按照计算确定的金额，财务会计应当借记"其他费用"科目，贷记"应付利息"科目。预算会计不需要做账务处理。按期计提利息费用的账务处理如表2-47所示。

表2-47　　　　　　　　　　按期计提利息费用的账务处理

| | 财务会计处理 | 预算会计处理 |
|---|---|---|
| 按期计提利息费用时 | 借：在建工程/其他费用<br>　　贷：应付利息 | — |

（2）实际支付利息时

实际支付利息时，按照支付的金额，财务会计应当借记"应付利息"科目，贷记"银行存款"等科目。预算会计应当借记"其他支出"科目，贷记"资金结存——货币资金"科目。实际支付利息的账务处理如表2-48所示。

表2-48　　　　　　　　　　实际支付利息的账务处理

| | 财务会计处理 | 预算会计处理 |
|---|---|---|
| 实际支付利息时 | 借：应付利息<br>　　贷：银行存款等 | 借：其他支出<br>　　贷：资金结存——货币资金 |

**3．案例解析**

【例2-23】某事业单位将借入5年期到期还本每年付息的长期借款5 000 000元，合同约定年利率为3.5%。其会计分录如下。

计算确定利息费用时：

单位每年支付的利息 = 5 000 000 × 3.5% = 175 000（元）

财务会计：

借：其他费用　　　　　　　　　　　　　　　　　175 000

　　贷：应付利息　　　　　　　　　　　　　　　　175 000

预算会计不需要做账务处理。

实际支付利息时：

财务会计：

借：应付利息　　　　　　　　　　　　　　　　　175 000

　　贷：银行存款　　　　　　　　　　　　　　　　175 000

预算会计：

借：其他支出　　　　　　　　　　　　　　　　　175 000

　　贷：资金结存——货币资金　　　　　　　　　　175 000

# 2.10　预收账款

### 1. 业务概述

预收账款是指事业单位按照合同约定预先收取但尚未结算的款项。与应付账款不同，预收账款所形成的负债不是以货币偿付的，而是以货物偿付的负债。

### 2. 账务处理

（1）收到预收账款

从付款方预收款项时，按照实际预收的金额，财务会计应当借记"银行存款"等科目，贷记"预收账款"科目。预算会计应当借记"资金结存——货币资金"科目，贷记"事业预算收入""经营预算收入"等科目。收到预收账款的账务处理如表 2-49 所示。

表 2-49　　　　　　　　收到预收账款的账务处理

| | 财务会计处理 | 预算会计处理 |
| --- | --- | --- |
| 收到预收账款时 | 借：银行存款等<br>　　贷：预收账款 | 借：资金结存——货币资金<br>　　贷：事业预算收入/经营预算收入等 |

（2）确认有关收入

确认有关收入时，按照预收账款账面余额，财务会计应当借记"预收账款"

科目；按照应确认的收入金额，贷记"事业收入""经营收入"等科目；按照付款方补付或退回付款方的金额，借记或贷记"银行存款"等科目。收到补付款的预算会计应当借记"资金结存——货币资金"科目，贷记"事业预算收入""经营预算收入"等科目；退回预收款做相反会计分录。

涉及增值税业务的，相关账务处理参见"应交增值税"科目。

确认有关收入的账务处理如表2－50所示。

表2－50　　　　　　　　确认有关收入的账务处理

| | 财务会计处理 | 预算会计处理 |
|---|---|---|
| 确认有关收入时 | 借：预收账款<br>　　银行存款（收到补付款）<br>贷：事业收入/经营收入等<br>　　银行存款（退回预收款） | 借：资金结存——货币资金<br>　　贷：事业预算收入/经营预算收入等（收到补付款）<br>退回预收款的金额做相反会计分录 |

（3）无法偿付或债权人豁免偿还的预收账款

无法偿付或债权人豁免偿还的预收账款，应当按照规定报经批准后进行账务处理。经批准核销时，财务会计应当借记"预收账款"科目，贷记"其他收入"科目。预算会计不需要做账务处理。

核销的预收账款应在备查簿中保留登记。

无法偿付或债权人豁免偿还的预收账款的账务处理如表2－51所示。

表2－51　　　　无法偿付或债权人豁免偿还的预收账款的账务处理

| | 财务会计处理 | 预算会计处理 |
|---|---|---|
| 无法偿付或债权人豁免偿还的预收账款 | 借：预收账款<br>贷：其他收入 | — |

### 3．案例解析

（1）从付款方预收款项时

【例2－24】2×19年5月，某事业单位与某企业签订购货协议，该企业向事业单位订购A产品，共计500 000元。按照购货协议，该企业需要按购货金额的20%预先支付给该事业单位。账务处理如下。

财务会计：

借：银行存款　　　　　　　　　　　　　　　　　　100 000

　　贷：预收账款　　　　　　　　　　　　　　　　　　100 000

预算会计：

借：资金结存——货币资金　　　　　　　　　　　　100 000

　　　　贷：经营预算收入　　　　　　　　　　　　　　　　100 000

（2）确认有关收入时

【例 2-25】沿用【例 2-24】，A 产品于 9 月全部交付，并验收入库，且事业单位已经收到相应货款。账务处理如下。

　　财务会计：

　　借：银行存款　　　　　　　　　　　　　　　　　400 000

　　　　预收账款　　　　　　　　　　　　　　　　　100 000

　　　　贷：经营收入　　　　　　　　　　　　　　　500 000

　　预算会计：

　　借：资金结存——货币资金　　　　　　　　　　　400 000

　　　　贷：经营预算收入　　　　　　　　　　　　　400 000

（3）无法偿还或豁免

【例 2-26】沿用【例 2-25】，若该企业无法偿付剩余价款，账务处理如下。

　　财务会计：

　　借：预收账款　　　　　　　　　　　　　　　　　100 000

　　　　贷：其他收入　　　　　　　　　　　　　　　100 000

预算会计不需要做账务处理。

# 2.11　其他应付款

　　其他应付款是指行政事业单位除应交增值税、其他应交税费、应缴财政款、应付职工薪酬、应付票据、应付账款、应付政府补贴款、应付利息、预收账款之外的其他各项偿还期限在 1 年以内（含 1 年）的应付及暂收款项，如收的押金、存入保证金等。

## 2.11.1　发生暂收款项

### 1. 业务概述

　　暂收款项是指行政事业单位暂时收到的除销售货款等以外的其他款项，这笔款项属于暂收或代收的，在以后的某个时期要退还或转交他人。暂收款项包括收取的押金、存入保证金、已经报销但尚未偿还银行的本单位公务卡欠款等。

### 2. 账务处理

　　发生其他应付及暂收款项时，财务会计应当借记"银行存款"等科目，贷记"其他应付款"科目。预算会计不需要做账务处理。

将暂收款项转为收入时，财务会计应当借记"其他应付款"科目，贷记"事业收入"等科目。预算会计应当借记"资金结存"科目，贷记"事业预算收入"等科目。

支付（或退回）其他应付及暂收款项时，财务会计应当借记"其他应付款"科目，贷记"银行存款"等科目。预算会计不需要做账务处理。

发生暂收款项的账务处理如表2–52所示。

表2–52　　　　　　　　**发生暂收款项的账务处理**

| | 财务会计处理 | 预算会计处理 |
|---|---|---|
| 取得暂收款项 | 借：银行存款等<br>　贷：其他应付款 | — |
| 确认收入时 | 借：其他应付款<br>　贷：事业收入等 | 借：资金结存<br>　贷：事业预算收入等 |
| 退回（转拨）暂收款时 | 借：其他应付款<br>　贷：银行存款等 | — |

**3．案例详解**

【例2–27】2×19年5月1日，某行政单位将办公楼出租，收取F公司押金10 000元，应做如下账务处理。

财务会计：

借：银行存款　　　　　　　　　　　　　　　　　　　10 000

　　贷：其他应付款——押金（F公司）　　　　　　　　　　10 000

预算会计不需要做账务处理。

2×19年5月10日确认为收入，应做如下账务处理。

财务会计：

借：其他应付款——押金（F公司）　　　　　　　　　10 000

　　贷：事业收入　　　　　　　　　　　　　　　　　　　10 000

预算会计：

借：资金结存——货币资金　　　　　　　　　　　　　10 000

　　贷：事业预算收入　　　　　　　　　　　　　　　　　10 000

若2×19年5月6日该行政单位与F公司的租赁合约到期，F公司不再租用办公楼，该行政单位返还押金，应做如下账务处理。

财务会计：

借：其他应付款——押金（F公司）　　　　　　　　　10 000

贷：银行存款　　　　　　　　　　　　　　　　　　　10 000

预算会计不需要做账务处理。

## 2.11.2　预拨款项

### 1. 业务概述

同级政府财政部门预拨的下期预算款和没有纳入预算的暂付款项，以及采用实拨资金方式通过本单位转拨给下属单位的财政拨款，通过"其他应付款"科目核算。

### 2. 账务处理

收到同级政府财政部门预拨的下期预算款和没有纳入预算的暂付款项，按照实际收到的金额，财务会计应当借记"银行存款"等科目，贷记"其他应付款"科目。预算会计不需要做账务处理。

待到下一预算期或批准纳入预算时，财务会计应当借记"其他应付款"科目，贷记"财政拨款收入"科目。预算会计应当借记"资金结存"科目，贷记"财政拨款预算收入"科目。预拨款项的账务处理如表 2 – 53 所示。

表 2 – 53　　　　　　　　　　　预拨款项的账务处理

| | 财务会计处理 | 预算会计处理 |
| --- | --- | --- |
| 按照实际收到的金额 | 借：银行存款等<br>　贷：其他应付款 | — |
| 待到下一预算期或批准纳入预算时 | 借：其他应付款<br>　贷：财政拨款收入 | 借：资金结存<br>　贷：财政拨款预算收入 |

### 3. 案例解析

【例 2 – 28】2×19 年 12 月 6 日，某行政单位收到同级财政部门预拨的下期预算款 100 000 元。2×20 年 1 月 6 日，批准纳入该年的预算。账务处理如下。

2×19 年 12 月 6 日。

财务会计：

借：银行存款　　　　　　　　　　　　　　　　　　100 000

　　贷：其他应付款　　　　　　　　　　　　　　　　100 000

预算会计不需要做账务处理。

2×20 年 1 月 6 日。

财务会计：

借：其他应付款　　　　　　　　　　　　　　　　　100 000

    贷：财政拨款收入         100 000

  预算会计：

  借：资金结存——货币资金      100 000

    贷：财政拨款预算收入      100 000

### 2.11.3 发生其他应付义务

**1．业务概述**

  行政事业单位发生的其他应付义务包括单位公务卡的报销，以及涉及质保金形成其他应付款等相关事项。

**2．账务处理**

  确认其他应付款项时，财务会计应当借记"业务活动费用""单位管理费用"等科目，贷记"其他应付款"科目；预算会计不需要做账务处理。

  支付其他应付款项时，财务会计应当借记"其他应付款"科目，贷记"银行存款"等科目。预算会计应当借记"行政支出""事业支出"等科目，贷记"资金结存"科目。发生其他应付义务的账务处理如表 2 – 54 所示。

表 2 – 54      **发生其他应付义务的账务处理**

| | 财务会计处理 | 预算会计处理 |
|---|---|---|
| 确认其他应付款项时 | 借：业务活动费用/单位管理费用等<br>贷：其他应付款 | — |
| 支付其他应付款项 | 借：其他应付款<br>贷：银行存款等 | 借：行政支出/事业支出等<br>贷：资金结存 |

### 2.11.4 其他应付款的豁免

**1．业务概述**

  行政事业单位无法偿还或债权人豁免偿还的其他应付款项，应当按照规定报经审批后进行账务处理。

**2．账务处理**

  经批准核销时，财务会计应当借记"其他应付款"科目，贷记"其他收入"科目。预算会计不需要做账务处理。核销的其他应付款应在备查簿中保留登记。其他应付款项豁免的账务处理如表 2 – 55 所示。

表 2 - 55 　　　　　　　　　　其他应付款项豁免的账务处理

| | 财务会计处理 | 预算会计处理 |
|---|---|---|
| 无法偿付或债权人豁免偿还的其他应付款项 | 借：其他应付款<br>　　贷：其他收入 | — |

### 3. 案例解析

【例 2 - 29】沿用【例 2 - 27】，F 公司因破产清算无法偿还租金，该行政单位按规定报经批准后核销该笔押金，应做如下会计处理。

财务会计：

借：其他应付款——押金（F 公司）　　　　　　　　　　10 000

　　贷：其他收入　　　　　　　　　　　　　　　　　　　　10 000

预算会计不需要做账务处理。

## 2.12　预提费用

行政事业单位应设立"预提费用"科目，对本单位预先提取的已经发生但尚未支付的费用进行核算，如预提租金，并按照预提费用的种类进行明细核算。

### 2.12.1　计提间接费用或管理费

#### 1. 业务概述

事业单位按照规定从科研项目收入中提取的项目间接费用或管理费，也通过"预提费用"科目核算。对于提取的项目间接费用或管理费，应当在"预提费用"科目下设置"项目间接费用或管理费"明细科目，并进行明细核算。事业单位计提的借款利息费用，通过"应付利息""长期借款"科目核算，不通过"预提费用"科目。"预提费用"科目期末贷方余额，反映单位已预提但尚未支付的各项费用。

#### 2. 账务处理

按规定从科研项目收入中提取项目间接费用或管理费时，按照计提的金额，财务会计应当借记"单位管理费用"科目，贷记"预提费用——项目间接费用或管理费"科目。预算会计应当借记"非财政拨款结转——项目间接费用或管理费"科目，贷记"非财政拨款结余——项目间接费用或管理费"科目。

实际使用计提的项目间接费用或管理费时，按照实际支付的金额，财务会计应当借记"预提费用——项目间接费用或管理费"科目，贷记"银行存款""库存现金"科目。预算会计应当借记"事业支出"等科目，贷记"资金结存"科目。

计提间接费用或管理费的账务处理如表 2 – 56 所示。

表 2 – 56　　　　　　　计提间接费用或管理费的账务处理

| | 财务会计处理 | 预算会计处理 |
|---|---|---|
| 计提间接费用或管理费 | 借：单位管理费用<br>　　贷：预提费用——项目间接费用或管理费 | 借：非财政拨款结转——项目间接费用或管理费<br>　　贷：非财政拨款结余——项目间接费用或管理费 |
| 实际使用计提的项目间接费用或管理费时 | 借：预提费用——项目间接费用或管理费<br>　　贷：银行存款/库存现金 | 借：事业支出等<br>　　贷：资金结存 |

**3. 案例解析**

【例 2 – 30】 2×19 年 6 月 6 日，某事业单位按规定从科研项目收入中提取项目间接费用 20 000 元，账务处理如下。

财务会计：

借：单位管理费用　　　　　　　　　　　　　　　　　20 000

　　贷：预提费用——项目间接费用　　　　　　　　　　　20 000

预算会计：

借：非财政拨款结转——项目间接费用　　　　　　　　20 000

　　贷：非财政拨款结余——项目间接费用　　　　　　　　20 000

2×19 年 12 月 6 日，该事业单位实际使用计提的项目间接费用 15 000 元，账务处理如下。

财务会计：

借：预提费用——项目间接费用　　　　　　　　　　　15 000

　　贷：银行存款　　　　　　　　　　　　　　　　　　15 000

预算会计：

借：事业支出　　　　　　　　　　　　　　　　　　　15 000

　　贷：资金结存——货币资金　　　　　　　　　　　　15 000

## 2.12.2　预提租金

**1. 业务概述**

预提费用指应由受益期分担计入产品成本或商品流通费，而以后月份才实际支付的费用。根据权责发生制原则，属于本期承担的费用，无论是否支付都要计入本期费用。因此预提租金是指将每月计提的租金计入费用，付款时则不再计入费用。

**2. 账务处理**

按期预提租金等费用时，按照预提的金额，财务会计应当借记"业务活动费用""单位管理费用""经营费用"等科目，贷记"预提费用"科目。预算会计不需要做账务处理。

实际支付款项时，按照支付金额，财务会计应当借记"预提费用"科目，贷记"零余额账户用款额度""银行存款"等科目。预算会计应当借记"行政支出""事业支出""经营支出"等科目，贷记"资金结存"科目。

预提租金的账务处理如表 2 - 57 所示。

表 2 - 57　　　　　　　　　　预提租金的账务处理

| | 财务会计处理 | 预算会计处理 |
|---|---|---|
| 按照规定预提每期租金等费用 | 借：业务活动费用/单位管理费用/经营费用等<br>　　贷：预提费用 | — |
| 实际支付款项时 | 借：预提费用<br>　　贷：银行存款等 | 借：行政支出/事业支出/经营支出等<br>　　贷：资金结存 |

**3. 案例解析**

【例 2 - 31】甲事业单位供销部门于 2×19 年 7 月 1 日租入一台运输设备，合同规定租期为半年，租赁期满一次付清租金 6 000 元。

该单位租入设备使用期为 7 月至 11 月，每月月末应做如下相同分录。

财务会计：

借：经营费用　　　　　　　　　　　　　　　　　　　1 000

　　贷：预提费用　　　　　　　　　　　　　　　　　　　　1 000

预算会计不需要做账务处理。

2×19 年 12 月末开出转账支票支付租金时，应做如下分录。

财务会计：

借：经营费用　　　　　　　　　　　　　　　　　　　1 000

　　预提费用　　　　　　　　　　　　　　　　　　　5 000

　　贷：银行存款　　　　　　　　　　　　　　　　　　　　6 000

预算会计：

借：经营支出　　　　　　　　　　　　　　　　　　　6 000

　　贷：资金结存——货币资金　　　　　　　　　　　　　　6 000

# 2.13 长期借款

**1. 业务概述**

长期借款是事业单位经批准向银行或其他金融机构等借入的期限超过 1 年（不含 1 年）的各种借款本息。长期借款的偿付方式一般包括以下三种：到期还本付息、分期付息到期还本以及分期还本付息。

**2. 账务处理**

（1）借入各项长期借款

借入各项长期借款时，按照实际借入的金额，财务会计应当借记"银行存款"科目，贷记"长期借款——本金"科目。预算会计应当借记"资金结存——货币资金"科目，贷记"债务预算收入——本金"科目。借入各项长期借款的账务处理如表 2－58 所示。

表 2－58　　　　　　　　　借入各项长期借款的账务处理

| | 财务会计处理 | 预算会计处理 |
|---|---|---|
| 借入各项长期借款 | 借：银行存款<br>　贷：长期借款——本金 | 借：资金结存——货币资金<br>　贷：债务预算收入——本金 |

（2）长期借款利息核算

①资本化利息

为建造固定资产、公共基础设施等应支付的专门借款利息，按期计提利息时，属于工程项目建设期间发生的利息，计入工程成本，按照计算确定的应支付的利息金额，财务会计应当借记"在建工程"科目，贷记"应付利息"（分期付息、到期还本）科目或"长期借款——应计利息"（到期一次还本付息）科目。预算会计不需要做账务处理。长期借款资本化利息的账务处理如表 2－59 所示。

表 2－59　　　　　　　　　长期借款资本化利息的账务处理

| | 财务会计处理 | 预算会计处理 |
|---|---|---|
| 长期借款资本化利息处理 | 借：在建工程<br>　贷：应付利息（分期付息、到期还本）<br>　　　长期借款——应计利息（到期一次还本付息） | — |

②费用化利息

属于工程项目完工交付使用后发生的利息，计入当期费用，按照计算确定的应支付的利息金额，财务会计应当借记"其他费用"科目，贷记"应付利息"（分期付息、到期还本）或"长期借款——应计利息"（到期一次还本付息）科目。

预算会计不需要做账务处理。

长期借款费用化利息的账务处理如表 2－60 所示。

表 2－60　　　　　　　　长期借款费用化利息的账务处理

| | 财务会计处理 | 预算会计处理 |
|---|---|---|
| 长期借款费用化利息处理 | 借：其他费用<br>　　贷：应付利息（分期付息、到期还本）<br>　　　　长期借款——应计利息（到期一次还本付息） | — |

③利息支付

按期支付其他长期借款的利息时，按照计算确定的应支付的利息金额，财务会计应当借记"应付利息"科目，贷记"银行存款"科目。预算会计应当借记"其他支出"科目，贷记"资金结存"科目。长期借款利息支付的账务处理如表 2－61 所示。

表 2－61　　　　　　　　长期借款利息支付的账务处理

| | 财务会计处理 | 预算会计处理 |
|---|---|---|
| 实际支出利息时 | 借：应付利息<br>　　贷：银行存款等 | 借：其他支出<br>　　贷：资金结存 |

（3）本息偿付

到期归还长期借款本金、利息时，财务会计应当借记"长期借款——本金"或"长期借款——应计利息"（到期一次还本付息）科目，贷记"银行存款"科目。预算会计应当借记"债务还本支出"（支付的本金）或"其他支出"（支付的利息）科目，贷记"资金结存"科目。长期借款本息偿付的账务处理如表 2－62 所示。

表 2－62　　　　　　　　长期借款本息偿付的账务处理

| | 财务会计处理 | 预算会计处理 |
|---|---|---|
| 长期借款本息偿付时 | 借：长期借款——本金<br>　　　　　　——应计利息（到期一次还本付息）<br>　　贷：银行存款 | 借：债务还本支出（支付的本金）<br>　　贷：资金结存<br>借：其他支出（支付的利息）<br>　　贷：资金结存 |

### 3．案例解析

（1）借入各项长期借款时

【例2-32】某事业单位于2×19年1月1日从银行借入资金300 000元，借款期限为5年，年利率为8%，按年支付利息，到期一次还本。账务处理如下。

2×19年1月1日，取得借款。

财务会计：

借：银行存款　　　　　　　　　　　　　　　　　300 000

　　贷：长期借款——本金　　　　　　　　　　　　　　300 000

预算会计：

借：资金结存——货币资金　　　　　　　　　　　300 000

　　贷：债务预算收入——本金　　　　　　　　　　　　300 000

（2）为购建固定资产等支付利息

【例2-33】沿用【例2-32】该事业单位借入的长期借款用以建设办公楼，该办公楼于2×19年1月1日开工，2×23年1月1日完工交付使用。2×23年12月31日该事业单位归还长期借款本息。

2×19年年末至2×22年年末的账务处理如下。

财务会计：

借：在建工程　　　　　　　　　　　　　　　　　24 000

　　贷：应付利息　　　　　　　　　　　　　　　　　　24 000

借：应付利息　　　　　　　　　　　　　　　　　24 000

　　贷：银行存款　　　　　　　　　　　　　　　　　　24 000

预算会计：

借：其他支出　　　　　　　　　　　　　　　　　24 000

　　贷：资金结存——货币资金　　　　　　　　　　　　24 000

2×23年年末的会计处理如下。

财务会计：

借：其他费用　　　　　　　　　　　　　　　　　24 000

　　贷：应付利息　　　　　　　　　　　　　　　　　　24 000

借：应付利息　　　　　　　　　　　　　　　　　24 000

　　贷：银行存款　　　　　　　　　　　　　　　　　　24 000

借：长期借款——本金　　　　　　　　　　　　　300 000

```
    贷：银行存款                                300 000
  预算会计：
  借：其他支出                                  24 000
    贷：资金结存——货币资金                       24 000
  借：债务还本支出                              300 000
    贷：资金结存——货币资金                       300 000
```

# 2.14　长期应付款

**1．业务概述**

长期应付款是指行政事业单位发生的除长期借款之外的长期应付款项，如以融资租赁方式取得固定资产应付的租赁费、以分期付款方式购入固定资产发生的应付款项等。长期应付款项是指偿还期限超过 1 年（不含 1 年）的应付款项。

**2．账务处理**

（1）发生长期应付款

发生长期应付款时，财务会计应当借记"固定资产""在建工程"等科目，贷记"长期应付款"科目。预算会计不需要做账务处理。发生长期应付款的账务处理如表 2 - 63 所示。

表 2 - 63　　　　　　　　发生长期应付款的账务处理

|  | 财务会计处理 | 预算会计处理 |
|---|---|---|
| 发生长期应付款时 | 借：固定资产/在建工程等<br>贷：长期应付款 | — |

（2）支付长期应付款

支付长期应付款时，按照实际支付的金额，财务会计应当借记"长期应付款"科目，贷记"财政拨款收入""零余额账户用款额度""银行存款"等科目。预算会计应当借记"行政支出""事业支出""经营支出"等科目，贷记"资金结存""财政拨款预算收入"科目。涉及增值税业务的，相关账务处理参考"应交增值税"科目。支付长期应付款的账务处理如表 2 - 64 所示。

表2-64　　　　　　　　支付长期应付款的账务处理

| | 财务会计处理 | 预算会计处理 |
|---|---|---|
| 支付长期应付款时 | 借：长期应付款<br>　　贷：财政拨款收入/零余额账户用款额度/银行存款 | 借：事业支出/经营支出/其他支出等<br>　　贷：资金结存/财政拨款预算收入 |

（3）豁免的长期应付款

无法偿付或债权人豁免偿付的长期应付款，应当按照规定报经批准后进行账务处理。经批准核销时，财务会计应当借记"长期应付款"科目，贷记"其他收入"科目。预算会计不需要做账务处理。核销的长期应付款应当在备查簿中保留登记。涉及质保金形成长期应付款的，相关账务处理参见"固定资产"科目。无法偿付或债权人豁免偿还的长期应付款的账务处理如表2-65所示。

表2-65　　　　　无法偿付或债权人豁免偿还的长期应付款的账务处理

| | 财务会计处理 | 预算会计处理 |
|---|---|---|
| 无法偿付或债权人豁免偿还的长期应付款 | 借：长期应付款<br>　　贷：其他收入 | — |

### 3．案例解析

（1）发生长期应付款

【例2-34】某行政单位以分期付款方式从G公司购入一台仪器，总价款为270 000元，分3年支付，于每年年末支付，购入时应做如下会计处理。

财务会计：

借：固定资产　　　　　　　　　　　　　　　　　　　270 000

　　贷：长期应付款　　　　　　　　　　　　　　　　270 000

预算会计不需要做账务处理。

（2）支付长期应付款

【例2-35】沿用【例2-34】，该行政单位年末使用财政直接支付方式支付款项，应做如下会计处理。

财务会计：

借：长期应付款　　　　　　　　　　　　　　　　　　90 000

　　贷：财政拨款收入　　　　　　　　　　　　　　　90 000

预算会计：

借：行政支出　　　　　　　　　　　　　　　　　　　90 000

　　贷：财政拨款预算收入　　　　　　　　　　　　　90 000

（3）长期应付款的核销

【例 2-36】沿用【例 2-34】，该笔长期应付款支付两年后，G 公司豁免最后一年应付的款项，该行政单位按照规定报经批准后予以核销，应做如下账务处理。

财务会计：

借：长期应付款　　　　　　　　　　　　　90 000

　　贷：其他收入　　　　　　　　　　　　　　　90 000

预算会计不需要做账务处理。

## 2.15　预计负债

### 1. 业务概述

或有事项，是指过去的交易或者事项形成的，其结果须由某些未来事项的发生或不发生才能决定的不确定事项。其具有以下特征。

（1）由过去交易或事项形成，是指或有事项的现存状况是过去交易或事项引起的客观存在。例如，未决诉讼虽然是正在进行中的诉讼，但该诉讼是企业因过去的经济行为导致起诉其他单位或被其他单位起诉。这是现存的一种状况而不是未来将要发生的事项。未来可能发生的自然灾害、交通事故、经营亏损等，不属于或有事项。

（2）结果具有不确定性，是指或有事项的结果是否发生具有不确定性，或者或有事项的结果预计将会发生，但发生的具体时间或金额具有不确定性。例如，债务担保事项的担保方到期是否承担和履行连带责任，需要根据债务到期时被担保方能否按时还款加以确定。这一事项的结果在担保协议达成时具有不确定性。

（3）由未来事项决定，是指或有事项的结果只能由未来不确定事项的发生或不发生才能决定。例如，债务担保事项只有在被担保方到期无力还款时企业（担保方）才履行连带责任。

常见的或有事项主要包括：未决诉讼或仲裁、债务担保、产品质量保证（含产品安全保证）、承诺、亏损合同、重组义务、环境污染整治等。

### 2. 账务处理

（1）确认预计负债

确认预计负债时，按照预计的金额，财务会计应当借记"业务活动费用"

"经营费用""其他费用"等科目，贷记"预计负债"科目。预算会计不需要做账务处理。确认预计负债的账务处理如表2－66所示。

表2－66　　　　　　　　　　确认预计负债的账务处理

| | 财务会计处理 | 预算会计处理 |
|---|---|---|
| 确认预计负债 | 借：业务活动费用/经营费用/其他费用等<br>　　贷：预计负债 | — |

（2）实际偿付预计负债

实际偿付预计负债时，按照偿付的金额，财务会计应当借记"预计负债"科目，贷记"银行存款""零余额账户用款额度"等科目。预算会计应当借记"事业支出""经营支出""其他支出"等科目，贷记"资金结存"科目。实际偿付预计负债的账务处理如表2－67所示。

表2－67　　　　　　　　　　实际偿付预计负债的账务处理

| | 财务会计处理 | 预算会计处理 |
|---|---|---|
| 实际偿付预计负债 | 借：预计负债<br>　　贷：银行存款等 | 借：事业支出/经营支出/其他支出等<br>　　贷：资金结存 |

（3）根据确凿证据调整预计负债科目账面余额

根据确凿证据需要对已确认的预计负债账面余额进行调整的，按照调整增加的金额，财务会计应当借记"业务活动费用""经营费用""其他费用"等科目，贷记"预计负债"科目；按照调整减少的金额，借记"预计负债"科目，贷记"业务活动费用""经营费用""其他费用"等科目。预算会计不需要做账务处理。根据确凿证据调整预计负债账面余额的账务处理如表2－68所示。

表2－68　　　　根据确凿证据调整预计负债账面余额的账务处理

| | 财务会计处理 | 预算会计处理 |
|---|---|---|
| 对预计负债账面余额进行调整 | 借：业务活动费用/经营费用/其他费用等<br>　　贷：预计负债<br>或做相反会计分录 | — |

**3．案例解析**

【例2－37】2×19年11月1日，某事业单位因合同违约而被甲公司起诉。2×19年12月31日，该事业单位尚未接到法院的判决。在咨询了单位的法律顾问后，该事业单位认为最终的法律判决很可能对单位不利。假定该事业单位预计将要支付的赔偿金额、诉讼费等费用为1 600 000元至2 000 000元的某一金额，而且这个区间内每个金额的可能性都大致相同。

该事业单位应在资产负债表中确认一项预计负债，金额为：

(1 600 000 + 2 000 000) ÷ 2 = 1 800 000（元）

同时在 2×19 年 12 月 31 日的附注中进行披露。

该事业单位的有关账务处理如下。

财务会计：

借：业务活动费用　　　　　　　　　　　　　　　　1 800 000

　　贷：预计负债——未决诉讼　　　　　　　　　　　　　　1 800 000

预算会计不需要做账务处理。

2×20 年 3 月 1 日，法律判决表明该事业单位要支付赔偿金额 1 900 000 元，账务处理如下。

财务会计：

借：预计负债——未决诉讼　　　　　　　　　　　　1 800 000

　　业务活动费用　　　　　　　　　　　　　　　　　100 000

　　贷：银行存款　　　　　　　　　　　　　　　　　　　1 900 000

预算会计：

借：事业支出　　　　　　　　　　　　　　　　　　1 900 000

　　贷：资金结存——货币资金　　　　　　　　　　　　　　1 900 000

## 2.16　受托代理负债

受托代理负债是指行政事业单位接受委托，取得受托管理资产时形成的负债。受托代理负债应当在行政事业单位收到受托代理资产并产生受托代理义务时确认。

行政事业单位应当设置"受托代理负债"科目，对受托代理负债进行核算。"受托代理负债"科目应当按照委托人等进行明细核算；属于指定转赠物资和资金的，还应当按照指定受赠人进行明细核算。

"受托代理负债"科目借方反映当期单位受托代理负债的减少；贷方反映当期单位受托代理负债的增加；"受托代理负债"科目期末贷方余额，反映单位尚未清偿的受托代理负债。

受托代理负债的会计核算参见"受托代理资产""库存现金""银行存款"等科目的相关账务处理。

# 3.1 累计盈余

累计盈余是指单位历年实现的盈余扣除盈余分配后滚存的金额，以及因无偿调入调出资产产生的净资产变动额。按照规定上缴、缴回、单位间调剂结转结余资金产生的净资产变动额，以及对以前年度盈余的调整金额，也通过"累计盈余"科目核算。

## 3.1.1 年末将"本年盈余分配"科目余额结转

### 1. 业务概述

"本年盈余分配"科目应当根据有关财务会计制度和规定正确进行会计核算以后，按项目和比例正确进行结转。行政事业单位设置"本年盈余分配"科目，反映行政事业单位本年度盈余分配的情况和结果。

### 2. 账务处理

行政事业单位在年末需要将"本年盈余分配"科目的余额转入"累计盈余"科目，借记或贷记"本年盈余分配"科目，贷记或借记"累计盈余"科目。预算会计不需要做账务处理。年末将"本年盈余分配"科目余额结转的账务处理如表 3 - 1 所示。

表 3 - 1    年末将"本年盈余分配"科目余额结转的账务处理

| | 财务会计处理 | 预算会计处理 |
| --- | --- | --- |
| 年末，将"本年盈余分配"科目余额转入 | 借：本年盈余分配<br>　　贷：累计盈余<br>或做相反会计分录 | — |

### 3. 案例解析

【例 3 - 1】某行政单位 2×19 年 12 月 31 日"本年盈余分配"科目余额为

216

50 000 元。相关账务处理如下。

财务会计：

借：本年盈余分配 50 000

　　贷：累计盈余 50 000

预算会计不需要做账务处理。

### 3.1.2　年末将"无偿调拨净资产"科目余额结转

**1．业务概述**

政府会计在各会计年度中发生了无偿调入或调出净资产的业务后，除了在专设的"无偿调拨净资产"账户予以日常核算外，在年度终了时还要将"无偿调拨净资产"账户的年终余额转入"累计盈余"账户，从而将"无偿调拨净资产"账户结平。

**2．账务处理**

行政事业单位在年末需要将"无偿调拨净资产"科目的余额转入"累计盈余"科目，借记或贷记"无偿调拨净资产"科目，贷记或借记"累计盈余"科目。预算会计不需要做账务处理。年末将无偿调拨净资产科目余额结转的账务处理如表 3 - 2 所示。

**表 3 - 2　　　　年末将无偿调拨净资产科目余额结转的账务处理**

| | 财务会计处理 | 预算会计处理 |
| --- | --- | --- |
| 年末，将"无偿调拨净资产"科目余额转入 | 借：无偿调拨净资产　　贷：累计盈余或做相反会计分录 | — |

**3．案例解析**

【例 3 - 2】某行政单位 2×19 年 12 月 31 日"无偿调拨净资产"科目余额为 150 000 元。相关账务处理如下。

财务会计：

借：无偿调拨净资产 150 000

　　贷：累计盈余 150 000

预算会计不需要做账务处理。

### 3.1.3　与其他单位发生的调入调出资金结转

**1．业务概述**

财政拨款结余资金是指支出预算工作目标已完成，或由于政策变化、计划调整等因素导致工作终止，当年剩余的财政拨款资金。非财政拨款结转资金是指事业单位除财政拨款收支以外的各专项资金收入与其相关支出相抵后剩余滚存的、须按规定用途使用的结转资金。财政拨款结转资金是指当年支出预算已执行但尚未完成，或因故未执行，下年需按原用途继续使用的财政拨款资金，单位需将余额转入相关账户，用于以后年度使用或上缴。

**2. 账务处理**

行政事业单位在年末按照规定上缴财政拨款结转结余、缴回非财政拨款结转资金、向其他单位调出财政拨款结转资金时，按照实际上缴、缴回、调出金额，财务会记应当借记"累计盈余"科目，贷记"财政应返还额度""零余额账户用款额度""银行存款"等科目对于预算会计，参照"财政拨款结转""财政拨款结余""非财政拨款结转"等科目进行账务处理。单位在年末需要按照规定从其他单位调入财政拨款结转资金时，按照实际调入金额，财务会记应当借记"零余额账户用款额度""银行存款"等科目，贷记"累计盈余"科目。预算会计应当借记"资金结存"科目，贷记"财政拨款结转——归集调入"科目。与其他单位发生的调入调出资金结转的账务处理如表 3 - 3 所示。

表 3 - 3　　　　与其他单位发生的调入调出资金结转的账务处理

| | 财务会计处理 | 预算会计处理 |
|---|---|---|
| 按照规定上缴财政拨款结转结余、缴回非财政拨款结转资金、向其他单位调出财政拨款结转资金时 | 借：累计盈余<br>　　贷：财政应返还额度/零余额账户用款额度/银行存款等 | 参照"财政拨款结转""财政拨款结余""非财政拨款结转"等科目进行账务处理 |
| 按照规定从其他单位调入财政拨款结转资金时 | 借：零余额账户用款额度/银行存款等<br>　　贷：累计盈余 | 借：资金结存——零余额账户用款额度/货币资金<br>　　贷：财政拨款结转——归集调入 |

**3. 案例解析**

【例 3 - 3】某行政单位在 2×19 年 12 月 31 日与其他单位发生资金调入 20 000 元。相关账务处理如下。

财务会计：

借：零余额账户用款额度　　　　　　　　　　　　　　　20 000

　　贷：累计盈余　　　　　　　　　　　　　　　　　　　　　20 000

预算会计：

借：资金结存——零余额账户用款额度　　　　　　　　　20 000

　　贷：财政拨款结转——归集调入　　　　　　　　　　　　　20 000

### 3.1.4　年末余额结转

**1. 业务概述**

以前年度盈余调整是对以前年度财务报表中的重大错误的更正。这种错误包括计算错误、会计分录差错以及漏记事项。

**2. 账务处理**

将"以前年度盈余调整"科目的余额转入"累计盈余"科目，借记或贷记"以前年度盈余调整"科目，贷记或借记"累计盈余"科目。预算会计不需要做账务处理。年末将以前年度盈余调整科目余额结转的账务处理如表 3 - 4 所示。

表 3 - 4　　年末将以前年度盈余调整科目余额结转的账务处理

| | 财务会计处理 | 预算会计处理 |
| --- | --- | --- |
| 将"以前年度盈余调整"科目的余额转入 | 借：以前年度盈余调整<br>　贷：累计盈余<br>或做相反会计分录 | 一 |

**3. 案例解析**

【例 3 - 4】某行政单位在 2×19 年 12 月 31 日"以前年度盈余调整"科目贷方余额 20 000 元。相关账务处理如下。

财务会计：

借：以前年度盈余调整　　　　　　　　　　　　　　　　　20 000

　　贷：累计盈余　　　　　　　　　　　　　　　　　　　　20 000

预算会计不需要做账务处理。

## 3.2　专用基金

"专用基金"科目核算事业单位按照规定提取或设置的具有专门用途的净资产，主要包括职工福利基金、科技成果转换基金等。"专用基金"科目应当按照专用基金的类别分别进行明细核算。

### 3.2.1　年末提取专用基金

**1. 业务概述**

"本年盈余分配"科目应当根据有关财务会计制度和规定正确进行会计核算

以后，按项目和比例正确进行。事业单位在年末根据有关规定从本年度非财政拨款结余或经营结余中提取专用基金。

**2. 账务处理**

事业单位在年末需要根据有关规定从本年度非财政拨款结余或经营结余中提取专用基金的，按照预算会计下计算的提取金额，财务会计应当借记"本年盈余分配"科目，贷记"专用基金"科目。同时，预算会计应当借记"非财政拨款结余分配"科目，贷记"专用结余"科目。年末提取专用基金的账务处理如表 3－5 所示。

表 3－5　　　　　　　　　　年末提取专用基金的账务处理

| | 财务会计处理 | 预算会计处理 |
|---|---|---|
| 年末，按照规定从本年度非财政拨款结余或经营结余中提取专用基金 | 借：本年盈余分配<br>　　贷：专用基金（按照预算会计下计算的提取金额） | 借：非财政拨款结余分配<br>　　贷：专用结余 |

## 3.2.2　从收入中提取专用基金并计入费用

**1. 业务概述**

业务活动费用是指事业单位因业务经营的合理需要而支付的活动费用。事业单位一般会按照预算会计下基于预算收入计算提取的金额，从收入中提取专用基金并计入费用。

**2. 账务处理**

根据有关规定从收入中提取专用基金并计入费用的，一般按照预算会计下基于预算收入计算提取的金额，财务会计应当借记"业务活动费用"等科目，贷记"专用基金"科目。国家另有规定的，从其规定。预算会计不需要做账务处理。从收入中提取专用基金并计入费用的账务处理如表 3－6 所示。

表 3－6　　　　　从收入中提取专用基金并计入费用的账务处理

| | 财务会计处理 | 预算会计处理 |
|---|---|---|
| 根据规定从收入中提取专用基金并计入费用的 | 借：业务活动费用等<br>　　贷：专用基金（一般按照预算收入计算提取的金额） | — |

## 3.2.3　设置的其他专用基金

**1. 业务概述**

其他专用基金，即事业单位按照国家有关规定提取或者设置的资金。

**2. 账务处理**

根据有关规定设置的其他专用基金，按照实际收到的基金金额，财务会计应当借记"银行存款"等科目，贷记"专用基金"科目。预算会计不需要做账务处理。设置其他专用基金的账务处理如表 3 - 7 所示。

表 3 - 7　　　　　　　　设置其他专用基金的账务处理

| | 财务会计处理 | 预算会计处理 |
| --- | --- | --- |
| 根据有关规定设置的其他专用基金 | 借：银行存款等<br>　　贷：专用基金 | — |

### 3.2.4　使用专用基金

**1. 业务概述**

专用基金应当按规定提取，按规定的用途使用。

**2. 账务处理**

按照规定使用提取的专用基金时，财务会计应当借记"专用基金"科目，贷记"银行存款"等科目。

使用提取的专用基金购置固定资产、无形资产的，按照固定资产、无形资产成本金额，财务会计应当借记"固定资产""无形资产"科目，贷记"银行存款"等科目；同时，按照专用基金使用金额，借记"专用基金"科目，贷记"累计盈余"科目。

对于预算会计，使用从收入中提取并列入费用的专用基金的，借记"事业支出"等科目，贷记"资金结存"科目；使用从非财政拨款结余或经营结余中提取的专用基金的，借记"专用结余"科目，贷记"资金结存——货币资金"科目。使用专用基金的账务处理如表 3 - 8 所示。

表 3 - 8　　　　　　　　使用专用基金的账务处理

| | 财务会计处理 | 预算会计处理 |
| --- | --- | --- |
| 按照规定使用专用基金时 | 借：专用基金<br>　　贷：银行存款等<br>使用提取的专用基金购置固定资产、无形资产的：<br>借：固定资产/无形资产<br>　　贷：银行存款等<br>借：专用基金<br>　　贷：累计盈余 | 使用从收入中提取并列入费用的专用基金：<br>借：事业支出等<br>　　贷：资金结存<br>使用从非财政拨款结余或经营结余中提取的专用基金：<br>借：专用结余<br>　　贷：资金结存——货币资金 |

**3. 案例解析**

**【例 3 - 5】**某事业单位在 2×19 年利用从经营结余中提取的专用基金购置

了一台固定资产，市场公允价值为 100 000 元，应缴纳的增值税额为 13 000 元。相关账务处理如下。

财务会计：

借：固定资产　　　　　　　　　　　　　　　 100 000

　　应交税费——应交增值税（进项税额）　　 13 000

　　　贷：银行存款　　　　　　　　　　　　 113 000

借：专用基金　　　　　　　　　　　　　　　 113 000

　　　贷：累计盈余　　　　　　　　　　　　 113 000

预算会计：

借：专用结余　　　　　　　　　　　　　　　 113 000

　　　贷：资金结存——货币资金　　　　　　 113 000

# 3.3　权益法调整

"权益法调整"科目核算事业单位持有的长期股权投资采用权益法核算时，按照被投资单位除净损益和利润分配以外的所有者权益变动份额调整长期股权投资账面余额而计入净资产的金额。"权益法调整"科目应当按照被投资单位进行明细核算。

## 3.3.1　年末长期股权投资引起的权益法调整

### 1. 业务概述

年末，对于被投资单位除了净损益和利润分配以外的所有者权益变动应享有（或应分担）的份额，单位应当调整长期股权投资的账面余额，并计入其他权益变动二级科目。

### 2. 账务处理

单位年末应该按照被投资单位除净损益和利润分配以外的所有者权益变动应享有（或应分担）的份额，财务会计应当借记或贷记"长期股权投资——其他权益变动"科目，贷记或借记"权益法调整"科目。预算会计不需要做账务处理。年末长期股权投资引起权益法调整的账务处理如表 3－9 所示。

表 3 - 9　　　　　　年末长期股权投资引起权益法调整的账务处理

| | | 财务会计处理 | 预算会计处理 |
|---|---|---|---|
| 资产负债表日 | 按照被投资单位除净损益和利润分配以外的所有者权益变动的份额（增加） | 借：长期股权投资——其他权益变动　　贷：权益法调整 | — |
| | 按照被投资单位除净损益和利润分配以外的所有者权益变动的份额（减少） | 借：权益法调整　　贷：长期股权投资——其他权益变动 | — |

### 3. 案例解析

【例 3 - 6】某事业单位在 2×19 年被投资单位除净损益和利润分配以外的所有者权益变动金额为 100 000 元，该单位持有被投资单位 30% 的股权，不考虑相关税费。相关账务处理如下。

财务会计：

借：长期股权投资——其他权益变动　　　　　　　　　　30 000

　　贷：权益法调整　　　　　　　　　　　　　　　　　　　30 000

预算会计不需要做账务处理。

## 3.3.2　处置长期股权投资引起的权益法调整

### 1. 业务概述

对于因被投资单位除净损益和利润分配以外的所有者权益变动而将应享有（或应分担）的份额计入单位净资产的，处置该项长期股权投资引起权益法调整时，应当结转"权益法调整"科目。

### 2. 账务处理

采用权益法核算的长期股权投资，因被投资单位除净损益和利润分配以外的所有者权益变动而将应享有（或应分担）的份额计入单位净资产的，处置该项投资时，按照原计入净资产的相应部分金额，财务会计应当借记或贷记"权益法调整"科目，贷记或借记"投资收益"科目。预算会计不需要做账务处理。处置长期股权投资引起权益法调整的账务处理如表 3 - 10 所示。

表3-10  处置长期股权投资引起权益法调整的账务处理

| | | 财务会计处理 | 预算会计处理 |
|---|---|---|---|
| 长期股权投资处置时 | 权益法调整科目为借方余额 | 借：投资收益<br>　　贷：权益法调整（与所处置投资对应部分的金额） | — |
| | 权益法调整科目为贷方余额 | 借：权益法调整（与所处置投资对应部分的金额）<br>　　贷：投资收益 | — |

**3．案例解析**

【例3-7】某事业单位在2×19年被投资单位除净损益和利润分配以外的所有者权益变动金额为100 000元，该单位持有被投资单位30%的股权，不考虑相关税费，之后在2×20年处置了该项投资。相关账务处理如下。

财务会计：

借：长期股权投资——其他权益变动　　　　　　　　　　30 000

　　贷：权益法调整　　　　　　　　　　　　　　　　　　　30 000

借：权益法调整　　　　　　　　　　　　　　　　　　30 000

　　贷：投资收益　　　　　　　　　　　　　　　　　　　　30 000

预算会计不需要做账务处理。

# 3.4　本期盈余

本期盈余是指行政事业单位本期各项收入、费用相抵后的余额。"本期盈余"科目期末如为贷方余额，反映行政事业单位自年初至当期期末累计实现的盈余；如为借方余额，反映行政事业单位自年初至当期期末累计发生的亏损。年末结账后，"本期盈余"科目应无余额。

## 3.4.1　期末结转

**1．业务概述**

期末结转，指期末结账时将某一账户的余额或差额转入另一账户。这里涉及两个账户，前者是转出账户，后者是转入账户，一般而言，结转后，转出账户将没有余额。

**2．账务处理**

行政事业单位应该在期末，将各类收入科目的本期发生额转入本期盈余，财务会计应当借记"财政拨款收入""事业收入""上级补助收入""附属单位上缴收入""经营收入""非同级财政拨款收入""投资收益""捐赠收入""利息收入""租金收入""其他收入"科目，贷记"本期盈余"科目；将各类费用科目本期发生额转入本期盈余，借记"本期盈余"科目，贷记"业务活动费用""单位管理费用""经营费用""所得税费用""资产处置费用""上缴上级费用""对附属单位补助费用""其他费用"科目。预算会计不需要做账务处理。期末结转的账务处理如表 3 - 11 所示。

表 3 - 11　　　　　　　　　期末结转的账务处理

| | | 财务会计处理 | 预算会计处理 |
|---|---|---|---|
| 期末结转 | 结转收入 | 借：财政拨款收入/事业收入/上级补助收入/附属单位上缴收入/经营收入/非同级财政拨款收入/投资收益/捐赠收入/利息收入/租金收入/其他收入<br>　　贷：本期盈余<br>投资收益科目为发生额借方净额时，做相反会计分录 | — |
| | 结转费用 | 借：本期盈余<br>　　贷：业务活动费用/单位管理费用/经营费用/所得税费用/资产处置费用/上缴上级费用/对附属单位补助费用/其他费用 | — |

### 3．案例解析

【例 3 - 8】某行政单位 2×19 年发生以下经济业务。

（1）12 月 18 日，"财政拨款收入"科目余额为 20 000 元，"事业收入"科目余额为 5 000 元，"上级补助收入"科目余额为 10 000 元，"附属单位上缴收入"科目余额为 20 000 元，"经营收入"科目余额为 3 000 元，"投资收益"科目余额为 2 000 元，"其他收入"科目余额为 8 000 元。

（2）12 月 18 日，"业务活动费用"科目余额为 9 000 元，"单位管理费用"科目余额为 3 000 元，"经营费用"科目余额为 3 000 元，"资产处置费用"科目余额为 2 000 元，"所得税费用"科目余额为 2 000 元，"其他费用"科目余额为 2 000 元。

相关账务处理如下。

（1）结转本年年度收入。

财务会计：

借：财政拨款收入　　　　　　　　　　　　　　　　　20 000

|  |  |
|---|---|
| 事业收入 | 5 000 |
| 上级补助收入 | 10 000 |
| 附属单位上缴收入 | 20 000 |
| 经营收入 | 3 000 |
| 其他收入 | 8 000 |
| 投资收益 | 2 000 |
| 贷：本期盈余 | 68 000 |

预算会计不需要做账务处理。

（2）结转本年年度费用。

|  |  |
|---|---|
| 借：本期盈余 | 21 000 |
| 贷：业务活动费用 | 9 000 |
| 单位管理费用 | 3 000 |
| 经营费用 | 3 000 |
| 资产处置费用 | 2 000 |
| 所得税费用 | 2 000 |
| 其他费用 | 2 000 |

预算会计不需要做账务处理。

## 3.4.2　年末结转

### 1. 业务概述

行政事业单位在每年年末，都需要将"本期盈余"科目结转，使其余额为零。

### 2. 账务处理

行政事业单位应该于每年年末，完成上述结转后，将"本期盈余"科目余额转入"本年盈余分配"科目，财务会计应当借记或贷记"本期盈余"科目，贷记或借记"本年盈余分配"科目。预算会计不需要做账务处理。年末结转的账务处理如表3－12所示。

表3－12　　　　　　　年末结转的账务处理

|  |  | 财务会计处理 | 预算会计处理 |
|---|---|---|---|
| 年末结转 | 本期盈余科目为贷方余额时 | 借：本期盈余<br>　贷：本年盈余分配 | — |
|  | 本期盈余科目为借方余额时 | 借：本年盈余分配<br>　贷：本期盈余 | — |

### 3. 案例解析

【例 3 - 9】接【例 3 - 8】，该行政单位 2×19 年 12 月 18 日之后没有发生其他的经济业务，12 月 31 日结转"本期盈余"科目余额 47 000 元。相关账务处理如下。

财务会计：

借：本期盈余　　　　　　　　　　　　　　　　　　　　47 000

　　贷：本年盈余分配　　　　　　　　　　　　　　　　　　　47 000

预算会计不需要做账务处理。

# 3.5　本年盈余分配

"本年盈余分配"科目核算单位本年度盈余分配的情况和结果。

## 3.5.1　本期盈余的结转

### 1. 业务概述

行政事业单位在每年年末，都需要将"本期盈余"科目结转，使其余额为零。

### 2. 账务处理

行政事业单位应该在每年年末，将"本期盈余"科目余额转入"本年盈余分配"科目，财务会计应当借记或贷记"本期盈余"科目，贷记或借记"本年盈余分配"科目。预算会计不需要做账务处理。本期盈余结转的账务处理如表 3 - 13 所示。

表 3 - 13　　　　　　　　　　本期盈余结转的账务处理

| | | 财务会计处理 | 预算会计处理 |
| --- | --- | --- | --- |
| 年末结转 | 本期盈余科目为贷方余额时 | 借：本期盈余<br>　　贷：本年盈余分配 | — |
| | 本期盈余科目为借方余额时 | 借：本年盈余分配<br>　　贷：本期盈余 | — |

### 3. 案例解析

【例 3 - 10】某行政单位 2×19 年 12 月 31 日"本期盈余"科目贷方余额为 47 000 元。相关账务处理如下。

财务会计：

借：本期盈余                        47 000

    贷：本年盈余分配             47 000

预算会计不需要做账务处理。

## 3.5.2　提取专用基金

### 1. 业务概述

专用基金是按财政或上级主管部门有关规定提取、设置的有专门用途的资金。包括修购基金、职工福利基金、医疗基金、科技成果转化基金、其他基金等。专用基金的用途明确、单一，要求单位专款专用，不得随意改变资金用途或挪作他用。行政事业单位在年末根据有关规定从本年度非财政拨款结余或经营结余中提取专用基金。

### 2. 账务处理

行政事业单位应该于每年年末，根据有关规定从本年度非财政拨款结余或经营结余中提取专用基金的，按照预算会计下计算的提取金额，财务会计应当借记"本年盈余分配"科目，贷记"专用基金"科目。预算会计应当借记"非财政拨款结余分配"科目，贷记"专用结余"科目。提取专用基金的账务处理如表 3 – 14 所示。

表 3 – 14　　　　　　　　　提取专用基金的账务处理

| | 财务会计处理 | 预算会计处理 |
|---|---|---|
| 年末，根据有关规定按照预算会计下计算的提取金额提取专用基金 | 借：本年盈余分配<br>　　贷：专用基金 | 借：非财政拨款结余分配<br>　　贷：专用结余 |

### 3. 案例解析

【例 3 – 11】某行政单位 2×19 年 12 月 31 日按预算会计下计算提取专用基金 4 000 元。相关账务处理如下。

财务会计：

借：本年盈余分配                  4 000

    贷：专用基金                4 000

预算会计：

借：非财政拨款结余分配          4 000

    贷：专用结余                4 000

### 3.5.3　科目余额转入累计盈余

**1. 业务概述**

行政事业单位在每年年末，应当将"本年盈余分配"科目的余额进行结转，使其余额为零。

**2. 账务处理**

行政事业单位应该于每年年末，按照规定完成上述处理后，将"本年盈余分配"科目余额转入累计盈余，财务会计应当借记或贷记"本年盈余分配"科目，贷记或借记"累计盈余"科目。预算会计不需要做账务处理。"本年盈余分配"科目余额转入累计盈余的账务处理如表 3-15 所示。

表 3-15　"本年盈余分配"科目余额转入累计盈余的账务处理

|  |  | 财务会计处理 | 预算会计处理 |
|---|---|---|---|
| 年末，将"本年盈余分配"科目余额转入累计盈余 | "本年盈余分配"科目为贷方余额时 | 借：本年盈余分配<br>　　贷：累计盈余 | — |
|  | "本年盈余分配"科目为借方余额时 | 借：累计盈余<br>　　贷：本年盈余分配 | — |

**3. 案例解析**

【例 3-12】某行政单位 2×19 年 12 月 31 日本年盈余分配科目贷方余额为 43 000 元。相关账务处理如下。

财务会计：

借：本年盈余分配　　　　　　　　　　　　　　43 000

　　贷：累计盈余　　　　　　　　　　　　　　　　43 000

预算会计不需要做账务处理。

## 3.6　无偿调拨净资产

"无偿调拨净资产"科目核算行政事业单位无偿调入或调出非现金资产所引起的净资产变动金额。

### 3.6.1　调入净资产

**1. 业务概述**

行政事业单位之间调拨净资产存在调入和调出两种形式，分别是取得无偿调入的资产和经批准无偿调出资产。

### 2. 账务处理

按照规定取得无偿调入的存货、长期股权投资、固定资产、无形资产、公共基础设施、政府储备物资、文物文化资产、保障性住房等，按照确定的成本，财务会计应当借记"库存物品""长期股权投资""固定资产""无形资产""公共基础设施""政府储备物资""文物文化资产""保障性住房"等科目；按照调入过程中发生的归属于调入方的相关费用，贷记"零余额账户用款额度""银行存款"等科目；按照其差额，贷记"无偿调拨净资产"科目。预算会计应当按照发生的归属于调入方的相关费用，借记"其他支出"科目，贷记"资金结存"等科目。取得无偿调入资产的账务处理如表 3 – 16 所示。

表 3 – 16　　　　　　　　取得无偿调入资产的账务处理

| | 财务会计处理 | 预算会计处理 |
|---|---|---|
| 取得无偿调入的资产时 | 借：库存物品/固定资产/无形资产/长期股权投资/公共基础设施/政府储备物资/保障性住房等<br>　　贷：无偿调拨净资产<br>　　　　零余额账户用款额度/银行存款等（发生的归属于调入方的相关费用） | 借：其他支出（发生的归属于调入方的相关费用）<br>　　贷：资金结存等 |

### 3. 案例解析

【例 3 – 13】某事业单位 2×19 年取得无偿调入存货 20 000 元、长期股权投资 10 000 元、固定资产 5 000 元，同时发生调入费用 5 000 元，用银行存款支付。相关账务处理如下。

财务会计：

借：库存物品　　　　　　　　　　　　　　　　　　20 000

　　固定资产　　　　　　　　　　　　　　　　　　5 000

　　长期股权投资　　　　　　　　　　　　　　　　10 000

　　　贷：无偿调拨净资产　　　　　　　　　　　　　　30 000

　　　　　银行存款　　　　　　　　　　　　　　　　　5 000

预算会计：

借：其他支出　　　　　　　　　　　　　　　　　　5 000

　　贷：资金结存　　　　　　　　　　　　　　　　　5 000

## 3.6.2 调出净资产

**1. 业务概述**

行政事业单位之间调拨净资产存在调入和调出两种形式，分别是取得无偿调入的资产和经批准无偿调出资产。

**2. 账务处理**

按照规定经批准无偿调出存货、长期股权投资、固定资产、无形资产、公共基础设施、政府储备物资、文物文化资产、保障性住房等，按照调出资产的账面余额或账面价值，财务会计应当借记"无偿调拨净资产"科目；按照固定资产累计折旧、无形资产累计摊销、公共基础设施累计折旧或摊销、保障性住房累计折旧的金额，借记"固定资产累计折旧""无形资产累计摊销""公共基础设施累计折旧（摊销）""保障性住房累计折旧"科目；按照调出资产的账面余额，贷记"库存物品""长期股权投资""固定资产""无形资产""公共基础设施""政府储备物资""文物文化资产""保障性住房"等科目；同时，按照调出过程中发生的归属于调出方的相关费用，借记"资产处置费用"科目，贷记"零余额账户用款额度""银行存款"等科目。预算会计应当按照发生的归属于调出方的相关费用，借记"其他支出"科目，贷记"资金结存"等科目。经批准无偿调出资产的账务处理如表 3 – 17 所示。

表 3 – 17　　　　　　　经批准无偿调出资产的账务处理

| | 财务会计处理 | 预算会计处理 |
|---|---|---|
| 经批准无偿调出资产时 | 借：无偿调拨净资产<br>　　固定资产累计折旧/无形资产累计摊销/公共基础设施累计折旧（摊销）/保障性住房累计折旧<br>　　贷：库存物品/固定资产/无形资产/长期股权投资/公共基础设施/政府储备物资等（账面余额）<br>　借：资产处置费用<br>　　贷：银行存款/零余额账户用款额度等（发生的归属于调出方的相关费用） | 借：其他支出（发生的归属于调出方的相关费用）<br>　贷：资金结存等 |

**3. 案例解析**

【例 3 – 14】某事业单位 2×19 年无偿调出无形资产原价为 20 000 元，累计摊销 2 000 元，无偿调出存货原价为 10 000 元，无偿调出公共基础设施原价为 2 000 元。相关账务处理如下。

财务会计：

| | |
|---|---:|
| 借：无偿调拨净资产 | 30 000 |
| 　　无形资产累计摊销 | 2 000 |
| 　　贷：无形资产 | 20 000 |
| 　　　　库存物品 | 10 000 |
| 　　　　公共基础设施 | 2 000 |

预算会计不需要做账务处理。

### 3.6.3　年末余额结转

**1. 业务概述**

如果行政事业单位在各会计年度中发生了无偿调入或调出净资产的业务，除了在专设的"无偿调拨净资产"科目予以日常核算外，在年度终了还要将"无偿调拨净资产"科目的年终余额转入"累计盈余"科目，从而将"无偿调拨净资产"科目结平。

**2. 账务处理**

行政事业单位应该于每年年末，将"无偿调拨净资产"科目余额转入累计盈余，财务会计应当借记或贷记"无偿调拨净资产"科目，贷记或借记"累计盈余"科目。预算会计不需要做账务处理。本科目余额转入累计盈余的账务处理如表 3-18 所示。

表 3-18　　　　　　　　**本科目余额转入累计盈余的账务处理**

| | | 财务会计处理 | 预算会计处理 |
|---|---|---|---|
| 年末，将"无偿调拨净资产"科目余额转入累计盈余 | "无偿调拨净资产"科目为贷方余额时 | 借：无偿调拨净资产<br>　　贷：累计盈余 | — |
| | "无偿调拨净资产"科目为借方余额时 | 借：累计盈余<br>　　贷：无偿调拨净资产 | — |

**3. 案例解析**

【例 3-15】某事业单位 2×19 年末"无偿调拨净资产"科目的贷方余额为 5 000 元。相关账务处理如下。

财务会计：

| | |
|---|---:|
| 借：无偿调拨净资产 | 5 000 |
| 　　贷：累计盈余 | 5 000 |

预算会计不需要做账务处理。

## 3.7 以前年度盈余调整

"以前年度盈余调整"科目用于核算单位本年度发生的调整以前年度盈余的事项，包括本年度发生的重要前期差错更正涉及调整以前年度盈余的事项。

### 3.7.1 以前年度收入调整

**1. 业务概述**

当行政事业单位存在以前年度收入错记的情况时，应当及时通过"以前年度盈余调整"科目进行账务处理。

**2. 账务处理**

行政事业单位在调整增加以前年度收入时，按照调整增加的金额，财务会计应当借记有关科目，贷记"以前年度盈余调整"科目。调整减少的，做相反会计分录。

预算会计应当按照实际收到的金额，借记"资金结存"科目，贷记"财政拨款结转""财政拨款结余""非财政拨款结转""非财政拨款结余——年初余额调整"科目。减少以前年度收入时，做相反的预算会计处理。

以前年度收入调整的账务处理如表 3 - 19 所示。

表 3 - 19　　　　　　　　以前年度收入调整的账务处理

| | | 财务会计处理 | 预算会计处理 |
|---|---|---|---|
| 调整以前年度收入 | 增加以前年度收入时 | 借：有关资产或负债科目<br>　贷：以前年度盈余调整 | 按照实际收到的金额<br>借：资金结存<br>　贷：财政拨款结转/财政拨款结余/非财政拨款结转/非财政拨款结余——年初余额调整 |
| | 减少以前年度收入时 | 借：以前年度盈余调整<br>　贷：有关资产或负债科目 | 按照实际支付的金额<br>借：财政拨款结转/财政拨款结余/非财政拨款结转/非财政拨款结余——年初余额调整<br>　贷：资金结存 |

**3. 案例解析**

【例 3 - 16】某事业单位在 2×20 年 3 月在单位账务自查中发现，存在本年度应该确认但是没有确认的收入 200 000 元。相关账务处理如下。

财务会计：

借：预收账款　　　　　　　　　　　　　　　　　200 000

　　　　贷：以前年度盈余调整　　　　　　　　　　　　200 000

　预算会计：

　借：资金结存　　　　　　　　　　　　　　　　　200 000

　　　　贷：财政拨款结转　　　　　　　　　　　　　　200 000

### 3.7.2　以前年度费用调整

**1. 业务概述**

　　当行政事业单位存在以前年度费用错记的情况时，应当及时通过"以前年度盈余调整"科目进行会计处理。

**2. 账务处理**

　　行政事业单位在调整增加以前年度费用时，按照调整增加的金额，财务会计应当借记"以前年度盈余调整"科目，贷记有关科目。费用调整减少的，做相反会计分录。预算会计应当按照实际支付的金额，借记"财政拨款结转""财政拨款结余""非财政拨款结转""非财政拨款结余——年初余额调整"科目，贷记"资金结存"科目。减少以前年度费用时，做相反的预算会计处理。以前年度费用调整的账务处理如表3-20所示。

表3-20　　　　　　　　　　以前年度费用调整的账务处理

| | | 财务会计处理 | 预算会计处理 |
|---|---|---|---|
| 调整以前年度费用 | 增加以前年度费用时 | 借：以前年度盈余调整<br>　贷：有关资产或负债科目 | 按照实际支付的金额<br>借：财政拨款结转/财政拨款结余/非财政拨款结转/非财政拨款结余——年初余额调整<br>　贷：资金结存 |
| | 减少以前年度费用时 | 借：有关资产或负债科目<br>　贷：以前年度盈余调整 | 按照实际收到的金额<br>借：资金结存<br>　贷：财政拨款结转/财政拨款结余/非财政拨款结转/非财政拨款结余——年初余额调整 |

### 3.7.3　盘盈非流动资产

**1. 业务概述**

　　非流动资产盘盈是通过"以前年度盈余调整"来核算。非流动资产出现盘盈基本也是因为以前的记录错误造成的，所以不属于收入，而应该调整以前年度的损益。

**2. 账务处理**

行政事业单位存在盘盈的各种非流动资产，报经批准后处理时，财务会计应当借记"待处理财产损溢"科目，贷记"以前年度盈余调整"科目。预算会计不需要做账务处理。盘盈非流动资产的账务处理如表 3 – 21 所示。

表 3 – 21 盘盈非流动资产的账务处理

| | | 财务会计处理 | 预算会计处理 |
|---|---|---|---|
| 盘盈非流动资产 | 报经批准处理时 | 借：待处理财产损溢<br>　　贷：以前年度盈余调整 | — |

### 3.7.4 年末余额结转

**1. 业务概述**

行政事业单位在每年年末应当将"以前年度盈余调整"科目进行结转，使其年末余额为零。

**2. 账务处理**

行政事业单位应该在每年年末将"以前年度盈余调整"科目的余额转入"累计盈余"科目，财务会计应当借记或贷记"累计盈余"科目，贷记或借记"以前年度盈余调整"科目。"以前年度盈余调整"科目结转后应无余额。预算会计不需要做账务处理。年末余额结转的账务处理如表 3 – 22 所示。

表 3 – 22 年末余额结转的账务处理

| | | 财务会计处理 | 预算会计处理 |
|---|---|---|---|
| 将"以前年度盈余调整"科目余额转入累计盈余 | "以前年度盈余调整"科目为借方余额时 | 借：累计盈余<br>　　贷：以前年度盈余调整 | — |
| | "以前年度盈余调整"科目为贷方余额时 | 借：以前年度盈余调整<br>　　贷：累计盈余 | — |

**3. 案例解析**

【例 3 – 17】某事业单位在 2×20 年 12 月 31 日的"以前年度盈余调整"科目的贷方余额为 200 000 元。相关账务处理如下。

财务会计：

借：以前年度盈余调整　　　　　　　　　　　　　　200 000

　　贷：累计盈余　　　　　　　　　　　　　　　　　200 000

预算会计不需要做账务处理。

# 4.1 财政拨款收入

财政拨款收入是指从同级政府财政部门取得的各类财政拨款。同级政府财政部门预拨的下期预算款和没有纳入预算的暂付款项，以及采用实拨资金方式通过本单位转拨给下属单位的财政拨款，通过"其他应收款"科目核算，不通过"财政拨款收入"科目进行核算。"财政拨款收入"科目可按照一般公共预算财政拨款、政府性基金预算财政拨款等拨款种类进行明细核算。

## 4.1.1 收到拨款

### 1. 业务概述

取得财政拨款收入主要是指从同级政府财政部门取得各类财政拨款，主要有财政直接支付方式、财政授权支付方式和其他支付方式三种。

### 2. 账务处理

（1）财政直接支付方式下，根据收到的"财政直接支付入账通知书"及相关原始凭证，按照通知书中的直接支付入账金额，财务会计应当借记"库存物品""固定资产""业务活动费用""单位管理费用""应付职工薪酬"等科目，贷记"财政拨款收入"科目。预算会计应当借记"行政支出""事业支出"等科目，贷记"财政拨款预算收入"科目。涉及增值税业务的，相关账务处理参见"应交增值税"科目。

（2）财政授权支付方式下，根据收到的"财政授权支付额度到账通知书"，按照通知书中的授权支付额度，财务会计应当借记"零余额账户用款额度"科目，贷记"财政拨款收入"科目。预算会计应当借记"资金结存——零余额账户用款额度"科目，贷记"财政拨款预算收入"科目。

（3）其他方式下收到财政拨款收入时，按照实际收到的金额，财务会计应当借记"银行存款"等科目，贷记"财政拨款收入"科目。预算会计应当借记"资金结存——货币资金"科目，贷记"财政拨款预算收入"科目。

收到财政拨款的账务处理如表 4 - 1 所示。

表 4 - 1　　　　　　　　收到财政拨款的账务处理

| | 财务会计处理 | 预算会计处理 |
|---|---|---|
| 财政直接支付方式下 | 借：库存物品/固定资产/业务活动费用/单位管理费用/应付职工薪酬等<br>　　贷：财政拨款收入 | 借：行政支出/事业支出等<br>　　贷：财政拨款预算收入 |
| 财政授权支付方式下 | 借：零余额账户用款额度<br>　　贷：财政拨款收入 | 借：资金结存——零余额账户用款额度<br>　　贷：财政拨款预算收入 |
| 其他方式下 | 借：银行存款等<br>　　贷：财政拨款收入 | 借：资金结存——货币资金<br>　　贷：财政拨款预算收入 |

**3. 案例解析**

【例 4 - 1】某行政单位收到财政部门委托其代理银行转来的财政直接支付入账通知书，其中包含财政部门为行政部门支付 100 000 元的日常行政活动经费，200 000 元的在职人员工资，70 000 元的为开展某项专业业务活动所发生的费用。相关账务处理如下。

财务会计：

借：业务活动费用　　　　　　　　　　　　　　　　　170 000

　　应付职工薪酬　　　　　　　　　　　　　　　　　200 000

　　　贷：财政拨款收入　　　　　　　　　　　　　　　　　370 000

预算会计：

借：行政支出　　　　　　　　　　　　　　　　　　　370 000

　　贷：财政拨款预算收入　　　　　　　　　　　　　　　370 000

## 4.1.2　年末确认拨款差额

**1. 业务概述**

每年年末，本年度财政直接支付预算指标数通常和当年财政直接支付实际支付数不一样，会存在一个差额，此时单位需要确认拨款差额。

**2. 账务处理**

（1）年末，根据本年度财政直接支付预算指标数与当年财政直接支付实际支付数的差额，财务会计应当借记"财政应返还额度——财政直接支付"科目，贷记"财政拨款收入"科目。预算会计应当借记"资金结存——财政应返还额度"科目，贷记"财政拨款预算收入"科目。

（2）年末，本年度财政授权支付预算指标数大于零余额账户用款额度下达数的，根据未下达的用款额度，财务会计应当借记"财政应返还额度——财政授权支付"科目，贷记"财政拨款收入"科目。预算会计应当借记"资金结存——财政应返还额度"科目，贷记"财政拨款预算收入"科目。

年末确认拨款差额的账务处理如表 4 - 2 所示。

表 4 - 2 年末确认拨款差额的账务处理

|  | 财务会计处理 | 预算会计处理 |
|---|---|---|
| 根据本年度财政直接支付预算指标数与当年财政直接支付实际支付数的差额 | 借：财政应返还额度——财政直接支付<br>　　贷：财政拨款收入 | 借：资金结存——财政应返还额度<br>　　贷：财政拨款预算收入 |
| 本年度财政授权支付预算指标数大于零余额账户用款额度下达数的差额 | 借：财政应返还额度——财政授权支付<br>　　贷：财政拨款收入 | 借：资金结存——财政应返还额度<br>　　贷：财政拨款预算收入 |

### 3. 案例解析

【例 4 - 2】某行政单位本年度财政直接支付的基本支出拨款预算指标数为 800 000 元，而当年财政直接支付实际支出数为 730 000 元，年末确定该行政单位应收财政返还的资金额度为 70 000 元。相关账务处理如下。

财务会计：

借：财政应返还额度——财政直接支付　　　　　　　　　　70 000

　　贷：财政拨款收入　　　　　　　　　　　　　　　　　　　　70 000

预算会计：

借：资金结存——财政应返还额度　　　　　　　　　　　　70 000

　　贷：财政拨款预算收入　　　　　　　　　　　　　　　　　　70 000

## 4.1.3 拨款退回

### 1. 业务概述

拨款退回可分为以前年度支付的款项退回和本年度支付的款项退回。如果是因差错更正或购货退回等发生国库支付款项直接退回，通常为以前年度支付款项退回；如果是本期的购货退回等，通常为本年度支付的款项退回。

### 2. 账务处理

因差错更正或购货退回等发生国库直接支付款项退回的，属于以前年度支付的款项，按照退回金额，财务会计应当借记"财政应返回额度——财政直接支付"科目，贷记"以前年度盈余调整""库存物品"等科目。对于预算会计，属于财政拨款结转资金的，应当借记"资金结存——财政应返还额度"科目，贷记"财政拨款结转——年初余额调整"科目；属于财政拨款结余资金的，应当借记"资金结存——财政应返还额度"科目，贷记"财政拨款结余——年初余额调整"科目。

属于本年度支付的款项，按照退回金额，财务会计应当借记"财政拨款收入"科目，贷记"业务活动费用""库存物品"等科目。预算会计应当借记"财政拨款预算收入"科目，贷记"行政支出""事业支出"等科目。

拨款退回的账务处理如表 4 - 3 所示。

表 4 - 3　　　　　　　　　　拨款退回的账务处理

| | 财务会计处理 | 预算会计处理 |
|---|---|---|
| 属于本年度支付的款项 | 借：财政拨款收入<br>　　贷：业务活动费用/<br>库存物品等 | 借：财政拨款预算收入<br>　　贷：行政支出/事业支出等 |
| 属于以前年度支付的款项（财政拨款结转资金） | 借：财政应返还额度——<br>财政直接支付<br>　　贷：以前年度盈余<br>调整/库存物品等 | 借：资金结存——财政应返还额度<br>　　贷：财政拨款结转——年初余<br>额调整 |
| 属于以前年度支付的款项（财政拨款结余资金） | | 借：资金结存——财政应返还额度<br>　　贷：财政拨款结余——年初余<br>额调整 |

### 3. 案例解析

【例 4 - 3】某行政单位本年度发生了一笔由购货退回引起的国库直接支付款项退回的业务，经相关人员查证，属于本年度支付的款项，退货物品的金额为 70 000 元。相关账务处理如下。

财务会计：

借：财政拨款收入　　　　　　　　　　　　　　70 000

　　贷：库存物品　　　　　　　　　　　　　　　　70 000

预算会计：

借：财政拨款预算收入　　　　　　　　　　　　70 000

　　贷：行政支出　　　　　　　　　　　　　　　　70 000

## 4.1.4　年末结转

### 1. 业务概述

行政事业单位在每年年末，都需要将"财政拨款收入"科目进行结转，使其余额为零。

**2．账务处理**

年末，将"财政拨款收入"科目本年发生额转入本期盈余，财务会计应当借记"财政拨款收入"科目，贷记"本期盈余"科目。期末结转后，"财政拨款收入"科目应无余额。预算会计应当借记"财政拨款预算收入"科目，贷记"财政拨款结转——本年收支结转"科目。年末结转的账务处理如表 4 - 4 所示。

表 4 - 4　　　　　　　　　年末结转的账务处理

| | 财务会计处理 | 预算会计处理 |
|---|---|---|
| 年末结转 | 借：财政拨款收入<br>　　贷：本期盈余 | 借：财政拨款预算收入<br>　　贷：财政拨款结转——本年收支结转 |

**3．案例解析**

【例 4 - 4】某行政单位年终进行结账，"财政拨款收入"科目贷方余额为 7 900 000 元。相关账务处理如下。

财务会计：

借：财政拨款收入　　　　　　　　　　　　　　7 900 000

　　贷：本期盈余　　　　　　　　　　　　　　　　7 900 000

预算会计：

借：财政拨款预算收入　　　　　　　　　　　　7 900 000

　　贷：财政拨款结转——本年收支结转　　　　　　7 900 000

# 4.2　事业收入

"事业收入"科目核算事业单位开展专业业务活动及其辅助活动实现的收入，不包括从同级政府财政部门取得的各类财政拨款。"事业收入"科目应当按照事业收入的类别、来源等进行明细核算。对于因开展科研及其辅助活动从非同级政府财政部门取得的经费拨款，应当在"事业收入"科目下单设"非同级财政拨款"明细科目进行核算。

## 4.2.1　采用财政专户返还方式

**1．业务概述**

财政专户返还收入是采用财政专户返还方式管理的事业收入。

承担政府规定的社会公益性服务任务的事业单位，面向社会提供的公益服务是无偿的，或只按政府指导价格收取部分费用，其事业收费需要纳入财政专户管理。

如果事业单位的某项事业收费纳入了财政专户管理，事业收入需要按"收支两条线"的方式管理。在这种管理方式下，事业单位取得的各项事业型收费不能立即安排支出，需要上缴财政部门设立的财政资金专户，支出时同级财政部门按资金收支计划从财政专户中拨付。事业单位经过审批取得从财政专户核拨的款项时，方可确认事业收入。

**2. 账务处理**

（1）实现应上缴财政专户的事业收入时，按照实际收到或应收的金额，财务会计应当借记"银行存款""应收账款"等科目，贷记"应缴财政款"科目。预算会计不需要做账务处理。

（2）向财政专户上缴款项时，按照实际上缴的款项金额，财务会计应当借记"应缴财政款"科目，贷记"银行存款"等科目。预算会计不需要做账务处理。

（3）收到从财政专户返还的事业收入时，按照实际收到的返还金额，财务会计应当借记"银行存款"等科目，贷记"事业收入"科目。预算会计应当借记"资金结存——货币资金"科目，贷记"事业预算收入"科目。

采用财政专户返还方式的账务处理如表 4 - 5 所示。

表 4 - 5　　　　　采用财政专户返还方式的账务处理

| | 财务会计处理 | 预算会计处理 |
| --- | --- | --- |
| 实际收到或应收应上缴财政专户的事业收入时 | 借：银行存款/应收账款等<br>　　贷：应缴财政款 | — |
| 向财政专户上缴款项时 | 借：应缴财政款<br>　　贷：银行存款等 | — |
| 收到从财政专户返还的款项时 | 借：银行存款等<br>　　贷：事业收入 | 借：资金结存——货币资金<br>　　贷：事业预算收入 |

## 4.2.2　采用预收款方式

**1. 业务概述**

预收款是指事业单位向购货方预收的购货订金或部分货款。事业单位预收的货款待实际出售商品、产品或者提供劳务时再行冲减。预收款是以买卖双方的协议或合同为依据，由购货方预先支付一部分（或全部）货款给供应方而发生的一项负债，这项负债要用以后的商品或劳务来偿付。

**2．账务处理**

（1）实际收到预收款项时，按照收到的款项金额，财务会计应当借记"银行存款"等科目，贷记"预收账款"科目。预算会计应当借记"资金结存——货币资金"科目，贷记"事业预算收入"科目。

（2）以合同完成进度确认事业收入时，按照基于合同完成进度计算的金额，财务会计应当借记"预收账款"科目，贷记"事业收入"科目。预算会计不需要做账务处理。

涉及增值税业务的，相关账务处理参见"应交增值税"科目。

采用预收款方式的账务处理如表4-6所示。

表4-6　　　　　　　　　　采用预收款方式的账务处理

| | 财务会计处理 | 预算会计处理 |
|---|---|---|
| 实际收到款项时 | 借：银行存款等<br>　贷：预收账款 | 借：资金结存——货币资金<br>　贷：事业预算收入 |
| 按合同完成进度确认收入时 | 借：预收账款<br>　贷：事业收入 | — |

**3．案例解析**

【例4-5】某事业单位7月初开展了一项鉴证服务，服务费为10 000元，预计2个月完成，7月初预收了10 000元的款项，7月底按照服务完成进度确认了一半的事业收入。相关账务处理如下。

7月初。

财务会计：

借：银行存款　　　　　　　　　　　　　　　　10 000

　　贷：预收账款　　　　　　　　　　　　　　　　10 000

预算会计：

借：资金结存——货币资金　　　　　　　　　　10 000

　　贷：事业预算收入　　　　　　　　　　　　　　10 000

7月底。

财务会计：

借：预收账款　　　　　　　　　　　　　　　　5 000

　　贷：事业收入　　　　　　　　　　　　　　　　5 000

预算会计不需要做账务处理。

### 4.2.3　采用应收款方式

**1．业务概述**

应收款是指事业单位在正常的经营过程中因销售商品、产品、提供劳务等，应向购买单位收取的款项，包括应由购买单位或接受劳务单位负担的税金、代购买方垫付的各种运杂费等。

**2．账务处理**

（1）根据合同完成进度计算本期应收的款项，财务会计应当借记"应收账款"科目，贷记"事业收入"科目。预算会计不需要做账务处理。

（2）实际收到款项时，财务会计应当借记"银行存款"等科目，贷记"应收账款"科目。预算会计应当借记"资金结存——货币资金"科目，贷记"事业预算收入"科目。

涉及增值税业务的，相关账务处理参见"应交增值税"科目。

采用应收款方式的账务处理如表 4－7 所示。

表 4－7　　　　　　　　采用应收款方式的账务处理

| | 财务会计处理 | 预算会计处理 |
|---|---|---|
| 根据合同完成进度计算本期应收的款项 | 借：应收账款<br>　　贷：事业收入 | — |
| 实际收到款项时 | 借：银行存款等<br>　　贷：应收账款 | 借：资金结存——货币资金<br>　　贷：事业预算收入 |

**3．案例解析**

【例 4－6】某事业单位开展科技咨询服务，咨询服务费为 10 000 元，款项尚未收到。相关账务处理如下。

财务会计：

借：应收账款　　　　　　　　　　　　　　　　　10 000

　　贷：事业收入——科技咨询服务　　　　　　　　　　10 000

预算会计不需要做账务处理。

### 4.2.4　其他方式下

**1．业务概述**

除采用财政专户返还方式、采用预收款方式和采用应收款方式外，其他方式确认的事业收入一般表现为收到银行存款或库存现金。

**2. 账务处理**

其他方式下确认的事业收入，按照实际收到的金额，财务会计应当借记"银行存款""库存现金"等科目，贷记"事业收入"科目。预算会计应当借记"资金结存——货币资金"科目，贷记"事业预算收入"科目。涉及增值税业务的，相关账务处理参见"应交增值税"科目。其他方式下的账务处理如表4-8所示。

表4-8　　　　　　　　　　其他方式下的账务处理

| | 财务会计处理 | 预算会计处理 |
|---|---|---|
| 其他方式下 | 借：银行存款/库存现金等<br>贷：事业收入 | 借：资金结存——货币资金<br>贷：事业预算收入 |

**3. 案例解析**

【例4-7】某事业单位销售科研中间产品一批，单价为250元，共800件，共计200 000元，增值税税额为26 000元，款项已收到。相关账务处理如下。

财务会计：

借：银行存款　　　　　　　　　　　　　　　　　226 000

　　贷：事业收入　　　　　　　　　　　　　　　200 000

　　　　应交增值税——应交税金（销项税额）　　 26 000

预算会计：

借：资金结存——货币资金　　　　　　　　　　　226 000

　　贷：事业预算收入　　　　　　　　　　　　　226 000

## 4.2.5　年末结转

**1. 业务概述**

事业单位在每年年末，都需要将"事业收入"科目进行结转，使其余额为零。

**2. 账务处理**

年末，将"事业收入"科目本年发生额转入本期盈余，财务会计应当借记"事业收入"科目，贷记"本期盈余"科目。期末结转后，"事业收入"科目应无余额。对于预算会计，属于专项资金收入的，应当借记"事业预算收入"科目，贷记"非财政拨款结转——本年收支结转"科目；属于非专项资金收入的，应当借记"事业预算收入"科目，贷记"其他结余"科目。年末结转的账务处理如表 4 – 9 所示。

表 4 – 9　　　　　　　　　　年末结转的账务处理

| | 财务会计处理 | 预算会计处理 |
|---|---|---|
| 专项资金收入 | 借：事业收入<br>　　贷：本期盈余 | 借：事业预算收入<br>　　贷：非财政拨款结转——本年收支结转 |
| 非专项资金收入 | | 借：事业预算收入<br>　　贷：其他结余 |

**3. 案例解析**

【例 4 – 8】某事业单位年终进行结账，"事业收入"贷方余额为 7 900 000 元，均为专项资金收入。相关账务处理如下。

财务会计：

借：事业收入　　　　　　　　　　　　　　　　7 900 000

　　贷：本期盈余　　　　　　　　　　　　　　　　7 900 000

预算会计：

借：事业预算收入　　　　　　　　　　　　　　7 900 000

　　贷：非财政拨款结转——本年收支结转　　　　　7 900 000

# 4.3　上级补助收入

"上级补助收入"科目核算事业单位从主管部门和上级单位取得的非财政补助拨款收入。上级补助收入是事业单位收到主管部门或上级单位拨入的非财政补助资金。根据事业单位的管理体制，每个事业单位均有主管部门或上级单位，主管部门或是上级单位可以利用自身的收入或集中的收入，对所属事业单位给予补助，以调剂事业单位的资金余缺。"上级补助收入"科目应当按照发放补助单位、补助项目等进行明细核算。

## 4.3.1　日常核算

**1. 业务概述**

上级补助收入不同于财政补助收入，上级补助收入并非来源于财政部门，也不是财政部门安排的财政预算资金，而是由主管部门或上级单位拨入的非财政性资金。上级补助收入并不是事业单位的常规收入，主管单位或上级单位一般根据自身的资金情况和事业单位的需要进行拨付。

**2.账务处理**

确认上级补助收入时，按照应收或实际收到的金额，财务会计应当借记"其他应收款""银行存款"等科目，贷记"上级补助收入"科目。实际收到应收的上级补助款时，按照实际收到的金额，借记"银行存款"等科目，贷记"其他应收款"科目。预算会计应当按照实际收到的金额，借记"资金结存——货币资金"科目，贷记"上级补助预算收入"科目。日常核算的账务处理如表4-10所示。

表4-10         日常核算的账务处理

| | 财务会计处理 | 预算会计处理 |
|---|---|---|
| 确认时，按照应收或实际收到的金额 | 借：其他应收款/银行存款等<br>  贷：上级补助收入 | 借：资金结存——货币资金<br>（按照实际收到的金额）<br>  贷：上级补助预算收入 |
| 收到应收的上级补助收入时 | 借：银行存款等<br>  贷：其他应收款 | |

**3.案例解析**

【例4-9】某事业单位收到主管部门拨来的补助款100 000元，款项已经到账。此款项是上级单位用其所集中的款项对附属单位基本支出进行的调剂。相关账务处理如下。

财务会计：

借：银行存款              100 000

  贷：上级补助收入——主管部门        100 000

预算会计：

借：资金结存——货币资金         100 000

  贷：上级补助预算收入          100 000

## 4.3.2   年末结转

**1.业务概述**

事业单位在每年年末，都需要将"上级补助收入"科目的本年发生额进行结转，使其余额为零。

**2.账务处理**

年末，事业单位需将"上级补助收入"科目本年发生额中转入本期盈余，财务会计应当借记"上级补助收入"科目，贷记"本期盈余"科目。年末结转后，"上级补助收入"科目应无余额。对于预算会计，将"上级补助预算收入"科目本年发生额中的专项资金收入转入"非财政拨款结转"科目，借记"上级补助预算收入"科目,贷记"非财政拨款结转——本年收支结转"科目;将"上级补助预算收入"科目本年发生额中的非专项资金收入转入"其他结余"科目,借记"上级补助预算收入"科目,贷记"其他结余"科目。年末结转的账务处理如表 4-11 所示。

表 4-11　　　　年末结转的账务处理

| | 财务会计处理 | 预算会计处理 |
|---|---|---|
| 专项资金收入 | 借:上级补助收入<br>　　贷:本期盈余 | 借:上级补助预算收入<br>　　贷:非财政拨款结转——本年收支结转 |
| 非专项资金收入 | | 借:上级补助预算收入<br>　　贷:其他结余 |

### 3. 案例解析

【例 4-10】年终,结转上级补助收入科目,其中专项资金为 600 000 元,非专项资金为 300 000 元。相关账务处理如下。

财务会计:

借:上级补助收入　　　　　　　　　　　　　　900 000

　　贷:本期盈余　　　　　　　　　　　　　　　900 000

预算会计:

借:上级补助预算收入　　　　　　　　　　　　900 000

　　贷:非财政拨款结转——本年收支结转　　　　600 000

　　　　其他结余　　　　　　　　　　　　　　　300 000

# 4.4　附属单位上缴收入

"附属单位上缴收入"科目核算事业单位取得的附属独立核算单位按照有关规定标准或比例上缴的各项收入。事业单位一般下设一些独立核算的附属单位,这些单位按规定应当上缴一定的收入,形成事业单位的附属单位上缴收入。"附属单位上缴收入"科目应当按照附属单位、缴款项目等进行明细核算。

## 4.4.1　日常核算

### 1. 业务概述

所谓附属单位是指事业单位内部设立的,实行独立核算的下级单位,与上级单位存在一定的体制关系。附属单位缴款是事业单位收到的附属单位上缴的款项,事业单位与附属单位之间的往来款项不通过"附属单位上缴收入"科目核算，事业单位对外投资获得的投资收益也不通过"附属单位上缴收入"科目核算。

**2. 账务处理**

（1）确认附属单位上缴收入时，按照应收或收到的金额，财务会计应当借记"其他应收款""银行存款"等科目，贷记"附属单位上缴收入"科目。

（2）实际收到应收附属单位上缴款时，按照实际收到的金额，财务会计应当借记"银行存款"等科目，贷记"其他应收款"科目。

（3）对于预算会计，应当按照实际收到的金额，借记"资金结存——货币资金"科目，贷记"附属单位上缴预算收入"科目。

日常核算的账务处理如表 4-12 所示。

表 4-12　　　　　　　　　日常核算的账务处理

| | 财务会计处理 | 预算会计处理 |
|---|---|---|
| 确认时，按照应收或实际收到的金额 | 借：其他应收款/银行存款等<br>　　贷：附属单位上缴收入 | 借：资金结存——货币资金<br>（按照实际收到的金额）<br>　　贷：附属单位上缴预算收入 |
| 实际收到应收附属单位上缴收入时 | 借：银行存款等<br>　　贷：其他应收款 | |

**3. 案例解析**

【例 4-11】某事业单位下属的招待所为独立核算的附属单位。按事业单位与招待所签订的收入分配办法规定，2×13 年招待所应缴纳分成款为 60 000 元，事业单位已收到招待所上缴的款项。相关账务处理如下。

财务会计：

借：银行存款　　　　　　　　　　　　　　　　　　　60 000

　　贷：附属单位上缴收入　　　　　　　　　　　　　　　　60 000

预算会计：

借：资金结存——货币资金　　　　　　　　　　　　　60 000

　　贷：附属单位上缴预算收入　　　　　　　　　　　　　　60 000

## 4.4.2　年末结转

**1. 业务概述**

事业单位在每年年末，都需要将"附属单位上缴收入"科目本年发生额进行结转，使其余额为零。

**2. 账务处理**

年末，将"附属单位上缴收入"科目本年发生额转入本期盈余，财务会计应当借记"附属单位上缴收入"科目，贷记"本期盈余"科目。对于预算会计，属于专项资金收入的，应当借记"附属单位上缴预算收入"科目，贷记"非财政拨款结转——本年收支结转"科目；属于非专项资金收入的，应当借记"附属单位上缴预算收入"科目，贷记"其他结余"科目。年末结转的账务处理如表 4 - 13 所示。

表 4 - 13　　　　　　　年末结转的账务处理

| | 财务会计处理 | 预算会计处理 |
|---|---|---|
| 专项资金收入 | 借：附属单位上缴收入<br>　　贷：本期盈余 | 借：附属单位上缴预算收入<br>　　贷：非财政拨款结转——本<br>年收支结转 |
| 非专项资金收入 | | 借：附属单位上缴预算收入<br>　　贷：其他结余 |

### 3. 案例解析

【例 4 - 12】某事业单位年终进行结账，"附属单位上缴收入"科目贷方余额为 900 000 元，均为专项资金收入。相关账务处理如下。

财务会计：

借：附属单位上缴收入　　　　　　　　　　　　　　　　900 000

　　贷：本期盈余　　　　　　　　　　　　　　　　　　　900 000

预算会计：

借：附属单位上缴预算收入　　　　　　　　　　　　　　900 000

　　贷：非财政拨款结转——本年收支结转　　　　　　　　900 000

# 4.5　经营收入

"经营收入"科目核算事业单位在专业业务活动及辅助活动之外开展非独立核算经营活动取得的现金流入。经营收入是一种有偿收入，以提供各项服务或商品为前提，是事业单位在经营活动中通过收费等方式取得的。事业单位的主营业务活动是专业业务活动，在专业业务活动及辅助活动以外开展各项业务活动即为经营活动。事业单位开展经营活动的目的是通过经营活动获取一定的收入，来弥补事业经费的不足。"经营收入"科目应当按照经营活动类别、项目和收入来源等进行明细核算。

### 4.5.1 确认经营收入时

**1. 业务概述**

事业单位经营收入的确认，有两个条件：一是经营收入是事业单位在专业业务活动及辅助活动之外取得的收入；二是经营收入是事业单位非独立核算单位取得的收入。一个收入事项同时具备以上两个条件方能确认为事业收入。经营收入应当在提供服务或发出存货，同时收讫价款或者取得索取价款的凭据时，按照实际收到或应收的金额予以确认。

经营收入的分类标准及其主要内容如表 4 - 14 所示。

表 4 - 14 经营收入的分类标准及其主要内容

| 分类标准 | 分类名称 | 主要内容 |
|---|---|---|
| 经营业务类型 | 服务收入 | 事业单位非独立核算部门对外提供经营服务取得的收入 |
| | 销售收入 | 事业单位非独立核算部门开展商品生产、加工、对外销售商品取得的收入 |
| | 租赁收入 | 事业单位对外出租房屋、场地和设备等取得的收入 |
| | 其他经营收入 | 除上述收入以外的各项经营类业务收入 |

**2. 账务处理**

确认经营收入时，按照确定的收入金额，财务会计应当借记"银行存款""应收账款""应收票据"等科目，贷记"经营收入"科目。预算会计应当借记"资金结存——货币资金"科目，贷记"经营预算收入"科目。涉及增值税业务的，相关账务处理参见"应交增值税"科目。确认经营收入的账务处理如表 4 - 15 所示。

表 4 - 15 确认经营收入的账务处理

| | 财务会计处理 | 预算会计处理 |
|---|---|---|
| 确认经营收入时 | 借：银行存款/应收账款/应收票据等<br>　　贷：经营收入 | 借：资金结存——货币资金<br>　　贷：经营预算收入 |
| 收到应收款项时 | 借：银行存款等<br>　　贷：应收账款/应收票据 | |

**3. 案例解析**

【例 4 - 13】某事业单位附属的服务部提供打印服务应收取打印费 1 000 元，实际收到 800 元，款项已经存入银行。相关账务处理如下。

财务会计：

借：银行存款　　　　　　　　　　　　　　　　　　800

　　应收账款　　　　　　　　　　　　　　　　　　200

　　贷：经营收入——打印服务　　　　　　　　　1 000

预算会计：

借：资金结存——货币资金　　　　　　　　　　　800

　　贷：经营预算收入——打印服务　　　　　　　800

## 4.5.2　年末结转

### 1．业务概述

事业单位在每年年末，都需要将"经营收入"科目的本年发生额进行结转，使其余额为零。

### 2．账务处理

年末，将"经营收入"科目本年发生额转入本期盈余，财务会计应当借记"经营收入"科目，贷记"本期盈余"科目。期末结转后，"经营收入"科目应无余额。预算会计应当借记"经营预算收入"科目，贷记"经营结余"科目。年末结转的账务处理如表 4 – 16 所示。

表 4 – 16　　　　　　　　　　年末结转的账务处理

| | 财务会计处理 | 预算会计处理 |
| --- | --- | --- |
| 年末结转 | 借：经营收入<br>贷：本期盈余 | 借：经营预算收入<br>贷：经营结余 |

### 3．案例解析

【例 4 – 14】某事业单位年终进行结账，经营收入贷方余额为 800 000 元。相关账务处理如下。

财务会计：

借：经营收入　　　　　　　　　　　　　　　800 000

　　贷：本期盈余　　　　　　　　　　　　　　800 000

预算会计：

借：经营预算收入　　　　　　　　　　　　　800 000

　　贷：经营结余　　　　　　　　　　　　　　800 000

# 4.6　非同级财政拨款收入

"非同级财政拨款收入"科目核算行政事业单位从非同级政府财政部门取得的经费拨款，包括从同级政府其他部门取得的横向转拨财政款、从上级或下级政府财政部门取得的经费拨款等。事业单位因开展科研及其辅助活动从非同级政府财政部门取得的经费拨款，应通过"事业收入——非同级财政拨款"科目核算，不通过"非同级财政拨款收入"科目核算。"非同级财政拨款收入"科目应当按照本级横向转拨财政款和非本级财政拨款进行明细核算，并按照收入来源进行明细核算。

## 4.6.1　确认非同级财政拨款收入时

### 1．业务概述

非同级财政拨款收入是指行政事业单位的应缴未缴的行政事业性收费、罚没收入、用单位资产从事的经营服务性收入、上级主管部门直接下拨的款项、下属单位上缴收入等。行政事业单位应当根据实际收到或应收的款项，确认非同级财政拨款收入。

### 2．账务处理

确认非同级财政拨款收入时，按照应收或实际收到的金额，财务会计应当借记"其他应收款""银行存款"等科目，贷记"非同级财政拨款收入"科目。预算会计按照实际收到的金额，借记"资金结存——货币资金"科目，贷记"非同级财政拨款预算收入"科目。确认非同级财政拨款收入的账务处理如表4-17所示。

表4-17　　　　　　　　确认非同级财政拨款收入的账务处理

| | 财务会计处理 | 预算会计处理 |
|---|---|---|
| 确认收入时 | 借：其他应收款/银行存款等<br>　贷：非同级财政拨款收入 | 借：资金结存——货币资金<br>（按照实际收到的金额）<br>　贷：非同级财政拨<br>款预算收入 |
| 收到应收的款项时 | 借：银行存款<br>　贷：其他应收款 | |

### 3．案例解析

【例4-15】某单位收到了非同级财政部门委托其代理银行转来的财政直接支付入账通知书，包含了银行存款900 000元。相关账务处理如下。

财务会计：

借：银行存款　　　　　　　　　　　　　　　　　　　　　900 000

　　贷：非同级财政拨款收入　　　　　　　　　　　　　　　　　900 000

预算会计：

借：资金结存——货币资金　　　　　　　　　　　　　　　　900 000

　　贷：非同级财政拨款预算收入　　　　　　　　　　　　　　　900 000

## 4.6.2　年末结转

### 1．业务概述

行政事业单位在每年年末，都需要将"非同级财政拨款收入"科目的本年发生额进行结转，使其余额为零。

### 2．账务处理

年末，将"非同级财政拨款收入"科目本年发生额转入本期盈余，财务会计应当借记"非同级财政拨款收入"科目，贷记"本期盈余"科目。期末结转后，"非同级财政拨款收入"科目应无余额。对于预算会计，针对专项资金，借记"非同级财政拨款预算收入"科目，贷记"非财政拨款结转——本年收支结转"科目；针对非专项资金，借记"非同级财政拨款预算收入"科目，贷记"其他结余"科目。年末结转的账务处理如表 4-18 所示。

表 4-18　　　　　　　　　　年末结转的账务处理

| | 财务会计处理 | 预算会计处理 |
| --- | --- | --- |
| 专项资金 | 借：非同级财政拨款收入<br>　　贷：本期盈余 | 借：非同级财政拨款预算收入<br>　　贷：非财政拨款结转——本年收支结转 |
| 非专项资金 | | 借：非同级财政拨款预算收入<br>　　贷：其他结余 |

### 3．案例解析

【例 4-16】某事业单位年终进行结账，非同级财政拨款收入贷方余额为 900 000 元，其中，专项资金收入为 300 000 元，非专项资金收入为 600 000 元。相关账务处理如下。

财务会计：

借：非同级财政拨款收入　　　　　　　　　　　　　　　　　900 000

　　贷：本期盈余　　　　　　　　　　　　　　　　　　　　　900 000

预算会计：

借：非同级财政拨款预算收入　　　　　　　　　　　　　　　900 000

  贷：非财政拨款结转——本年收支结转　　　　　　　300 000
　　　其他结余　　　　　　　　　　　　　　　　　　600 000

# 4.7　投资收益

"投资收益"科目核算事业单位股权投资和债券投资所实现的收益或发生的损失。"投资收益"科目应当按照投资的种类等进行明细核算。

## 4.7.1　出售或到期收回短期债券本息

### 1. 业务概述

短期债券是为筹集短期资金而发行的债券。一般期限在一年以内。有些在市场上流通的中长期债券，其到期日不足一年的，也视作短期债券。短期债券具有流动性强、风险低的优点。

### 2. 账务处理

出售或到期收回短期债券本息，按照实际收到的金额，财务会计应当借记"银行存款"科目；按照出售或收回短期投资的成本，贷记"短期投资"科目；按照其差额，贷记或借记"投资收益"科目。涉及增值税业务的，相关账务处理参见"应交增值税"科目。预算会计按照实际收到的款项借记"资金结存——货币资金"，按照投资成本贷记"投资支出"或"其他结余"科目，按照其差额，贷记或借记"投资预算收益"科目。出售或到期收回短期债券本息的账务处理如表 4-19 所示。

表 4-19　　　　　出售或到期收回短期债券本息的账务处理

| | 财务会计处理 | 预算会计处理 |
|---|---|---|
| 出售或到期收回短期债券本息 | 借：银行存款<br>　　投资收益（借差）<br>　贷：短期投资（成本）<br>　　　投资收益（贷差） | 借：资金结存——货币资金（实际收到的款项）<br>　　投资预算收益（借差）<br>　贷：投资支出/其他结余（投资成本）<br>　　　投资预算收益（贷差） |

### 3. 案例解析

【例 4-17】某事业单位将一项短期国债投资到期兑付，其收到国债投资本息为 61 200 元，其中短期投资成本为 60 000 元，利息为 1 200 元。相关账务处理如下。

财务会计：

借：银行存款　　　　　　　　　　　　　　　　　　　　61 200

　　贷：短期投资　　　　　　　　　　　　　　　　　　　60 000

　　　　投资收益　　　　　　　　　　　　　　　　　　　 1 200

预算会计：

借：资金结存——货币资金　　　　　　　　　　　　　　61 200

　　贷：投资支出　　　　　　　　　　　　　　　　　　　60 000

　　　　投资预算收益　　　　　　　　　　　　　　　　　12 000

## 4.7.2　持有的分期付息、一次还本的长期债券投资

### 1. 业务概述

长期债券是发行者为筹集长期资金而发行的债券。各国对债券期限划分的标准不同。一般来说，偿还期限为 10 年以上的为长期债券。发行长期债券的目的，主要是筹集大型工程、市政设施及一些期限较长的建设项目的建设资金。持有的分期付息、一次还本的长期债券是指每期偿还一定金额的利息，到期再还本。

### 2. 账务处理

持有的分期付息、一次还本的长期债权投资，按期确认利息收入时，按照计算确定的应收未收利息，财务会计应当借记"应收利息"科目，贷记"投资收益"科目。预算会计不需要做账务处理。实际收到利息时，财务会计应当借记"银行存款"科目，贷记"应收利息"科目。预算会计应当借记"资金结存——货币资金"科目，贷记"投资预算收益"科目。持有的分期付息、一次还本的长期债券投资的账务处理如表 4－20 所示。

表 4－20　　持有的分期付息、一次还本的长期债券投资的账务处理

| | 财务会计处理 | 预算会计处理 |
| --- | --- | --- |
| 确认应收未收利息 | 借：应收利息<br>　　贷：投资收益 | — |
| 实际收到利息时 | 借：银行存款<br>　　贷：应收利息 | 借：资金结存——货币资金<br>　　贷：投资预算收益 |

### 3. 案例解析

【例 4－18】某事业单位投资了一项长期债券，采用的支付方式是分期付息、一次还本，每期应计的利息为 5 000 元，利息已收到。相关账务处理如下。

财务会计：

借：应收利息　　　　　　　　　　　　　　　　　　　　 5 000

  贷：投资收益               5 000

 借：银行存款              5 000

  贷：应收利息               5 000

 预算会计：

 借：资金结存——货币资金          5 000

  贷：投资预算收益             5 000

### 4.7.3　持有的一次还本付息的长期债券投资

**1．业务概述**

  长期债券是发行者为筹集长期资金而发行的债券。各国对债券期限划分的标准不同。一般来说，偿还期限为 10 年以上的为长期债券。发行长期债券的目的，主要是筹集大型工程、市政设施及一些期限较长的建设项目的建设资金。持有的一次还本付息的长期债券是指到期一次性偿还本金和利息。

**2．账务处理**

  持有的到期一次还本付息的债券投资，按期确认利息收入时，按照计算确定的应收未收利息，财务会计应当借记"长期债券投资——应计利息"科目，贷记"投资收益"科目。预算会计不需要做账务处理。持有的一次还本付息的长期债券投资的账务处理如表 4 - 21 所示。

表 4 - 21  持有的一次还本付息的长期债券投资的账务处理

| | 财务会计处理 | 预算会计处理 |
|---|---|---|
| 持有的一次还本付息的长期债券投资 | 借：长期债券投资——应计利息<br>　　贷：投资收益 | — |

**3．案例解析**

  【例 4 - 19】某事业单位投资了一项长期债券，采用的支付方式是一次还本付息，当期应计利息为 5 000 元。相关账务处理如下。

 财务会计：

 借：长期债券投资——应计利息         5 000

  贷：投资收益             5 000

 预算会计不需要做账务处理。

### 4.7.4　出售长期债券投资或到期收回长期债权投资本息

**1．业务概述**

  长期债券是发行者为筹集长期资金而发行的债券。各国对债券期限划分的标准不同。一般来说，偿还期限为 10 年以上的为长期债券。发行长期债券的目的，主要是筹集大型工程、市政设施及一些期限较长的建设项目的建设资金。

**2．账务处理**

出售长期债券投资或到期收回长期债券投资本息，按照实际收到的金额，财务会计应当借记"银行存款"等科目；按照债券初始投资成本和已计未收利息金额，贷记"长期债券投资——成本""长期债券投资——应计利息"科目（到期一次还本付息债券）或"长期债券投资""应收利息"科目（分期付息债券）；按照其差额，贷记或借记"投资收益"科目。涉及增值税业务的，相关账务处理参见"应交增值税"科目。预算会计按照实际收到的款项，借记"资金结存——货币资金"科目，贷记"投资支出"或"其他结余"科目；按照其差额，贷记或借记"投资预算收益"科目。出售长期债券投资或到期收回长期债权投资本息的账务处理如表 4 – 22 所示。

表 4 – 22　　　出售长期债券投资或到期收回长期债权投资本息的账务处理

| | 财务会计处理 | 预算会计处理 |
|---|---|---|
| 出售或到期收回长期债券投资本息 | 借：银行存款<br>　　投资收益（借差）<br>贷：长期债权投资（——<br>　　成本/应计利息）<br>　　应收利息<br>　　投资收益（贷差） | 借：资金结存——货币资金（实际收到的款项）<br>　　投资预算收益（借差）<br>贷：投资支出/其他结余<br>　　投资预算收益（贷差） |

## 4.7.5　成本法下被投资单位宣告分派利润或股利

**1．业务概述**

成本法是指长期股权投资按投资的实际成本计价的方法。该方法要求只有当单位增加对外长期投资时才增加长期股权投资的账面价值。

**2．账务处理**

采用成本法核算的长期股权投资持有期间，被投资单位宣告分派现金股利或利润时，按照宣告分派的现金股利或利润中属于单位应享有的份额，财务会计应当借记"应收股利"科目，贷记"投资收益"科目。预算会计不需要做账务处理。取得分派的利润或股利时，按照实际收到的金额，财务会计应当借记"银行存款"科目，贷记"应收股利"科目。对于预算会计，取得分派的利润或股利时，按照实际收到的金额，借记"资金结存——货币资金"科目，贷记"投资预算收益"科目。成本法下被投资单位宣告分派利润或股利的账务处理如表 4 – 23 所示。

表4－23　　成本法下被投资单位宣告分派利润或股利的账务处理

| | 财务会计处理 | 预算会计处理 |
|---|---|---|
| 按照宣告分派的利润或股利中属于单位应享有的份额 | 借：应收股利<br>　　贷：投资收益 | — |
| 取得分派的利润或股利，按照实际收到的金额 | 借：银行存款<br>　　贷：应收股利 | 借：资金结存——货币资金<br>　　贷：投资预算收益 |

### 3．案例解析

【例4－20】某事业单位一项长期股权投资按成本法核算，被投资单位次年宣告分派股利20 000元，属于本单位享有的股利份额为12 000元，股利尚未收到。相关账务处理如下。

财务会计：

借：应收股利　　　　　　　　　　　　　　　　　12 000

　　贷：投资收益　　　　　　　　　　　　　　　　　12 000

预算会计不需要做账务处理。

## 4.7.6　权益法下长期股权投资持有期间

### 1．业务概述

权益法是指长期股权投资按投资单位在被投资单位权益资本中所占比例计价的方法。长期股权投资采用权益法核算时，除增加、减少因股权影响长期股权投资而引起的账面价值的增减变动外，被投资单位发生利润或亏损，相应要增加或减少投资单位长期股权投资的账面价值。

### 2．账务处理

采用权益法核算的长期股权投资持有期间，按照应享有或应分担的被投资单位实现的净损益的份额，财务会计应当借记或贷记"长期股权投资——损益调整"科目，贷记或借记"投资收益"科目；被投资单位发生净亏损，但以后年度又实现净利润的，单位在其收益分享额弥补未确认的亏损分担额等后，恢复确认投资收益，借记"长期股权投资——损益调整"科目，贷记"投资收益"科目。预算会计不需要做账务处理。投资单位收到被投资单位发放的现金股利时，财务会计和预算会计处理方法与成本法模式下相同。权益法下长期股权投资持有期间的账务处理如表4－24所示。

**表4-24**　　　　　　　　**权益法下长期股权投资持有期间的账务处理**

| | 财务会计处理 | 预算会计处理 |
|---|---|---|
| 按照应享有或应分担的被投资单位实现的净损益的份额 | 借：长期股权投资——损益调整<br>　　贷：投资收益（被投资单位实现净利润）<br>借：投资收益（被投资单位发生净亏损）<br>　　贷：长期股权投资——损益调整 | — |
| 收到被投资单位发放的现金股利 | 借：银行存款<br>　　贷：应收股利 | 借：资金结存——货币资金<br>　　贷：投资预算收益 |
| 被投资单位发生净亏损，但以后年度又实现净利润的，按规定恢复确认投资收益 | 借：长期股权投资——损益调整<br>　　贷：投资收益 | — |

**3. 案例解析**

【例4-21】某事业单位一项长期股权投资按权益法核算，年底被投资单位实现净利润60 000元，按投资份额计算，属于该事业单位享有的被投资单位净利润为30 000元。相关账务处理如下。

财务会计：

借：长期股权投资——损益调整　　　　　　　　　　　30 000

　　贷：投资收益　　　　　　　　　　　　　　　　　　　30 000

预算会计不需要做账务处理。

被投资单位次年3月宣告分配股利20 000元，属于本单位享有的股利份额为12 000元，股利尚未收到。相关账务处理如下：

财务会计：

借：应收股利　　　　　　　　　　　　　　　　　　　12 000

　　贷：长期股权投资——损益调整　　　　　　　　　　　12 000

预算会计不需要做账务处理。

按照规定处置长期股权投资时有关投资收益的账务处理，参见"长期股权投资"科目。

## 4.7.7　年末结转

**1. 业务概述**

事业单位在每年年末，都需要将"投资收益"科目的本年发生额进行结转，使其余额为零。

### 2. 账务处理

年末，将"投资收益"科目本年发生额转入本期盈余，财务会计应当借记或贷记"投资收益"科目，贷记或借记"本期盈余"科目。期末结转后，"投资收益"科目应无余额。预算会计应当借记或贷记"投资预算收益"科目，贷记或借记"其他结余"科目。年末结转的账务处理如表4-25所示。

表4-25　　　　　　年末结转的账务处理

| | | 财务会计处理 | 预算会计处理 |
|---|---|---|---|
| 年末结转 | "投资收益"科目为贷方余额时 | 借：投资收益<br>　贷：本期盈余 | 借：投资预算收益<br>　贷：其他结余 |
| | "投资收益"科目为借方余额时 | 借：本期盈余<br>　贷：投资收益 | 借：其他结余<br>　贷：投资预算收益 |

### 3. 案例解析

【例4-22】某事业单位年终进行结账，投资收益贷方余额为900 000元。相关账务处理如下。

财务会计：

借：投资收益　　　　　　　　　　　　　　　　　900 000

　　贷：本期盈余　　　　　　　　　　　　　　　　　900 000

预算会计：

借：投资预算收益　　　　　　　　　　　　　　　900 000

　　贷：其他结余　　　　　　　　　　　　　　　　　900 000

# 4.8　捐赠收入

"捐赠收入"科目核算行政事业单位接受其他单位或者个人捐赠取得的收入。"捐赠收入"科目应当按照捐赠资产的用途和捐赠单位等进行明细核算。

## 4.8.1　接受捐赠的货币资金

### 1. 业务概述

行政事业单位接受其他单位或者个人捐赠的收入表现为货币资金。

### 2. 账务处理

接受捐赠的货币资金，按照实际收到的金额，财务会计应当借记"银行存款""库存现金"科目，贷记"捐赠收入"科目。预算会计应当按照实际收到的金额，借记"资金结存——货币资金"科目，贷记"其他预算收入——捐赠收入"科目。接受捐赠的货币资金的账务处理如表 4 – 26 所示。

表 4 – 26　　　　　　　　　接受捐赠的货币资金的账务处理

| | 财务会计处理 | 预算会计处理 |
|---|---|---|
| 接受捐赠的货币资金 | 借：银行存款/库存现金<br>　贷：捐赠收入（实际收到的金额） | 借：资金结存——货币资金<br>　贷：其他预算收入——捐赠收入（实际收到的金额） |

### 3. 案例解析

【例 4 – 23】某行政单位接受了其他单位捐赠的货币资金，金额为 30 000 元。相关账务处理如下。

财务会计：

借：银行存款　　　　　　　　　　　　　　　　　　30 000

　　贷：捐赠收入　　　　　　　　　　　　　　　　　　30 000

预算会计：

借：资金结存——货币资金　　　　　　　　　　　　30 000

　　贷：其他预算收入——捐赠收入　　　　　　　　　　30 000

## 4.8.2　接受捐赠的存货、固定资产等

### 1. 业务概述

行政事业单位接受其他单位或者个人捐赠的收入表现为存货或固定资产。

### 2. 账务处理

接受捐赠的存货、固定资产等非现金资产，按照确定的成本，财务会计应当借记"库存物品""固定资产"等科目；按照发生的相关税费、运输费等，贷记"银行存款"等科目；按照其差额，贷记"捐赠收入"科目。预算会计按照发生的相关税费，借记"其他支出"科目，贷记"资金结存"科目。

接受捐赠的资产按照名义金额入账的，按照名义金额，财务会计应当借记"库存物品""固定资产"等科目，贷记"捐赠收入"科目；同时，按照发生的相关税费、运输费等，借记"其他费用"科目，贷记"银行存款"等科目。预算会计按照发生的相关税费，借记"其他支出"科目，贷记"资金结存"科目。

接受捐赠的存货、固定资产的账务处理如表 4 – 27 所示。

表 4 – 27　　　　接受捐赠的存货、固定资产的账务处理

| | 财务会计处理 | 预算会计处理 |
|---|---|---|
| 按照确定的成本 | 借：库存物品/固定资产等<br>　　贷：银行存款等（相关税费支出）<br>　　　　捐赠收入 | 借：其他支出（相关税费支出）<br>　　贷：资金结存 |
| 按照名义金额入账 | 借：库存物品/固定资产等（名义金额）<br>　　贷：捐赠收入<br>借：其他费用<br>　　贷：银行存款等（相关税费支出） | 借：其他支出（相关税费支出）<br>　　贷：资金结存 |

**3. 案例解析**

【例 4 – 24】某行政单位接受了其他单位捐赠的固定资产，成本为 31 000 元，其中发生的相关税费和运费为 1 000 元。相关账务处理如下。

财务会计：

借：固定资产　　　　　　　　　　　　　　　　　　31 000

　　贷：捐赠收入　　　　　　　　　　　　　　　　　30 000

　　　　银行存款　　　　　　　　　　　　　　　　　 1 000

预算会计：

借：其他支出　　　　　　　　　　　　　　　　　　 1 000

　　贷：资金结存　　　　　　　　　　　　　　　　　 1 000

## 4.8.3　年末结转

**1. 业务概述**

行政事业单位在每年年末，都需要将"捐赠收入"科目本年发生额进行结转，使其余额为零。

**2. 账务处理**

年末，将"捐赠收入"科目本年发生额转入本期盈余，财务会计应当借记"捐赠收入"科目，贷记"本期盈余"科目。期末结转后，"捐赠收入"科目应无余额。对于预算会计，针对专项资金，借记"其他预算收入——捐赠收入"科目，贷记"非财政拨款结转——本年收支结转"科目；针对非专项资金，借记"其他预算收入——捐赠收入"科目，贷记"其他结余"科目。年末结转的账务处理如表 4 – 28 所示。

| 表 4 - 28 | 年末结转的账务处理 | |
|---|---|---|
| | **财务会计处理** | **预算会计处理** |
| 专项资金 | 借：捐赠收入<br>　　贷：本期盈余 | 借：其他预算收入——捐赠收入<br>　　贷：非财政拨款结转——本年收支结转 |
| 非专项资金 | | 借：其他预算收入——捐赠收入<br>　　贷：其他结余 |

### 3. 案例解析

【例 4 - 25】某行政单位年终进行结账，捐赠收入贷方余额为 600 000 元，均为非专项资金收入。相关账务处理如下。

财务会计：

借：捐赠收入　　　　　　　　　　　　　　　　　　　600 000

　　贷：本期盈余　　　　　　　　　　　　　　　　　　600 000

预算会计：

借：其他预算收入——捐赠收入　　　　　　　　　　　600 000

　　贷：其他结余　　　　　　　　　　　　　　　　　　600 000

# 4.9　利息收入

"利息收入"科目核算行政事业单位取得的银行存款利息收入。

## 4.9.1　确认银行存款利息收入

### 1. 业务概述

当行政事业单位实际收到利息时，需要确认银行存款利息收入。

### 2. 账务处理

取得银行存款利息时，按照实际收到的金额，财务会计应当借记"银行存款"科目，贷记"利息收入"科目。预算会计应当借记"资金结存——货币资金"科目，贷记"其他预算收入——利息收入"科目。确认银行存款利息收入的账务处理如表 4 - 29 所示。

| 表 4 - 29 | 确认银行存款利息收入的账务处理 | |
|---|---|---|
| | **财务会计处理** | **预算会计处理** |
| 确认银行存款利息<br>收入 | 借：银行存款<br>　　贷：利息收入 | 借：资金结存——货币资金<br>　　贷：其他预算收入——利息收入 |

**3．案例解析**

【例4－26】某行政单位在银行存了一笔款项，当期收到了银行存款利息收入1 000元。相关账务处理如下。

财务会计：

借：银行存款          1 000

  贷：利息收入        1 000

预算会计：

借：资金结存——货币资金     1 000

  贷：其他预算收入——利息收入   1 000

## 4.9.2　年末结转

**1．业务概述**

行政事业单位在每年年末都需要将"利息收入"科目的本年发生额进行结转，使其余额为零。

**2．账务处理**

年末，将"利息收入"科目本年发生额转入本期盈余，财务会计应当借记"利息收入"科目，贷记"本期盈余"科目。预算会计应当借记"其他预算收入——利息收入"科目，贷记"其他结余"科目。结转年末利息收入的账务处理如表4－30所示。

表4－30       结转年末利息收入的账务处理

| | 财务会计处理 | 预算会计处理 |
|---|---|---|
| 结转年末利息收入 | 借：利息收入<br>贷：本期盈余 | 借：其他预算收入——利息收入<br>贷：其他结余 |

**3．案例解析**

【例4－27】某行政单位年终进行结账，利息收入贷方余额为900 000元。相关账务处理如下。

财务会计：

借：利息收入         900 000

  贷：本期盈余       900 000

预算会计：

借：其他预算收入——利息收入    900 000

  贷：其他结余      900 000

# 4.10　租金收入

"租金收入"科目核算行政事业单位经批准利用国有资产出租取得并按照规定纳入本单位预算管理的租金收入。

## 4.10.1　预收租金方式

### 1. 业务概述

预收租金属于预收账款大类中的一种，是负债类科目。行政事业单位在收到这笔租金时，劳务的销售合同尚未履行，不能作为收入入账，只能确认为一项负债。单位根据合同的履行情况，逐期将未实现收入转成已实现收入。国有资产出租收入，应当在租赁期内各个期间按照直线法予以确认。

### 2. 账务处理

采用预收租金方式的，预收租金时，按照收到的金额，财务会计应当借记"银行存款"等科目，贷记"预收账款"科目。预算会计应当借记"资金结存——货币资金"科目，贷记"其他预算收入——租金收入"科目。

分期确认租金收入时，按照各期租金金额，财务会计应当借记"预收账款"科目，贷记"租金收入"科目。预算会计不需要做账务处理。

涉及增值税业务的，相关账务处理参见"应交增值税"科目。

预收租金方式的账务处理如表 4-31 所示。

**表 4-31　　　　　　　　预收租金方式的账务处理**

|  | 财务会计处理 | 预算会计处理 |
|---|---|---|
| 收到预付的租金时 | 借：银行存款等<br>　贷：预收账款 | 借：资金结存——货币资金<br>　贷：其他预算收入——租金收入 |
| 按照直线法分期确认<br>租金收入时 | 借：预收账款<br>　贷：租金收入 | — |

### 3. 案例解析

【例 4-28】某行政单位和另一单位签订了一份办公楼租赁合同，约定租金支付方式为预收租金方式，当期预收款项为 100 000 元，租期为 10 个月。相关账务处理如下。

财务会计：

借：银行存款　　　　　　　　　　　　　　　　　　100 000

　　贷：预收账款　　　　　　　　　　　　　　　　　　100 000

预算会计：

借：资金结存——货币资金　　　　　　　　　　　　　　100 000

　　贷：其他预算收入——租金收入　　　　　　　　　　　　　100 000

## 4.10.2　后付租金方式

### 1.业务概述

后付租金，即承租人在各付租间隔期的期末支付租金。采用这种方法，能使租金支付时间向后推迟整整一个间隔期（半年或 1 年），对资金短缺的承租人有利。

### 2.账务处理

采用后付租金方式的，每期确认租金收入时，按照各期租金金额，财务会计应当借记"应收账款"科目，贷记"租金收入"科目。预算会计不需要做账务处理。

收到租金时，按照实际收到的金额，财务会计应当借记"银行存款"等科目，贷记"应收账款"科目。预算会计应当借记"资金结存——货币资金"科目，贷记"其他预算收入——租金收入"科目。

涉及增值税业务的，相关账务处理参见"应交增值税"科目。

后付租金方式的账务处理如表 4 - 32 所示。

表 4 - 32　　　　　　　　　　**后付租金方式的账务处理**

| | 财务会计处理 | 预算会计处理 |
|---|---|---|
| 确认租金收入时 | 借：应收账款<br>　贷：租金收入 | — |
| 收到租金时 | 借：银行存款等<br>　贷：应收账款 | 借：资金结存——货币资金<br>　贷：其他预算收入——租金收入 |

### 3.案例解析

【例 4 - 29】某行政单位和另一单位签订了一份办公楼租赁合同，约定租金支付方式为后付租金方式，租金总额为 100 000 元，租期为 10 个月，每期确认 10 000 元租金收入，款项尚未收到。相关账务处理如下。

财务会计：

借：应收账款　　　　　　　　　　　　　　　　　　　　10 000

　　贷：租金收入　　　　　　　　　　　　　　　　　　　　10 000

预算会计不需要做账务处理。

### 4.10.3　分期收取租金

**1. 业务概述**

分期收取租金是指出租人按合同或条款上规定的期间收取租金的方式。

**2. 账务处理**

采用分期收取租金方式的，每期收取租金时，按照租金金额，财务会计应当借记"银行存款"等科目，贷记"租金收入"科目。预算会计应当借记"资金结存——货币资金"科目，贷记"其他预算收入——租金收入"科目。

涉及增值税业务的，相关账务处理参见"应交增值税"科目。

分期收取租金的账务处理如表 4 - 33 所示。

表 4 - 33　　　　　　　　分期收取租金的账务处理

| | 财务会计处理 | 预算会计处理 |
| --- | --- | --- |
| 分期收取租金 | 借：银行存款等<br>贷：租金收入 | 借：资金结存——货币资金<br>贷：其他预算收入——租金收入 |

**3. 案例解析**

【例 4 - 30】某行政单位和另一单位签订了一份办公楼租赁合同，约定租金支付方式为分期收取租金方式，租金总额为 100 000 元，租期为 10 个月，每期收取 10 000 元租金收入。相关账务处理如下。

财务会计：

借：银行存款　　　　　　　　　　　　　　　　　　　10 000

　　贷：租金收入　　　　　　　　　　　　　　　　　　　10 000

预算会计：

借：资金结存——货币资金　　　　　　　　　　　　　10 000

　　贷：其他预算收入——租金收入　　　　　　　　　　　10 000

### 4.10.4　年末结转

**1. 业务概述**

行政事业单位在每年年末都需要将"租金收入"科目的本年发生额进行结转，使其余额为零。

**2. 账务处理**

年末，将"租金收入"科目本年发生额转入本期盈余，财务会计应当借记"租金收入"科目，贷记"本期盈余"科目。预算会计应当借记"其他预算收入——租金收入"科目，贷记"其他结余"科目。年末结转租金收入的账务处理如表 4 – 34 所示。

表 4 – 34　　　　　　　　年末结转租金收入的账务处理

| | 财务会计处理 | 预算会计处理 |
|---|---|---|
| 年末结转租金收入时 | 借：租金收入<br>　　贷：本期盈余 | 借：其他预算收入——租金收入<br>　　贷：其他结余 |

**3．案例解析**

【例 4 – 31】某行政单位年终进行结账，租金收入贷方余额为 400 000 元。相关账务处理如下。

财务会计：

借：租金收入　　　　　　　　　　　　　　　　　400 000

　　贷：本期盈余　　　　　　　　　　　　　　　　400 000

预算会计：

借：其他预算收入——租金收入　　　　　　　　　400 000

　　贷：其他结余　　　　　　　　　　　　　　　　400 000

# 4.11　其他收入

"其他收入"科目核算行政事业单位取得的除财政拨款收入、事业收入、上级补助收入、附属单位上缴收入、经营收入、非同级财政拨款收入、投资收益、捐赠收入、利息收入、租金收入以外的各项收入，包括现金盘盈收入、按照规定纳入单位预算管理的科技成果转化收入、行政单位收回已核销的其他应收款、无法偿付的应付及预收款项、置换换出资产评估增值等。

## 4.11.1　现金盘盈收入

**1．业务概述**

现金盘盈是指实物比正确的账面记录的数量多，一般是由于单位管理制度的疏漏和收款人员的工作失误造成的，不存在恶意舞弊的问题。

**2．账务处理**

每日现金账款核对中发现的现金溢余，属于无法查明原因的部分，报经批准后，财务会计应当借记"待处理财产损溢"科目，贷记"其他收入"科目。预算会计不需要做账务处理。现金盘盈的账务处理如表 4 – 35 所示。

表 4 – 35　　　　　　　　　　现金盘盈的账务处理

| | 财务会计处理 | 预算会计处理 |
|---|---|---|
| 现金盘盈收入属于无法查明原因的部分，报经批准后 | 借：待处理财产损溢<br>　　贷：其他收入 | — |

**3. 案例解析**

【例 4 – 32】某行政单位进行每日的现金账款核对，盘盈现金 10 000 元，无法查明原因，报经批准后，相关账务处理如下。

财务会计：

借：待处理财产损溢　　　　　　　　　　　　　　　　　　　10 000

　　贷：其他收入　　　　　　　　　　　　　　　　　　　　　　10 000

预算会计不需要做账务处理。

## 4.11.2　科技成果转化收入

**1. 业务概述**

科技成果转化，是指为提高生产力水平而对科学研究与技术开发所产生的具有实用价值的科技成果所进行的后续试验、开发、应用、推广直至形成新产品、新工艺、新材料，发展新产业等活动。科技成果转化收入即因科技成果转化实现的收入。

**2. 账务处理**

行政事业单位科技成果转化所取得的收入，按照规定留归本单位的，按照所取得收入扣除相关费用之后的净收益，财务会计应当借记"银行存款"等科目，贷记"其他收入"科目。预算会计应当借记"资金结存——货币资金"科目，贷记"其他预算收入"科目。科技成果转化收入的账务处理如表 4 – 36 所示。

表 4 – 36　　　　　　　科技成果转化收入的账务处理

| | 财务会计处理 | 预算会计处理 |
|---|---|---|
| 科技成果转化收入 | 借：银行存款等<br>　　贷：其他收入 | 借：资金结存——货币资金<br>　　贷：其他预算收入 |

**3. 案例解析**

【例 4 – 33】某行政单位进行科技成果转化，取得转化收入 100 000 元。相关账务处理如下。

财务会计：

借：银行存款　　　　　　　　　　　　　　　　　　　　　　100 000

|  |  |
|---|---|
| 贷：其他收入 | 100 000 |

预算会计：

| 借：资金结存——货币资金 | 100 000 |
|---|---|
| 贷：其他预算收入 | 100 000 |

### 4.11.3　收回已核销的其他应收款

**1．业务概述**

已核销的其他应收款是指行政单位某笔其他应收款确认无法收回，凭相关法律文书进行注销的款项。收回已核销的其他应收款指其他应收款在以后期间收回。

**2．账务处理**

行政单位已核销的其他应收款在以后期间收回的，按照实际收回的金额，财务会计应当借记"银行存款"等科目，贷记"其他收入"科目。预算会计应当借记"资金结存——货币资金"科目，贷记"其他预算收入"科目。收回已核销的其他应收款的账务处理如表4－37所示。

表4－37　　　　　　　　收回已核销的其他应收款的账务处理

|  | 财务会计处理 | 预算会计处理 |
|---|---|---|
| 收回已核销的其他应收款 | 借：银行存款等<br>　贷：其他收入 | 借：资金结存——货币资金<br>　贷：其他预算收入 |

**3．案例解析**

【例4－34】某行政单位收回了一笔已核销的其他应收款，金额为50 000元。相关账务处理如下。

财务会计：

| 借：银行存款 | 50 000 |
|---|---|
| 贷：其他收入 | 50 000 |

预算会计：

| 借：资金结存——货币资金 | 50 000 |
|---|---|
| 贷：其他预算收入 | 50 000 |

### 4.11.4　无法偿付的应付及预收款项

**1．业务概述**

无法偿付的应付及预收款项是指单位确实无法偿付或者债权人豁免偿还的

应付及预收款项。

**2．账务处理**

无法偿付或债权人豁免偿还的应付账款、预收账款、其他应付款及长期应付款，财务会计应当借记"应付账款""预收账款""其他应付款""长期应付款"等科目，贷记"其他收入"科目。预算会计不需要做账务处理。无法偿付的应付及预收款项的账务处理如表 4 - 38 所示。

表 4 - 38　　　　　无法偿付的应付及预收款项的账务处理

| | 财务会计处理 | 预算会计处理 |
| --- | --- | --- |
| 无法偿付的应付及预收款项 | 借：应付账款/预收账款/其他应付款/长期应付款<br>　　贷：其他收入 | — |

## 4.11.5　置换换出资产评估增值

**1．业务概述**

行政事业单位在进行资产置换的过程中，可能会出现资产评估增值的情况。资产评估是指对行政事业单位的资产进行评估，并按资产评估确认的价值调整企业相应资产的原账面价值。

**2．账务处理**

资产置换过程中，换出资产评估增值的，按照评估价值高于资产账面价值或账面余额的金额，财务会计应当借记有关科目，贷记"其他收入"科目。具体账务处理参见"库存物品"等科目。

以未入账的无形资产取得的长期股权投资，按照评估价值加相关税费作为投资成本，财务会计应当借记"长期股权投资"科目；按照发生的相关税费，贷记"银行存款""其他应交税费"等科目；按其差额，贷记"其他收入"科目。预算会计不需要做账务处理。置换换出资产评估增值的账务处理如表 4 - 39 所示。

表 4 - 39　　　　　置换换出资产评估增值的账务处理

| | 财务会计处理 | 预算会计处理 |
| --- | --- | --- |
| 按照换出资产评估价值高于资产账面价值的金额 | 借：有关科目<br>　　贷：其他收入 | — |

**3．案例解析**

【例 4 - 35】某行政单位在进行固定资产置换的过程中，换出的固定资产被评估为增值，评估价值高于固定资产账面价值 10 000 元。相关账务处理如下。

财务会计：

借：固定资产              10 000

  贷：其他收入            10 000

预算会计不需要做账务处理。

## 4.11.6  其他情况

### 1. 业务概述

其他情况是指除了现金盘盈收入、科技成果转化收入、收回已核销的其他应收款、无法偿付的应付及预收款项和置换换出资产评估增值之外的收入。

### 2. 账务处理

确认上述五种收入以外的其他收入时，按照应收或实际收到的金额，财务会计应当借记"其他应收款""银行存款""库存现金"等科目，贷记"其他收入"科目。预算会计应当按照实际收到的金额借记"资金结存——货币资金"科目，贷记"其他预算收入"科目。

涉及增值税业务的，相关账务处理参见"应交增值税"科目。

其他情况的账务处理如表4-40所示。

表4-40       其他情况的账务处理

| | 财务会计处理 | 预算会计处理 |
|---|---|---|
| 按照应收或实际收到的金额 | 借：其他应收款/银行存款/库存现金等<br>  贷：其他收入 | 借：资金结存——货币资金（按照实际收到的金额）<br>  贷：其他预算收入 |

## 4.11.7  年末结转

### 1. 业务概述

行政事业单位在每年年末，都需要将"其他收入"科目的本年发生额进行结转，使其余额为零。

### 2. 账务处理

年末，将"其他收入"科目本年发生额转入本期盈余，财务会计应当借记"其他收入"科目，贷记"本期盈余"科目。预算会计针对专项资金，应当借记"其他预算收入"科目，贷记"非财政拨款结转——本年收支结转"科目；针对非专项资金，借记"其他预算收入"科目，贷记"其他结余"科目。年末结转的账务处理如表4-41所示。

**表 4 - 41** 年末结转的账务处理

| | 财务会计处理 | 预算会计处理 |
|---|---|---|
| 专项资金 | 借：其他收入<br>　　贷：本期盈余 | 借：其他预算收入<br>　　贷：非财政拨款结转——本年收支结转 |
| 非专项资金 | | 借：其他预算收入<br>　　贷：其他结余 |

### 3. 案例解析

【例 4 - 36】 某行政单位年终进行结账，其他收入贷方余额为 900 000 元，其中，专项资金收入为 500 000 元，非专项资金收入为 400 000 元。相关账务处理如下。

财务会计：

借：其他收入　　　　　　　　　　　　　　　　900 000

　　贷：本期盈余　　　　　　　　　　　　　　　　900 000

预算会计：

借：其他预算收入　　　　　　　　　　　　　　900 000

　　贷：非财政拨款结转——本年收支结转　　　　500 000

　　　　其他结余　　　　　　　　　　　　　　　400 000

# 5.1 业务活动费用与行政支出/事业支出

### 1. 业务活动费用

业务活动费用是指行政事业单位为实现其职能目标，依法履职或开展专业业务活动及其辅助活动所发生的各项费用。"业务活动费用"科目应当按照项目、服务或者业务类别、支付对象等进行明细核算。为了满足成本核算需要，"业务活动费用"科目下还可按照"工资福利费用""商品和服务费用""对个人和家庭的补助费用""对企业补助费用""固定资产折旧费""无形资产摊销费""公共基础设施折旧（摊销）费""保障性住房折旧费""计提专用基金"等成本项目设置明细科目，归集能够直接计入业务活动或采用一定方法计算后计入业务活动的费用。期末结转后，"业务活动费用"科目应无余额。

### 2. 行政支出/事业支出

行政支出与事业支出是针对不同类型会计主体设置的科目。行政单位应当设置"行政支出"科目核算行政单位履行其职责实际发生的各项现金流出。事业单位应当设置"事业支出"科目核算事业单位开展专业业务活动及其辅助活动实际发生的各项现金流出。"行政支出""事业支出"科目应当分别按照"财政拨款支出""非财政专项资金支出"和"其他资金支出"，"基本支出"和"项目支出"等进行明细核算。

## 5.1.1 为履职或开展业务活动的本单位人员以及外部人员计提并支付薪酬和劳务费

### 1. 业务概述

该业务所指的"薪酬和劳务费"不包括计入在建工程、加工物品、无形资产成本的人员费用，其中本单位人员的薪酬用"应付职工薪酬"科目核算，外部人员的劳务费用"其他应付款"科目核算。

**2. 账务处理**

（1）计提薪酬和劳务费时

为履职或开展业务活动的本单位人员以及外部人员计提薪酬和劳务费时，按照计算的金额，财务会计应当借记"业务活动费用"科目，贷记"应付职工薪酬"或"其他应付款"科目。计提时没有实际的现金流出，因此不做预算会计的账务处理。计提薪酬和劳务费的账务处理如表 5 - 1 所示。

表 5 - 1 计提薪酬和劳务费的账务处理

|  | 财务会计处理 | 预算会计处理 |
|---|---|---|
| 为履职或开展业务活动人员计提的薪酬和劳务费 | 借：业务活动费用<br>　　贷：应付职工薪酬/其他应付款 | — |

（2）实际支付并代扣个人所得税时

实际支付时，按照计提的薪酬和劳务费的金额，财务会计应当借记"应付职工薪酬"或"其他应付款"科目；按照扣税后应付或实际支付的金额，贷记"财政拨款收入""零余额账户用款额度""银行存款"等科目；按照代扣代缴个人所得税的金额，贷记"其他应交税费——应交个人所得税"科目。

同时，在预算会计中，按照实际支付给个人的金额，借记"行政支出"或"事业支出"科目，贷记"财政拨款预算收入""资金结存"科目。

实际支付薪酬并代扣个人所得税的账务处理如表 5 - 2 所示。

表 5 - 2 实际支付薪酬并代扣个人所得税的账务处理

|  | 财务会计处理 | 预算会计处理 |
|---|---|---|
| 实际支付并代扣个人所得税时 | 借：应付职工薪酬/其他应付款<br>　　贷：财政拨款收入/零余额账户用款额度/银行存款等<br>　　　　其他应交税费——应交个人所得税 | 借：行政支出/事业支出（按照支付给个人部分）<br>　　贷：财政拨款预算收入/资金结存 |

（3）实际缴纳税款时

实际缴纳税款时，按实际缴纳的金额，财务会计应当借记"其他应交税费——应交个人所得税"科目，贷记"银行存款""零余额账户用款额度"等科目。

同时，在预算会计中，按照实际缴纳额，借记"行政支出"或"事业支出"科目，贷记"资金结存"等科目。

实际缴纳个人所得税的账务处理如表 5 – 3 所示。

**表 5 – 3**                   **实际缴纳个人所得税的账务处理**

|  | 财务会计处理 | 预算会计处理 |
|---|---|---|
| 实际缴纳个人所得税 | 借：其他应交税费——应交个人所得税<br>    贷：银行存款/零余额账户用款额度等 | 借：行政支出/事业支出（按照实际缴纳额）<br>    贷：资金结存等 |

### 3. 案例解析

【**例 5 – 1**】某行政单位本月职工薪酬总额为 900 000 元，代扣代缴个人所得税 36 000 元，使用财政直接支付方式支付职工薪酬和个人所得税。账务处理如下。

（1）计提工资时

财务会计：

借：业务活动费用——工资福利费用                        900 000

    贷：应付职工薪酬——工资                        900 000

（2）实际支付给职工并代扣个人所得税时

财务会计：

借：应付职工薪酬——工资                        900 000

    贷：财政拨款收入——基本支出拨款（人员经费）    864 000

        其他应交税费——应交个人所得税        36 000

预算会计：

借：行政支出                                 864 000

    贷：财政拨款预算收入——基本支出拨款（人员经费）   864 000

（3）实际缴纳税款时

财务会计：

借：其他应交税费——应交个人所得税              36 000

    贷：银行存款                             36 000

预算会计：

借：行政支出                                   36 000

    贷：资金结存——货币资金                  36 000

## 5.1.2 为履职或开展业务活动发生的预付款项

**1. 业务概述**

行政事业单位一般会在两种情况下出现为履职或开展业务活动发生的预付款项：一是单位按照购货、服务合同或协议规定预付给供应单位（或个人）的款项，即预付账款；二是单位在业务活动中与其他单位、所属单位或本单位职工发生的临时性待结算款项，如职工预借的差旅费、报销单位领用的备用金等，即暂付款项。

**2. 账务处理**

（1）预付账款

支付预付账款时，按照预付金额，财务会计应当借记"预付账款"科目，贷记"财政拨款收入""零余额账户用款额度""银行存款"等科目。待结算时，按照实际成本，财务会计应当借记"业务活动费用"科目；按照相关预付账款的账面余额，贷记"预付账款"科目；按照实际补付的金额，贷记"财政拨款收入""零余额账户用款额度""银行存款"等科目。

对于预算会计，支付预付账款时，按照预付金额，借记"行政支出"或"事业支出"科目，贷记"财政拨款预算收入""资金结存"科目。待结算时，按照补付的金额，借记"行政支出"或"事业支出"科目，贷记"财政拨款预算收入""资金结存"科目。为履职或开展业务活动发生的预付款项的账务处理如表 5 – 4 所示。

表 5 – 4 　　　　为履职或开展业务活动发生的预付款项的账务处理

| | 财务会计处理 | 预算会计处理 |
| --- | --- | --- |
| 支付预付账款时 | 借：预付账款<br>　贷：财政拨款收入/零余额账户用款额度/银行存款等 | 借：行政支出/事业支出<br>　　贷：财政拨款预算收入/资金结存 |
| 结算时 | 借：业务活动费用<br>　贷：预付账款<br>　　　财政拨款收入/零余额账户用款额度/银行存款等（补付金额） | 借：行政支出/事业支出<br>　　贷：财政拨款预算收入/资金结存（补付金额） |

（2）暂付款项

支付暂付款项时，财务会计应当借记"其他应收款"科目，贷记"银行存款"等科目；待结算或报销时，借记"业务活动费用"科目，贷记"其他应收款"科目。

对于预算会计，在支付暂付款项时，不做账务处理。待结算或报销时，借记"行政支出"或"事业支出"科目，贷记"资金结存"等科目。

为履职或开展业务活动发生的暂付款项的账务处理如表 5 - 5 所示。

表 5 - 5 　　　　为履职或开展业务活动发生的暂付款项的账务处理

| | 财务会计处理 | 预算会计处理 |
|---|---|---|
| 支付款项时 | 借：其他应收款<br>　　贷：银行存款等 | — |
| 结算或报销时 | 借：业务活动费用<br>　　贷：其他应收款 | 借：行政支出/事业支出<br>　　贷：资金结存等 |

### 3．案例解析

【例 5 - 2】 某行政单位与 A 公司签订与业务相关的劳务合同，约定一个月内完成，价款共 500 000 元，该行政单位先使用财政授权方式预付 30% 的款项，A 公司收到预付款后开始提供劳务，一个月后该项目结束，行政单位支付剩余 70% 的价款。其会计分录如下。

（1）预付 30% 价款时

财务会计：

借：预付账款——A 公司　　　　　　　　　　　150 000

　　贷：零余额账户用款额度　　　　　　　　　　　150 000

预算会计：

借：行政支出　　　　　　　　　　　　　　　　150 000

　　贷：资金结存——零余额账户用款额度　　　　　150 000

（2）验货后支付剩余 70% 价款时

财务会计：

借：业务活动费用——商品和服务费用　　　　　500 000

　　贷：预付账款——A 公司　　　　　　　　　　　150 000

　　　　零余额账户用款额度　　　　　　　　　　　350 000

预算会计：

借：行政支出　　　　　　　　　　　　　　　　350 000

　　贷：资金结存——零余额账户用款额度　　　　　350 000

## 5.1.3　为履职或开展业务活动购买资产或支付在建工程款等

### 1．业务概述

为履职或开展业务活动购买存货、固定资产、无形资产等资产，以及支付在建工程款项时，其初始成本不应直接计入业务活动费用，应在未来期间内通过计提折旧或摊销的方式计入业务活动费用。在预算会计中，应按实际支付的金额直接计入行政支出或者事业支出，在未来期间计提折旧或摊销时不做会计账务处理。

### 2. 账务处理

为履职或开展业务活动购买资产或支付在建工程款时，按照实际支付或应付的价款，财务会计应当借记"库存物品""固定资产""无形资产""在建工程"等科目，贷记"财政拨款收入""零余额账户用款额度""银行存款""应付账款"等科目。

同时，在预算会计中，按照实际支付的金额，借记"行政支出"或"事业支出"科目，贷记"财政拨款预算收入""资金结存"等科目。为履职或开展业务购买资产或支付在建工程款的账务处理如表 5 - 6 所示。

表 5 - 6　　为履职或开展业务购买资产或支付在建工程款的账务处理

| | 财务会计处理 | 预算会计处理 |
| --- | --- | --- |
| 为履职或开展业务购买资产或支付在建工程款 | 借：库存物品/固定资产/无形资产/在建工程等<br>　　贷：财政拨款收入/零余额账户用款额度/银行存款/应付账款等 | 借：行政支出/事业支出<br>　　贷：财政拨款预算收入/资金结存等 |

### 3. 案例解析

【例 5 - 3】某行政单位购入不需要安装的设备一台，用于开展业务活动，设备价格为 800 000 元，运输及保险费为 100 000 元，全部价款使用财政直接支付方式进行支付。其会计分录如下。

财务会计：

借：固定资产　　　　　　　　　　　　　　　　900 000

　　贷：财政拨款收入　　　　　　　　　　　　　900 000

预算会计：

借：行政支出　　　　　　　　　　　　　　　　900 000

　　贷：财政拨款预算收入——基本支出（日常公用经费）　900 000

## 5.1.4　为履职或开展业务活动领用库存物品

### 1. 业务概述

该业务仅核算单位开展业务活动领用的库存物品，不包括按照规定自主出售发出或加工发出的库存物品。

**2. 账务处理**

为履职或开展业务活动领用库存物品时，按照领用的库存物品的成本，财务会计应当借记"业务活动费用"科目，贷记"库存物品"等科目。由于没有实际现金流出，不做预算会计账务处理。为履职或开展业务活动领用库存物品的账务处理如表5-7所示。

表5-7　　　　　为履职或开展业务活动领用库存物品的账务处理

| | 财务会计处理 | 预算会计处理 |
|---|---|---|
| 为履职或开展业务活动领用库存物品 | 借：业务活动费用<br>　　贷：库存物品等 | — |

**3. 案例解析**

【例5-4】6月10日，某行政单位购入一批材料80 000元，价款使用财政授权支付方式进行支付，当日收到材料并验收合格入库。6月15日，该行政单位领用该材料30 000元用于开展业务活动。其会计分录如下。

（1）购入材料时

财务会计：

借：库存物品　　　　　　　　　　　　　　　　　　　　80 000

　　贷：零余额账户用款额度　　　　　　　　　　　　　　　　80 000

预算会计：

借：行政支出　　　　　　　　　　　　　　　　　　　　80 000

　　贷：资金结存——零余额账户用款额　　　　　　　　　　　80 000

（2）领用材料时

财务会计：

借：业务活动费用——商品和服务费用　　　　　　　　　30 000

　　贷：库存物品　　　　　　　　　　　　　　　　　　　　30 000

预算会计不需要做账务处理。

## 5.1.5　为履职或开展业务活动计提的固定资产、无形资产、公共基础设施、保障性住房的折旧（摊销）

**1. 业务概述**

与业务活动相关的固定资产、无形资产、公共基础设施、保障性住房，其计提的累计折旧（摊销）应计入业务活动费用，计提折旧或摊销时不做预算会计账务处理。

**2. 账务处理**

按照计提折旧、摊销的金额，财务会计应当借记"业务活动费用"科目，贷记"固定资产累计折旧""无形资产累计摊销""公共基础设施累计折旧（摊销）""保障性住房累计折旧"科目。预算会计不需要做账务处理。为履职或开展业务活动计提折旧或摊销的账务处理如表 5-8 所示。

表 5-8　　为履职或开展业务活动计提折旧或摊销的账务处理

| | 财务会计处理 | 预算会计处理 |
|---|---|---|
| 为履职或开展业务活动计提折旧或摊销 | 借：业务活动费用<br>　　贷：固定资产累计折旧/无形资产累计摊销/公共基础设施累计折旧（摊销）/保障性住房累计折旧 | — |

**3. 案例解析**

【例 5-5】某行政单位的设备 A 专门用于开展业务活动，该设备采用直线法计提折旧，该设备原价为 240 000 元，预计使用年限为 10 年，预计净残值为零。截至 2×19 年 4 月 30 日，该设备已计提折旧 120 000 元，则 2×19 年 5 月 31 日，计提折旧的会计分录如下。

每月折旧金额 = 240 000÷10÷12 = 2 000（元）

财务会计：

借：业务活动费用——固定资产折旧费　　　　　　　　　2 000

　　贷：固定资产累计折旧——设备 A　　　　　　　　　2 000

预算会计不需要做账务处理。

## 5.1.6　为履职或开展业务发生应负担的税金及附加时

**1. 业务概述**

为履职或开展业务活动发生的税金及附加主要有城市维护建设税、教育费附加、地方教育费附加、车船税、房产税、城镇土地使用税等。

**2. 账务处理**

确认其他应交税费时，财务会计应当借记"业务活动费用"科目，贷记"其他应交税费"科目；待实际支付时，借记"其他应交税费"科目，贷记"银行存款"等科目。

对于预算会计，在确认其他应交税费时，不做账务处理；待实际支付时，借记"行政支出"或"事业支出"科目，贷记"资金结存"等科目。为履职或开展业务活动发生应负担的税金及附加的账务处理如表 5-9 所示。

**表 5 - 9    为履职或开展业务活动发生应负担的税金及附加的账务处理**

| | 财务会计处理 | 预算会计处理 |
|---|---|---|
| 确认其他应交税费时 | 借：业务活动费用<br>　贷：其他应交税费 | — |
| 支付其他应交税费时 | 借：其他应交税费<br>　贷：银行存款等 | 借：行政支出/事业支出<br>　贷：资金结存等 |

### 3. 案例解析

【例 5 - 6】某行政单位 2×17 年 1 月，出租办公室产生应交增值税税额为 5 000 元，城市维护建设税税率为 7%，教育费附加的征收率为 3%。与其他应交税费相关的会计分录如下。

城市维护建设税 = 5 000 × 7% = 350（元）

教育费附加 = 5 000 × 3% = 150（元）

（1）计算应交税费时

财务会计：

借：业务活动费用　　　　　　　　　　　　　　　500

　　贷：其他应交税费——城市维护建设税　　　　　　350

　　　　　　　　　　——教育费附加　　　　　　　　150

预算会计不需要做账务处理。

（2）支付税费时

财务会计：

借：其他应交税费——城市维护建设税　　　　　　350

　　　　　　　　——教育费附加　　　　　　　　150

　　贷：银行存款　　　　　　　　　　　　　　　500

预算会计：

借：行政支出　　　　　　　　　　　　　　　　500

　　贷：资金结存——货币资金　　　　　　　　　500

## 5.1.7　计提专用基金

### 1. 业务概述

专用基金是指事业单位按照规定提取或者设置的有专门用途的资金，包括修购基金、职工福利基金、医疗基金和其他基金，根据有关规定专用基金主要从事业收入和经营收入以及单位结余中提取。从事业收入中提取专用基金并计入费用的，应计入业务活动费用。

**2. 账务处理**

根据有关规定从收入中提取专用基金并计入费用的，一般按照预算会计下基于预算收入计算提取的金额，财务会计应当借记"业务活动费用"科目，贷记"专用基金"科目。由于没有实际现金流出，不做预算账务处理。计提专用基金的账务处理如表 5 – 10 所示。

表 5 – 10　　　　　　　　计提专用基金的账务处理

|  | 财务会计处理 | 预算会计处理 |
|---|---|---|
| 计提专用基金 | 借：业务活动费用<br>　　贷：专用基金 | — |

**3. 案例解析**

【例 5 – 7】2 × 19 年，某事业单位按照规定从事业收入中提取 100 000 元作为修购基金，其会计分录如下。

借：业务活动费用——计提专用基金　　　　　　　　100 000

　　贷：专用基金——修购基金　　　　　　　　　　　　100 000

## 5.1.8　购货退回等

**1. 业务概述**

发生当年购货退回等业务，如果已领用并计入业务活动费用，应冲减业务活动费用；如果还未领用，应减少相应的库存物品，同时按照收回或应收的方式增加相应的收入或资产。

**2. 账务处理**

发生当年购货退回等业务，对于已计入本年业务活动费用的，按照收回或应收的金额，财务会计应当借记"财政拨款收入""零余额账户用款额度""银行存款""应收账款"等科目，贷记"业务活动费用""库存物品"科目。

在预算会计中，因购货退回等发生款项退回，或者发生差错更正的，并属于当年支出收回的，按照收回或更正金额，借记"财政拨款预算收入""资金结存"科目，贷记"行政支出"或"事业支出"科目。

购货当年发生购货退回的账务处理如表 5 – 11 所示。

表 5 – 11　　　　　　　购货当年发生购货退回的账务处理

|  | 财务会计处理 | 预算会计处理 |
|---|---|---|
| 购货当年发生购货退回时 | 借：财政拨款收入/零余额账户用款额度/银行存款/应收账款等<br>　　贷：库存物品/业务活动费用 | 借：财政拨款预算收入/资金结存<br>　　贷：行政支出/事业支出 |

**3. 案例解析**

【例5-8】某事业单位已领用的部分库存物品存在质量问题，价值为5 000元，系当年用财政授权支付方式购入的存货，领用当时计入业务活动费用，已做退回处理，收到来自供应商的退款。其会计分录如下。

财务会计：

借：零余额账户用款额度     5 000

    贷：业务活动费用——商品和服务费用     5 000

预算会计：

借：资金结存——零余额账户用款额度     5 000

    贷：事业支出     5 000

## 5.1.9 为履职或开展业务活动发生的其他各项费用

**1. 业务概述**

除上述业务之外，为履职或开展业务活动发生的其他各项费用，应按照费用确认金额计入业务活动费用。

**2. 账务处理**

按照费用确认金额，财务会计应当借记"业务活动费用"科目，贷记"财政拨款收入""零余额账户用款额度""银行存款""应付账款""其他应付款"等科目。同时，在预算会计中，按照实际支付的金额，借记"行政支出"或"事业支出"科目，贷记"财政拨款预算收入""资金结存"科目。为履职或开展业务活动发生其他各项费用的账务处理如表5-12所示。

表5-12     **为履职或开展业务活动发生其他各项费用的账务处理**

| | 财务会计处理 | 预算会计处理 |
| --- | --- | --- |
| 为履职或开展业务活动发生其他各项费用 | 借：业务活动费用<br>  贷：财政拨款收入/零余额账户用款额度/银行存款/应付账款/其他应付款等 | 借：行政支出/事业支出（按照实际支付的金额）<br>  贷：财政拨款预算收入/资金结存 |

**3. 案例解析**

【例5-9】某行政单位用于开展业务的固定资产发生日常维修费用1 000元，该费用不计入固定资产成本，用财政授权支付方式进行支付，其会计分录如下。

　　财务会计：

借：业务活动费用　　　　　　　　　　　　　　　　　1 000

　　　贷：零余额账户用款额度　　　　　　　　　　　　　　　1 000

　　预算会计：

借：行政支出　　　　　　　　　　　　　　　　　　　1 000

　　　贷：资金结存——零余额账户用款额度　　　　　　　　　1 000

## 5.1.10　期末/年末结转

### 1. 业务概述

　　期末，"业务活动费用"科目的本期发生额应转入本期盈余，期末无余额。年末，"行政支出"或"事业支出"科目本年发生额分类结转至相应科目，年末无余额。

### 2. 账务处理

　　期末，"业务活动费用"科目本期发生额转入本期盈余，财务会计应当借记"本期盈余"科目，贷记"业务活动费用"科目。

　　年末，预算会计中对于"行政支出"或"事业支出"科目，将"行政支出"或"事业支出"科目本年发生额中的财政拨款支出转入财政拨款结转，借记"财政拨款结转——本年收支结转"科目，贷记"行政支出"或"事业支出"科目下各财政拨款支出明细科目；将"行政支出"或"事业支出"科目本年发生额中的非同级财政专项资金支出转入非财政拨款结转，借记"非财政拨款结转——本年收支结转"科目，贷记"行政支出"或"事业支出"科目下各非同级财政专项资金支出明细科目；将"行政支出"或"事业支出"科目本年发生额中的其他资金支出（非同级财政、非专项资金支出）转入其他结余，借记"其他结余"科目，贷记"行政支出"或"事业支出"科目下其他资金支出明细科目。期末/年末结转的账务处理如表 5-13 所示。

表 5-13　　　　　　　　　期末/年末结转的账务处理

| | 财务会计处理 | 预算会计处理 |
|---|---|---|
| 期末/年末结转时 | 借：本期盈余<br>　　贷：业务活动费用 | 借：财政拨款结转——本年收支结转（财政拨款支出）<br>　　非财政拨款结转——本年收支结转（非同级财政专项资金支出）<br>　　其他结余（非同级财政、非专项资金支出）<br>　　贷：行政支出/事业支出 |

### 3. 案例解析

　　【例 5-10】2×19 年 12 月 30 日，某事业单位业务活动费用科目余额为

5 000 元，单位管理费用科目余额为 2 000 元，经营费用科目余额为 2 000 元，资产处置费用科目余额为 1 000 元，所得税费用科目余额为 5 000 元，其他费用科目余额为 5 000 元。

期末结转分录如下。

财务会计：

借：本期盈余　　　　　　　　　　　　　　　　20 000

　　贷：业务活动费用　　　　　　　　　　　　　　　5 000

　　　　单位管理费用　　　　　　　　　　　　　　　2 000

　　　　经营费用　　　　　　　　　　　　　　　　　2 000

　　　　资产处置费用　　　　　　　　　　　　　　　1 000

　　　　所得税费用　　　　　　　　　　　　　　　　5 000

　　　　其他费用　　　　　　　　　　　　　　　　　5 000

预算会计不需要做账务处理。

【例 5-11】某行政单位 2×19 年行政支出共计 200 000 元，其中财政拨款支出为 100 000 元，非同级财政专项资金支出为 60 000 元，非同级财政、非专项资金支出为 40 000 元。

年末结转分录如下。

预算会计：

借：财政拨款结转——本年收支结转　　　　　　100 000

　　非财政拨款结转——本年收支结转　　　　　　60 000

　　其他结余　　　　　　　　　　　　　　　　　40 000

　　贷：行政支出　　　　　　　　　　　　　　　200 000

财务会计不需要做账务处理。

# 5.2　单位管理费用

单位管理费用是事业单位专有的费用。事业单位应当设置"单位管理费用"科目核算事业单位本级行政以及后勤管理部门开展管理活动发生的各项费用，包括单位行政以及后勤管理部门发生的人员经费、公用经费、资产折旧（摊销）等费用，以及由单位统一负担的离退休人员经费、工会经费、诉讼费、中介费等。

"单位管理费用"科目应当按照项目、费用类别、支付对象等进行明细核算。为了满足成本核算需要,"单位管理费用"科目下还可按照"工资福利费用""商品和服务费用""对个人和家庭的补助费用""固定资产折旧费""无形资产摊销费"等成本项目设置明细科目,归集能够直接计入单位管理活动或采用一定方法计算后计入单位管理活动的费用。"单位管理费用"科目期末结转后应当无余额。

## 5.2.1　为开展管理活动的本单位人员和外部人员计提并支付薪酬和劳务费

### 1. 业务概述

该业务所指的"薪酬和劳务费"不包括计入在建工程、加工物品、无形资产成本的人员费用,其中本单位人员的薪酬用"应付职工薪酬"科目核算,外部人员的劳务费用"其他应付款"科目核算。

### 2. 账务处理

(1) 计提薪酬和劳务费时

为开展管理活动的本单位人员以及外部人员计提薪酬和劳务费时,按照计算的金额,财务会计应当借记"单位管理费用"科目,贷记"应付职工薪酬"或"其他应付款"科目。由于没有实际现金流出,不做预算会计账务处理。计提本单位管理活动人员和外部人员职工薪酬和劳务费的账务处理如表 5 - 14 所示。

表 5 - 14　计提本单位管理活动人员和外部人员职工薪酬和劳务费的账务处理

|  | 财务会计处理 | 预算会计处理 |
|---|---|---|
| 计提本单位管理活动人员和外部人员职工薪酬和劳务费时 | 借:单位管理费用<br>　贷:应付职工薪酬(本单位人员)<br>　　　其他应付款(外部人员) | — |

(2) 实际支付并代扣个人所得税时

实际支付时,按照计提薪酬和劳务费的金额,财务会计应当借记"应付职工薪酬"或"其他应付款"科目;按照代扣代缴个人所得税的金额,贷记"其他应交税费——应交个人所得税"科目;按照扣税后应付或实际支付的金额,贷记"财政拨款收入""零余额账户用款额度""银行存款"等科目。

同时,按照实际支付给个人的金额,预算会计应当借记"事业支出"科目,贷记"财政拨款预算收入""资金结存"科目。

实际支付并代扣个人所得税的账务处理如表 5 - 15 所示。

表 5 -15　　　　　　实际支付并代扣个人所得税的账务处理

| | 财务会计处理 | 预算会计处理 |
|---|---|---|
| 实际支付给职工和外部人员并代扣个人所得税时 | 借：应付职工薪酬（本单位人员）　　　其他应付款（外部人员）　　　　贷：财政拨款收入/零余额账户用款额度/银行存款等　　　　　　其他应交税费——应交个人所得税 | 借：事业支出（按照支付给个人部分）　　　贷：财政拨款预算收入/资金结存 |

（3）实际缴纳税款时

实际缴纳税款时，按实际缴纳的金额，财务会计应当借记"其他应交税费——应交个人所得税"科目，贷记"银行存款""零余额账户用款额度"等科目。

同时，在预算会计中，按照实际缴纳额，借记"事业支出"科目，贷记"资金结存"等科目。

缴纳代扣代缴个人所得税的账务处理如表 5 - 16 所示。

表 5 -16　　　　　　缴纳代扣代缴个人所得税的账务处理

| | 财务会计处理 | 预算会计处理 |
|---|---|---|
| 缴纳管理活动人员个人所得税 | 借：其他应交税费——应交个人所得税　　　贷：银行存款/零余额账户用款额度等 | 借：事业支出（按照实际缴纳额）　　　贷：资金结存等 |

## 3．案例解析

【例 5 -12】某事业单位本月后勤部门人员薪酬总额为 50 000 元，代扣代缴个人所得税 1 000 元，使用财政直接支付方式支付职工薪酬和个人所得税。账务处理如下。

（1）计提工资时

财务会计：

借：单位管理费用——工资福利费用　　　　　　　　　　　　50 000

　　贷：应付职工薪酬——工资　　　　　　　　　　　　　　　　50 000

预算会计不需要做账务处理。

（2）实际支付给职工并代扣个人所得税时

财务会计：

借：应付职工薪酬——工资　　　　　　　　　　　　　　　　50 000

　　贷：财政拨款收入　　　　　　　　　　　　　　　　　　　49 000

　　　其他应交税费——应交个人所得税　　　　　　　　　1 000

预算会计：

借：事业支出　　　　　　　　　　　　　　　　　　49 000

　　贷：财政拨款预算收入——基本支出（人员经费）　　49 000

（3）实际缴纳税款时

财务会计：

借：其他应交税费——应交个人所得税　　　　　　　1 000

　　贷：银行存款　　　　　　　　　　　　　　　　　　1 000

预算会计：

借：事业支出　　　　　　　　　　　　　　　　　　1 000

　　贷：资金结存——货币资金　　　　　　　　　　　　1 000

## 5.2.2　开展管理活动发生的预付款项

### 1．业务概述

　　事业单位一般会在两种情况下出现为开展管理活动发生的预付款项：一是单位按照购货、服务合同或协议规定预付给供应单位（或个人）的款项，即预付账款；二是单位在业务活动中与其他单位、所属单位或本单位职工发生的临时性待结算款项，如职工预借的差旅费、报销单位领用的备用金等，即暂付款项。

### 2．账务处理

（1）预付账款

　　支付预付账款时，按照预付金额，财务会计应当借记"预付账款"科目，贷记"财政拨款收入""零余额账户用款额度""银行存款"等科目。结算时，按照实际成本，借记"单位管理费用"科目；按照相关预付账款的账面余额，贷记"预付账款"科目；按照实际补付的金额，贷记"财政拨款收入""零余额账户用款额度""银行存款"等科目。

　　对于预算会计，支付款项时，按照预付金额，借记"事业支出"科目，贷记"财政拨款预算收入""资金结存"科目；待结算时，按照补付的金额，借记"事业支出"科目，贷记"财政拨款预算收入""资金结存"科目。

　　开展管理活动发生的预付款项的账务处理如表 5 - 17 所示。

表 5 - 17    开展管理活动发生的预付款项的账务处理

|  | 财务会计处理 | 预算会计处理 |
|---|---|---|
| 支付款项时 | 借：预付账款<br>　　贷：财政拨款收入/零余额账户<br>用款额度/银行存款等 | 借：事业支出<br>　　贷：财政拨款预算收入/<br>资金结存 |
| 结算时 | 借：单位管理费用<br>　　贷：预付账款<br>　　　　财政拨款收入/零余额账户<br>用款额度/银行存款等（补付金额） | 借：事业支出<br>　　贷：财政拨款预算收入/<br>资金结存（补付金额） |

（2）暂付款项

支付款项时，财务会计应当借记"其他应收款"科目，贷记"银行存款"等科目。结算或报销时，借记"单位管理费用"科目，贷记"其他应收款"科目。

对于预算会计，在支付款项时，不做账务处理；待结算或报销时，借记"事业支出"科目，贷记"资金结存"等科目。

开展管理活动发生的暂付款项的账务处理如表 5 - 18 所示。

表 5 - 18    开展管理活动发生的暂付款项的账务处理

|  | 财务会计处理 | 预算会计处理 |
|---|---|---|
| 支付款项时 | 借：其他应收款<br>　　贷：银行存款等 | — |
| 结算或报销时 | 借：单位管理费用<br>　　贷：其他应收款 | 借：事业支出<br>　　贷：资金结存等 |

### 3．案例解析

【例 5 - 13】某事业单位行政人员预借差旅费 5 000 元，用银行存款支付，行政人员出差回来后，财务部门审核所有发票并予以报销，没有发生资金退回或补付。其会计分录如下。

支付款项时：

财务会计：

借：其他应收款　　　　　　　　　　　　　　　　　　5 000

　　贷：银行存款　　　　　　　　　　　　　　　　　　　　5 000

预算会计不做账务处理。

报销时：

财务会计：

借：单位管理费用——商品和服务费用　　　　　　　　5 000

　　　　贷：其他应收款　　　　　　　　　　　　　　　　　　　　5 000

预算会计：

借：事业支出　　　　　　　　　　　　　　　　　　　　　　　5 000

　　　　贷：资金结存——货币资金　　　　　　　　　　　　　　　　5 000

## 5.2.3　为开展管理活动购买资产或支付在建工程款

**1．业务概述**

　　为开展管理活动购买存货、固定资产、无形资产等资产，以及支付在建工程款项时，其初始成本不应直接计入单位管理费用，应在未来期间内通过计提折旧或摊销的方式计入单位管理费用。在预算会计中，应按实际支付的金额直接计入事业支出，在未来期间计提折旧或摊销时不做预算会计账务处理。

**2．账务处理**

　　为开展管理活动购买资产或支付在建工程款时，按照实际支付或应付的价款，财务会计应当借记"库存物品""固定资产""无形资产""在建工程"等科目，贷记"财政拨款收入""零余额账户用款额度""银行存款""应付账款"等科目。

　　同时，在预算会计中，按照实际支付的金额，借记"事业支出"科目，贷记"财政拨款预算收入""资金结存"科目。

　　为管理活动购买资产或支付在建工程款的账务处理如表 5 – 19 所示。

表 5 – 19　　　　　　　为管理活动购买资产或支付在建工程款的账务处理

| | 财务会计处理 | 预算会计处理 |
|---|---|---|
| 为管理活动购买资产或支付在建工程款 | 借：库存物品/固定资产/无形资产/在建工程等<br>　　贷：财政拨款收入/零余额账户用款额度/银行存款/应付账款等 | 借：事业支出（按照实际支付的金额）<br>　　贷：财政拨款预算收入/资金结存 |

**3．案例解析**

　　**【例 5 – 14】** 某事业单位购入不需要安装的设备一台，用于管理活动，设备价格为 800 000 元，运输费及保险费为 100 000 元，全部价款使用财政直接支付方式进行支付。其会计分录如下。

财务会计：

借：固定资产　　　　　　　　　　　　　　　　　　　　　900 000

　　　　贷：财政拨款收入　　　　　　　　　　　　　　　　　900 000

预算会计：

借：事业支出　　　　　　　　　　　　　　　　　　900 000

　　贷：财政拨款预算收入——基本支出（日常公用经费）　900 000

## 5.2.4　管理活动所用固定资产、无形资产计提的折旧（摊销）

### 1. 业务概述

与管理活动相关的固定资产、无形资产，其计提的累计折旧（摊销）应计入单位管理费用。

### 2. 账务处理

按照计提的金额，财务会计应当借记"单位管理费用"科目，贷记"固定资产累计折旧""无形资产累计摊销"科目。由于没有实际现金流出，不做预算会计账务处理。管理活动所用固定资产、无形资产计提折旧、摊销的账务处理如表 5 - 20 所示。

表 5 - 20　　管理活动所用固定资产、无形资产计提折旧、摊销的账务处理

| | 财务会计处理 | 预算会计处理 |
|---|---|---|
| 管理活动所用固定资产、无形资产计提折旧、摊销 | 借：单位管理费用<br>　　贷：固定资产累计折旧/无形资产累计摊销 | — |

### 3. 案例解析

【例 5 - 15】某事业单位的设备 A 专门用于管理活动，该设备采用直线法计提折旧，该设备原价为 60 000 元，预计使用年限为 5 年，预计净残值为零。截至 2×19 年 3 月 31 日，该设备已计提折旧 30 000 元，则 2×19 年 4 月 30 日，计提折旧的会计分录如下。

每月折旧金额 = 60 000 ÷ 5 ÷ 12 = 1 000（元）

财务会计：

借：单位管理费用——固定资产折旧费　　　　　　　　1 000

　　贷：固定资产累计折旧——设备 A　　　　　　　　　1 000

预算会计不需要做账务处理。

## 5.2.5　开展管理活动内部领用库存物品

### 1. 业务概述

该业务仅核算单位开展管理活动内部领用的库存物品，不包括按照规定自

主出售发出或加工发出的库存物品。

**2．账务处理**

为开展管理活动领用库存物品时，按照领用的库存物品的成本，财务会计应当借记"单位管理费用"科目，贷记"库存物品"科目。由于没有实际现金流出，不做预算会计账务处理。开展管理活动领用库存物品的账务处理如表 5－21 所示。

表 5－21　　　　　开展管理活动领用库存物品的账务处理

|  | 财务会计处理 | 预算会计处理 |
|---|---|---|
| 开展管理活动领用库存物品 | 借：单位管理费用<br>　　贷：库存物品 | — |

**3．案例解析**

【例 5－16】2×19 年 5 月，某事业单位后勤部门领用库存物品，成本为 3 000 元，其会计分录如下。

财务会计：

借：单位管理费用——商品和服务费用　　　　　　　3 000

　　贷：库存物品　　　　　　　　　　　　　　　　　　3 000

预算会计不需要做账务处理。

## 5.2.6　开展管理活动发生应负担的税金及附加

**1．业务概述**

为开展管理活动发生的税金及附加主要有城市维护建设税、教育费附加、地方教育费附加、车船税、房产税、城镇土地使用税等。

**2．账务处理**

确认其他应交税费时，按照计算确定的金额，财务会计应当借记"单位管理费用"科目，贷记"其他应交税费"科目；待实际支付时，借记"其他应交税费"科目，贷记"银行存款"等科目。

对于预算会计，在确认其他应交税费时，不做账务处理；待实际缴纳时，借记"事业支出"科目，贷记"资金结存"等科目。

开展管理活动发生应负担的税金及附加的账务处理如表 5－22 所示。

**表 5－22　　开展管理活动发生应负担的税金及附加的账务处理**

| | 财务会计处理 | 预算会计处理 |
|---|---|---|
| 按照计算确定应缴纳的金额 | 借：单位管理费用<br>　　贷：其他应交税费 | — |
| 实际缴纳时 | 借：其他应交税费<br>　　贷：银行存款等 | 借：事业支出<br>　　贷：资金结存等 |

**3．案例解析**

【例 5－17】2×19 年，某事业单位管理用车辆发生车船税 460 元，已用银行存款支付，其会计分录如下。

确认其他应交税费时：

财务会计：

借：单位管理费用——商品和服务费用　　　　　　　　　　460

　　贷：其他应交税费——车船税　　　　　　　　　　　　　　460

预算会计不做账务处理。

缴纳税款时：

财务会计：

借：其他应交税费——车船税　　　　　　　　　　　　　460

　　贷：银行存款　　　　　　　　　　　　　　　　　　　　460

预算会计：

借：事业支出　　　　　　　　　　　　　　　　　　　460

　　贷：资金结存——货币资金　　　　　　　　　　　　　　460

## 5.2.7　购货退回等

**1．业务概述**

发生当年购货退回等业务，如果已领用并计入单位管理费用，应冲减单位管理费用；如果还未领用，应减少相应的库存物品，同时按照收回或应收的方式增加相应的收入或资产。

**2．账务处理**

发生当年购货退回等业务，对于已计入本年单位管理费用的，按照收回或应收的金额，财务会计应当借记"财政拨款收入""零余额账户用款额度""银行存款""应收账款"等科目，贷记"库存物品""单位管理费用"等科目。

在预算会计中，因购货退回等发生款项退回，或者发生差错更正的，并属于当年支出收回的，按照收回或更正金额，借记"财政拨款预算收入""资金结存"等科目,贷记"事业支出"科目。

购货退回的账务处理如表 5 - 23 所示。

表 5 - 23　　　　　　　　　购货退回的账务处理

| | 财务会计处理 | 预算会计处理 |
|---|---|---|
| 购货退回时 | 借:财政拨款收入/零余额账户用款额度/银行存款/应收账款等<br>　　贷:库存物品/单位管理费用等 | 借:财政拨款预算收入/资金结存<br>　　贷:事业支出 |

**3. 案例解析**

【例 5 - 18】某事业单位已领用的部分库存物品存在质量问题,价值为 2 000 元,系当年用财政授权支付方式购入的存货,领用当时计入单位管理费用,已做退回处理,收到来自供应商的退款。其会计分录如下。

财务会计:

借:零余额账户用款额度　　　　　　　　　　　　　　　2 000

　　贷:单位管理费用——商品和服务费用　　　　　　　　　2 000

预算会计:

借:资金结存——零余额账户用款额度　　　　　　　　　2 000

　　贷:事业支出　　　　　　　　　　　　　　　　　　　2 000

## 5.2.8　发生的其他与管理活动相关的各项费用

**1. 业务概述**

除上述业务之外,为开展管理活动发生的其他各项费用,应按照费用确认金额计入单位管理费用。

**2. 账务处理**

按照费用确认金额,财务会计应当借记"单位管理费用"科目,贷记"财政拨款收入""零余额账户用款额度""银行存款""应付账款"等科目。同时,在预算会计中,按照实际支付的金额,借记"事业支出"科目,贷记"财政拨款预算收入""资金结存"科目。发生的其他与管理活动相关的各项费用的账务处理如表 5 - 24 所示。

表 5 - 24　　　　发生的其他与管理活动相关的各项费用的账务处理

| | 财务会计处理 | 预算会计处理 |
|---|---|---|
| 发生的其他与管理活动相关的各项费用 | 借:单位管理费用<br>　　贷:财政拨款收入/零余额账户用款额度/银行存款/应付账款等 | 借:事业支出(按照实际支付的金额)<br>　　贷:财政拨款预算收入/资金结存 |

### 3．案例解析

【例 5 - 19】某事业单位管理用固定资产发生日常维修费用 5 000 元，该费用不计入固定资产成本，用财政授权支付方式进行支付，其会计分录如下。

财务会计：

借：单位管理费用——商品和服务费用　　　　　　　　　5 000

　　贷：零余额账户用款额度　　　　　　　　　　　　　　　5 000

预算会计：

借：事业支出　　　　　　　　　　　　　　　　　　　　5 000

　　贷：资金结存——零余额账户用款额度　　　　　　　　　5 000

## 5.2.9　期末/年末结转

### 1．业务概述

期末，"单位管理费用"科目的本期发生额应转入本期盈余，期末无余额。年末，"事业支出"科目本年发生额分类结转至相应科目，年末无余额。

### 2．账务处理

期末，"单位管理费用"科目本期发生额转入本期盈余，财务会计应当借记"本期盈余"科目，贷记"单位管理费用"科目。

年末，预算会计中，对于"事业支出"科目，将"事业支出"科目本年发生额中的财政拨款支出转入财政拨款结转，借记"财政拨款结转——本年收支结转"科目，贷记"事业支出"科目下各财政拨款支出明细科目；将"事业支出"科目本年发生额中的非同级财政专项资金支出转入非财政拨款结转，借记"非财政拨款结转——本年收支结转"科目，贷记"事业支出"科目下各非同级财政专项资金支出明细科目；将"事业支出"科目本年发生额中的其他资金支出（非财政、非专项资金支出）转入其他结余，借记"其他结余"科目，贷记"事业支出"科目下其他资金支出明细科目。期末/年末结转的账务处理如表 5 - 25所示。

表 5 - 25　　　　　　　　　期末/年末结转的账务处理

| | 财务会计处理 | 预算会计处理 |
| --- | --- | --- |
| 期末/年末结转时 | 借：本期盈余<br>　　贷：单位管理费用 | 借：财政拨款预算结转——本年收支结转（财政拨款支出）<br>　　非财政拨款结转——本年收支结转（非同级财政专项资金支出）<br>　　其他结余（非财政、非专项资金支出）<br>　　贷：事业支出 |

### 3. 案例解析

【例 5 - 20】2×19 年 12 月 30 日，某事业单位业务活动费用科目余额为 5 000 元，单位管理费用科目余额为 2 000 元，经营费用科目余额为 2 000 元，资产处置费用科目余额为 1 000 元，所得税费用科目余额为 5 000 元，其他费用科目余额为 5 000 元。

期末结转分录如下。

借：本期盈余　　　　　　　　　　　　　　　20 000
　　贷：业务活动费用　　　　　　　　　　　　　5 000
　　　　单位管理费用　　　　　　　　　　　　　2 000
　　　　经营费用　　　　　　　　　　　　　　　2 000
　　　　资产处置费用　　　　　　　　　　　　　1 000
　　　　所得税费用　　　　　　　　　　　　　　5 000
　　　　其他费用　　　　　　　　　　　　　　　5 000

## 5.3　经营费用与经营支出

### 1. 经营费用

事业单位应当设置"经营费用"科目核算事业单位在专业业务活动及其辅助活动之外开展非独立核算经营活动发生的各项费用，经营费用属于事业单位专有费用。"经营费用"科目应当按照经营活动类别、项目、支付对象等进行明细核算。为了满足成本核算需要，"经营费用"科目下还可按照"工资福利费用""商品和服务费用""对个人和家庭的补助费用""固定资产折旧费""无形资产摊销费"等成本项目设置明细科目，归集能够直接计入单位经营活动或采用一定方法计算后计入单位经营活动的费用。"经营费用"科目期末结转后无余额。

### 2. 经营支出

事业单位应当设置"经营支出"科目核算事业单位在专业业务活动及其辅助活动之外开展非独立核算经营活动实际发生的各项现金流出。"经营支出"科目属于事业单位专有科目。"经营支出"科目应当按照经营活动类别、项目、《政府收支分类科目》中"支出功能分类科目"的项级科目和"部门预算支出经济分类科目"的款级科目等进行明细核算。"经营支出"科目年末结转后无余额。

## 5.3.1 为经营活动人员支付职工薪酬

**1. 业务概述**

事业单位开展专业业务活动及其辅助活动的人员的薪酬以及劳务费计入业务活动费用，而开展非独立核算经营活动的人员的薪酬计入经营费用。

**2. 账务处理**

（1）计提工资时

为开展经营活动的职工以及外部人员计提薪酬时，按照计算的金额，财务会计应当借记"经营费用"科目，贷记"应付职工薪酬"科目。计提时没有实际的现金流出，因此不做预算会计的账务处理。为经营活动人员计提工资和劳务费的账务处理如表 5 - 26 所示。

表 5 - 26　　为经营活动人员计提工资和劳务费的账务处理

| | 财务会计处理 | 预算会计处理 |
|---|---|---|
| 为经营活动人员计提工资和劳务费 | 借：经营费用<br>　　贷：应付职工薪酬 | — |

（2）实际支付并代扣个人所得税时

实际支付时，按照计提工资和劳务费的金额，财务会计应当借记"应付职工薪酬"科目；按照代扣代缴个人所得税的金额，贷记"其他应交税费——应交个人所得税"科目；按照扣税后应付或实际支付的金额，贷记"财政拨款收入""零余额账户用款额度""银行存款"等科目。

同时，按照实际支付给个人的金额，预算会计应当借记"经营支出"科目，贷记"资金结存——货币资金"科目。

为经营活动人员支付工资和劳务费并代扣个人所得税的账务处理如表 5 - 27 所示。

表 5 - 27　　为经营活动人员支付工资和劳务费并代扣个人所得税的账务处理

| | 财务会计处理 | 预算会计处理 |
|---|---|---|
| 为经营活动人员支付工资和劳务费并代扣个人所得税 | 借：应付职工薪酬<br>　　贷：财政拨款收入/零余额账户用款额度/银行存款等<br>　　　　其他应交税费——应交个人所得税 | 借：经营支出（按照支付给个人部分）<br>　　贷：资金结存——货币资金 |

（3）实际缴纳税款时

实际缴纳税款时，按实际缴纳的金额，财务会计应当借记"其他应交税费——应交个人所得税"科目，贷记"银行存款"等科目。

同时，预算会计按照实际缴纳额，借记"经营支出"科目，贷记"资金结存——货币资金"科目。

为经营活动人员缴纳个人所得税的账务处理如表 5－28 所示。

**表 5－28      为经营活动人员缴纳个人所得税的账务处理**

|  | 财务会计处理 | 预算会计处理 |
|---|---|---|
| 为经营活动人员缴纳个人所得税 | 借：其他应交税费——应交个人所得税<br>　　贷：银行存款等 | 借：经营支出（按照实际缴纳额）<br>　　贷：资金结存——货币资金 |

### 3．案例解析

【例 5－21】某事业单位开展经营活动，2×19 年 4 月经营活动人员薪酬总额为 70 000 元，代扣代缴个人所得税 3 000 元，使用银行存款支付职工薪酬和个人所得税。账务处理如下。

（1）计提工资时

财务会计：

借：经营费用——工资福利费用　　　　　　　　　　70 000

　　贷：应付职工薪酬——工资　　　　　　　　　　　　70 000

预算会计不需要做账务处理。

（2）实际支付给职工并代扣个人所得税时

财务会计：

借：应付职工薪酬——工资　　　　　　　　　　　　70 000

　　贷：银行存款　　　　　　　　　　　　　　　　　67 000

　　　　其他应交税费——应交个人所得税　　　　　　　3 000

预算会计：

借：经营支出——工资福利支出　　　　　　　　　　67 000

　　贷：资金结存——货币资金　　　　　　　　　　　　67 000

（3）实际缴纳税款时

财务会计：

借：其他应交税费——应交个人所得税　　　　　　　3 000

　　贷：银行存款　　　　　　　　　　　　　　　　　3 000

预算会计：

借：经营支出　　　　　　　　　　　　　　　　　　3 000

　　　　贷：资金结存——货币资金　　　　　　　　　　　　3 000

### 5.3.2　为开展经营活动购买资产或支付在建工程款

**1. 业务概述**

　　为开展经营活动购买存货、固定资产、无形资产等资产，以及支付在建工程款项时，其初始成本不应直接计入经营费用，应在未来期间内通过计提折旧或摊销的方式计入经营费用。在预算会计中，应按实际支付的金额直接计入经营支出，在未来期间计提折旧或摊销时不做预算会计账务处理。

**2. 账务处理**

　　为开展经营活动购买资产或支付在建工程款时，按照实际支付或应付的价款，财务会计应当借记"库存物品""固定资产""无形资产""在建工程"科目，贷记"银行存款""应付账款"等科目。

　　同时，在预算会计中，按照实际支付价款，借记"经营支出"科目，贷记"资金结存——货币资金"科目。

　　为开展经营活动购买资产或支付在建工程款的账务处理如表5-29所示。

表5-29　　　　　**为开展经营活动购买资产或支付在建工程款的账务处理**

| | 财务会计处理 | 预算会计处理 |
|---|---|---|
| 为开展经营活动购买资产或支付在建工程款 | 借：库存物品/固定资产/无形资产/在建工程<br>　　贷：银行存款/应付账款等 | 借：经营支出<br>　　贷：资金结存——货币资金<br>（按照实际支付金额） |

**3. 案例解析**

　　【例5-22】2×19年5月，某事业单位购买一项专利权，价值为240 000元，用于开展经营活动，全部价款使用银行存款支付。其会计分录如下。

　　财务会计：

　　借：无形资产　　　　　　　　　　　　　　　　　　　240 000

　　　　贷：银行存款　　　　　　　　　　　　　　　　　240 000

　　预算会计：

　　借：经营支出——资本性支出　　　　　　　　　　　　240 000

　　　　贷：资金结存——货币资金　　　　　　　　　　　240 000

### 5.3.3　经营活动用固定资产、无形资产计提的折旧、摊销

**1. 业务概述**

　　与经营活动相关的固定资产、无形资产，其计提的累计折旧、摊销应计入

经营费用。

### 2. 账务处理

按照计提的折旧、摊销额，财务会计应当借记"经营费用"科目，贷记"固定资产累计折旧""无形资产累计摊销"科目。由于没有实际现金流出，不做预算会计账务处理。经营活动用固定资产、无形资产的折旧、摊销的账务处理如表 5 – 30 所示。

表 5 – 30　　经营活动用固定资产、无形资产的折旧、摊销的账务处理

| | 财务会计处理 | 预算会计处理 |
| --- | --- | --- |
| 经营活动用固定资产、无形资产的折旧、摊销 | 借：经营费用<br>　　贷：固定资产累计折旧/无形资产累计摊销 | — |

### 3. 案例解析

【例 5 – 23】沿用【例 5 – 22】，假如该项专利权摊销年限为 10 年，则 2×19 年 5 月计提无形资产摊销的会计分录如下。

无形资产摊销金额 = 240 000 ÷ 10 ÷ 12 = 2 000（元）

财务会计：

借：经营费用——无形资产摊销费　　　　　　　　　　2 000

　　贷：无形资产累计摊销　　　　　　　　　　　　　2 000

预算会计不需要做账务处理。

## 5.3.4　开展经营活动内部领用材料或出售发出物品等

### 1. 业务概述

开展经营活动内部领用材料或出售发出物品时，应按领用材料或发出物品的成本计入经营费用。在最初购买该资产时已计入预算支出类科目，因此在领用或发出时不需再做预算会计处理。

### 2. 账务处理

为开展经营活动内部领用或出售库存物品时，按照领用的库存物品的成本，财务会计应当借记"经营费用"科目，贷记"库存物品"科目。在最初购买该资产时已计入预算支出类科目，因此在领用或发出时不需再做预算会计账务处理。为开展经营活动内部领用材料或出售发出物品的账务处理如表 5 – 31 所示。

表 5 – 31 　　　　为开展经营活动内部领用材料或出售发出物品的账务处理

| | 财务会计处理 | 预算会计处理 |
|---|---|---|
| 为开展经营活动内部领用材料或出售发出物品 | 借：经营费用<br>　　贷：库存物品 | — |

### 3．案例解析

【例 5 – 24】某事业单位开展经营活动，2×19 年 4 月出售一批库存物品，已发出，该批物品的成本为 50 000 元，其会计处理如下。

财务会计：

借：经营费用——商品和服务费用　　　　　　　　　50 000

　　贷：库存物品　　　　　　　　　　　　　　　　　　　50 000

预算会计不需要做账务处理。

## 5.3.5　开展经营活动发生的预付款项

### 1．业务概述

对于经营活动相关的预付款项，可通过在"经营费用"科目下设置"待处理"明细科目进行明细核算，待确认具体支出项目后再转入"经营费用"科目下相关明细科目。年末结账前，应将"经营费用"科目"待处理"明细科目余额全部转入"经营费用"科目下相关明细科目。

### 2．账务处理

（1）预付时

预付时，按照预付的金额，财务会计应当借记"预付账款"科目，贷记"银行存款"等科目；同时，按照预付金额，预算会计应当借记"经营支出"科目，贷记"资金结存——货币资金"科目。开展经营活动发生预付账款的账务处理如表 5 – 32 所示。

表 5 – 32 　　　　开展经营活动发生预付账款的账务处理

| | 财务会计处理 | 预算会计处理 |
|---|---|---|
| 开展经营活动发生预付账款，预付时 | 借：预付账款<br>　　贷：银行存款等 | 借：经营支出<br>　　贷：资金结存——货币资金 |

（2）结算时

结算时，按照最终结算金额，财务会计应当借记"经营费用"科目；按照相关预付账款的账面余额，贷记"预付账款"科目；按照实际补付的金额，贷记"银行存款"等科目。同时，按照补付金额，预算会计应当借记"经营支出"科目，贷记"资金结存——货币资金"科目。经营活动预付账款结算的账务处理如表 5-33 所示。

表 5-33　　　　　　　经营活动预付账款结算的账务处理

| | 财务会计处理 | 预算会计处理 |
|---|---|---|
| 经营活动预付账款结算 | 借：经营费用<br>　贷：预付账款<br>　　　银行存款等（补付金额） | 借：经营支出<br>　贷：资金结存——货币资金（补付金额） |

**3．案例解析**

【例 5-25】某事业单位开展经营活动，拟向 A 公司购入出售用商品，价值为 100 000 元。2×19 年 7 月 17 日，该事业单位用银行存款向 A 公司预付 30% 的款项，7 月 28 日，收到货物，验货后向 A 公司支付余下 70% 的款项。其会计分录如下。

（1）预付 30% 价款时

财务会计：

借：预付账款——A 公司　　　　　　　　　　　　30 000

　　贷：银行存款　　　　　　　　　　　　　　　　30 000

预算会计：

借：经营支出——商品和服务费用　　　　　　　　30 000

　　贷：资金结存——货币资金　　　　　　　　　　30 000

（2）验货后支付剩余 70% 价款时

财务会计：

借：经营费用——待处理　　　　　　　　　　　　100 000

　　贷：预付账款——A 公司　　　　　　　　　　　30 000

　　　　银行存款　　　　　　　　　　　　　　　　70 000

预算会计：

借：经营支出——商品和服务费用　　　　　　　　70 000

　　贷：资金结存——货币资金　　　　　　　　　　70 000

## 5.3.6　开展经营活动发生应负担的税金及附加

**1．业务概述**

为开展经营活动发生的税金及附加主要有城市维护建设税、教育费附加、地方教育费附加、车船税、房产税、城镇土地使用税等。

**2. 账务处理**

确认其他应交税费时，按照计算确定的金额，财务会计应当借记"经营费用"科目，贷记"其他应交税费"科目；待实际缴纳时，借记"其他应交税费"科目，贷记"银行存款"等科目。

对于预算会计，在确认其他应交税费时，不做账务处理；待实际支付时，借记"经营支出"科目，贷记"资金结存——货币资金"科目。

开展经营活动发生应负担的税金及附加的账务处理如表 5 - 34 所示。

表 5 - 34　　　　开展经营活动发生应负担的税金及附加的账务处理

| | 财务会计处理 | 预算会计处理 |
|---|---|---|
| 确认其他应交税费时 | 借：经营费用<br>　　贷：其他应交税费 | — |
| 实际缴纳时 | 借：其他应交税费<br>　　贷：银行存款等 | 借：经营支出<br>　　贷：资金结存——货币资金 |

**3. 案例解析**

【例 5 - 26】某事业单位开展经营活动，2×19 年 1 月，出售库存物品取得收入 20 000 元，增值税销项税额为 2 600 元，城市维护建设税税率为 7%，教育费附加的征收率为 3%。计提并缴纳城市维护建设税以及教育费附加的会计分录如下。

城市维护建设税 = 2 600 × 7% = 182（元）

教育费附加 = 2 600 × 3% = 78（元）

（1）计算应交税费时

财务会计：

借：经营费用——商品和服务费用　　　　　　　　　　　260

　　贷：其他应交税费——城市维护建设税　　　　　　　182

　　　　　　　　　　　——教育费附加　　　　　　　　 78

预算会计不需要做账务处理。

（2）缴纳税费时

财务会计：

借：其他应交税费——城市维护建设税　　　　　　　　182

　　　　　　　　——教育费附加　　　　　　　　　　 78

　　贷：银行存款　　　　　　　　　　　　　　　　　　260

预算会计：

借：经营支出——商品和服务费用　　　　　　　　　　260

　　贷：资金结存——货币资金　　　　　　　　　　　　260

### 5.3.7　计提专用基金

**1. 业务概述**

专用基金是指事业单位按照规定提取或者设置的有专门用途的资金，包括修购基金、职工福利基金、医疗基金和其他基金。根据有关规定主要从事业收入和经营收入以及单位结余中提取，从经营收入中提取专用基金并计入费用的，应计入经营费用。

**2. 账务处理**

根据有关规定从经营收入中提取专用基金并计入费用的，按照计算提取的金额，财务会计应当借记"经营费用"科目，贷记"专用基金"科目。预算会计不需要做账务处理。从经营收入计提专用基金的账务处理如表 5 - 35 所示。

**表 5 - 35　　　　从经营收入计提专用基金的账务处理**

| | 财务会计处理 | 预算会计处理 |
|---|---|---|
| 从经营收入计提专用基金 | 借：经营费用<br>　　贷：专用基金 | — |

**3. 案例解析**

**【例 5 - 27】** 2×19 年，某事业单位按照规定从经营收入中提取 80 000 元作为修购基金，其会计分录如下。

借：经营费用——计提专用基金　　　　　　　　　80 000
　　贷：专用基金——修购基金　　　　　　　　　　　　80 000

预算会计不需要做账务处理。

### 5.3.8　购货退回等

**1. 业务概述**

发生当年购货退回等业务，如果已领用或发出并计入经营费用，应冲减经营费用；如果还未领用，应减少相应的库存物品，同时按照收回或应收的方式增加相应的收入或资产。

**2. 账务处理**

发生当年购货退回等业务，对于已计入本年经营费用的，财务会计应当按照收回或应收的金额，借记"银行存款""应收账款"等科目，贷记"库存物品""经营费用"等科目。

在预算会计中，开展经营活动中因购货退回等发生款项退回，或者发生差错更正的，并属于当年支出收回的，按照实际收到的金额，借记"资金结存——货币资金"科目，贷记"经营支出"科目。

经营活动购货退回的账务处理如表 5 - 36 所示。

表 5 - 36　　　　　　经营活动购货退回的账务处理

| | 财务会计处理 | 预算会计处理 |
|---|---|---|
| 当年发生的经营活动购货退回 | 借：银行存款/应收账款等<br>　贷：库存物品/经营费用等 | 借：资金结存——货币资金（按照实际收到的金额）<br>　贷：经营支出 |

**3. 案例解析**

【例 5 - 28】某事业单位经营部门已发出的部分库存物品存在质量问题，价值为 2 000 元，系当年用银行存款支付方式购入的存货，领用当时计入经营费用，已收回并做退货处理，收到来自供应商的退款。其会计分录如下。

财务会计：

借：银行存款　　　　　　　　　　　　　　　　　　2 000

　　贷：经营费用——商品和服务费用　　　　　　　　　　2 000

预算会计：

借：资金结存——货币资金　　　　　　　　　　　　2 000

　　贷：经营支出——商品和服务支出　　　　　　　　　　2 000

## 5.3.9　开展经营活动发生的其他各项费用

**1. 业务概述**

除上述业务之外，为开展经营活动发生的其他各项费用，应按照费用确认金额计入经营费用。

**2. 账务处理**

按照费用确认金额，财务会计应当借记"经营费用"科目，贷记"银行存款""应付账款"等科目。同时，在预算会计中，按照实际支付的金额，借记"经营支出"科目，贷记"资金结存——货币资金"科目。开展经营活动发生的其他各项费用的账务处理如表 5 - 37 所示。

表 5 - 37　　　　开展经营活动发生的其他各项费用的账务处理

| | 财务会计处理 | 预算会计处理 |
|---|---|---|
| 开展经营活动发生的其他各项费用时 | 借：经营费用<br>　贷：银行存款/应付账款等 | 借：经营支出（按照实际支付的金额）<br>　贷：资金结存——货币资金 |

**3．案例解析**

【例 5 - 29】2×19 年 5 月，某事业单位发生经营部门退职人员生活补贴 3 000 元，已用银行存款支付，其会计分录如下。

财务会计：

借：经营费用——对个人和家庭的补助费用 3 000

    贷：银行存款 3 000

预算会计：

借：经营支出——对个人和家庭的补助 3 000

    贷：资金结存——货币资金 3 000

## 5.3.10 期末/年末结转

**1．业务概述**

期末，"经营费用"科目的本期发生额应转入本期盈余，期末无余额。年末，"经营支出"科目本年发生额结转至经营结余，年末无余额。

**2．账务处理**

期末，"经营费用"科目本期发生额转入本期盈余，财务会计应当借记"本期盈余"科目，贷记"经营费用"科目。

年末，"经营支出"科目本年发生额转入经营结余，预算会计应当借记"经营结余"科目，贷记"经营支出"科目。

经营费用与经营支出期末/年末结转的账务处理如表 5 - 38 所示。

表 5 - 38　　　　　经营费用与经营支出期末/年末结转的账务处理

| | 财务会计处理 | 预算会计处理 |
|---|---|---|
| 经营费用与经营支出期末/年末结转 | 借：本期盈余<br>   贷：经营费用 | 借：经营结余<br>   贷：经营支出 |

**3．案例解析**

【例 5 - 30】2×19 年 12 月，某事业单位开展经营活动产生的经营费用为 60 000 元，其结转会计分录如下。

财务会计：

借：本期盈余 60 000

    贷：经营费用 60 000

预算会计不需要做账务处理。

【例 5 - 31】2×19 年年末，某事业单位经营支出借方余额为 250 000 元，其结转会计分录如下。

预算会计：

借：经营结余                                                250 000

　　　贷：经营支出                                            250 000

财务会计不需要做账务处理。

# 5.4　资产处置费用

资产处置的形式按照规定包括无偿调拨、出售、出让、转让、置换、对外捐赠、报废、损毁以及货币性资产损失核销等。行政事业单位应当设置"资产处置费用"科目核算单位经批准处置资产时发生的费用，包括转销的被处置资产价值，以及在处置过程中发生的相关费用或者处置收入小于相关费用形成的净支出。"资产处置费用"科目应当按照处置资产的类别、资产处置的形式等进行明细核算。"资产处置费用"科目期末结转后无余额。

存货、固定资产、无形资产、公共基础设施、文物文化资产、保障性住房、政府储备物资等资产的处置应通过该科目核算，但应收款项、短期投资、长期股权、债券投资资产的处置不通过该科目核算，应按照相关科目进行账务处理。

## 5.4.1　不通过"待处理财产损溢"科目核算的资产处置

### 1. 业务概述

通过无偿调拨、出售、出让、转让、置换、对外捐赠等方式处置的固定资产、无形资产、公共基础设施、保障性住房等资产不通过"待处理财产损溢"科目核算，直接通过"资产处置费用"科目核算。此外，行政单位对于超过规定年限、确认无法收回的其他应收款，按照规定报经批准后予以核销的亦通过"资产处置费用"科目核算。

### 2. 账务处理

（1）转销被处置资产账面价值

转销被处置资产时，按照处置资产的账面价值，财务会计应当借记"资产处置费用"科目，处置固定资产、无形资产、公共基础设施、保障性住房的，还应借记"固定资产累计折旧""无形资产累计摊销""公共基础设施累计折旧（摊销）""保障性住房累计折旧"科目；按照处置资产的账面余额，贷记"库存物品""固定资产""无形资产""公共基础设施""政府储备物资""文物文化资产""保障性住房""其他应收款""在建工程"等科目。由于没有实际现金流入或流出，不做预算会计账务处理。转销被处置资产账面价值的账务处理如表 5 - 39 所示。

表 5 - 39　　　　　　　　　转销被处置资产账面价值的账务处理

| | 财务会计处理 | 预算会计处理 |
|---|---|---|
| 转销被处置资产账面价值 | 借：资产处置费用<br>　固定资产累计折旧/无形资产累计摊销/公共基础设施累计折旧（摊销）/保障性住房累计折旧<br>　　贷：库存物品/固定资产/无形资产/公共基础设施/政府储备物资/文物文化资产/保障性住房/在建工程等（账面余额）<br>　　　其他应收款（行政单位） | — |

（2）处置资产过程中仅发生相关费用的

处置资产过程中仅发生相关费用的，按照实际发生金额，财务会计应当借记"资产处置费用"科目，贷记"银行存款""库存现金"等科目。

同时，在预算会计中，按照实际发生金额，借记"其他支出"科目，贷记"资金结存"科目。

资产处置过程中产生的费用的账务处理如表 5 - 40 所示。

表 5 - 40　　　　　　　　资产处置过程中产生的费用的账务处理

| | 财务会计处理 | 预算会计处理 |
|---|---|---|
| 资产处置过程中产生的费用 | 借：资产处置费用<br>　贷：银行存款/库存现金等 | 借：其他支出<br>　贷：资金结存 |

（3）处置资产过程中取得收入的

处置资产过程中取得收入的，按照取得的价款，财务会计应当借记"库存现金""银行存款"等科目；按照支付的费用金额，贷记"银行存款""库存现金"等科目；如果差额在贷方，则借记"资产处置费用"，如果差额借方，则贷记"应缴财政款"科目。预算会计不做账务处理。资产处置过程中取得收入的账务处理如表 5 - 41 所示。

表 5 - 41　　　　　　　　　资产处置过程中取得收入的账务处理

| | 财务会计处理 | 预算会计处理 |
|---|---|---|
| 资产处置过程中取得收入 | 借：库存现金/银行存款等（取得的价款）<br>　贷：银行存款/库存现金等（支付的相关费用）<br>　　应缴财政款<br>若借方差额还应借记"资产处置费用"科目 | — |

**3．案例解析**

【例5－32】某行政单位经批准无偿调出一项专利权，该项专利权原价为500 000元，已计提摊销300 000元，调出过程中发生相关费用10 000元，已通过银行存款支付。其会计分录如下。

财务会计：

借：资产处置费用　　　　　　　　　　　　　　　　200 000
　　无形资产累计摊销　　　　　　　　　　　　　　300 000
　　　贷：无形资产　　　　　　　　　　　　　　　　　　500 000
借：资产处置费用　　　　　　　　　　　　　　　　10 000
　　　贷：银行存款　　　　　　　　　　　　　　　　　　10 000

预算会计：

借：其他支出　　　　　　　　　　　　　　　　　　10 000
　　　贷：资金结存——货币资金　　　　　　　　　　　　10 000

## 5.4.2　通过"待处理财产损溢"科目核算的资产处置

**1．业务概述**

行政事业单位在资产清查中查明的资产盘亏、毁损以及资产报废等，应当先通过"待处理财产损溢"科目进行核算，再将处理资产价值和处理净支出记入"资产处置费用"科目。

**2．账务处理**

（1）行政事业单位账款核对中发现的现金短缺，属于无法查明原因的，报经批准核销时，财务会计应当借记"资产处置费用"科目，贷记"待处理财产损溢"科目，此时不需要做预算会计账务处理。发现现金短缺的账务处理如表5－42所示。

表5－42　　　　　　　　　　发现现金短缺的账务处理

| | 财务会计处理 | 预算会计处理 |
|---|---|---|
| 账款核对中发现的现金短缺，无法查明原因的，报经批准核销时 | 借：资产处置费用<br>　　贷：待处理财产损溢 | — |

（2）行政事业单位资产清查过程中盘亏或者毁损、报废的存货、固定资产、无形资产、公共基础设施、政府储备物资、文物文化资产、保障性住房等，报经批准处理时，按照处理资产价值，财务会计应当借记"资产处置费用"科目，

贷记"待处理财产损溢——待处理财产价值"科目。预算会计不需要做账务处理。

处理收支结清时，处理过程中所取得收入小于所发生相关费用的，按照相关费用减去处理收入后的净支出，财务会计应当借记"资产处置费用"科目，贷记"待处理财产损溢——处理净收入"科目。同时，在预算会计中，按照净支出金额，借记"其他支出"科目，贷记"资金结存"科目。盘亏、毁损、报废的资产的账务处理如表 5 – 43 所示。

表 5 – 43　　　　　　　盘亏、毁损、报废的资产的账务处理

|  | 财务会计处理 | 预算会计处理 |
|---|---|---|
| 经批准处理时 | 借：资产处置费用<br>　　贷：待处理财产损溢——待处理财产价值 | — |
| 处理过程中所发生的费用大于所取得的收入的 | 借：资产处置费用<br>　　贷：待处理财产损溢——处理净收入 | 借：其他支出（净支出）<br>　　贷：资金结存 |

**3．案例解析**

【例 5 – 33】某行政单位在资产清查过程中发现用于开展业务活动的设备 A 已老化，无法继续正常使用，应报废。该设备原价为 300 000 元，已计提折旧 280 000 元。经批准后，设备 A 已做报废处理。其会计分录如下。

财务会计：

借：待处理财产损溢——待处理财产价值　　　　　　　　20 000

　　固定资产累计折旧　　　　　　　　　　　　　　　　280 000

　　贷：固定资产　　　　　　　　　　　　　　　　　　　　300 000

借：资产处置费用　　　　　　　　　　　　　　　　　　20 000

　　贷：待处理财产损溢——待处理财产价值　　　　　　　　　20 000

预算会计不需要做账务处理。

## 5.4.3　期末结转

**1．业务概述**

"资产处置费用"科目期末结转后无余额。

**2．账务处理**

期末，"资产处置费用"科目本期发生额转入本期盈余，财务会计应当借记"本期盈余"科目，贷记"资产处置费用"科目。预算会计不需要做账务处理。

资产处置费用期末结转的账务处理如表 5 - 44 所示。

表 5 - 44　　　　　　　　资产处置费用期末结转的账务处理

| | 财务会计处理 | 预算会计处理 |
|---|---|---|
| 资产处置费用期末结转 | 借：本期盈余<br>　　贷：资产处置费用 | — |

### 3．案例解析

【例 5 - 34】2×19 年 11 月 30 日，某事业单位业务活动费用科目余额为 5 000 元，单位管理费用科目余额为 2 000 元，经营费用科目余额为 2 000 元，资产处置费用科目余额为 1 000 元，所得税费用科目余额为 5 000 元，其他费用科目余额为 5 000 元。

期末结转分录如下。

财务会计：

借：本期盈余　　　　　　　　　　　　　　　　20 000

　　贷：业务活动费用　　　　　　　　　　　　　　5 000

　　　　单位管理费用　　　　　　　　　　　　　　2 000

　　　　经营费用　　　　　　　　　　　　　　　　2 000

　　　　资产处置费用　　　　　　　　　　　　　　1 000

　　　　所得税费用　　　　　　　　　　　　　　　5 000

　　　　其他费用　　　　　　　　　　　　　　　　5 000

预算会计不需要做账务处理。

# 5.5　投资支出

"投资支出"科目核算事业单位以货币资金对外投资发生的现金流出，属于事业单位专有科目。"投资支出"科目应当按照投资类型、投资对象、《政府收支分类科目》中"支出功能分类科目"的项级科目和"部门预算支出经济分类科目"的款级科目等进行明细核算。"投资支出"科目年末结转后无余额。

## 5.5.1　以货币资金对外投资时

### 1．业务概述

事业单位以货币资金对外投资的方式主要有短期投资、长期股权投资以及长期债券投资。

**2. 账务处理**

以货币资金取得对外投资时,按照确定的投资成本,财务会计应当借记"短期投资""长期股权投资""长期债券投资"科目,贷记"银行存款"科目。

同时,按照确定的投资成本,预算会计应当借记"投资支出"科目,贷记"资金结存——货币资金"科目。

以货币资金对外投资的账务处理如表 5 - 45 所示。

**表 5 - 45　　　　　　　以货币资金对外投资的账务处理**

| | 财务会计处理 | 预算会计处理 |
|---|---|---|
| 以货币资金对外投资时 | 借:短期投资/长期股权投资/长期债券投资<br>　　贷:银行存款 | 借:投资支出<br>　　贷:资金结存——货币资金 |

**3. 案例解析**

【例 5 - 35】 2×19 年 3 月 1 日,某事业单位以银行存款购买 50 000 元的有价债券,准备 9 个月之内出售。账务处理如下。

财务会计:

借:短期投资　　　　　　　　　　　　　　　　　　50 000

　　贷:银行存款　　　　　　　　　　　　　　　　　　50 000

预算会计:

借:投资支出　　　　　　　　　　　　　　　　　　50 000

　　贷:资金结存——货币资金　　　　　　　　　　　　50 000

## 5.5.2　出售、对外转让或到期收回本年度以货币资金取得的对外投资

**1. 业务概述**

出售、对外转让或到期收回本年度以货币资金取得的对外投资,如果投资收益纳入单位预算,确认投资预算收益;如果投资收益上缴财政,不确认投资预算收益。

**2. 账务处理**

出售、对外转让或到期收回本年度以货币资金取得的对外投资的,如果按规定将投资收益纳入单位预算,按照实际收到的金额,财务会计应当借记"银行存款"等科目,贷记"短期投资""长期债券投资""应收利息""投资收益"等科目。

预算会计应当按照实际收到的金额,借记"资金结存——货币资金"科目;

按照取得投资时"投资支出"科目的发生额，贷记"投资支出"科目；按照其差额，贷记或借记"投资预算收益"科目。出售、对外转让或到期收回以货币资金取得的对外投资的账务处理如表5－46所示。

表5－46　出售、对外转让或到期收回以货币资金取得的对外投资的账务处理

| | 财务会计处理 | 预算会计处理 |
|---|---|---|
| 实际取得价款大于投资成本的 | 借：银行存款等（实际取得或收回的金额）<br>　　贷：短期投资/长期债券投资等（账面余额）<br>　　　　应收利息（账面余额）<br>　　　　投资收益 | 借：资金结存——货币资金<br>　贷：投资支出（投资成本）<br>　　　投资预算收益 |
| 实际取得价款小于投资成本的 | 借：银行存款等（实际取得或收回的金额）<br>　　投资收益<br>　　贷：短期投资/长期债券投资等（账面余额）<br>　　　　应收利息（账面余额） | 借：资金结存——货币资金<br>　　投资预算收益<br>　贷：投资支出（投资成本） |

**3．案例解析**

【例5－36】沿用【例5－35】，12月1日，该单位出售该债券，收到50 500元，并收到持有期间的其他利息1 500元。账务处理如下。

财务会计：

借：银行存款　　　　　　　　　　　　　　52 000

　　贷：短期投资　　　　　　　　　　　　　　50 000

　　　　投资收益　　　　　　　　　　　　　　2 000

预算会计：

借：资金结存——货币资金　　　　　　　　52 000

　　贷：投资支出　　　　　　　　　　　　　　50 000

　　　　投资预算收益　　　　　　　　　　　　2 000

## 5.5.3　年末结转

**1．业务概述**

年末，将"投资支出"科目本年发生额转入其他结余，年末无余额。

**2．账务处理**

按照"投资支出"科目本年发生额，预算会计应当借记"其他结余"科目，贷记"投资支出"科目。财务会计不需要做账务处理。投资支出年末结转的账务处理如表5－47所示。

表 5-47　　　　　　　投资支出年末结转的账务处理

| | 财务会计处理 | 预算会计处理 |
|---|---|---|
| 投资支出年末结转 | — | 借：其他结余<br>贷：投资支出 |

**3. 案例解析**

【例 5-37】2×19 年，某事业单位"投资支出"科目发生额为 20 000 元，则年末结转分录如下。

预算会计：

借：其他结余　　　　　　　　　　　　　　　　　20 000

　　贷：投资支出　　　　　　　　　　　　　　　　　　20 000

财务会计不需要做账务处理。

# 5.6　上缴上级费用与上缴上级支出

**1. 上缴上级费用**

事业单位设置"上缴上级费用"科目核算按照财政部门和主管部门的规定上缴上级单位款项发生的费用。"上缴上级费用"科目属于事业单位专有科目，应当按照收缴款项单位、缴款项目等进行明细核算。"上缴上级费用"科目期末结转后无余额。

**2. 上缴上级支出**

事业单位设置"上缴上级支出"科目核算按照财政部门和主管部门的规定上缴上级单位款项发生的现金流出。"上缴上级支出"科目属于事业单位专有科目，应当按照收缴款项单位、缴款项目、《政府收支分类科目》中"支出功能分类科目"的项级科目和"部门预算支出经济分类科目"的款级科目等进行明细核算。"上缴上级支出"科目年末结转后无余额。

## 事业单位发生上缴上级支出

**1. 业务概述**

上缴上级支出是实行收入上缴办法的事业单位按规定的定额或者比例上缴上级单位的支出。但事业单位返还上级单位在其事业支出中垫支的工资、水电费、房租、住房公积金和福利费等各种费用时，计入相应支出；不能作为上缴上级支出处理。

### 2. 账务处理

（1）单位发生上缴上级支出

财务会计处理中，按照实际上缴的金额或者按照规定计算应当上缴上级单位的金额，借记"上缴上级费用"科目，贷记"银行存款""其他应付款"等科目；在实际上缴应缴的金额时，借记"其他应付款"科目，贷记"银行存款"等科目。

预算会计处理中，按照实际上缴的金额或者按照规定计算出应当上缴上级单位的金额与实际上缴应缴的金额时，都借记"上缴上级支出"科目，贷记"资金结存——货币资金"科目。

上缴上级支出的账务处理如表5－48所示。

表5－48　　　　　　　　上缴上级支出的账务处理

| | 财务会计处理 | 预算会计处理 |
| --- | --- | --- |
| 按照实际上缴的金额或者按照规定计算出应当上缴的金额 | 借：上缴上级费用<br>　　贷：银行存款/其他应付款等 | 借：上缴上级支出（实际上缴的金额）<br>　　贷：资金结存——货币资金 |
| 实际上缴应缴的金额 | 借：其他应付款<br>　　贷：银行存款等 | |

（2）期末/年末结转

期末，将"上缴上级费用"科目本期发生额转入本期盈余，财务会计应当借记"本期盈余"科目，贷记"上缴上级费用"科目。年末，将"上缴上级支出"科目本年发生额转入其他结余，预算会计应当借记"其他结余"科目，贷记"上缴上级支出"科目。上缴上级支出期末/年末结转的账务处理如表5－49所示。

表5－49　　　　　　上缴上级支出期末/年末结转的账务处理

| | 财务会计处理 | 预算会计处理 |
| --- | --- | --- |
| 上缴上级支出期末/年末结转 | 借：本期盈余<br>　　贷：上缴上级费用 | 借：其他结余<br>　　贷：上缴上级支出 |

### 3. 案例解析

【例5－38】2×19年12月，某事业单位根据体制安排和本年事业收入的数额，经过计算，本年应上缴上级单位款项为100 000元，事业单位通过银行转账上缴了款项。其会计分录如下。

财务会计：

借：上缴上级费用——上缴单位××　　　　　　　　　　100 000

　　　　　贷：银行存款　　　　　　　　　　　　　　　　　100 000

　　预算会计：

　　借：上缴上级支出——上缴单位××　　　　　　　　100 000

　　　　　贷：资金结存——货币资金　　　　　　　　　　　100 000

　　【例 5-39】沿用【例 5-38】，假如该事业单位在 2×19 年没有发生其他的上缴上级支出，则期末和年末结转分录如下。

　　财务会计：

　　借：本期盈余　　　　　　　　　　　　　　　　　　100 000

　　　　　贷：上缴上级费用　　　　　　　　　　　　　　　100 000

　　预算会计：

　　借：其他结余　　　　　　　　　　　　　　　　　　100 000

　　　　　贷：上缴上级支出　　　　　　　　　　　　　　　100 000

# 5.7　对附属单位补助费用与对附属单位补助支出

### 1. 对附属单位补助费用

　　事业单位应当设置"对附属单位补助费用"科目核算事业单位用财政拨款收入之外的收入对附属单位补助发生的费用。"对附属单位补助费用"科目属于事业单位专有科目，应当按照接受补助单位、补助项目等进行明细核算。"对附属单位补助费用"科目期末结转后无余额。

### 2. 对附属单位补助支出

　　事业单位应当设置"对附属单位补助支出"科目核算事业单位用财政拨款预算收入之外的收入对附属单位补助发生的现金流出，"对附属单位补助支出"科目属于事业单位专有科目。"对附属单位补助支出"科目应当按照接受补助单位、补助项目、《政府收支分类科目》中"支出功能分类科目"的项级科目和"部门预算支出经济分类科目"的款级科目等进行明细核算。"对附属单位补助支出"科目年末结转后无余额。

## 事业单位发生对附属单位补助支出

### 1. 业务概述

　　对附属单位的补助支出为国家预算以外的资金，其资金来源主要是收入较多的附属单位上缴的款项以及事业单位自己组织的除财政补助收入以外的其他资金。

### 2．账务处理

（1）发生对附属单位补助支出

财务会计处理中，按照实际补助的金额或者按照规定计算出应当对附属单位补助的金额，借记"对附属单位补助费用"科目，贷记"银行存款""其他应付款"等科目。计入"其他应付款"的，在实际支付时，借记"其他应付款"科目，贷记"银行存款"等科目。

预算会计处理中，按照实际补助的金额或者按照规定计算出应当对附属单位补助的金额与实际支付补助费用时，都借记"对附属单位补助支出"科目，贷记"资金结存——货币资金"科目。

对附属单位补助支出的账务处理如表5－50所示。

表5－50　　　　　　　　　　对附属单位补助支出的账务处理

| | 财务会计处理 | 预算会计处理 |
|---|---|---|
| 按照实际补助的金额或者按照规定计算出应当补助的金额 | 借：对附属单位补助费用<br>　贷：银行存款/其他应付款等 | 借：对附属单位补助支出（实际补助的金额）<br>　贷：资金结存——货币资金 |
| 实际支出应补助的金额 | 借：其他应付款<br>　贷：银行存款等 | |

（2）期末/年末结转

期末，将"对附属单位补助费用"科目本期发生额转入本期盈余，财务会计应当借记"本期盈余"科目，贷记"对附属单位补助费用"科目。年末，将"对附属单位补助支出"科目本年发生额转入其他结余，预算会计应当借记"其他结余"科目，贷记"对附属单位补助支出"科目。对附属单位补助支出期末/年末结转的账务处理如表5－51所示。

表5－51　　　　对附属单位补助支出期末/年末结转的账务处理

| | 财务会计处理 | 预算会计处理 |
|---|---|---|
| 对附属单位补助支出期末/年末结转 | 借：本期盈余<br>　贷：对附属单位补助费用 | 借：其他结余<br>　贷：对附属单位补助支出 |

### 3．案例解析

【例5－40】2×19年12月，某事业单位用自有经费，对所属独立核算杂志社补助10 000元，以银行存款支付。其会计分录如下。

财务会计：

借：对附属单位补助费用——杂志社　　　　　　　　　　10 000

　　　　贷：银行存款　　　　　　　　　　　　　　　　10 000

　预算会计：

　　借：对附属单位补助支出——杂志社　　　　　　　10 000

　　　　贷：资金结存——货币资金　　　　　　　　　　10 000

【例 5-41】沿用【例 5-40】，假如该事业单位在 2×19 年没有发生其他的对附属单位的补助支出，则期末和年末结转分录如下。

　财务会计：

　　借：本期盈余　　　　　　　　　　　　　　　　　10 000

　　　　贷：对附属单位补助费用　　　　　　　　　　　10 000

　预算会计：

　　借：其他结余　　　　　　　　　　　　　　　　　10 000

　　　　贷：对附属单位补助支出　　　　　　　　　　　10 000

# 5.8　所得税费用

有企业所得税缴纳义务的事业单位应当设置"所得税费用"科目，按规定核算并缴纳企业所得税所形成的费用。行政单位不需要设置"所得税费用"科目。"所得税费用"科目年末结转后无余额。

**1．业务概述**

事业单位取得的生产、经营所得以及其他应税所得，应缴纳所得税，应纳税的事业单位以实行独立经济核算的单位为纳税人。

**2．账务处理**

（1）发生企业所得税纳税义务

发生企业所得税纳税义务的，按照税法规定计算的应交税金数额，财务会计应当借记"所得税费用"科目，贷记"其他应交税费——单位应交所得税"科目。预算会计不需要做账务处理。

实际缴纳时，按照缴纳金额，财务会计应当借记"其他应交税费——单位应交所得税"科目，贷记"银行存款"等科目；预算会计应当借记"非财政拨款结余——累计结余"科目，贷记"资金结存——货币资金"科目。所得税费用的账务处理如表 5-52 所示。

表 5 - 52                                    所得税费用的账务处理

| | 财务会计处理 | 预算会计处理 |
|---|---|---|
| 按照税法规定计算应交税金数额 | 借：所得税费用<br>　　贷：其他应交税费——单位应交所得税 | — |
| 实际缴纳时 | 借：其他应交税费——单位应交所得税<br>　　贷：银行存款等 | 借：非财政拨款结余——累计结余<br>　　贷：资金结存——货币资金 |

（2）年末结转

年末，将"所得税费用"科目本年发生额转入本期盈余，财务会计应当借记"本期盈余"科目，贷记"所得税费用"科目；预算会计不需要做账务处理。所得税费用年末结转的账务处理如表 5 - 53 所示。

表 5 - 53                               所得税费用年末结转的账务处理

| | 财务会计处理 | 预算会计处理 |
|---|---|---|
| 所得税费用年末结转 | 借：本期盈余<br>　　贷：所得税费用 | — |

### 3．案例解析

【例 5 - 42】2×19 年，某事业单位按照税法规定应交所得税为 2 500 元，已用银行存款支付。其会计分录如下。

（1）计算并支付所得税费用

财务会计：

借：所得税费用　　　　　　　　　　　　　　　　　　　2 500

　　贷：其他应交税费——单位应交所得税　　　　　　　　2 500

借：其他应交税费——单位应交所得税　　　　　　　　　2 500

　　贷：银行存款　　　　　　　　　　　　　　　　　　2 500

预算会计：

借：非财政拨款结余——累计结余　　　　　　　　　　　2 500

　　贷：资金结存——货币资金　　　　　　　　　　　　2 500

（2）年末结转

财务会计：

借：本期盈余　　　　　　　　　　　　　　　　　　　　2 500

　　贷：所得税费用　　　　　　　　　　　　　　　　　2 500

预算会计不需要做账务处理。

# 5.9　其他费用与其他支出

### 1. 其他费用

行政事业单位应当设置"其他费用"科目核算单位发生的除业务活动费用、单位管理费用、经营费用、资产处置费用、上缴上级费用、对附属单位补助费用、所得税费用以外的各项费用，包括利息费用、坏账损失、罚没支出、现金资产捐赠支出以及相关税费、运输费等。"其他费用"科目应当按照其他费用的类别等进行明细核算。"其他费用"科目期末结转后无余额。

### 2. 其他支出

行政事业单位应当设置"其他支出"科目核算单位除行政支出、事业支出、经营支出、上缴上级支出、对附属单位补助支出、投资支出、债务还本支出以外的各项现金流出，包括利息支出、对外捐赠现金支出、现金盘亏损失、接受捐赠（调入）和对外捐赠（调出）非现金资产发生的税费支出、资产置换过程中发生的相关税费支出、罚没支出等。"其他支出"科目应当按照其他支出的类别，以及"财政拨款支出""非财政专项资金支出""其他资金支出"，《政府收支分类科目》中"支出功能分类科目"的项级科目和"部门预算支出经济分类科目"的款级科目等进行明细核算。"其他支出"科目年末结转后无余额。

## 5.9.1　利息费用/利息支出

### 1. 业务概述

为建造固定资产、公共基础设施等借入的专门借款在建设期间发生的利息应计入在建工程，其他借款的利息费用计入其他费用。单位发生的利息费用较多的，可以单独设置"利息费用""利息支出"科目。

### 2. 账务处理

（1）计算确定借款利息费用时

为建造固定资产、公共基础设施等借入的专门借款的利息，属于建设期间发生的，按期计提利息费用时，按照计算确定的金额，财务会计应当借记"在建工程"科目，贷记"应付利息"科目；不属于建设期间发生的，按期计提利息费用时，按照计算确定的金额，借记"其他费用"科目，贷记"应付利息"科目。对于其他借款，按期计提利息费用时，按照计算确定的金额，借记"其他费用"科目，贷记"应付利息"科目。

预算会计不需要做账务处理。

计提应付利息的账务处理如表 5 - 54 所示。

表 5 - 54　　　　　　　　计提应付利息的账务处理

| | 财务会计处理 | 预算会计处理 |
|---|---|---|
| 计算确定借款利息费用时 | 借：其他费用/在建工程<br>　贷：应付利息/长期借款——应计利息 | — |

（2）实际支付利息时

实际支付利息费用时，财务会计应当借记"应付利息"等科目，贷记"银行存款"等科目。同时，在预算会计中，借记"其他支出"科目，贷记"资金结存——货币资金"科目。支付应付利息的账务处理如表 5 - 55 所示。

表 5 - 55　　　　　　　　支付应付利息的账务处理

| | 财务会计处理 | 预算会计处理 |
|---|---|---|
| 实际支付应付利息时 | 借：应付利息等<br>　贷：银行存款等 | 借：其他支出<br>　贷：资金结存——货币资金 |

**3. 案例解析**

【例 5 - 43】某事业单位借入 5 年期到期还本、每年付息的长期借款 5 000 000 元，合同约定年利率为 3.5%。其会计分录如下。

（1）计算确定利息费用时

单位每年支付的利息 = 5 000 000 × 3.5% = 175 000（元）

财务会计：

借：其他费用——利息费用　　　　　　　　　　　　 175 000

　　贷：应付利息　　　　　　　　　　　　　　　　　　 175 000

预算会计不需要做账务处理。

（2）实际支付利息时

财务会计：

借：应付利息　　　　　　　　　　　　　　　　　　 175 000

　　贷：银行存款　　　　　　　　　　　　　　　　　　 175 000

预算会计：

借：其他支出——利息支出　　　　　　　　　　　　 175 000

　　贷：资金结存——货币资金　　　　　　　　　　　　 175 000

## 5.9.2　现金资产对外捐赠

### 1. 业务概述

行政事业单位发生捐赠支出金额较大或业务较多的，可单独设置"捐赠支出"科目。

### 2. 账务处理

按照实际捐赠的金额，财务会计应当借记"其他费用"科目，贷记"银行存款""库存现金"等科目，同时，在预算会计中，借记"其他支出"科目，贷记"资金结存——货币资金"科目。现金资产对外捐赠的账务处理如表 5 - 56 所示。

表 5 - 56　　　　　　　　现金资产对外捐赠的账务处理

| | 财务会计处理 | 预算会计处理 |
|---|---|---|
| 现金资产对外捐赠 | 借：其他费用<br>　　贷：银行存款/库存现金等 | 借：其他支出<br>　　贷：资金结存——货币资金 |

### 3. 案例解析

【例 5 - 44】某事业单位为社会公益事业的发展，向某慈善机构捐赠现款 100 000 元。

财务会计：

借：其他费用——捐赠费用　　　　　　　　　　100 000

　　贷：银行存款　　　　　　　　　　　　　　　　　100 000

预算会计：

借：其他支出——其他资金支出　　　　　　　　100 000

　　贷：资金结存——货币资金　　　　　　　　　　　100 000

## 5.9.3　坏账损失

### 1. 业务概述

事业单位应当于每年年末，对收回后不需要上缴财政的应收账款和其他应收款进行全面检查，如发生不能收回的迹象，应当计提坏账准备。

### 2. 账务处理

当期末应收账款和其他应收款计算应计提的坏账准备金额大于"坏账准备"科目期末贷方余额时，当期计提坏账准备，财务会计应当借记"其他费用"科目，贷记"坏账准备"科目。当期末应收账款和其他应收款计算应计提的坏账准备金额小于"坏账准备"科目期末贷方余额时，当期冲减坏账准备，财务会计应当借记"坏账准备"科目，贷记"其他费用"科目。预算会计不需要做账务处理。坏账损失的账务处理如表5-57所示。

**表5-57**                   **坏账损失的账务处理**

| | 财务会计处理 | 预算会计处理 |
|---|---|---|
| 按照规定对应收账款和其他应收款计提坏账准备 | 借：其他费用<br>　　贷：坏账准备 | — |
| 冲减多提的坏账准备时 | 借：坏账准备<br>　　贷：其他费用 | — |

**3. 案例解析**

【例5-45】2×19年，某事业单位根据应收款项余额百分比法计算出本年应计提的坏账准备金额为25 000元，"坏账准备"科目期末贷方余额为20 000元。则计提坏账准备的会计分录如下。

当期应补提的坏账准备=25 000－20 000=5 000（元）

财务会计：

借：其他费用——坏账损失                         5 000

    贷：坏账准备                                  5 000

预算会计不需要做账务处理。

【例5-46】2×19年，某事业单位根据应收款项余额百分比法计算出本年应计提的坏账准备金额为25 000元，"坏账准备"科目期末贷方余额为30 000元。则冲减坏账准备的会计分录如下。

当期应冲减的坏账准备=30 000－25 000=5 000（元）

财务会计：

借：坏账准备                                 5 000

    贷：其他费用——坏账损失                 5 000

预算会计不需要做账务处理。

## 5.9.4 罚没支出

**1. 业务概述**

罚没支出是指行政事业单位因违规违法接受行政罚款，如税务局税收滞纳金、财务审计检查罚款等，该项费用应计入其他费用。

**2. 账务处理**

按照实际发生金额，财务会计应当借记"其他费用"科目，贷记"银行存款""库存现金""其他应付款"科目。

同时，在预算会计中，实际缴纳罚没金额时，借记"其他支出"科目，贷记"资金结存——货币资金"科目。

罚没支出的账务处理如表 5 - 58 所示。

表 5 - 58　　　　　　　　　　罚没支出的账务处理

| | 财务会计处理 | 预算会计处理 |
|---|---|---|
| 罚没支出 | 借：其他费用<br>　　贷：银行存款/库存现金/其他应付款 | 借：其他支出<br>　　贷：资金结存——货币资金<br>（实际支付金额） |

**3. 案例解析**

【例 5 - 47】某事业单位因未按规定按时缴纳税金，发生税收滞纳金 2 000 元，已用银行存款支付，其会计分录如下。

财务会计：

借：其他费用——罚没支出　　　　　　　　　　　　　　　　2 000

　　贷：银行存款　　　　　　　　　　　　　　　　　　　　　　2 000

预算会计：

借：其他支出——其他资金支出　　　　　　　　　　　　　　2 000

　　贷：资金结存——货币资金　　　　　　　　　　　　　　　　2 000

## 5.9.5　其他相关税费、运输费等

**1. 业务概述**

"其他相关税费、运输费"包括接受捐赠（或无偿调入）以名义金额计量的存货、固定资产、无形资产，以成本无法可靠取得的公共基础设施、文物文化资产等发生的相关税费、运输费等以及与受托代理资产相关的税费、运输费、保管费等。

**2. 账务处理**

按照实际支付的金额，财务会计应当借记"其他费用"科目，贷记"零余额账户用款额度""银行存款"等科目。

同时，在预算会计中，按照实际支付的金额，借记"其他支出"科目，贷记"资金结存"科目。

其他相关税费、运输费等的账务处理如表 5 - 59 所示。

表 5 - 59　　　　　　　其他相关税费、运输费等的账务处理

| | 财务会计处理 | 预算会计处理 |
|---|---|---|
| 其他相关税费、运输费等 | 借：其他费用<br>　　贷：零余额账户用款额度/银行存款等 | 借：其他支出<br>　　贷：资金结存 |

**3. 案例解析**

【例 5 - 48】某事业单位接受了一项固定资产的捐赠，发生相关税费以及运输费共计 5 000 元，已用银行存款支付，其会计分录如下。

财务会计：

借：其他费用　　　　　　　　　　　　　　　　　　　　5 000

　　贷：银行存款　　　　　　　　　　　　　　　　　　　　5 000

预算会计：

借：其他支出——其他资金支出　　　　　　　　　　　　5 000

　　贷：资金结存——货币资金　　　　　　　　　　　　　　5 000

## 5.9.6　期末/年末结转

**1. 业务概述**

"其他费用"科目在期末结转至本期盈余，"其他支出"科目在年末根据支出方式分别结转至"其他结余""非财政拨款结转——本年收支结转""财政拨款结转——本年收支结转"等科目。

**2. 账务处理**

期末结转"其他费用"科目，财务会计应当借记"本期盈余"科目，贷记"其他费用"科目。

预算会计处理中，将"其他支出"科目本年发生额中的财政拨款资金支出转入财政拨款结转，借记"财政拨款结转——本年收支结转"科目，贷记"其他支出"科目下各财政拨款资金支出明细科目；将"其他支出"科目本年发生额中的非财政专项资金支出转入非财政拨款结转，借记"非财政拨款结转——本年收支结转"科目，贷记"其他支出"科目下各非财政专项资金支出明细科目；将"其他支出"科目本年发生额中的其他资金支出（非财政、非专项资金支出）转入其他结余，借记"其他结余"科目，贷记"其他支出"科目下各其他资金支出明细科目。

其他费用与其他支出期末/年末结转的账务处理如表 5 - 60 所示。

| 表 5 - 60 | 其他费用与其他支出期末/年末结转的账务处理 | |
| --- | --- | --- |
| | 财务会计处理 | 预算会计处理 |
| 其他费用与其他支出期末/年末结转 | 借：本期盈余<br>　　贷：其他费用 | 借：其他结余（非财政、非专项资金支出）<br>　　非财政拨款结转——本年收支结转（非财政专项资金支出）<br>　　财政拨款结转——本年收支结转（财政拨款资金支出）<br>　　贷：其他支出 |

### 3. 案例解析

【例 5 - 49】2×19 年 12 月，某事业单位发生其他费用共计 15 000 元，期末会计分录如下。

财务会计：

借：本期盈余　　　　　　　　　　　　　　　　　　　15 000

　　贷：其他费用　　　　　　　　　　　　　　　　　　　15 000

【例 5 - 50】2×19 年，某事业单位发生其他支出共计 50 000 元，其中财政拨款支出为 20 000 元、非财政拨款支出为 20 000 元、其他资金支出为 10 000 元，年末结转分录如下。

财务会计：

借：本期盈余　　　　　　　　　　　　　　　　　　　50 000

　　贷：其他费用　　　　　　　　　　　　　　　　　　　50 000

预算会计：

借：财政拨款结转——本年收支结转　　　　　　　　　20 000

　　非财政拨款结转——本年收支结转　　　　　　　　　20 000

　　其他结余　　　　　　　　　　　　　　　　　　　10 000

　　贷：其他支出　　　　　　　　　　　　　　　　　　　50 000

# 6.1 资金结存

"资金结存"科目核算单位纳入部门预算管理的资金流入、流出、调整和滚存等情况。"资金结存"科目应当设置以下明细科目。①"零余额账户用款额度":"零余额账户用款额度"科目核算实行国库集中支付的单位根据财政部门批复的用款计划收到和支用的零余额账户用款额度。年末结账后,"零余额账户用款额度"科目无余额。②"货币资金":"货币资金"科目核算单位以库存现金、银行存款、其他货币资金形态存在的资金。"货币资金"科目年末借方余额,反映单位尚未使用的货币资金。③"财政应返还额度":"财政应返还额度"科目核算实行国库集中支付的单位可以使用的以前年度财政直接支付资金额度和财政应返还的财政授权支付资金额度。"财政应返还额度"科目下可设置"财政直接支付""财政授权支付"两个明细科目进行明细核算,本明细科目借方余额,反映单位应收财政返还的资金额度。

## 6.1.1 取得预算收入

**1. 业务概述**

行政事业单位每年根据有关财政部门的相关规定会获得一部分财政划转资金,即为单位获得的预算收入。行政事业单位应该在实际取得预算收入时,根据实际情况确认相关的预算收入。

**2. 账务处理**

财政授权支付方式下,行政事业单位根据代理银行转来的"财政授权支付额度到账通知书"中的授权支付额度,财务会计应当借记"零余额账户用款额度"科目,贷记"财政拨款收入"科目;预算会计应当借记"资金结存——零余额账户用款额度"科目，贷记"财政拨款预算收入"科目。

以国库集中支付以外的其他支付方式取得预算收入时，按照实际收到的金额，财务会计应当借记"银行存款"科目，贷记"财政拨款收入""事业收入""经营收入"等科目；预算会计应当借记"资金结存——货币资金"科目，贷记"财政拨款预算收入""事业预算收入""经营预算收入"等科目。

取得预算收入的账务处理如表 6-1 所示。

表 6-1　　　　　　　　　取得预算收入的账务处理

| | 财务会计处理 | 预算会计处理 |
|---|---|---|
| 财政授权支付方式下 | 借：零余额账户用款额度<br>　贷：财政拨款收入 | 借：资金结存——零余额账户用款额度<br>　　贷：财政拨款预算收入 |
| 国库集中支付以外的其他支付方式下 | 借：银行存款<br>　贷：财政拨款收入/事业收入/经营收入等 | 借：资金结存——货币资金<br>　贷：财政拨款预算收入/事业预算收入/经营预算收入等 |

从零余额账户提取现金时，财务会计应当借记"库存现金"科目，贷记"零余额账户用款额度"科目；退回现金时，做相反会计分录。预算会计应当借记"资金结存——货币资金"科目，贷记"资金结存——零余额账户用款额度"科目。从零余额账户提取现金的账务处理如表 6-2 所示。

表 6-2　　　　　　　　从零余额账户提取现金的账务处理

| | 财务会计处理 | 预算会计处理 |
|---|---|---|
| 从零余额账户提取现金时 | 借：库存现金<br>　贷：零余额账户用款额度 | 借：资金结存——货币资金<br>　贷：资金结存——零余额账户用款额度 |

### 3. 案例解析

【例 6-1】某行政单位本年度取得财政授权支付方式下的预算收入为 5 000 000 元，相应的分录如下。

财务会计：

借：零余额账户用款额度　　　　　　　　　　　5 000 000

　　贷：财政拨款收入　　　　　　　　　　　　　　　5 000 000

预算会计：

借：资金结存——零余额账户用款额度　　　　　5 000 000

　　贷：财政拨款预算收入　　　　　　　　　　　　　5 000 000

## 6.1.2 发生预算支出时

**1. 业务概述**

行政事业单位每年根据有关财政部门的相关规定，会将财政划转资金用于本单位的发展及经营发生的相应支出上，即为单位的预算支出。行政事业单位应该在实际发生预算支出时，根据实际情况确认相关的预算支出。

**2. 账务处理**

财政授权支付方式下，发生相关支出时，按照实际支付的金额，财务会计应当借记"业务活动费用""单位管理费用""库存物品""固定资产"等科目，贷记"零余额账户用款额度"科目。预算会计应当借记"行政支出""事业支出"等科目，贷记"资金结存——零余额账户用款额度"科目。

使用以前年度财政直接支付额度发生支出时，按照实际支付金额，财务会计应当借记"业务活动费用""单位管理费用""库存物品""固定资产"等科目，贷记"财政应返还额度"科目。预算会计应当借记"行政支出""事业支出"等科目，贷记"资金结存——财政应返还额度"科目。

在国库集中支付以外的其他支付方式下，发生相关支出时，按照实际支付的金额，财务会计应当借记"业务活动费用""单位管理费用""库存物品""固定资产"等科目，贷记"银行存款""库存现金"等科目。预算会计应当借记"事业支出""经营支出"等科目，贷记"资金结存——货币资金"科目。

发生预算支出的账务处理如表 6 - 3 所示。

表 6 - 3　　　　　　　　发生预算支出的账务处理

| | 财务会计处理 | 预算会计处理 |
|---|---|---|
| 财政授权支付方式下 | 借：业务活动费用/单位管理费用/库存物品/固定资产等<br>　　贷：零余额账户用款额度 | 借：行政支出/事业支出等<br>　　贷：资金结存——零余额账户用款额度 |
| 使用以前年度财政直接支付额度 | 借：业务活动费用/单位管理费用/库存物品/固定资产等<br>　　贷：财政应返还额度 | 借：行政支出/事业支出等<br>　　贷：资金结存——财政应返还额度 |
| 国库集中支付以外的其他支付方式下 | 借：业务活动费用/单位管理费用/库存物品/固定资产等<br>　　贷：银行存款/库存现金等 | 借：事业支出/经营支出等<br>　　贷：资金结存——货币资金 |

**3. 案例解析**

【例 6 - 2】某事业单位本年度使用本年度财政支付额度支付管理费用 300 000 元，相应的分录如下。

财务会计：

借：单位管理费用 300 000

　　贷：零余额账户用款额度 300 000

预算会计：

借：事业支出 300 000

　　贷：资金结存——零余额账户用款额度 300 000

## 6.1.3 预算结转结余调整

**1. 业务概述及账务处理**

按照规定上缴财政拨款结转结余资金或注销财政拨款结转结余资金额度的，按照实际上缴资金数额或注销的资金额度，财务会计应当借记"累计盈余"科目，贷记"财政应返还额度""零余额账户用款额度""银行存款"科目。预算会计应当借记"财政拨款结转——归集上缴"或"财政拨款结余——归集上缴"科目，贷记"资金结存——财政应返还额度/零余额账户用款额度/货币资金"科目。

按规定缴回非财政拨款结转资金的，按照实际缴回资金数额，财务会计应当借记"累计盈余"科目，贷记"银行存款"科目。预算会计应当借记"非财政拨款结转——缴回资金"科目，贷记"资金结存——货币资金"科目。

收到调入的财政拨款结转资金的，按照实际调入资金数额，财务会计应当借记"财政应返还额度""零余额账户用款额度""银行存款"科目，贷记"累计盈余"科目。预算会计应当借记"资金结存——财政应返还额度/零余额账户用款额度/货币资金"科目，贷记"财政拨款结转——归集调入"科目。

预算结转结余调整的账务处理如表 6-4 所示。

表 6-4　　　　　　　　预算结转结余调整的账务处理

| | 财务会计处理 | 预算会计处理 |
|---|---|---|
| 按照规定上缴财政拨款结转结余资金或注销财政拨款结转结余额度的 | 借：累计盈余<br>　　贷：财政应返还额度/零余额账户用款额度/银行存款 | 借：财政拨款结转——归集上缴<br>　　/财政拨款结余——归集上缴<br>　　贷：资金结存——财政应返还额度/零余额账户用款额度/货币资金 |
| 按照规定缴回非财政拨款结转资金的 | 借：累计盈余<br>　　贷：银行存款 | 借：非财政拨款结转——缴回资金<br>　　贷：资金结存——货币资金 |
| 收到调入的财政拨款结转资金的 | 借：财政应返还额度/零余额账户用款额度/银行存款<br>　　贷：累计盈余 | 借：资金结存——财政应返还额度/零余额账户用款额度/货币资金<br>　　贷：财政拨款结转——归集调入 |

**2. 案例解析**

【例6-3】某事业单位本年度按照规定上缴财政拨款结余资金200 000元，相应的分录如下。

财务会计：

借：累计盈余　　　　　　　　　　　　　　　　　　200 000

　　贷：零余额账户用款额度　　　　　　　　　　　　　　200 000

预算会计：

借：财政拨款结余——归集上缴　　　　　　　　　　　200 000

　　贷：资金结存——零余额账户用款额度　　　　　　　　200 000

## 6.1.4　使用专用基金

**1. 业务概述及账务处理**

按照规定使用专用基金时，一般情况下，财务会计应当借记"专用基金"科目，贷记"银行存款"等科目。

购买固定资产、无形资产等时，财务会计应当做两笔分录，一笔借记"固定资产""无形资产"等科目，贷记"银行存款"等科目；另一笔借记"专用基金"科目，贷记"累计盈余"科目。

预算会计处理中，使用从非财政拨款结余或经营结余中计提的专用基金时，应当借记"专用结余"科目，贷记"资金结存——货币资金"科目；使用从收入中计提并计入费用的专用基金时，借记"事业支出"等科目，贷记"资金结存——货币资金"科目。

使用专用基金的账务处理如表6-5所示。

表6-5　　　　　　　　　　使用专用基金的账务处理

| | 财务会计处理 | 预算会计处理 |
|---|---|---|
| 一般情况下 | 借：专用基金<br>　　贷：银行存款等 | 使用从非财政拨款结余或经营结余中计提的专用基金<br>借：专用结余<br>　　贷：资金结存——货币资金 |
| 购买固定资产、无形资产等 | 借：固定资产/无形资产等<br>　　贷：银行存款等<br>借：专用基金<br>　　贷：累计盈余 | 使用从收入中计提并计入费用的专用基金<br>借：事业支出等<br>　　贷：资金结存——货币资金 |

**2. 案例解析**

【例6-4】某事业单位使用从非财政拨款结余中提取的专用基金购置了价值为1 000 000元的固定资产，相应的分录如下。

财务会计：

借：固定资产                                1 000 000

    贷：银行存款                            1 000 000

借：专用基金                                1 000 000

    贷：累计盈余                            1 000 000

预算会计：

借：专用结余                                1 000 000

    贷：资金结存——货币资金             1 000 000

## 6.1.5  会计差错更正、购货退回的会计更正

### 1. 业务概述

事业单位因发生的以前年度的会计差错更正退回或者购货退回国库直接支付、授权支付款项，或者收回货币资金的，需要进行相应的会计处理。

### 2. 账务处理

因购货退回、发生差错更正等退回国库直接支付、授权支付款项，或者收回货币资金的，属于本年度支付的，财务会计应当借记"财政拨款收入""零余额账户用款额度""银行存款"等科目，贷记"业务活动费用""库存物品"等科目。预算会计应当借记"财政拨款预算收入"科目或"资金结存——零余额账户用款额度/货币资金"科目，贷记"行政支出""事业支出"等科目。

属于以前年度支付的，财务会计应当借记"财政应返还额度""零余额账户用款额度""银行存款"等科目，贷记"以前年度盈余调整"科目。预算会计应当借记"资金结存——财政应返还额度/零余额账户用款额度/货币资金"科目，贷记"财政拨款结转""财政拨款结余""非财政拨款结转""非财政拨款结余——年初余额调整"科目。会计差错更正、购货退回的账务处理如表6-6所示。

表6-6                  会计差错更正、购货退回的账务处理

| | 财务会计处理 | 预算会计处理 |
|---|---|---|
| 属于本年度的 | 借：财政拨款收入/零余额账户用款额度/银行存款等<br>    贷：业务活动费用/库存物品等 | 借：财政拨款预算收入/资金结存——零余额账户用款额度、货币资金<br>    贷：行政支出/事业支出等 |
| 属于以前年度的 | 借：财政应返还额度/零余额账户用款额度/银行存款等<br>    贷：以前年度盈余调整 | 借：资金结存——财政应返还额度/零余额账户用款额度/货币资金<br>    贷：财政拨款结转/财政拨款结余/非财政拨款结转/非财政拨款结余——年初余额调整 |

**3. 案例解析**

【例6-5】某事业单位本年度购货退回收回货币资金2 000 000元，相应的会计分录如下。

财务会计：

借：银行存款          2 000 000

  贷：库存物品         2 000 000

预算会计：

借：资金结存——货币资金     2 000 000

  贷：事业支出         2 000 000

## 6.1.6 单位缴纳所得税

**1. 业务概述及账务处理**

有企业所得税缴纳义务的事业单位缴纳所得税时，财务会计应当借记"其他应交税费——单位应交所得税"科目，贷记"银行存款"等科目。按照实际缴纳金额，预算会计应当借记"非财政拨款结余——累计结余"科目，贷记"资金结存——货币资金"科目。单位缴纳所得税的账务处理如表6-7所示。

表6-7        单位缴纳所得税的账务处理

| | 财务会计处理 | 预算会计处理 |
|---|---|---|
| 有企业所得税缴纳义务的事业单位实际缴纳企业所得税时 | 借：其他应交税费——单位应交所得税<br>  贷：银行存款等 | 借：非财政拨款结余——累计结余<br>  贷：资金结存——货币资金 |

**2. 案例解析**

【例6-6】某事业单位本年应缴纳的所得税为600 000元，相应的会计分录如下。

财务会计：

借：其他应交税费——单位应交所得税   600 000

  贷：银行存款         600 000

预算会计：

借：非财政拨款结余——累计结余    600 000

  贷：资金结存——货币资金     600 000

## 6.1.7　确认未下达财政用款额度

### 1. 业务概述及账务处理

年末，根据本年度财政直接支付预算指标数与当年财政直接支付实际支出数的差额，预算会计应当借记"资金结存——财政应返还额度"科目，贷记"财政拨款预算收入"科目。

财务会计处理中，财政直接支付方式下，借记"财政应返还额度——财政直接支付"科目，贷记"财政拨款收入"科目；财政授权支付方式下，借记"财政应返还额度——财政授权支付"科目，贷记"财政拨款收入"科目。

确认未下达财政用款额度的账务处理如表 6 - 8 所示。

表 6 - 8　　　　　　　　　确认未下达财政用款额度的账务处理

| | 财务会计处理 | 预算会计处理 |
|---|---|---|
| 财政直接支付方式下 | 借：财政应返还额度——财政直接支付<br>　　贷：财政拨款收入 | 借：资金结存——财政应返还额度<br>　　贷：财政拨款预算收入 |
| 财政授权支付方式下 | 借：财政应返还额度——财政授权支付<br>　　贷：财政拨款收入 | |

### 2. 案例解析

【例 6 - 7】某事业单位本年度财政直接支付方式下预算指标数与当年财政直接支付实际支出数的差额为 200 000 元，相应的会计分录如下。

财务会计：

借：财政应返还额度——财政直接支付　　　　　　　　　200 000

　　贷：财政拨款收入　　　　　　　　　　　　　　　　　200 000

预算会计：

借：资金结存——财政应返还额度　　　　　　　　　　　200 000

　　贷：财政拨款预算收入　　　　　　　　　　　　　　　200 000

## 6.1.8　注销及恢复零余额账户用款额度

### 1. 业务概述及账务处理

年末，行政事业单位依据代理银行提供的对账单做注销零余额账户用款额度的相关账务处理，财务会计应当借记"财政应返还额度——财政授权支付"科目，贷记"零余额账户用款额度"科目。预算会计应当借记"资金结存——财政应返还额度"科目，贷记"资金结存——零余额账户用款额度"科目。注销零余额账户用款额度的账务处理如表 6 - 9 所示。

表 6 – 9          注销零余额账户用款额度的账务处理

| | 财务会计处理 | 预算会计处理 |
|---|---|---|
| 注销零余额账户用款额度 | 借：财政应返还额度——财政授权支付<br>　　贷：零余额账户用款额度 | 借：资金结存——财政应返还额度<br>　　贷：资金结存——零余额账户用款额度 |

　　下年初，行政事业单位依据代理银行提供的额度恢复到账通知书做恢复额度的相关账务处理。财务会计应当借记"零余额账户用款额度"科目，贷记"财政应返还额度——财政授权支付"科目。预算会计应当借记"资金结存——零余额账户用款额度"科目，贷记"资金结存——财政应返还额度"科目。恢复零余额账户用款额度的账务处理如表 6 – 10 所示。

表 6 – 10          恢复零余额账户用款额度的账务处理

| | 财务会计处理 | 预算会计处理 |
|---|---|---|
| 下年初，恢复零余额账户用款额度或收到上年末下达的零余额账户用款额度的 | 借：零余额账户用款额度<br>　　贷：财政应返还额度——财政授权支付 | 借：资金结存——零余额账户用款额度<br>　　贷：资金结存——财政应返还额度 |

### 2. 案例解析

【例 6 – 8】某单位本年末注销零余额账户用款额度 700 000 元，相应的会计分录如下。

财务会计：

借：财政应返还额度——财政授权支付 　　　　　　　　　700 000

　　贷：零余额账户用款额度 　　　　　　　　　　　　　　　　700 000

预算会计：

借：资金结存——财政应返还额度 　　　　　　　　　　　700 000

　　贷：资金结存——零余额账户用款额度 　　　　　　　　　　700 000

# 6.2　财政拨款结转

　　"财政拨款结转"科目核算行政事业单位取得的同级财政拨款结转资金的调整、结转和滚存情况。"财政拨款结转"科目年末贷方余额，反映单位滚存的财政拨款结转资金数额。"财政拨款结转"科目应该根据实际情况设置以下明细科目。

　　（1）与会计差错更正、以前年度支出收回相关的明细科目

　　"年初余额调整"："年初余额调整"明细科目核算因发生会计差错更正、以

前年度支出收回等原因，需要调整财政拨款结转的金额。年末结账后，"年初余额调整"明细科目应无余额。

（2）与财政拨款调拨业务相关的明细科目

①"归集调入"："归集调入"明细科目核算按照规定从其他单位调入财政拨款结转资金时，实际调增的额度数额或调入的资金数额。年末结账后，"归集调入"明细科目应无余额。

②"归集调出"："归集调出"明细科目核算按照规定向其他单位调出财政拨款结转资金时，实际调减的额度数额或调出的资金数额。年末结账后，"归集调出"明细科目应无余额。

③"归集上缴"："归集上缴"明细科目核算按照规定上缴财政拨款结转资金时，实际核销的额度数额或上缴的资金数额。年末结账后，"归集上缴"明细科目应无余额。

④"单位内部调剂"："单位内部调剂"明细科目核算经财政部门批准对财政拨款结余资金改变用途，调整用于本单位其他未完成项目等的调整金额。年末结账后，"单位内部调剂"明细科目应无余额。

（3）与年末财政拨款结转业务相关的明细科目

①"本年收支结转"："本年收支结转"明细科目核算单位本年度财政拨款收支相抵后的余额。年末结账后，"本年收支结转"明细科目应无余额。

②"累计结转"："累计结转"明细科目核算单位滚存的财政拨款结转资金。"累计结转"明细科目年末贷方余额，反映单位财政拨款滚存的结转资金数额。

"财政拨款结转"科目还应当设置"基本支出结转""项目支出结转"两个明细科目，并在"基本支出结转"明细科目下按照"人员经费""日常公用经费"进行明细核算，在"项目支出结转"明细科目下按照具体项目进行明细核算；同时，"财政拨款结转"科目还应按照《政府收支分类科目》中"支出功能分类科目"的相关科目进行明细核算。有一般公共预算财政拨款、政府性基金预算财政拨款等两种或两种以上财政拨款的，还应当在"财政拨款结转"科目下按照财政拨款的种类进行明细核算。

## 6.2.1 会计差错更正、购货退回的会计更正

### 1. 业务概述

行政事业单位因发生的以前年度的会计差错更正退回或者购货退回以前年度国库直接支付、授权支付款项或财政性货币资金，或者因发生会计差错更正

增加以前年度国库直接支付、授权支付支出或财政性货币资金支出需要进行账务的追溯调整中属于财政拨款结转资金的，需要进行相应的财政拨款结转资金的会计处理。

**2. 账务处理**

因会计差错更正、购货退回、预付款项收回等发生以前年度调整事项，调整增加相关资产的，财务会计应当借记"零余额账户用款额度""银行存款"等科目，贷记"以前年度盈余调整"科目；预算会计应当借记"资金结存——零余额账户用款额度/货币资金"等科目，贷记"财政拨款结转——年初余额调整"科目。

因会计差错更正、购货退回、预付款项收回等发生以前年度调整事项，调整减少相关资产的，财务会计应当借记"以前年度盈余调整"科目，贷记"零余额账户用款额度""银行存款"等科目；预算会计应当借记"财政拨款结转——年初余额调整"科目，贷记"资金结存——零余额账户用款额度""货币资金"等科目。

会计差错更正、购货退回的会计更正的账务处理如表6-11所示。

表6-11 　　　　　会计差错更正、购货退回的会计更正的账务处理

| | 财务会计处理 | 预算会计处理 |
|---|---|---|
| 因会计差错更正、购货退回、预付款项收回等发生以前年度调整事项，调整增加相关资产的 | 借：零余额账户用款额度/银行存款等<br>　　贷：以前年度盈余调整 | 借：资金结存——零余额账户用款额度/货币资金等<br>　　贷：财政拨款结转——年初余额调整 |
| 因会计差错更正调整减少相关资产 | 借：以前年度盈余调整<br>　　贷：零余额账户用款额度/银行存款等 | 借：财政拨款结转——年初余额调整<br>　　贷：资金结存——零余额账户用款额度/货币资金等 |

**3. 案例解析**

【例6-9】某事业单位年初发生了1 000 000元的预收账款退回至银行账户，该款项属于本年度结转资金。相应的会计分录如下。

财务会计：

借：以前年度盈余调整　　　　　　　　　　　　　　1 000 000

　　贷：银行存款　　　　　　　　　　　　　　　　　　　　　1 000 000

预算会计：

借：财政拨款结转——年初余额调整　　　　　　　　1 000 000

　　贷：资金结存——货币资金　　　　　　　　　　　　　　　1 000 000

## 6.2.2　与其他单位发生的财政拨款结转资金的调入、调出

**1. 业务概述及账务处理**

按照规定从其他单位调入财政拨款结转资金的，按照实际调增的额度数额或调入的资金数额，财务会计应当借记"财政应返还额度""零余额账户用款额度""银行存款"科目，贷记"累计盈余"科目。预算会计应当借记"资金结存——财政应返还额度/零余额账户用款额度/货币资金"科目，贷记"财政拨款结转——归集调入"科目。

按照规定向其他单位调出财政拨款结转资金的，按照实际调减的额度数额或调出的资金数额，财务会计应当借记"累计盈余"科目，贷记"财政应返还额度""零余额账户用款额度""银行存款"科目。预算会计应当借记"财政拨款结转——归集调出"科目，贷记"资金结存——财政应返还额度/零余额账户用款额度/货币资金"科目。

与其他单位发生的财政拨款结转资金的调入、调出的账务处理如表 6 - 12 所示。

表 6 - 12　　与其他单位发生的财政拨款结转资金的调入、调出的账务处理

| | 财务会计处理 | 预算会计处理 |
|---|---|---|
| 从其他单位调入财政拨款结转资金 | 借：财政应返还额度/零余额账户用款额度/银行存款<br>　　贷：累计盈余 | 借：资金结存——财政应返还额度/零余额账户用款额度/货币资金<br>　　贷：财政拨款结转——归集调入 |
| 向其他单位调出财政拨款结转资金 | 借：累计盈余<br>　　贷：财政应返还额度/零余额账户用款额度/银行存款 | 借：财政拨款结转——归集调出<br>　　贷：资金结存——财政应返还额度/零余额账户用款额度/货币资金 |

**2. 案例解析**

【例 6 - 10】某行政单位本年向其他单位调出财政授权内拨款结转资金 5 000 000 元，相应的会计分录如下。

财务会计：

借：累计盈余　　　　　　　　　　　　　　　　　　　5 000 000

　　贷：零余额账户用款额度　　　　　　　　　　　　　　5 000 000

预算会计：

借：财政拨款结转——归集调出　　　　　　　　　　　5 000 000

　　贷：资金结存——零余额账户用款额度　　　　　　　　5 000 000

### 6.2.3　上缴或注销财政拨款结转资金或额度

**1．业务概述**

行政事业单位根据财政部门规定上缴或注销财政拨款结转资金或额度的，需要对财政拨款结转进行调整。

**2．账务处理**

按照规定上缴财政拨款结转资金或注销财政拨款结转资金额度的，按照实际上缴资金数额或注销的资金额度数额，财务会计应当借记"累计盈余"科目，贷记"财政应返还额度""零余额账户用款额度""银行存款"科目。预算会计应当借记"财政拨款结转——归集上缴"科目，贷记"资金结存——财政应返还额度/零余额账户用款额度/货币资金"科目。上缴或注销财政拨款结转资金或额度的账务处理如表 6 – 13 所示。

表 6 – 13　　　　　　上缴或注销财政拨款结转资金或额度的账务处理

| | 财务会计处理 | 预算会计处理 |
|---|---|---|
| 按规定上缴或注销财政拨款结转资金或额度 | 借：累计盈余<br>　　贷：财政应返还额度/零余额账户用款额度/银行存款 | 借：财政拨款结转——归集上缴<br>　　贷：资金结存——财政应返还额度/零余额账户用款额度/货币资金 |

**3．案例解析**

【例 6 – 11】某事业单位本年度按照规定上缴财政拨款结余资金 300 000 元，上述款项通过银行缴纳，相应的会计分录如下。

财务会计：

借：累计盈余　　　　　　　　　　　　　　　　　300 000

　　贷：银行存款　　　　　　　　　　　　　　　　300 000

预算会计：

借：财政拨款结转——归集上缴　　　　　　　　　300 000

　　贷：资金结存——货币资金　　　　　　　　　　300 000

### 6.2.4　内部调剂财政拨款结余资金

**1．业务概述**

行政事业单位根据财政部门的批准需要改变本单位的结转资金用途，调整用于本单位基本支出或其他未完成项目支出的，需要对财政拨款结余进行调整。

**2. 账务处理**

经财政部门批准对财政拨款结余资金改变用途，调整用于本单位基本支出或其他未完成项目支出的，按照批准调剂的金额，预算会计应当借记"财政拨款结余——单位内部调剂"科目，贷记"财政拨款结转——单位内部调剂"科目。财务会计不需要做账务处理。单位内部调剂财政拨款结余资金的账务处理如表 6 – 14 所示。

表 6 – 14　　　　单位内部调剂财政拨款结余资金的账务处理

| | 财务会计处理 | 预算会计处理 |
| --- | --- | --- |
| 单位内部调剂财政拨款结余资金 | — | 借：财政拨款结余——单位内部调剂<br>贷：财政拨款结转——单位内部调剂 |

**3. 案例解析**

【例 6 – 12】某事业单位本年度经财政部门批准将财政拨款结余资金 1 000 000元由办公经费支出改为购买固定资产，相应的会计分录如下。

预算会计：

借：财政拨款结余——单位内部调剂　　　　　　　　1 000 000

　　贷：财政拨款结转——单位内部调剂　　　　　　　　1 000 000

财务会计不需要做账务处理。

## 6.2.5　年末财政拨款结转业务

**1. 业务概述**

行政事业单位在每年年末进行账务处理时，需要对本年度发生的全部收入、费用科目进行相应的结转。同时，针对财政拨款结余的科目特征，年末只有累计结余子科目下应该有相应的余额，所以需要对年度其他子科目下发生的业务进行相应的科目内结转。

**2. 账务处理**

在预算会计处理中，年末，将财政拨款预算收入本年发生额转入"财政拨款结转——本年收支结转"科目，借记"财政拨款预算收入"科目，贷记"财政拨款结转——本年收支结转"科目；将各项支出中财政拨款支出本年发生额转入"财政拨款结转——本年收支结转"科目，借记"财政拨款结转——本年收支结转"科目，贷记"行政支出""事业支出"等（财政拨款支出部分）科目。财务会计不需要做账务处理。年末财政拨款结转的账务处理如表 6 – 15所示。

表 6 – 15                    年末财政拨款结转的账务处理

| | 财务会计处理 | 预算会计处理 |
|---|---|---|
| 结转财政拨款预算收入 | — | 借：财政拨款预算收入<br>　贷：财政拨款结转——本年收支结转 |
| 结转财政拨款预算支出 | — | 借：财政拨款结转——本年收支结转<br>　贷：行政支出/事业支出等（财政拨款支出部分） |

预算会计处理中年末冲销"财政拨款结转"有关明细科目余额，将"财政拨款结转——本年收支结转、年初余额调整、归集调入、归集调出、归集上缴、单位内部调剂"科目余额转入"财政拨款结转——累计结转"科目。结转后，"财政拨款结转"科目除"累计结转"明细科目外，其他明细科目应无余额。财务会计不需要做账务处理。年末冲销财政拨款结转的账务处理如表 6 – 16 所示。

表 6 – 16                    年末冲销财政拨款结转的账务处理

| | 财务会计处理 | 预算会计处理 |
|---|---|---|
| 年末冲销"财政拨款结转"科目有关明细科目余额 | — | 借：财政拨款结转——年初余额调整（该明细科目为贷方余额时）/归集调入/单位内部调剂/本年收支结转（该明细科目为贷方余额时）<br>　贷：财政拨款结转——累计结转<br>借：财政拨款结转——累计结转<br>　贷：财政拨款结转——归集上缴/年初余额调整（该明细科目为借方余额时）/归集调出/本年收支结转（该明细科目为借方余额时） |

年末完成上述结转后，应当对财政拨款结转各明细项目执行情况进行分析，按照有关规定将符合财政拨款结余性质的项目余额转入财政拨款结余。预算会计应当借记"财政拨款结转——累计结转"科目，贷记"财政拨款结余——结转转入"科目。财务会计不需要做账务处理。转入财政拨款结余的账务处理如表 6 – 17 所示。

表 6 – 17                    转入财政拨款结余的账务处理

| | 财务会计处理 | 预算会计处理 |
|---|---|---|
| 按照有关规定将符合财政拨款结余性质的项目余额转入财政拨款结余 | — | 借：财政拨款结转——累计结转<br>　贷：财政拨款结余——结转转入 |

**3. 案例解析**

【例 6 – 13】某行政单位本年度发生预算收入 1 000 000 元，发生预算行政支出 500 000 元，相应的会计分录如下。

预算会计：

借：财政拨款预算收入　　　　　　　　　　1 000 000

　　贷：财政拨款结转——本年收支结转　　　　1 000 000

借：财政拨款结转——本年收支结转　　　　500 000

　　贷：行政支出　　　　　　　　　　　　　500 000

借：财政拨款结转——本年收支结转　　　　500 000

　　贷：财政拨款结转——累计结转　　　　　500 000

财务会计不需要做账务处理。

# 6.3　财政拨款结余

"财政拨款结余"科目核算行政事业单位取得的同级财政拨款项目支出结余资金的调整、结转和滚存情况。"财政拨款结余"科目年末贷方余额，反映行政事业单位滚存的财政拨款结余资金数额。"财政拨款结余"科目应该根据实际情况设置以下明细科目。

（1）与会计差错更正、以前年度支出收回相关的明细科目

"年初余额调整"："年初余额调整"明细科目核算因发生会计差错更正、以前年度支出收回等原因，需要调整财政拨款结余的金额。年末结账后，"年初余额调整"明细科目应无余额。

（2）与财政拨款结余资金调整业务相关的明细科目

①"归集上缴"："归集上缴"明细科目核算按照规定上缴财政拨款结余资金时，实际核销的额度数额或上缴的资金数额。年末结账后，"归集上缴"明细科目应无余额。

②"单位内部调剂"："单位内部调剂"明细科目核算经财政部门批准对财政拨款结余资金改变用途，调整用于本单位其他未完成项目等的调整金额。年末结账后，"单位内部调剂"明细科目应无余额。

（3）与年末财政拨款结余业务相关的明细科目

①"结转转入"："结转转入"明细科目核算行政事业单位按照规定转入财政拨款结余的财政拨款结转资金。年末结账后，"结转转入"明细科目应无余额。

②"累计结余"："累计结余"明细科目核算单位滚存的财政拨款结余资金。

本明细科目年末贷方余额，反映单位财政拨款滚存的结余资金数额。

"财政拨款结余"科目还应当按照具体项目、《政府收支分类科目》中"支出功能分类科目"的相关科目等进行明细核算。

有一般公共预算财政拨款、政府性基金预算财政拨款等两种或两种以上财政拨款的，还应当在"财政拨款结余"科目下按照财政拨款的种类进行明细核算。

## 6.3.1 会计差错更正、购货退回的会计更正

### 1. 业务概述

行政事业单位或部门因发生以前年度或本年度的会计差错更正退回或者相应的购货退回事项涉及以前年度国库直接支付、授权支付款项或财政性货币资金，或者因发生会计差错更正增加以前年度国库直接支付、授权支付支出或财政性货币资金支出中属于财政拨款结余资金的，需要进行相应的财政拨款结余资金的会计处理。

### 2. 账务处理

因发生会计差错更正退回以前年度国库直接支付、授权支付款项或财政性货币资金，或者因发生会计差错更正增加以前年度国库直接支付、授权支付支出或财政性货币资金支出，属于以前年度财政拨款结余资金的，对于财务会计，应当借记或贷记"零余额账户用款额度""银行存款"等科目，贷记或借记"以前年度盈余调整"科目；对于预算会计，应当借记或贷记"资金结存——财政应返还额度/零余额账户用款额度/货币资金"科目，贷记或借记"财政拨款结余——年初余额调整"科目。

因购货退回、预付款项收回等发生以前年度支出又收回国库直接支付、授权支付款项或收回财政性货币资金，属于以前年度财政拨款结余资金的，对于财务会计，应当借记或贷记"零余额账户用款额度""银行存款"等科目，贷记或借记"以前年度盈余调整"科目；对于预算会计，应当借记"资金结存——财政应返还额度/零余额账户用款额度/货币资金"科目，贷记"财政拨款结余——年初余额调整"科目。

会计差错更正、购货退回的会计更正的账务处理如表6-18所示。

**表 6-18**　　　会计差错更正、购货退回的会计更正的账务处理

| | | 财务会计处理 | 预算会计处理 |
|---|---|---|---|
| 因购货退回、会计差错更正等发生以前年度调整事项 | 调整增加相关资产 | 借：零余额账户用款额度/银行存款等<br>　　贷：以前年度盈余调整 | 借：资金结存——零余额账户用款额度/货币资金等<br>　　贷：财政拨款结余——年初余额调整 |
| | 因会计差错更正调整减少相关资产 | 借：以前年度盈余调整<br>　　贷：零余额账户用款额度/银行存款等 | 借：财政拨款结余——年初余额调整<br>　　贷：资金结存——零余额账户用款额度/货币资金等 |

**3. 案例解析**

【例 6-14】某行政单位年初发生了 100 000 元的购货退回收回国库授权支付额度，该款项属于本年度结余资金，相应的会计分录如下。

财务会计：

借：零余额账户用款额度　　　　　　　　　　　　　　　100 000

　　贷：以前年度盈余调整　　　　　　　　　　　　　　100 000

预算会计：

借：资金结存——零余额账户用款额度　　　　　　　　　100 000

　　贷：财政拨款结余——年初余额调整　　　　　　　　100 000

## 6.3.2　上缴或注销财政拨款结余资金或额度

**1. 业务概述**

行政事业单位或者部门根据财政部门规定上缴或注销财政拨款结余资金或额度的，需要对财政拨款结余进行调整。

**2. 账务处理**

按照规定上缴财政拨款结余资金或注销财政拨款结余资金额度的，对于财务会计，应当按照实际上缴资金数额或注销的资金额度数额，借记"累计盈余"科目，贷记"财政应返还额度""零余额账户用款额度""银行存款"科目；对于预算会计，应当借记"财政拨款结余——归集上缴"科目，贷记"资金结存——财政应返还额度/零余额账户用款额度/货币资金"科目。上缴或注销财政拨款结余资金或额度的账务处理如表 6-19 所示。

表6-19　　　　　　　上缴或注销财政拨款结余资金或额度的账务处理

|  | | 财务会计处理 | 预算会计处理 |
|---|---|---|---|
| 按照规定上缴财政拨款结余资金或注销财政拨款结余额度 | 按照实际上缴资金数额或注销的资金额度 | 借：累计盈余<br>　贷：财政应返还额度/零余额账户用款额度/银行存款 | 借：财政拨款结余——归集上缴<br>　贷：资金结存——财政应返还额度/零余额账户用款额度/货币资金 |

**3.案例解析**

【例6-15】　某行政单位本年上缴财政拨款财政授权内拨款结余资金5 000 000元，相应的会计分录如下。

财务会计：

借：累计盈余　　　　　　　　　　　　　　　　　　5 000 000

　　贷：银行存款　　　　　　　　　　　　　　　　　5 000 000

预算会计：

借：财政拨款结余——归集上缴　　　　　　　　　　5 000 000

　　贷：资金结存——货币资金　　　　　　　　　　　5 000 000

## 6.3.3　内部调剂财政拨款结余资金

**1.业务概述**

行政事业单位或者部门根据财政部门的批准需要改变本单位的结余资金用途，调整用于本单位基本支出或其他未完成项目支出的，需要对财政拨款结余进行调整。

**2.账务处理**

经财政部门批准对财政拨款结余资金改变用途，调整用于本单位基本支出或其他未完成项目支出的，按照批准调剂的金额，预算会计应当借记"财政拨款结余——单位内部调剂"科目，贷记"财政拨款结转——单位内部调剂"科目。财务会计不需要做账务处理。内部调剂财政拨款结余资金的账务处理如表6-20所示。

表6-20　　　　　　内部调剂财政拨款结余资金的账务处理

|  | | 财务会计处理 | 预算会计处理 |
|---|---|---|---|
| 单位内部调剂财政拨款结余资金 | 按照调整的金额 | — | 借：财政拨款结余——单位内部调剂<br>　贷：财政拨款结转——单位内部调剂 |

## 6.3.4　年末财政拨款结余业务

### 1. 业务概述

各行政事业单位或部门在每年年末进行账务处理时，需要对本年度发生的符合财政拨款结余性质的项目余额转入财政拨款结余。同时，针对财政拨款结余的科目特征，年末只有累计结余子科目下应该有相应的余额，所以需要对年度其他子科目下发生的业务进行相应的科目内结转。

### 2. 账务处理

年末，对财政拨款结转各明细项目执行情况进行分析，按照有关规定将符合财政拨款结余性质的项目余额转入财政拨款结余，预算会计应当借记"财政拨款结转——累计结转"科目，贷记"财政拨款结余——结转转入"科目。财务会计不需要做账务处理。

预算会计处理中年末冲销"财政拨款结余"有关明细科目余额，将"财政拨款结余——年初余额调整/归集上缴/单位内部调剂/结转转入"科目余额转入"财政拨款结余——累计结余"科目。结转后，"财政拨款结余"科目除"累计结余"明细科目外，其他明细科目应无余额。财务会计不需要做账务处理。年末财政拨款结转和结余业务的账务处理如表 6 - 21 所示。

表 6 - 21　　年末财政拨款结转和结余业务的账务处理

| | | 财务会计处理 | 预算会计处理 |
| --- | --- | --- | --- |
| 年末，转入财政拨款结余 | 按照有关规定将符合财政拨款结余性质的项目余额转入财政拨款结余 | — | 借：财政拨款结转——累计结转<br>　　贷：财政拨款结余——结转转入 |
| 年末冲销"财政拨款结余"科目有关明细科目余额 | 冲销"财政拨款结余"科目有关明细科目为贷方余额时 | — | 借：财政拨款结余——年初余额调整<br>　　贷：财政拨款结余——累计结余 |
| | 冲销"财政拨款结余"科目有关明细科目为借方余额时 | — | 借：财政拨款结余——累计结余<br>　　贷：财政拨款结余——年初余额调整/归集上缴/单位内部调剂 |
| | 结转"结转转入"明细科目 | — | 借：财政拨款结余——结转转入<br>　　贷：财政拨款结余——累计结余 |

**3. 案例解析**

【例6-16】某行政单位本年按照有关规定将符合财政拨款结余性质的项目余额为300 000元，相应的会计分录如下。

预算会计：

借：财政拨款结转——累计结转　　　　　　　　　　　300 000

　　贷：财政拨款结余——结转转入　　　　　　　　　　　300 000

借：财政拨款结余——结转转入　　　　　　　　　　　300 000

　　贷：财政拨款结余——累计结余　　　　　　　　　　　300 000

财务会计不需要做账务处理。

# 6.4　非财政拨款结转

"非财政拨款结转"科目核算行政事业单位除财政拨款收支、经营收支以外各非同级财政拨款专项资金的调整、结转和滚存情况。"非财政拨款结转"科目年末贷方余额，反映单位滚存的非同级财政拨款专项结转资金数额。"非财政拨款结转"科目应该根据实际情况设置以下明细科目。

（1）"年初余额调整"："年初余额调整"明细科目核算因发生会计差错更正、以前年度支出收回等原因，需要调整非财政拨款结转的资金。年末结账后，"年初余额调整"明细科目应无余额。

（2）"缴回资金"："缴回资金"明细科目核算按照规定缴回非财政拨款结转资金时，实际缴回的资金数额。年末结账后，"缴回资金"明细科目应无余额。

（3）"项目间接费用或管理费"："项目间接费用或管理费"明细科目核算单位取得的科研项目预算收入中，按照规定计提项目间接费用或管理费的数额。年末结账后，"项目间接费用或管理费"明细科目应无余额。

（4）"本年收支结转"："本年收支结转"明细科目核算单位本年度非同级财政拨款专项收支相抵后的余额。年末结账后，"本年收支结转"明细科目应无余额。

（5）"累计结转"："累计结转"明细科目核算单位滚存的非同级财政拨款专项结转资金。"累计结转"明细科目年末贷方余额，反映单位滚存的非同级财政拨款专项结转资金。

"非财政拨款结转"科目还应当按照具体项目、《政府收支分类科目》中

"支出功能分类科目"的相关科目等进行明细核算。

## 6.4.1　提取项目管理费或间接费

### 1．业务概述

行政事业单位可能在每年根据财政部门的相关规定在单位科研项目预算收入中提取一定的项目管理费或间接费，用于项目接下来的运转。

### 2．账务处理

按照规定从科研项目预算收入中提取项目管理费或间接费时，按照提取金额，财务会计应当借记"单位管理费用"科目，贷记"预提费用——项目间接费用或管理费"科目；预算会计应当借记"非财政拨款结转——项目间接费用或管理费"科目，贷记"非财政拨款结余——项目间接费用或管理费"科目。提取项目管理费或间接费的账务处理如表 6－22 所示。

表 6－22　　　　　　　　　　提取项目管理费或间接费的账务处理

| | 财务会计处理 | 预算会计处理 |
|---|---|---|
| 按照规定从科研项目预算收入中提取项目管理费或间接费 | 借：单位管理费用<br>　　贷：预提费用——项目间接费用或管理费 | 借：非财政拨款结转——项目间接费用或管理费<br>　　贷：非财政拨款结余——项目间接费用或管理费 |

### 3．案例解析

【例 6－17】某事业单位从单位的科研项目预算收入中提取项目管理费 100 000 元，账务处理如下。

财务会计：

借：单位管理费用　　　　　　　　　　　　　　　　　100 000

　　贷：预提费用——管理费　　　　　　　　　　　　　　100 000

预算会计：

借：非财政拨款结转——管理费　　　　　　　　　　　100 000

　　贷：非财政拨款结余——管理费　　　　　　　　　　　100 000

## 6.4.2　会计差错更正、购货退回的会计更正

### 1．业务概述

行政事业单位因发生以前年度或本年度的会计差错更正退回或者相应的购货退回事项涉及非同级财政拨款货币资金，或者因发生会计差错更正增加非同级财政拨款货币资金中属于非财政拨款结转资金的，需要进行相应的非财政拨

款结转资金的会计处理。

**2. 账务处理**

因会计差错更正收到或支出非同级财政拨款货币资金，属于非财政拨款结转资金的，财务会计应当按照收到或支出的金额，借记或贷记"银行存款"等科目，贷记或借记"以前年度盈余调整"科目；预算会计应当按照收到或支出的金额，借记或贷记"资金结存——货币资金"科目，贷记或借记"非财政拨款结转——年初余额调整"科目。因收回以前年度支出等收到非同级财政拨款货币资金，属于非财政拨款结转资金的，按照收到的金额，财务会计应当借记"银行存款"等科目，贷记"以前年度盈余调整"科目；预算会计应当借记"资金结存——货币资金"科目，贷记"非财政拨款结转——年初余额调整"科目。会计差错更正、购货退回的会计更正的账务处理如表6-23所示。

表6-23　　　　　　会计差错更正、购货退回的会计更正的账务处理

| | | 财务会计处理 | 预算会计处理 |
|---|---|---|---|
| 因购货退回、会计差错更正等发生以前年度调整事项 | 调整增加相关资产 | 借：银行存款等<br>　　贷：以前年度盈余调整 | 借：资金结存——货币资金<br>　　贷：非财政拨款结转——年初余额调整 |
| | 调整减少相关资产 | 借：以前年度盈余调整<br>　　贷：银行存款等 | 借：非财政拨款结转——年初余额调整<br>　　贷：资金结存——货币资金 |

**3. 案例解析**

【例6-18】某事业单位销售退回涉及以前年度收入的退回金额300 000元，账务处理如下。

财务会计：

借：以前年度盈余调整　　　　　　　　　　　　　　　　　300 000

　　贷：银行存款　　　　　　　　　　　　　　　　　　　　300 000

预算会计：

借：非财政拨款结转——年初余额调整　　　　　　　　　　300 000

　　贷：资金结存——货币资金　　　　　　　　　　　　　　300 000

## 6.4.3　缴回非财政拨款结转资金

**1. 业务概述**

行政事业单位根据财政部门规定需要对本单位的非财政结转资金进行上缴的，需要对非财政拨款结转进行调整。

### 2. 账务处理

按照规定缴回非财政拨款结转资金的，按照实际缴回资金数额，财务会计应当借记"累计盈余"科目，贷记"银行存款"等科目；预算会计应当借记"非财政拨款结转——缴回资金"科目，贷记"资金结存——货币资金"科目。缴回非财政拨款结转资金的账务处理如表 6 - 24 所示。

表 6 - 24　　　　　缴回非财政拨款结转资金的账务处理

| | | 财务会计处理 | 预算会计处理 |
|---|---|---|---|
| 按照规定缴回非财政拨款结转资金 | 按照实际缴回资金 | 借：累计盈余<br>　　贷：银行存款等 | 借：非财政拨款结转——缴回资金<br>　　　贷：资金结存——货币资金 |

### 3. 案例解析

【例 6 - 19】某单位按照规定缴回非财政拨款结转资金为 300 000 元，以银行存款支付，账务处理如下。

财务会计：

借：累计盈余　　　　　　　　　　　　　　300 000

　　贷：银行存款　　　　　　　　　　　　　　300 000

预算会计：

借：非财政拨款结转——缴回资金　　　　　300 000

　　贷：资金结存——货币资金　　　　　　　　300 000

## 6.4.4　年末非财政拨款结转和结余业务

### 1. 业务概述

行政事业单位在每年年末进行账务处理时，需要对本年度发生的全部收入、费用科目进行相应的结转。同时，针对非财政拨款结转的科目特征，年末只有累计结转子科目下应该有相应的余额，所以需要对年度其他子科目下发生的业务进行相应的科目内结转。

### 2. 账务处理

年末，预算会计处理中，将事业预算收入、上级补助预算收入、附属单位上缴预算收入、非同级财政拨款预算收入、债务预算收入、其他预算收入本年发生额中的专项资金收入转入"非财政拨款结转"科目，借记"事业预算收入""上级补助预算收入""附属单位上缴预算收入""非同级财政拨款预算收入""债务预算收入""其他预算收入"科目下各专项资金收入明细科目，贷记

"非财政拨款结转——本年收支结转"科目；将行政支出、事业支出、其他支出本年发生额中的非财政拨款专项资金支出转入"非财政拨款结转——本年收支结转"科目，借记"非财政拨款结转——本年收支结转"科目，贷记"行政支出""事业支出""其他支出"科目下各非财政拨款专项资金支出明细科目。财务会计不需要做账务处理。

在预算会计处理中，年末冲销"非财政拨款结转"有关明细科目余额，将"非财政拨款结转——年初余额调整/项目间接费用或管理费/缴回资金/本年收支结转"科目余额转入"非财政拨款结转——累计结转"科目。结转后，"非财政拨款结转"科目除"累计结转"明细科目外，其他明细科目应无余额。财务会计不需要做账务处理。

年末非财政拨款结转和结余业务的账务处理如表 6-25 所示。

表 6-25　　　　　年末非财政拨款结转和结余业务的账务处理

| | | 财务会计处理 | 预算会计处理 |
|---|---|---|---|
| 年末结转 | 结转非财政拨款专项收入 | — | 借：事业预算收入/上级补助预算收入/附属单位上缴预算收入/非同级财政拨款预算收入/债务预算收入/其他预算收入<br>　　贷：非财政拨款结转——本年收支结转 |
| | 结转非财政拨款专项支出 | — | 借：非财政拨款结转——本年收支结转<br>　　贷：行政支出/事业支出/其他支出 |
| 年末冲销"非财政拨款结转"科目有关明细科目余额 | 冲销"非财政拨款结转"科目有关明细科目为贷方余额时 | — | 借：非财政拨款结转——年初余额调整<br>　　　　　　　　　　——本年收支结转<br>　　贷：非财政拨款结转——累计结转 |
| | 冲销"非财政拨款结转"科目有关明细科目为借方余额时 | — | 借：非财政拨款结转——累计结转<br>　　贷：非财政拨款结转——年初余额调整<br>　　　　　　　　　　——缴回资金<br>　　　　　　　　　　——项目间接费用或管理费<br>　　　　　　　　　　——本年收支结转 |

### 3. 案例解析

【例 6-20】某事业单位年末非财政拨款结转下明细科目情况如下：年初余额调整贷方余额为 100 000 元，管理费借方余额为 70 000 元，本年收支结转贷方余额为 200 000 元，账务处理如下。

预算会计：

借：非财政拨款结转——年末余额调整　　　　　　　　　　100 000

　　　　　　　　——本年收支结转　　　　　　　　200 000

　　贷：非财政拨款结转——累计结转　　　　　　300 000

　借：非财政拨款结转——累计结转　　　　　　　70 000

　　贷：非财政拨款结转——管理费　　　　　　　70 000

财务会计不需要做账务处理。

## 6.4.5　划转非财政拨款专项剩余资金

　　年末完成上述结转后，应当对非财政拨款专项结转资金各项目情况进行分析，将留归本单位使用的非财政拨款专项（项目已完成）剩余资金转入非财政拨款结余，预算会计应当借记"非财政拨款结转——累计结转"科目，贷记"非财政拨款结余——结转转入"科目。财务会计不需要做账务处理。划转非财政拨款专项剩余资金的账务处理如表 6-26 所示。

表 6-26　　　　　　　**划转非财政拨款专项剩余资金的账务处理**

| | 财务会计处理 | 预算会计处理 |
|---|---|---|
| 将留归本单位使用的非财政拨款专项剩余资金转入非财政拨款结余 | — | 借：非财政拨款结转——累计结转　贷：非财政拨款结余——结转转入 |

# 6.5　非财政拨款结余

　　"非财政拨款结余"科目核算单位历年滚存的非限定用途的非同级财政拨款结余资金，主要为非财政拨款结余扣除结余分配后滚存的金额。"非财政拨款结余"科目应该根据实际情况设置以下明细科目。

　　（1）"年初余额调整"："年初余额调整"明细科目核算因发生会计差错更正、以前年度支出收回等原因，需要调整非财政拨款结余的资金。年末结账后，"年初余额调整"明细科目应无余额。

　　（2）"项目间接费用或管理费"："项目间接费用或管理费"明细科目核算单位取得的科研项目预算收入中，按照规定计提的项目间接费用或管理费数额。年末结账后，"项目间接费用或管理费"明细科目应无余额。

　　（3）"结转转入"："结转转入"明细科目核算按照规定留归单位使用，由单位统筹调配，纳入单位非财政拨款结余的非同级财政拨款专项剩余资金。年末结账后，"结转转入"明细科目应无余额。

（4）"累计结余"："累计结余"明细科目核算单位历年滚存的非同级财政拨款、非专项结余资金。"累计结余"明细科目年末贷方余额，反映单位非同级财政拨款滚存的非专项结余资金数额。

"非财政拨款结余"科目还应当按照《政府收支分类科目》中"支出功能分类科目"的相关科目进行明细核算。

### 6.5.1　提取项目管理费或间接费

**1．业务概述**

单位可能在每年根据财政部门的相关规定在单位科研项目预算收入中提取一定的项目管理费或间接费，用于项目接下来的运转。

**2．账务处理**

按照规定从科研项目预算收入中提取项目管理费或间接费时，对于财务会计，应当按照提取的金额，借记"单位管理费用"科目，贷记"预提费用——项目间接费用或管理费"科目；对于预算会计，应当按照提取的金额，借记"非财政拨款结转——项目间接费用或管理费"科目，贷记"非财政拨款结余——项目间接费用或管理费"科目。提取项目管理费或间接费的账务处理如表 6－27 所示。

表 6－27　　　　　　　　提取项目管理费或间接费的账务处理

| | 财务会计处理 | 预算会计处理 |
|---|---|---|
| 按照规定从科研项目预算收入中提取项目管理费或间接费 | 借：单位管理费用<br>　　贷：预提费用——项目间接费用或管理费 | 借：非财政拨款结转——项目间接费用或管理费<br>　　贷：非财政拨款结余——项目间接费用或管理费 |

**3．案例解析**

【例 6－21】某事业单位按照规定从科研项目预算收入中提取项目管理费200 000 元，账务处理如下。

财务会计：

借：单位管理费用　　　　　　　　　　　　　　　　　　200 000

　　贷：预提费用——项目管理费　　　　　　　　　　　　　　200 000

预算会计：

借：非财政拨款结转——项目管理费　　　　　　　　　　200 000

　　贷：非财政拨款结余——项目管理费　　　　　　　　　　　200 000

## 6.5.2　实际缴纳企业所得税

有企业所得税缴纳义务的事业单位实际缴纳企业所得税时，对于财务会计，应当按照实际缴纳金额，借记"其他应交税费——单位应交所得税"科目，贷记"银行存款"等科目；对于预算会计，应当按照缴纳金额，借记"非财政拨款结余——累计结余"科目，贷记"资金结存——货币资金"科目。实际缴纳企业所得税的账务处理如表 6 – 28 所示。

表 6 – 28　　　　　　　　实际缴纳企业所得税的账务处理

| | 财务会计处理 | 预算会计处理 |
|---|---|---|
| 实际缴纳企业所得税 | 借：其他应交税费——单位应交所得税<br>　贷：银行存款等 | 借：非财政拨款结余——累计结余<br>　贷：资金结存——货币资金 |

【例 6 – 22】某事业单位本年实际缴纳企业所得税为 300 000 元，账务处理如下。

财务会计：

借：其他应交税费——单位应交所得税　　　　　　　　300 000

　　贷：银行存款　　　　　　　　　　　　　　　　　　　300 000

预算会计：

借：非财政拨款结余——累计结余　　　　　　　　　　300 000

　　贷：资金结存——货币资金　　　　　　　　　　　　　300 000

## 6.5.3　会计差错更正、购货退回的会计更正

**1. 业务概述**

行政事业单位因发生以前年度或本年度的会计差错更正退回或者相应的购货退回事项涉及非同级财政拨款货币资金，或者因发生会计差错更正增加非同级财政拨款货币资金中属于非财政拨款结余资金的，需要进行相应的非财政拨款结余资金的会计处理。

**2. 账务处理**

因会计差错更正收到或支出非同级财政拨款货币资金，属于非财政拨款结余资金的，对于财务会计，应当按照收到或支出的金额，借记或贷记"银行存款"等科目，贷记或借记"以前年度盈余调整"科目；对于预算会计，应当按照收到或支出的金额，借记或贷记"资金结存——货币资金"科目，贷记或借

记"非财政拨款结余——年初余额调整"科目。因收回以前年度支出等收到非同级财政拨款货币资金，属于非财政拨款结余资金的，按照收到的金额，财务会计应当借记"银行存款"科目，贷记"以前年度盈余调整"科目；预算会计应当借记"资金结存——货币资金"科目，贷记"非财政拨款结余——年初余额调整"科目。会计差错更正、购货退回的会计更正的账务处理如表6-29所示。

表6-29　　　　　　会计差错更正、购货退回的会计更正的账务处理

| | | 财务会计处理 | 预算会计处理 |
|---|---|---|---|
| 因购货退回、会计差错更正等发生以前年度调整事项 | 调整增加相关资产 | 借：银行存款等<br>贷：以前年度盈余调整 | 借：资金结存——货币资金<br>贷：非财政拨款结余——年初余额调整 |
| | 调整减少相关资产 | 借：以前年度盈余调整<br>贷：银行存款等 | 借：非财政拨款结余——年初余额调整<br>贷：资金结存——货币资金 |

## 6.5.4　年末非财政拨款结余结转业务

**1. 业务概述**

各行政事业单位或部门在每年年末进行账务处理时，需要将本年度发生的符合非财政拨款结余性质的项目余额转入非财政拨款结余。同时，针对非财政拨款结余的科目特征，年末只有累计结余子科目下应该有相应的余额，所以需要对年度其他子科目下发生的业务进行相应的科目内结转。

**2. 账务处理**

预算会计处理中，年末冲销"非财政拨款结余"有关明细科目余额，将"非财政拨款结余——年初余额调整/项目间接费用或管理费/结转转入"科目余额结转入"非财政拨款结余——累计结余"科目。结转后，"非财政拨款结余"科目除"累计结余"明细科目外，其他明细科目应无余额。财政会计不需要做账务处理。

年末，事业单位将"非财政拨款结余分配"科目余额转入非财政拨款结余。对于预算会计，"非财政拨款结余分配"科目为借方余额的，借记"非财政拨款结余——累计结余"科目，贷记"非财政拨款结余分配"科目；"非财政拨款结余分配"科目为贷方余额的，借记"非财政拨款结余分配"科目，贷记"非财政拨款结余——累计结余"科目。财政会计不需要做账务处理。年末，行政单位将"其他结余"科目余额转入非财政拨款结余。"其他结余"科目为借方余

额的，借记"非财政拨款结余——累计结余"科目，贷记"其他结余"科目；"其他结余"科目为贷方余额的，借记"其他结余"科目，贷记"非财政拨款结余——累计结余"科目。财务会计不需要做账务处理。年末非财政拨款结余结转业务的账务处理如表 6-30 所示。

表 6-30　　　　　年末非财政拨款结余结转业务的账务处理

| | | 财务会计处理 | 预算会计处理 |
|---|---|---|---|
| 年末冲销"非财政拨款结余"科目相关明细科目余额 | "非财政拨款结余"科目有关明细科目为贷方余额时 | — | 借：非财政拨款结余——年初余额调整<br>　　　　　　　　　　　　——项目间接费用<br>　或管理费<br>　　　　　　　　　　　　——结转转入<br>　贷：非财政拨款结余——累计结余 |
| | "非财政拨款结余"科目有关明细科目为借方余额时 | — | 借：非财政拨款结余——累计结余<br>　贷：非财政拨款结余——年初余额调整<br>　　　　　　　　　　　　——缴回资金 |
| 年末结转 | 非财政拨款结余分配为贷方余额 | — | 借：非财政拨款结余分配<br>　贷：非财政拨款结余——累计结余 |
| | 非财政拨款结余分配为借方余额 | — | 借：非财政拨款结余——累计结余<br>　贷：非财政拨款结余分配 |

### 3．案例解析

【例 6-23】某事业单位年末非财政拨款结余下明细科目情况如下：年初余额调整贷方余额为 700 000 元，项目间接费用借方余额为 400 000 元，账务处理如下。

预算会计：

借：非财政拨款结余——年初余额调整　　　　　700 000

　　贷：非财政拨款结余——累计结余　　　　　　　　700 000

借：非财政拨款结余——累计结余　　　　　　　400 000

　　贷：非财政拨款结余——项目间接费用　　　　　　400 000

财务会计不需要做账务处理。

### 6.5.5　划转非财政拨款专项剩余资金

年末，将留归本单位使用的非财政拨款专项（项目已完成）剩余资金转入"非财政拨款结余"科目，预算会计应当借记"非财政拨款结转——累计结转"科目，贷记"非财政拨款结余——结转转入"科目。财务会计不需要做账务处理。划转非财政拨款专项剩余资金的账务处理如表 6-31 所示。

表 6－31　　　　　划转非财政拨款专项剩余资金的账务处理

| | 财务会计处理 | 预算会计处理 |
|---|---|---|
| 将留归本单位使用的非财政拨款专项剩余资金转入非财政拨款结余 | — | 借：非财政拨款结转——累计结转<br>　贷：非财政拨款结余——结转转入 |

# 6.6　专用结余

　　"专用结余"科目核算事业单位按照规定从非财政拨款结余中提取的具有专门用途的资金的变动和滚存情况。"专用结余"科目年末贷方余额，反映事业单位从非同级财政拨款结余中提取的专用基金的累计滚存数额。"专用结余"科目应当按照专用结余的类别进行明细核算。

## 6.6.1　提取专用基金

### 1．业务概述

　　事业单位会按照相关规定从非财政拨款结余中提取具有专门用途的资金作为专项基金用于以后的发展，因此需要对专用结余进行相应的账务处理。

### 2．账务处理

　　根据有关规定从本年度非财政拨款结余或经营结余中提取基金的，应当按照提取金额，财务会计借记"本年盈余分配"科目，贷记"专用基金"科目；预算会计应当借记"非财政拨款结余分配"科目，贷记"专用结余"科目。提取专用基金的账务处理如表 6－32 所示。

表 6－32　　　　　　　提取专用基金的账务处理

| | 财务会计处理 | 预算会计处理 |
|---|---|---|
| 从本年度非财政拨款结余或经营结余中提取基金 | 借：本年盈余分配<br>　贷：专用基金 | 借：非财政拨款结余分配<br>　贷：专用结余 |

### 3．案例解析

　　【例 6－24】某事业单位从本年度经营结余中提取基金 200 000 元，账务处理如下。

　　财务会计：

　　借：本年盈余分配　　　　　　　　　　　　　　　　　200 000

　　　　贷：专用基金　　　　　　　　　　　　　　　　　　　200 000

预算会计：

借：非财政拨款结余分配　　　　　　　　　　　　　200 000

　　贷：专用结余　　　　　　　　　　　　　　　　　　　200 000

## 6.6.2　使用专用基金

**1．业务概述**

事业单位每年根据自身发展的需要利用从本年度非财政拨款结余或经营结余中提取的专用基金购买固定资产、无形资产用于单位日后的正常运转，因此需要对专用结余进行相应的账务处理。

**2．账务处理**

根据规定使用从非财政拨款结余或经营结余中提取的专用基金时，对于财务会计，一般情况下，应当按照实际支付的金额，借记"专用基金"科目，贷记"银行存款"等科目；购买固定资产、无形资产时，应当借记"固定资产""无形资产"科目，贷记"银行存款"等科目，同时，借记"专用基金"科目，贷记"累计盈余"科目。

对于预算会计，使用从非财政拨款结余或经营结余中提取的基金时，应当借记"专用结余"科目，贷记"资金结存——货币资金"科目；使用从预算收入中提取并计入费用的基金时，应当借记"事业支出"等科目，贷记"资金结存——货币资金"科目。

使用专用基金的账务处理如表 6 – 33 所示。

**表 6 – 33　　　　　　　　　使用专用基金的账务处理**

| | 财务会计处理 | 预算会计处理 |
|---|---|---|
| 按照规定使用提取的专用基金 | 一般情况下：<br>借：专用基金<br>　　贷：银行存款等<br>购置固定资产、无形资产时：<br>借：固定资产/无形资产<br>　　贷：银行存款等<br>借：专用基金<br>　　贷：累计盈余 | 使用从非财政拨款结余或经营结余中提取的基金时：<br>借：专用结余<br>　　贷：资金结存——货币资金<br>使用从预算收入中提取并计入费用的基金时：<br>借：事业支出等<br>　　贷：资金结存——货币资金 |

**3．案例解析**

【例 6 – 25】某事业单位利用从经营结余中提取的专用基金购买一台价值为 200 000 元的机器设备，账务处理如下。

财务会计：

借：固定资产　　　　　　　　　　　　　　　　　　200 000

        贷：银行存款                                     200 000

    借：专用基金                                      200 000

        贷：累计盈余                                   200 000

    预算会计：

    借：专用结余                                      200 000

        贷：资金结存——货币资金                   200 000

# 6.7　经营结余

    "经营结余"科目核算事业单位本年度经营活动收支相抵后余额弥补以前年度经营亏损后的余额。年末结账后，"经营结余"科目一般无余额；如为借方余额，则反映事业单位累计发生的经营亏损。"经营结余"科目可以按照经营活动类别进行明细核算。

## 6.7.1　年末经营收支结转

### 1．业务概述

    事业单位在每年年末进行账务处理时，需要对本年度发生的全部经营预算收入、支出科目进行相应的结转，以反映单位本年度的经营结余的实际情况。

### 2．账务处理

    年末，对于预算会计，将经营预算收入本年发生额转入"经营结余"科目，借记"经营预算收入"科目，贷记"经营结余"科目；将经营支出本年发生额转入"经营结余"科目，借记"经营结余"科目，贷记"经营支出"科目。财务会计不需要做账务处理。年末经营收支结转的账务处理如表6-34所示。

表6-34　　　　　　　　年末经营收支结转的账务处理

|  |  | 财务会计处理 | 预算会计处理 |
|---|---|---|---|
| 年末经营收支结转 | 将经营预算收入本年发生额转入"经营结余"科目 | — | 借：经营预算收入<br>　贷：经营结余 |
|  | 将经营支出本年发生额转入"经营结余"科目 | — | 借：经营结余<br>　贷：经营支出 |

### 3．案例解析

    【例6-26】某事业单位本年度发生经营预算收入200 000元，发生经营支出150 000元，账务处理如下。

    预算会计：

    借：经营预算收入                                200 000

```
        贷：经营结余                                     200 000
   借：经营结余                              150 000
        贷：经营支出                                     150 000
```

财务会计不需要做账务处理。

## 6.7.2　年末转入结余分配

### 1. 业务概述及账务处理

完成上述结转后，如"经营结余"科目为贷方余额，将"经营结余"科目贷方余额转入"非财政拨款结余分配"科目，预算会计应当借记"经营结余"科目，贷记"非财政拨款结余分配"科目；如"经营结余"科目为借方余额，为经营亏损，则不予结转。财务会计不需要做账务处理。年末转入结余分配的账务处理如表 6-35 所示。

表 6-35　　　　　　　　　　年末转入结余分配的账务处理

| | 财务会计处理 | 预算会计处理 |
|---|---|---|
| 年末转入结余分配 | — | 借：经营结余<br>　　贷：非财政拨款结余分配<br>年末结余在借方，则不予结转 |

### 2. 案例解析

【例 6-27】接【例 6-26】，该事业单位在完成上述结转后应该对本年结转进行结转，账务处理如下。

预算会计：

```
   借：经营结余                              50 000
        贷：非财政拨款结余分配                     50 000
```

财务会计不要要做账务处理。

# 6.8　其他结余

"其他结余"科目核算行政事业单位本年度除财政拨款收支、非同级财政专项资金收支和经营收支以外各项收支相抵后的余额。年末结账后，"其他结余"科目应无余额。

## 6.8.1 年末结转预算收入及支出

### 1．业务概述

行政事业单位在每年年末进行账务处理时，需要对本年度发生的全部符合其他结余核算条件的收入、支出科目进行相应的结转，以反映单位本年度的其他结余的实际情况。

### 2．账务处理

年末，对于预算会计，将事业预算收入、上级补助预算收入、附属单位上缴预算收入、非同级财政拨款预算收入、债务预算收入、其他预算收入本年发生额中的非专项资金收入以及投资预算收益本年发生额转入"其他结余"科目，借记"事业预算收入""上级补助预算收入""附属单位上缴预算收入""非同级财政拨款预算收入""债务预算收入""其他预算收入"科目下各非专项资金收入明细科目和"投资预算收益"科目，贷记"其他结余"科目（"投资预算收益"科目本年发生额为借方余额时，借记"其他结余"科目，贷记"投资预算收益"科目）。将行政支出、事业支出、其他支出本年发生额中的非同级财政、非专项资金支出，以及上缴上级支出、对附属单位补助支出、投资支出、债务还本支出本年发生额转入"其他结余"科目，借记"其他结余"科目，贷记"行政支出""事业支出""其他支出"科目下各非同级财政、非专项资金支出明细科目和"上缴上级支出""对附属单位补助支出""投资支出""债务还本支出"科目。财务会计不需要做账务处理。年末结转预算收入及支出的账务处理如表6-36所示。

表6-36　　　　年末结转预算收入及支出的账务处理

| | | 财务会计处理 | 预算会计处理 |
|---|---|---|---|
| 年末结转预算收入及支出 | 结转预算收入（除财政拨款收入、非同级财政专项收入、经营收入以外） | — | 借：事业预算收入/上级补助预算收入/附属单位上缴预算收入/非同级财政拨款预算收入/债务预算收入/其他预算收入（非专项资金收入部分）　投资预算收益（为贷方余额时）　贷：其他结余<br>借：其他结余　贷：投资预算收益（为借方余额时） |
| | 结转预算支出（除同级财政拨款支出、非同级财政专项支出、经营支出以外） | — | 借：其他结余　贷：行政支出/事业支出/其他支出（非同级财政、非专项资金支出部分）　上缴上级支出/对附属单位补助支出/投资支出/债务还本支出 |

**3. 案例解析**

【例 6 - 28】某单位本年度发生事业预算收入 200 000 元，债务预算收入 100 000 元，其他预算收入 100 000 元，发生相应的行政支出 150 000 元，事业支出 120 000 元，投资支出 150 000 元，账务处理如下。

预算会计：

借：事业预算收入　　　　　　　　　　　　　　　200 000

　　债务预算收入　　　　　　　　　　　　　　　100 000

　　其他预算收入　　　　　　　　　　　　　　　100 000

　　　贷：其他结余　　　　　　　　　　　　　　　　400 000

借：其他结余　　　　　　　　　　　　　　　　　420 000

　　贷：行政支出　　　　　　　　　　　　　　　　150 000

　　　　事业支出　　　　　　　　　　　　　　　　120 000

　　　　其他支出　　　　　　　　　　　　　　　　150 000

财务会计不需要做会计处理。

## 6.8.2　其他结余的年末转出

**1. 业务概述及账务处理**

行政单位将"其他结余"科目余额转入"非财政拨款结余——累计结余"科目；事业单位将"其他结余"科目余额转入"非财政拨款结余分配"科目。对于预算会计，当"其他结余"科目为贷方余额时，借记"其他结余"科目，贷记"非财政拨款结余——累计结余"或"非财政拨款结余分配"科目；当"其他结余"科目为借方余额时，借记"非财政拨款结余——累计结余"或"非财政拨款结余分配"科目，贷记"其他结余"科目。财务会计不需要做账务处理。其他结余年末转出的账务处理如表 6 - 37 所示。

表 6 - 37　　　　　　　　　　其他结余年末转出的账务处理

| | | 财务会计处理 | 预算会计处理 |
|---|---|---|---|
| 行政单位转入非财政拨款结余 | 其他结余为贷方余额 | — | 借：其他结余<br>　贷：非财政拨款结余——累计结余 |
| | 其他结余为借方余额 | — | 借：非财政拨款结余——累计结余<br>　贷：其他结余 |

续表

| | | 财务会计处理 | 预算会计处理 |
|---|---|---|---|
| 事业单位转入非财政拨款结余分配 | 其他结余为贷方余额 | — | 借：其他结余<br>　贷：非财政拨款结余分配 |
| | 其他结余为借方余额 | — | 借：非财政拨款结余分配<br>　贷：其他结余 |

### 2. 案例解析

【例6-29】接【例6-28】，该行政单位年末需要进行相应结转，账务处理如下。

预算会计：

借：非财政拨款结余——累计结余　　　　　　　　　　20 000

　　贷：其他结余　　　　　　　　　　　　　　　　　　　20 000

财务会计不需要做账务处理。

# 6.9　非财政拨款结余分配

"非财政拨款结余分配"科目核算事业单位本年度非财政拨款结余分配的情况和结果。年末结账后，"非财政拨款结余分配"科目应无余额。

## 6.9.1　事业单位年末结余转入

### 1. 业务概述及账务处理

年末，对于预算会计，将"其他结余"科目的余额转入"非财政拨款结余分配"科目，当"其他结余"科目为贷方余额时，借记"其他结余"科目，贷记"非财政拨款结余分配"科目；当"其他结余"科目为借方余额时，借记"非财政拨款结余分配"科目，贷记"其他结余"科目。财务会计不需要做账务处理。年末，对于预算会计，将"经营结余"科目贷方余额转入"非财政拨款结余分配"科目，借记"经营结余"科目，贷记"非财政拨款结余分配"科目。财务会计不需要做账务处理。事业单位年末结余转入的账务处理如表6-38所示。

| 表 6-38 | | 事业单位年末结余转入的账务处理 | |
|---|---|---|---|
| | | 财务会计处理 | 预算会计处理 |
| 事业单位年末结余转入 | 其他结余为借方余额 | — | 借：非财政拨款结余分配<br>　贷：其他结余 |
| | 其他结余为贷方余额 | — | 借：其他结余<br>　贷：非财政拨款结余分配 |
| | 经营结余为贷方余额时 | — | 借：经营结余<br>　贷：非财政拨款结余分配 |

**2. 案例解析**

【例 6-30】某事业单位年末需要进行相应结转本年度其他结余的贷方余额为 100 000 元，账务处理如下。

预算会计：

借：其他结余　　　　　　　　　　　　　　　　　　　100 000

　　贷：非财政拨款结余分配　　　　　　　　　　　　　100 000

财务会计不需要做账务处理。

## 6.9.2　计提专用基金

**1. 业务概述及账务处理**

事业单位根据自身发展的需要在有关规定允许的范围内从非财政拨款结余中提取专用基金的，对于财务会计，应当按照提取的金额，借记"本年盈余分配"科目，贷记"专用基金"科目；对于预算会计，应当借记"非财政拨款结余分配"科目，贷记"专用结余"科目。计提专用基金的账务处理如表 6-39所示。

| 表 6-39 | | 计提专用基金的账务处理 | |
|---|---|---|---|
| | | 财务会计处理 | 预算会计处理 |
| 计提专用基金 | 按照提取的金额 | 借：本年盈余分配<br>　贷：专用基金 | 借：非财政拨款结余分配<br>　贷：专用结余 |

**2. 案例解析**

【例 6-31】某事业单位从本年度经营结余中提取基金 150 000 元，账务处理如下。

财务会计：

借：本年盈余分配　　　　　　　　　　　　　　　　　150 000

　　贷：专用基金　　　　　　　　　　　　　　　　　　150 000

预 算 会 计 ：

借：非财政拨款结余分配　　　　　　　　　　　　　150 000

　　贷：专用结余　　　　　　　　　　　　　　　　　　150 000

## 6.9.3　转入非财政拨款结余

### 1. 业务概述及账务处理

年末，按照规定完成上述结转处理后，将"非财政拨款结余分配"科目余额转入非财政拨款结余。对于预算会计，当"非财政拨款结余分配"科目为借方余额时，借记"非财政拨款结余——累计结余"科目，贷记"非财政拨款结余分配"科目；当"非财政拨款结余分配"科目为贷方余额时，借记"非财政拨款结余分配"科目，贷记"非财政拨款结余——累计结余"科目。财务会计不需要做账务处理。转入非财政拨款结余的账务处理如表 6 - 40 所示。

**表 6 - 40　　　　　　转入非财政拨款结余的账务处理**

| | | 财务会计处理 | 预算会计处理 |
|---|---|---|---|
| 转入非财政拨款结余 | 非财政拨款结余分配为贷方余额 | — | 借：非财政拨款结余分配<br>　　贷：非财政拨款结余——累计结余 |
| | 非财政拨款结余分配为借方余额 | — | 借：非财政拨款结余——累计结余<br>　　贷：非财政拨款结余分配 |

### 2. 案例解析

【例 6 - 32】接【例 6 - 30】【例 6 - 31】，该事业单位年末需要对非财政拨款结余分配进行相应结转，账务处理如下。

预 算 会 计 ：

借：非财政拨款结余——累计结余　　　　　　　　　50 000

　　贷：非财政拨款结余分配　　　　　　　　　　　　　50 000

财务会计不需要做账务处理。

# 第 7 章
# 行政事业单位会计报表编制

## 7.1  行政事业单位会计报表概述

新的政府会计制度的创新点之一在于其"双报告"的特点。所谓"双报告"即通过财务会计核算形成财务报告,通过预算会计核算形成决算报告。

### 7.1.1  会计报表的概念

#### 1. 财务会计报表的概念

行政事业单位财务会计报表是反映行政事业单位一定时期财务状况、收支情况和现金流量的书面文件,是上级部门了解行政事业单位情况,指导其预算执行工作的重要资料,也是编制下年度财务收支计划的依据。编制和分析会计报表是会计工作的一个重要环节。

附表和附注是为帮助使用者深入了解主要会计报表的有关内容和项目而以表格和文字的形式对主要会计报表所做的补充说明和详细解释。它是行政事业单位会计报表的有机组成部分。

#### 2. 预算会计报表的概念

行政事业单位预算会计报表是反映行政事业单位预算状况和预算执行结果的书面文件。它由会计报表和报表说明书组成。

行政事业单位预算会计报表,是根据日常核算资料,通过整理、汇总而编制的用以反映会计主体一定时期的预算状况和预算执行结果的书面文件。它综合、系统、全面地反映了行政事业单位预算收支活动的情况。

### 7.1.2  会计报表的编制要求

为了充分发挥会计报表应有的作用,行政事业单位必须按照财政部门和主管部门统一规定的格式、内容和编制方法编制会计报表，做到数字真实、内容完整、报送及时。会计报表的编制要求如图 7-1 所示。

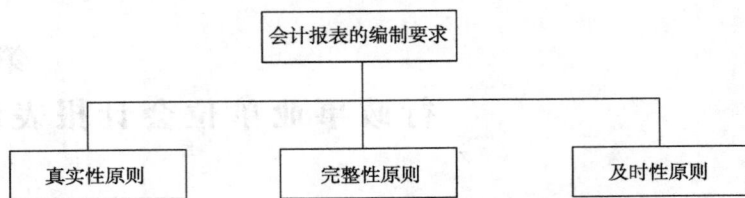

图 7-1　会计报表的编制要求

### 1. 真实性原则

行政事业单位预算会计报表必须真实可靠、数字准确，如实反映单位预算执行情况。编报时要以核对无误的会计账簿数字为依据，不能以估计数、计划数填报，更不能弄虚作假、篡改和伪造会计数据，也不能由上级单位以估计数代编。为此，各单位必须按期结账，一般不能为赶编报表而提前结账。编制报表前，要认真核对有关账目，切实做到账表相符、账证相符、账账相符和账实相符，保证会计报表的真实性。

### 2. 完整性原则

行政事业单位会计报表必须内容完整，按照统一规定的报表种类、格式和内容编报齐全，不能漏报。规定的格式栏次不论是表内项目还是补充资料，应填的项目、内容要填列齐全，不能任意取舍，使之成为一套完整的指标体系，以保证会计报表在本部门、本地区以及全国的逐级汇总分析需要。各级主管部门可以根据本系统内的特殊情况和特殊要求，规定增加一些报表或项目，但不得影响国家统一规定的报表和报表项目的编报。

### 3. 及时性原则

行政事业单位会计报表必须按照国家或上级机关规定的期限和程序，在保证报表真实、完整的前提下，在规定的期限内报送上级单位。如果一个单位的会计报表不及时报送，就会影响主管单位、财政部门乃至全国的逐级汇总，影响全局对会计信息的分析。为此，应当科学、合理地组织好日常的会计核算工作，加强会计部门内部及会计部门与有关部门的协作与配合，以便尽快地编制出会计报表，满足预算管理和财务管理的需要。

## 7.1.3　会计报表的分类

行政事业单位会计报表为反映不同的经济内容，可以按以下不同的标准进行分类。

**1．按照内容和形式分类**

（1）资产负债表。资产负债表反映单位在某一特定日期全部资产、负债和净资产的情况。资产负债表的项目应当按财务会计要素的类别分别列示。

（2）收入费用表。收入费用表反映单位在某一会计期间内发生的收入、费用及当期盈余情况。收入费用表按单位实有各项收支项目汇总列示。

（3）净资产变动表。净资产变动表反映单位在某一会计年度内净资产项目的变动情况。

（4）现金流量表。现金流量表反映单位在某一会计年度内现金流入和流出的信息。现金流量表应当按照日常活动、投资活动、筹资活动的现金流量分别反映。本表所指的现金流量，是指现金的流入和流出。

（5）预算收入支出表。预算收入支出表反映单位在某一会计年度内各项预算收入、预算支出和预算收支差额的情况。

（6）预算结转结余变动表。预算结转结余变动表反映单位在某一会计年度内预算结转结余的变动情况。

（7）财政拨款预算收入支出表。财政拨款预算收入支出表反映单位本年财政拨款预算资金收入、支出及相关变动的具体情况。

**2．按照编报时间分类**

（1）月报。月报，是反映行政事业单位截至报告月度资金活动和经费收支情况的报表。月报要求编报资产负债表、支出明细表。

（2）季报。季报，是分析、检查行政事业单位季度资金活动情况和经费收支情况的报表，应在月报的基础上较详细地反映单位经费收支的全貌。各行政事业单位的季报，要求在月报的基础上加报基本数字表。

（3）年报。年报（年度决算），是全面反映年度资金活动和经费收支执行结果的报表。年度决算报表种类和要求等，按照财政部门和上级单位下达的有关决算编审规定组织执行。

**3．按照编报层次分类**

（1）本级报表。本级报表是反映各单位预算执行情况和资金活动情况的报表。

（2）汇总报表。汇总报表是各主管部门和二级单位对本单位和所属单位的报表进行汇总后编制的报表。基层会计单位只编制本级会计报表，二级单位和三管会计单位要先编制本级会计报表，然后再编制汇总会计报表。

### 7.1.4 年终清理

年终清理结算和结账，是行政事业单位编报年度决算的一个很重要的环节，也是保证行政事业单位决算报表数字准确、真实、完整的一项基础工作。各行政事业单位在年度终了前，应根据财政部门或上级主管部门的决算编审工作要求，对各项收支项目、往来款项、货币资金及财产物资进行全面的年终清理结算，并在此基础上办理年度结算、编报决算。

年终清理是对行政事业单位全年预算资金收支、其他资金收支活动进行全面的清查、核对、整理和结算的工作。对任何一个单位来说，年终清理都包括对本单位财产全面清理及会计、财务活动的总清理。

年终清理主要包括以下几方面。

**1．清理核对年度预算收支数字和预算领拨款数字**

年终前，财政机关、上级单位和所属各单位之间，应当认真清理核对全年预算数。同时要逐笔清理核对上、下级之间预算拨款和预算缴款数字，按核定的预算或调整的预算，该拨付的拨付，该交回的交回，保证上、下级之间的年度预算数、领拨款经费数和上交、下拨数一致。

为了保证会计年度按公历年度划期，凡属本年的应拨、应交款项，必须在12月31日前汇达对方。主管会计单位对所属各单位的预算拨款，截至12月25日，逾期一般不再下拨。凡是预拨下年度的款项，应注明款项所属年度，以免造成跨年错账。

**2．清理核对各项收支款项**

凡属本年的各项收入，都要及时入账。本年的各项应缴预算收入和应上缴上级的款项，要在年终前全部上缴。属于本年的各项支出，要按规定的支出渠道如实列报。年度单位支出决算，一律以基层用款单位截至12月31日的本年实际支出数为准，不得将年终前预拨下一年的预算拨款列入本年的支出，也不得以上级会计单位的拨款数代替基层会计单位实际支出数。

**3．清理各项往来款项**

对行政事业单位的各种暂存、暂付等往来款项，要按照"严格控制，及时结算"的原则，分类清理。对各项应收款和应付款，原则上不宜跨年度挂账，做到人欠收回，欠人归还；对外单位委托代办业务，凡托办业务已结束的，要及时向委托单位清算结报，委托单位不得以拨代支，受托单位不得以领代报。应转为各项收入和应列支出的往来款项，要及时转入有关收支账户，编入本年决算。对没有合法手续的各种往来款项，要查明原因、采取措施，该追回的追回，该退还的退还。

**4．清查货币资金和财产物资**

年终要及时同开户银行对账。银行存款账面余额要同银行对账单的余额核对相符；现金的账面余额要同库存现金核对相符；有价证券账面数字要同实存的有价证券核对相符。各种财产物资年终都必须全部入账，各单位应配备专人对全部财产物资进行全面的清查盘点。固定资产和材料的盘点结果和账面数如有差异，在年终结账前应查明原因，并按规定做出处理，调整账务，做到账账、账实相符。

# 7.2　资产负债表

## 7.2.1　资产负债表概述

资产负债表是反映行政事业单位某一特定日期财务状况的报表，反映行政事业单位在某一特定日期的全部资产、负债和净资产的情况。

资产负债表是会计报表的重要组成部分，可以提供反映会计期末行政事业单位占有或使用的资源、承担的债务和形成的净资产情况的会计信息。行政事业单位应当定期编制资产负债表，披露行政事业单位在会计期末的财务状况。资产负债表是行政事业单位会计报表体系中的主要报表，它能反映行政事业单位在某一时点占有或使用的经济资源和负担的债务情况，以及行政事业单位的偿债能力和财务前景。通过资产负债表，会计报表使用者可以得到以下信息，如图 7－2 所示。

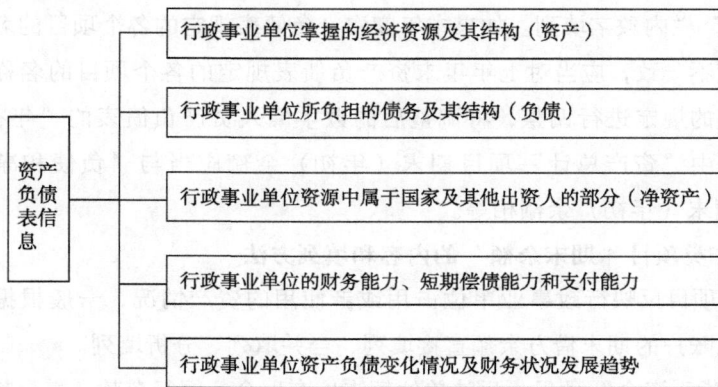

图 7－2　资产负债表信息

## 7.2.2　资产负债表的内容

行政事业单位的资产负债表由表首标题和报表主体构成。报表主体部分包括编报项目、栏目及金额。

**1. 表首标题**

资产负债表的表首标题包括报表名称、编号（会政财 01 表）、编制单位、编表时间和金额单位等内容。资产负债表反映行政事业单位在某一时点的财务状况，属于静态报表，需要注明是某年某月某日的报表。按编报的时间不同，资产负债表分为月报资产负债表和年报资产负债表。

**2. 编报项目**

资产负债表的编报项目包括资产、负债和净资产三个会计要素，按资产（左侧）和负债与净资产（右侧）排列，按资产等于负债加净资产平衡。资产项目按其流动性分为流动资产、非流动资产排列；负债项目按其流动性分为流动负债、非流动负债排列；净资产项目分为累计盈余、专用基金、权益法调整等。

**3. 栏目及金额**

资产负债表包括"期末余额"和"年初余额"两栏数字。"期末余额"栏的数额根据本期各账户的期末余额直接填列，或经过分析、计算后填列；"年初余额"栏的数额根据上年年末资产负债表"期末余额"栏内的数字填列。

## 7.2.3　资产负债表的编制

资产负债表的"年初余额"栏内各项数字，应当根据上年年末资产负债表"期末余额"栏内数字填列。如果本年度资产负债表规定的各个项目的名称和内容同上年度不一致，应当对上年年末资产负债表规定的各个项目的名称和数字按照本年度的规定进行调整，将调整后的数字填入资产负债表的"年初余额"栏内。本表中"资产总计"项目期末（年初）余额应当与"负债和净资产总计"项目期末（年初）余额相等。

**1. 资产类项目"期末余额"的内容和填列方法**

资产类项目反映行政事业单位占用或者使用的资产情况，一般根据会计账簿中资产类账户的期末借方余额直接填列、合并填列、分析填列。

（1）"货币资金"项目，反映单位期末库存现金、银行存款、零余额账户用款额度、其他货币资金的合计数。本项目应当根据"库存现金""银行存款"

"零余额账户用款额度""其他货币资金"科目的期末余额的合计数填列；若单位存在通过"库存现金""银行存款"科目核算的受托代理资产还应当按照前述合计数扣减"库存现金""银行存款"科目下"受托代理资产"明细科目的期末余额后的金额填列。

（2）"短期投资"项目，反映事业单位期末持有的短期投资账面余额。本项目应当根据"短期投资"科目的期末余额填列。

（3）"财政应返还额度"项目，反映单位期末财政应返还额度的金额。本项目应当根据"财政应返还额度"科目的期末余额填列。

（4）"应收票据"项目，反映事业单位期末持有的应收票据的票面金额。本项目应当根据"应收票据"科目的期末余额填列。

（5）"应收账款净额"项目，反映单位期末尚未收回的应收账款减去已计提的坏账准备后的净额。本项目应当根据"应收账款"科目的期末余额，减去"坏账准备"科目中对应收账款计提的坏账准备的期末余额后的金额填列。

（6）"预付账款"项目，反映单位预付给商品或者劳务供应单位的款项。本项目应当根据"预付账款"科目的期末余额填列。

（7）"应收股利"项目，反映事业单位期末因股权投资而应收取的现金股利或应当分得的利润。本项目应当根据"应收股利"科目的期末余额填列。

（8）"应收利息"项目，反映事业单位期末因债券投资等而应收取的利息。事业单位购入的到期一次还本付息的长期债券投资持有期间应收的利息，不包括在本项目内。本项目应当根据"应收利息"科目的期末余额填列。

（9）"其他应收款净额"项目，反映单位期末尚未收回的其他应收款减去已计提的坏账准备后的净额。本项目应当根据"其他应收款"科目的期末余额减去"坏账准备"科目中对其他应收款计提的坏账准备的期末余额后的金额填列。

（10）"存货"项目，反映单位期末存储的存货的实际成本。本项目应当根据"在途物品""库存物品""加工物品"科目的期末余额的合计数填列。

（11）"待摊费用"项目，反映单位期末已经支出，但应当由本期和以后各期负担的分摊期在 1 年以内（含 1 年）的各项费用。本项目应当根据"待摊费用"科目的期末余额填列。

（12）"一年内到期的非流动资产"项目，反映单位期末非流动资产项目中将在 1 年内（含 1 年）到期的金额，如事业单位将在 1 年内（含 1 年）到期的长期债券投资金额。本项目应当根据"长期债券投资"等科目的明细科目的期末余额分析填列。

（13）"其他流动资产"项目，反映单位除本表中上述各项之外的其他流动资产的合计金额。本项目应当根据有关科目期末余额的合计数填列。

（14）"流动资产合计"项目，反映单位期末流动资产的合计数。本项目应当根据本表中"货币资金""短期投资""财政应返还额度""应收票据""应收账款净额""预付账款""应收股利""应收利息""其他应收款净额""存货""待摊费用""一年内到期的非流动资产""其他流动资产"项目金额的合计数填列。

（15）"长期股权投资"项目，反映事业单位期末持有的长期股权投资的账面余额。本项目应当根据"长期股权投资"科目的期末余额填列。

（16）"长期债券投资"项目，反映事业单位期末持有的长期债券投资的账面余额。本项目应当根据"长期债券投资"科目的期末余额减去其中将于 1 年内（含 1 年）到期的长期债券投资余额后的金额填列。

（17）"固定资产原值"项目，反映单位期末固定资产的原值。本项目应当根据"固定资产"科目的期末余额填列。

"固定资产累计折旧"项目，反映单位期末固定资产已计提的累计折旧金额。本项目应当根据"固定资产累计折旧"科目的期末余额填列。

"固定资产净值"项目，反映单位期末固定资产的账面价值。本项目应当根据"固定资产"科目期末余额减去"固定资产累计折旧"科目期末余额后的金额填列。

（18）"工程物资"项目，反映单位期末为在建工程准备的各种物资的实际成本。本项目应当根据"工程物资"科目的期末余额填列。

（19）"在建工程"项目，反映单位期末所有的建设项目工程的实际成本。本项目应当根据"在建工程"科目的期末余额填列。

（20）"无形资产原值"项目，反映单位期末无形资产的原值。本项目应当根据"无形资产"科目的期末余额填列。

"无形资产累计摊销"项目，反映单位期末无形资产已计提的累计摊销金额。本项目应当根据"无形资产累计摊销"科目的期末余额填列。

"无形资产净值"项目，反映单位期末无形资产的账面价值。本项目应当根据"无形资产"科目期末余额减去"无形资产累计摊销"科目期末余额后的金额填列。

（21）"研发支出"项目，反映单位期末正在进行的无形资产开发项目开发阶段发生的累计支出数。本项目应当根据"研发支出"科目的期末余额填列。

（22）"公共基础设施原值"项目，反映单位期末控制的公共基础设施的原值。本项目应当根据"公共基础设施"科目的期末余额填列。

"公共基础设施累计折旧（摊销）"项目，反映单位期末控制的公共基础设施已计提的累计折旧和累计摊销金额。本项目应当根据"公共基础设施累计折旧（摊销）"科目的期末余额填列。

"公共基础设施净值"项目，反映单位期末控制的公共基础设施的账面价值。本项目应当根据"公共基础设施"科目期末余额减去"公共基础设施累计折旧（摊销）"科目期末余额后的金额填列。

（23）"政府储备物资"项目，反映单位期末控制的政府储备物资的实际成本。本项目应当根据"政府储备物资"科目的期末余额填列。

（24）"文物文化资产"项目，反映单位期末控制的文物文化资产的成本。本项目应当根据"文物文化资产"科目的期末余额填列。

（25）"保障性住房原值"项目，反映单位期末控制的保障性住房的原值。本项目应当根据"保障性住房"科目的期末余额填列。

"保障性住房累计折旧"项目，反映单位期末控制的保障性住房已计提的累计折旧金额。本项目应当根据"保障性住房累计折旧"科目的期末余额填列。

"保障性住房净值"项目，反映单位期末控制的保障性住房的账面价值。本项目应当根据"保障性住房"科目期末余额减去"保障性住房累计折旧"科目期末余额后的金额填列。

（26）"长期待摊费用"项目，反映单位期末已经支出，但应由本期和以后各期负担的分摊期限在 1 年以上（不含 1 年）的各项费用。本项目应当根据"长期待摊费用"科目的期末余额填列。

（27）"待处理财产损溢"项目，反映单位期末尚未处理完毕的各种资产的净损失或净溢余。本项目应当根据"待处理财产损溢"科目的期末借方余额填列；如"待处理财产损溢"科目期末为贷方余额，以"－"号填列。

（28）"其他非流动资产"项目，反映单位期末除本表中上述各项之外的其他非流动资产的合计数。本项目应当根据有关科目的期末余额合计数填列。

（29）"非流动资产合计"项目，反映单位期末非流动资产的合计数。本项目应当根据本表中"长期股权投资""长期债券投资""固定资产净值""工程物资""在建工程""无形资产净值""研发支出""公共基础设施净值""政府储备物资""文物文化资产""保障性住房净值""长期待摊费用""待处理财产损溢""其他非流动资产"项目金额的合计数填列。

（30）"受托代理资产"项目，反映单位期末受托代理资产的价值。本项目应当根据"受托代理资产"科目的期末余额与"库存现金""银行存款"科目下"受托代理资产"明细科目的期末余额的合计数填列。

（31）"资产总计"项目，反映单位期末资产的合计数。本项目应当根据本表中"流动资产合计""非流动资产合计""受托代理资产"项目金额的合计数填列。

**2．负债类项目"期末余额"的内容和填列方法**

负债类项目反映单位承担债务的情况，一般根据会计账簿中负债账户的期末贷方余额直接填列，或分析债务的偿还期后填列。

（1）"短期借款"项目，反映事业单位期末短期借款的余额。本项目应当根据"短期借款"科目的期末余额填列。

（2）"应交增值税"项目，反映单位期末应缴未缴的增值税税额。本项目应当根据"应交增值税"科目的期末余额填列；如"应交增值税"科目期末为借方余额，以"－"号填列。

（3）"其他应交税费"项目，反映单位期末应缴未缴的除增值税以外的税费金额。本项目应当根据"其他应交税费"科目的期末余额填列；如"其他应交税费"科目期末为借方余额，以"－"号填列。

（4）"应缴财政款"项目，反映单位期末应当上缴财政但尚未缴纳的款项。本项目应当根据"应缴财政款"科目的期末余额填列。

（5）"应付职工薪酬"项目，反映单位期末按有关规定应付给职工及为职工支付的各种薪酬。本项目应当根据"应付职工薪酬"科目的期末余额填列。

（6）"应付票据"项目，反映事业单位期末应付票据的金额。本项目应当根据"应付票据"科目的期末余额填列。

（7）"应付账款"项目，反映单位期末应当支付但尚未支付的偿还期限在1年以内（含1年）的应付账款的金额。本项目应当根据"应付账款"科目的期末余额填列。

（8）"应付政府补贴款"项目，反映负责发放政府补贴的行政单位期末按照规定应当支付给政府补贴接受者的各种政府补贴款余额。本项目应当根据"应付政府补贴款"科目的期末余额填列。

（9）"应付利息"项目，反映事业单位期末按照合同约定应支付的借款利息。事业单位到期一次还本付息的长期借款利息不包括在本项目内。本项目应当根据"应付利息"科目的期末余额填列。

（10）"预收账款"项目，反映事业单位期末预先收取但尚未确认收入和实际结算的款项余额。本项目应当根据"预收账款"科目的期末余额填列。

（11）"其他应付款"项目，反映单位期末其他各项偿还期限在 1 年内（含 1 年）的应付及暂收款项余额。本项目应当根据"其他应付款"科目的期末余额填列。

（12）"预提费用"项目，反映单位期末已预先提取的已经发生但尚未支付的各项费用。本项目应当根据"预提费用"科目的期末余额填列。

（13）"一年内到期的非流动负债"项目，反映单位期末将于 1 年内（含 1 年）偿还的非流动负债的余额。本项目应当根据"长期应付款""长期借款"等科目的明细科目的期末余额分析填列。

（14）"其他流动负债"项目，反映单位期末除本表中上述各项之外的其他流动负债的合计数。本项目应当根据有关科目的期末余额的合计数填列。

（15）"流动负债合计"项目，反映单位期末流动负债合计数。本项目应当根据本表"短期借款""应交增值税""其他应交税费""应缴财政款""应付职工薪酬""应付票据""应付账款""应付政府补贴款""应付利息""预收账款""其他应付款""预提费用""一年内到期的非流动负债""其他流动负债"项目金额的合计数填列。

（16）"长期借款"项目，反映事业单位期末长期借款的余额。本项目应当根据"长期借款"科目的期末余额减去其中将于 1 年内（含 1 年）到期的长期借款余额后的金额填列。

（17）"长期应付款"项目，反映单位期末长期应付款的余额。本项目应当根据"长期应付款"科目的期末余额减去其中将于 1 年内（含 1 年）到期的长期应付款余额后的金额填列。

（18）"预计负债"项目，反映单位期末已确认但尚未偿付的预计负债的余额。本项目应当根据"预计负债"科目的期末余额填列。

（19）"其他非流动负债"项目，反映单位期末除本表中上述各项之外的其他非流动负债的合计数。本项目应当根据有关科目的期末余额合计数填列。

（20）"非流动负债合计"项目，反映单位期末非流动负债合计数。本项目应当根据本表中"长期借款""长期应付款""预计负债""其他非流动负债"项目金额的合计数填列。

（21）"受托代理负债"项目，反映单位期末受托代理负债的金额。本项目应当根据"受托代理负债"科目的期末余额填列。

（22）"负债合计"项目，反映单位期末负债的合计数。本项目应当根据本表中"流动负债合计""非流动负债合计""受托代理负债"项目金额的合计数填列。

**3. 净资产类项目"期末余额"的内容和填列方法**

净资产类项目反映单位净资产金额的情况，一般根据会计账簿中净资产账户的期末贷方余额直接填列。

（1）"累计盈余"项目，反映单位期末未分配盈余（或未弥补亏损）以及无偿调拨净资产变动的累计数。本项目应当根据"累计盈余"科目的期末余额填列。

（2）"专用基金"项目，反映事业单位期末累计提取或设置但尚未使用的专用基金余额。本项目应当根据"专用基金"科目的期末余额填列。

（3）"权益法调整"项目，反映事业单位期末在被投资单位除净损益和利润分配以外的所有者权益变动中累积享有的份额。本项目应当根据"权益法调整"科目的期末余额填列。如"权益法调整"科目期末为借方余额，以"－"号填列。

（4）"无偿调拨净资产"项目，反映单位本年度截至报告期期末无偿调入的非现金资产价值扣减无偿调出的非现金资产价值后的净值。本项目仅在月度报表中列示，年度报表中不列示。月度报表中本项目应当根据"无偿调拨净资产"科目的期末余额填列；"无偿调拨净资产"科目期末为借方余额时，以"－"号填列。

（5）"本期盈余"项目，反映单位本年度截至报告期期末实现的累计盈余或亏损。本项目仅在月度报表中列示，年度报表中不列示。月度报表中本项目应当根据"本期盈余"科目的期末余额填列；"本期盈余"科目期末为借方余额时，以"－"号填列。

（6）"净资产合计"项目，反映单位期末净资产合计数。本项目应当根据本表中"累计盈余""专用基金""权益法调整""无偿调拨净资产"（月度报表）"本期盈余"（月度报表）项目金额的合计数填列。

（7）"负债和净资产总计"项目，应当按照本表中"负债合计""净资产合计"项目金额的合计数填列。

## 7.2.4 资产负债表的编制实例

【例7-1】某事业单位2×19年12月31日结账后各资产、负债和净资产类会计科目如表 7 - 1 所示。据此编制该事业单位的资产负债表。

**表 7 - 1　　　　　　　　　　　科目余额**

编制单位：××××　　　　　　2×19 年 12 月 31 日　　　　　　　单位：元

| 资产 | 借方余额 | 负债和净资产 | 贷方余额 |
|---|---|---|---|
| 库存现金 | 3 500 | 短期借款 | 120 000 |
| 银行存款 | 161 500 | 应交增值税 | 0 |
| 零余额账户用款额度 | 0 | 其他应交税费 | 0 |
| 短期投资 | 22 500 | 应缴财政款 | 0 |
| 财政应返还额度 | 36 000 | 应付职工薪酬 | 0 |
| 应收票据 | 12 000 | 应付票据 | 0 |
| 应收账款 | 40 000 | 应付账款 | 8 000 |
| 预付账款 | 13 000 | 预收账款 | 1 000 |
| 其他应收款 | 4 500 | 其他应付款 | 2 000 |
| 存货 | 331 000 | 长期借款 | 320 000 |
| 长期股权投资 | 161 000 | 长期应付款 | 0 |
| 固定资产 | 1 957 500 | 累计盈余 | 1 106 000 |
| 固定资产累计折旧 | - 507 500 | 专用基金 | 1 000 000 |
| 在建工程 | 86 000 | 权益法调整 | 28 000 |
| 无形资产 | 266 000 | | |
| 无形资产累计摊销 | - 53 000 | | |
| 待处理财产损溢 | 51 000 | | |
| 合计 | 2 585 000 | 合计 | 2 585 000 |

12 月 31 日编制的资产负债表为年末资产负债表时，"年初余额"栏内各项数字应当根据上年年末资产负债表"期末余额"栏内数字填列。"期末余额"栏内各项数字根据各账户的期末余额直接填列、合并填列或分析填列。主要项目的填列说明如下。

（1）货币资金项目

货币资金的数额为库存现金、银行存款和零余额账户用款额度的合计数。

货币资金＝3 500 + 161 500 + 0 = 165 000（元）

（2）固定资产、无形资产项目

固定资产、无形资产按扣除累计折旧、累计摊销的数额填列。

固定资产＝1 957 500 - 507 500 = 1 450 000（元）

无形资产 = 266 000 - 53 000 = 213 000（元）

（3）长期借款项目

长期借款中，将于1年内（含1年）偿还的借款为85 000元，应列入其他流动负债项目。

长期借款 = 320 000 - 85 000 = 235 000（元）

其他流动负债 = 85 000（元）

（4）其他项目

其他各项目均可根据各账户的期末余额直接填列。资产总计、负债合计、净资产合计等项目的数额按其内容汇总后填列。编制完成的年度资产负债表如表7-2所示。

表7-2          资产负债表          会政财01表

编制单位：×××　　　　　 2×19年12月31日 　　　　　　单位：元

| 资产 | 期末余额 | 年初余额 | 负债和净资产 | 期末余额 | 年初余额 |
|---|---|---|---|---|---|
| 流动资产： | | | 流动负债： | | |
| 货币资金 | 165 000 | 142 000 | 短期借款 | 120 000 | 100 000 |
| 短期投资 | 22 500 | 19 500 | 应交增值税 | 0 | 0 |
| 财政应返还额度 | 36 000 | 21 000 | 其他应交税费 | 0 | 0 |
| 应收票据 | 12 000 | 10 000 | 应缴财政款 | 0 | 0 |
| 应收账款净额 | 40 000 | 60 000 | 应付职工薪酬 | 0 | 0 |
| 预付账款 | 13 000 | 6 000 | 应付票据 | 0 | 1 000 |
| 应收股利 | 0 | 0 | 应付账款 | 8 000 | 5 000 |
| 应收利息 | 0 | 0 | 应付政府补贴款 | 0 | 0 |
| 其他应收款净额 | 4 500 | 3 000 | 应付利息 | 0 | 0 |
| 存货 | 331 000 | 323 500 | 预收账款 | 1 000 | 0 |
| 待摊费用 | | | 其他应付款 | 2 000 | 3 000 |
| 一年内到期的非流动资产 | 0 | 0 | 预提费用 | 0 | 0 |
| 其他流动资产 | 0 | 0 | 一年内到期的非流动负债 | 0 | 0 |
| 流动资产合计 | 624 000 | 585 000 | 其他流动负债 | 85 000 | 0 |
| 非流动资产： | | | 流动负债合计 | 216 000 | 109 000 |
| 长期股权投资 | 161 000 | 100 000 | 非流动负债： | | |

续表

| 资产 | 期末余额 | 年初余额 | 负债和净资产 | 期末余额 | 年初余额 |
|---|---|---|---|---|---|
| 长期债权投资 | 0 | 0 | 长期借款 | 235 000 | 270 000 |
| 固定资产原值 | 1 957 500 | 1 512 000 | 长期应付款 | 0 | 0 |
| 减：固定资产累计折旧 | 507 500 | 392 000 | 预计负债 | 0 | 0 |
| 固定资产净值 | 1 450 000 | 1 120 000 | 其他非流动负债 | 0 | 0 |
| 工程物资 | 0 | 0 | 非流动负债合计 | 235 000 | 270 000 |
| 在建工程 | 86 000 | 150 000 | 受托代理负债 | 0 | 0 |
| 无形资产原值 | 266 000 | 287 500 | 负债合计 | 451 000 | 379 000 |
| 减：无形资产累计摊销 | 53 000 | 57 500 | | | |
| 无形资产净值 | 213 000 | 230 000 | | | |
| 研发支出 | 0 | 0 | | | |
| 公共基础设施原值 | 0 | 0 | | | |
| 减：公共基础设施累计折旧（摊销） | 0 | 0 | | | |
| 公共基础设施产净值 | 0 | 0 | | | |
| 政府储备物资 | 0 | 0 | | | |
| 文物文化资产 | 0 | 0 | | | |
| 保障性住房原值 | 0 | 0 | | | |
| 减：保障性住房累计折旧 | 0 | 0 | 净资产： | | |
| 保障性住房净值 | 0 | 0 | 累计盈余 | 1 106 000 | 1 000 000 |
| 长期待摊费用 | 0 | 0 | 专用基金 | 1 000 000 | 800 000 |
| 待处理财产损溢 | 51 000 | 0 | 权益法调整 | 28 000 | 6 000 |
| 其他非流动资产 | 0 | 0 | 无偿调拨净资产 | — | — |
| 非流动资产合计 | 1 961 000 | 1 600 000 | 本期盈余 | — | — |
| 受托代理资产 | 0 | 0 | 净资产合计 | 2 134 000 | 1 806 000 |
| 资产总计 | 2 585 000 | 2 185 000 | 负债和净资产总计 | 2 585 000 | 2 185 000 |

# 7.3　收入费用表

收入费用表是反映行政事业单位运营情况的报表。本节依据《政府会计制度》，阐述收入费用表的含义、内容，讲解收入费用表的编制方法。

## 7.3.1　收入费用表概述

收入费用表是反映行政事业单位在一定会计期间的业务活动成果及其分配情况的会计报表，反映行政事业单位在某一会计期间内各项收入、费用和结转结余情况。

收入费用表是行政事业单位会计报表的重要组成部分，可以提供一定时期行政事业单位收入总额及构成情况、费用总额及构成情况，以及盈余及其分配内容的会计信息。行政事业单位应当定期编制收入费用表，披露行政事业单位在一定会计期间的业务活动成果。

## 7.3.2　收入费用表的内容

行政事业单位的收入费用表由表首标题和报表主体构成。报表主体部分包括编报项目、栏目及金额。

### 1. 表首标题

收入费用表的表首标题包括报表名称、编号（会政财 02 表）、编制单位、编表时间和金额单位等内容。由于收入费用表反映行政事业单位在某一时期的业务活动成果，属于动态报表，因此需要注明报表所属的期间，如××××年××月、××××年度。按编报时间的不同，收入费用表分为月报收入费用表和年报收入费用表。

### 2. 编报项目

收入费用表应当按照收入、费用的构成和盈余分配情况分别列示，按本期收入、本期费用和本期盈余等项目分层次排列。

### 3. 栏目及金额

月报的收入费用表由"本月数"和"本年累计数"两栏组成，年报的收入费用表由"上年数"和"本年数"两栏组成。收入费用表的各栏数额，应当根据相关收支账户的"本月合计数"和"本年累计数"的发生额填列，或经过计算、分析后填列。

### 7.3.3　收入费用表的编制

本表反映单位在某一会计期间内发生的收入、费用及当期盈余情况。

本表"本月数"栏反映各项目的本月实际发生数。编制年度收入费用表时，应当将本栏改为"本年数"，反映本年度各项目的实际发生数。

本表"本年累计数"栏反映各项目自年初至报告期期末的累计实际发生数。编制年度收入费用表时，应当将本栏改为"上年数"，反映上年度各项目的实际发生数，"上年数"栏应当根据上年年度收入费用表中"本年数"栏内所列数字填列。

如果本年度收入费用表规定的项目的名称和内容同上年度不一致，应当对上年度收入费用表项目的名称和数字按照本年度的规定进行调整，将调整后的金额填入本年度收入费用表的"上年数"栏内。

如果本年度单位发生了因前期差错更正、会计政策变更等调整以前年度盈余的事项，还应当对年度收入费用表中"上年数"栏中的有关项目金额进行相应调整。

本表"本月数"栏各项目的内容和填列方法如下。

**1．本期收入**

（1）"本期收入"项目，反映单位本期收入总额。本项目应当根据本表中"财政拨款收入""事业收入""上级补助收入""附属单位上缴收入""经营收入""非同级财政拨款收入""投资收益""捐赠收入""利息收入""租金收入""其他收入"项目金额的合计数填列。

（2）"财政拨款收入"项目，反映单位本期从同级政府财政部门取得的各类财政拨款。本项目应当根据"财政拨款收入"科目的本期发生额填列。

"政府性基金收入"项目，反映单位本期取得的财政拨款收入中属于政府性基金预算拨款的金额。本项目应当根据"财政拨款收入"相关明细科目的本期发生额填列。

（3）"事业收入"项目，反映事业单位本期开展专业业务活动及其辅助活动实现的收入。本项目应当根据"事业收入"科目的本期发生额填列。

（4）"上级补助收入"项目，反映事业单位本期从主管部门和上级单位收到或应收的非财政拨款收入。本项目应当根据"上级补助收入"科目的本期发生额填列。

（5）"附属单位上缴收入"项目，反映事业单位本期收到或应收的独立核算的附属单位按照有关规定上缴的收入。本项目应当根据"附属单位上缴收入"科目的本期发生额填列。

（6）"经营收入"项目，反映事业单位本期在专业业务活动及其辅助活动之外开展非独立核算经营活动实现的收入。本项目应当根据"经营收入"科目的本期发生额填列。

（7）"非同级财政拨款收入"项目，反映单位本期从非同级政府财政部门取得的财政拨款，不包括事业单位因开展科研及其辅助活动从非同级财政部门取得的经费拨款。本项目应当根据"非同级财政拨款收入"科目的本期发生额填列。

（8）"投资收益"项目，反映事业单位本期股权投资和债券投资所实现的收益或发生的损失。本项目应当根据"投资收益"科目的本期发生额填列；如为投资净损失，以"-"号填列。

（9）"捐赠收入"项目，反映单位本期接受捐赠取得的收入。本项目应当根据"捐赠收入"科目的本期发生额填列。

（10）"利息收入"项目，反映单位本期取得的银行存款利息收入。本项目应当根据"利息收入"科目的本期发生额填列。

（11）"租金收入"项目，反映单位本期经批准利用国有资产出租取得并按规定纳入本单位预算管理的租金收入。本项目应当根据"租金收入"科目的本期发生额填列。

（12）"其他收入"项目，反映单位本期取得的除以上收入项目外的其他收入的总额。本项目应当根据"其他收入"科目的本期发生额填列。

**2．本期费用**

（1）"本期费用"项目，反映单位本期费用总额。本项目应当根据本表中"业务活动费用""单位管理费用""经营费用""资产处置费用""上缴上级费用""对附属单位补助费用""所得税费用""其他费用"项目金额的合计数填列。

（2）"业务活动费用"项目，反映单位本期为实现其职能目标，依法履职或开展专业业务活动及其辅助活动所发生的各项费用。本项目应当根据"业务活动费用"科目本期发生额填列。

（3）"单位管理费用"项目，反映事业单位本期本级行政及后勤管理部门开展管理活动发生的各项费用，以及由单位统一负担的离退休人员经费、工会经费、诉讼费、中介费等。本项目应当根据"单位管理费用"科目的本期发生额填列。

（4）"经营费用"项目，反映事业单位本期在专业业务活动及其辅助活动之外开展非独立核算经营活动发生的各项费用。本项目应当根据"经营费用"科目的本期发生额填列。

（5）"资产处置费用"项目，反映单位本期经批准处置资产时转销的资产价值以及在处置过程中发生的相关费用或者处置收入小于处置费用形成的净支出。本项目应当根据"资产处置费用"科目的本期发生额填列。

（6）"上缴上级费用"项目，反映事业单位按照规定上缴上级单位款项发生的费用。本项目应当根据"上缴上级费用"科目的本期发生额填列。

（7）"对附属单位补助费用"项目，反映事业单位用财政拨款收入之外的收入对附属单位补助发生的费用。本项目应当根据"对附属单位补助费用"科目的本期发生额填列。

（8）"所得税费用"项目，反映有企业所得税缴纳义务的事业单位本期计算应缴纳的企业所得税。本项目应当根据"所得税费用"科目的本期发生额填列。

（9）"其他费用"项目，反映单位本期发生的除以上费用项目外的其他费用的总额。本项目应当根据"其他费用"科目的本期发生额填列。

**3．本期盈余**

"本期盈余"项目，反映单位本期收入扣除本期费用后的净额。本项目应当根据本表中"本期收入"项目金额减去"本期费用"项目金额后的金额填列；如为负数，以"－"号填列。

## 7.3.4  收入费用表的编制实例

【例7-2】某事业单位2×19年收入、费用类科目发生额如表7-3所示。其他相关资料如下。该事业单位无所得税缴纳义务。

表7-3　　　　　　　　收入、费用类科目发生额
编制单位：××××　　　　　　2×19年度　　　　　　　　单位：元

| 费用类 | 本年累计数 | 收入类 | 本年累计数 |
|---|---|---|---|
| 业务活动费用 | 11 000 000 | 财政拨款收入 | 10 000 000 |
| 单位管理费用 | 200 000 | 其中：公共预算性收入 | 8 500 000 |
| 经营费用 | 156 000 | 政府性基金收入 | 1 500 000 |
| 资产处置费用 | 280 000 | 事业收入 | 6 180 000 |
| 上缴上级费用 | 5 320 000 | 上级补助收入 | 1 824 000 |
| 对附属单位补助费用 | 1 512 000 | 附属单位上缴收入 | 300 000 |

| 费用类 | 本年累计数 | 收入类 | 本年累计数 |
|---|---|---|---|
| 所得税费用 | 0 | 经营收入 | 252 000 |
| 其他费用 | 60 000 | 非同级财政拨款收入 | 200 000 |
| | | 投资收益 | 10 000 |
| | | 捐赠收入 | 75 000 |
| | | 利息收入 | 20 000 |
| | | 租金收入 | 20 000 |
| | | 其他收入 | 144 000 |
| 费用合计 | 18 528 000 | 收入合计 | 19 025 000 |

编制该事业单位的 2×19 年收入费用表时，省略了"上年数"一列数字。"本年数"一列数字主要项目的填列说明如下。

（1）本期收入计算过程如下

本期收入 = 10 000 000 + 6 180 000 + 1 824 000 + 300 000 + 252 000 + 200 000 + 10 000 + 75 000 + 20 000 + 20 000 + 144 000 = 19 025 000（元）

（2）本期费用计算过程如下

本期费用 = 11 000 000 + 200 000 + 156 000 + 280 000 + 5 320 000 + 1 512 000 + 60 000 = 18 528 000（元）

（3）本期盈余计算过程如下

本期盈余 = 19 025 000 − 18 528 000 = 497 000（元）

编制完成的事业单位 2×19 年度收入费用表如表 7−4 所示。

表 7−4 收入费用表

会政财 02 表

编制单位：×××× 　　2×19 年度 　　单位：元

| 项目 | 本月数（略） | 本年累计数 |
|---|---|---|
| 一、本期收入 | | 19 025 000 |
| （一）财政拨款收入 | | 10 000 000 |
| 其中：政府性基金收入 | | 1 500 000 |
| （二）事业收入 | | 6 180 000 |
| （三）上级补助收入 | | 1 824 000 |
| （四）附属单位上缴收入 | | 300 000 |
| （五）经营收入 | | 252 000 |

续表

| 项目 | 本月数（略） | 本年累计数 |
|---|---|---|
| （六）非同级财政拨款收入 | | 200 000 |
| （七）投资收益 | | 10 000 |
| （八）捐赠收入 | | 75 000 |
| （九）利息收入 | | 20 000 |
| （十）租金收入 | | 20 000 |
| （十一）其他收入 | | 144 000 |
| 二、本期费用 | | 18 528 000 |
| （一）业务活动费用 | | 11 000 000 |
| （二）单位管理费用 | | 200 000 |
| （三）经营费用 | | 156 000 |
| （四）资产处置费用 | | 280 000 |
| （五）上缴上级费用 | | 5 320 000 |
| （六）对附属单位补助费用 | | 1 512 000 |
| （七）所得税费用 | | 0 |
| （八）其他费用 | | 60 000 |
| 三、本期盈余 | | 497 000 |

# 7.4　净资产变动表

## 7.4.1　净资产变动表概述

净资产变动表是反映单位在某一会计年度内各项净资产变动情况的报表。

净资产变动表是行政事业单位会计报表的重要组成部分，可以提供一定时期行政事业单位净资产各个组成项目金额的变动情况。行政事业单位应当定期编制净资产变动表，披露行政事业单位在一定会计期间的资产结存状况。

## 7.4.2　净资产变动表的内容

行政事业单位的净资产变动表由表首标题和报表主体构成。报表主体部分包括编报项目、栏目及金额。

### 1．表首标题

净资产变动表的表首标题包括报表名称、编号（会政财 03 表）、编制单位、编表时间和金额单位等内容。由于净资产变动表反映行政事业单位在某一时期的净资产情况，属于动态报表，因此需要注明报表所属的期间，如××××年度。

**2．编报项目**

净资产变动表应当按照本年数、上年数等情况分项列示，按上年年末余额、以前年度盈余调整、本年年初余额、本年变动金额、本年年末余额等项目分层次排列。

**3．栏目及金额**

年报的净资产变动表由"本年数"和"上年数"两栏组成。净资产变动表的各栏数额，应当根据相关账户的"上年数"和"本年数"的发生额填列，或经过计算、分析后填列。

## 7.4.3 净资产变动表的编制原则

净资产变动表"本年数"栏反映本年度各项目的实际变动数。本表"上年数"栏反映上年度各项目的实际变动数，应当根据上年度净资产变动表中"本年数"栏内所列数字填列。如果上年度净资产变动表规定的项目的名称和内容与本年度不一致，应对上年度净资产变动表项目的名称和数字按照本年度的规定进行调整，将调整后金额填入本年度净资产变动表"上年数"栏内。

## 7.4.4 净资产变动表的报表数填列方法

（1）"上年年末余额"行，反映单位净资产各项目上年年末的余额。本行各项目应当根据"累计盈余""专用基金""权益法调整"科目上年年末余额填列。

（2）"以前年度盈余调整"行，反映单位本年度调整以前年度盈余的事项对累计盈余进行调整的金额。本行"累计盈余"项目应当根据本年度"以前年度盈余调整"科目转入"累计盈余"科目的金额填列；如调整减少累计盈余，以"－"号填列。

（3）"本年年初余额"行，反映经过以前年度盈余调整后，单位净资产各项目的本年年初余额。本行"累计盈余""专用基金""权益法调整"项目应当根据其各自在"上年年末余额"和"以前年度盈余调整"行对应项目金额的合计数填列。

（4）"本年变动金额"行，反映单位净资产各项目本年变动总金额。本行

"累计盈余""专用基金""权益法调整"项目应当根据其各自在"本年盈余""无偿调拨净资产""归集调整预算结转结余""提取或设置专用基金""使用专用基金""权益法调整"行对应项目金额的合计数填列。

（5）"本年盈余"行，反映单位本年发生的收入、费用对净资产的影响。本行"累计盈余"项目应当根据年末由"本期盈余"科目转入"本年盈余分配"科目的金额填列；如转入时借记"本年盈余分配"科目，则以"－"号填列。

（6）"无偿调拨净资产"行，反映单位本年无偿调入、调出非现金资产事项对净资产的影响。本行"累计盈余"项目应当根据年末由"无偿调拨净资产"科目转入"累计盈余"科目的金额填列；如转入时借记"累计盈余"科目，则以"－"号填列。

（7）"归集调整预算结转结余"行，反映单位本年财政拨款结转结余资金归集调入、归集上缴或调出，以及非财政拨款结转资金缴回对净资产的影响。本行"累计盈余"项目应当根据"累计盈余"科目明细账记录分析填列；如归集调整减少预算结转结余，则以"－"号填列。

（8）"提取或设置专用基金"行，反映单位本年提取或设置专用基金对净资产的影响。本行"累计盈余"项目应当根据"从预算结余中提取"行"累计盈余"项目的金额填列。本行"专用基金"项目应当根据"从预算收入中提取""从预算结余中提取""设置的专用基金"行"专用基金"项目金额的合计数填列。

"从预算收入中提取"行，反映单位本年从预算收入中提取专用基金对净资产的影响。本行"专用基金"项目应当通过对"专用基金"科目明细账记录的分析，根据本年按有关规定从预算收入中提取基金的金额填列。

"从预算结余中提取"行，反映单位本年根据有关规定从本年度非财政拨款结余或经营结余中提取专用基金对净资产的影响。本行"累计盈余""专用基金"项目应当通过对"专用基金"科目明细账记录的分析，根据本年按有关规定从本年度非财政拨款结余或经营结余中提取专用基金的金额填列；本行"累计盈余"项目以"－"号填列。

"设置的专用基金"行，反映单位本年根据有关规定设置的其他专用基金对净资产的影响。本行"专用基金"项目应当通过对"专用基金"科目明细账记录的分析，根据本年按有关规定设置的其他专用基金的金额填列。

（9）"使用专用基金"行，反映单位本年按规定使用专用基金对净资产的影响。本行"累计盈余""专用基金"项目应当通过对"专用基金"科目明细账记录的分析，根据本年按规定使用专用基金的金额填列；本行"专用基金"项目以"－"号填列。

（10）"权益法调整"行，反映单位本年按照被投资单位除净损益和利润分配以外的所有者权益变动份额而调整长期股权投资账面余额对净资产的影响。本行"权益法调整"项目应当根据"权益法调整"科目本年发生额填列；若本年净发生额为借方时，以"－"号填列。

（11）"本年年末余额"行，反映单位本年各净资产项目的年末余额。本行"累计盈余""专用基金""权益法调整"项目应当根据其各自在"本年年初余额""本年变动金额"行对应项目金额的合计数填列。

（12）本表各行"净资产合计"项目，应当根据所在行"累计盈余""专用基金""权益法调整"项目金额的合计数填列。

## 7.4.5 净资产变动表的编制实例

【例7-3】接【例7-1】【例7-2】，某事业单位2×19年12月31日本年运营增加的累计盈余为106 000元，政府下拨的专用基金为200 000元，购买的长期股权投资除净损益和利润分配以外的所有者权益变动份额而调整长期股权投资账面余额为22 000元。据此编制该事业单位的净资产变动表，如表7-5所示。

表7-5　　　　　　　　　　　净资产变动表

会财政03表

编制单位：××××　　　　2×19年12月31日　　　　单位：元

| 项目 | 本年数 | | | | 上年数 | | | |
|---|---|---|---|---|---|---|---|---|
| | 累计盈余 | 专用基金 | 权益法调整 | 净资产合计 | 累计盈余 | 专用基金 | 权益法调整 | 净资产合计 |
| 一、上年年末余额 | 1 000 000 | 800 000 | 6 000 | 1 806 000 | | | | |
| 二、以前年度盈余调整（减少以"－"号填列） | 0 | — | — | 0 | | — | — | |
| 三、本年年初余额 | 1 000 000 | 800 000 | 6 000 | 1 806 000 | | | | |
| 四、本年变动金额（减少以"－"号填列） | 106 000 | 200 000 | 22 000 | 328 000 | | | | |
| （一）本年盈余 | 100 000 | — | | 100 000 | | | | |
| （二）无偿调拨净资产 | 60 000 | | | 60 000 | | | | |

| 项目 | 本年数 | | | | 上年数 | | | |
|---|---|---|---|---|---|---|---|---|
| | 累计盈余 | 专用基金 | 权益法调整 | 净资产合计 | 累计盈余 | 专用基金 | 权益法调整 | 净资产合计 |
| （三）归集调整预算结转结余 | 0 | — | — | 0 | — | — | — | |
| （四）提取或设置专用基金 | 0 | 200 000 | — | 200 000 | — | — | — | |
| 其中：从预算收入中提取 | — | 0 | — | 0 | — | — | — | |
| 从预算结余中提取 | 0 | 0 | — | 0 | — | — | — | |
| 设置的专用基金 | — | 200 000 | — | 200 000 | — | — | — | |
| （五）使用专用基金 | 0 | 0 | — | 0 | — | — | — | |
| （六）权益法调整 | — | — | 22 000 | 22 000 | — | — | — | |
| 五、本年年末余额 | 1 106 000 | 1 000 000 | 28 000 | 2 134 000 | | | | |

# 7.5　现金流量表

现金流量表反映行政事业单位在某一会计年度内现金流入和流出的信息。本节依据《政府会计制度》，阐述现金流量表的含义、内容，讲解现金流量表的编制方法。

## 7.5.1　现金流量表概述

现金流量表反映单位在某一会计年度内现金流入和流出的情况。

现金流量表是行政事业单位会计报表的重要组成部分，可以提供一定时期行政事业单位现金流入、流出情况和会计信息。行政事业单位应当定期编制现金流量表，披露行政事业单位在一定会计期间的现金流入、流出情况。

## 7.5.2　现金流量表的内容

行政事业单位的现金流量表由表首标题和报表主体构成。报表主体部分包括编报项目、栏目及金额。

**1．表首标题**

现金流量表的表首标题包括报表名称、编号（会政财 04 表）、编制单位、编表时间和金额单位等内容。由于现金流量表反映行政事业单位在某一时期的现金流入、流出情况，属于动态报表，因此需要注明报表所属的期间，如××××年度。

**2．编报项目**

现金流量表应当按照本年经营活动、投资活动和筹资活动情况分别列示，按日常活动产生的现金流量、投资活动产生的现金流量和筹资活动产生的现金流量等项目分层次排列。

**3．栏目及金额**

年报的现金流量表由"本年金额"和"上年金额"两栏组成。现金流量表的各栏数额，应当根据相关账户的"上年金额"和"本年金额"的发生额填列，或经过计算、分析后填列。

## 7.5.3　现金流量表的编制

本表反映单位在某一会计年度内现金流入和流出的信息。

本表所指的现金，是指单位的库存现金以及其他可以随时用于支付的款项，包括库存现金、可以随时用于支付的银行存款、其他货币资金、零余额账户用款额度、财政应返还额度，以及通过财政直接支付方式支付的款项。

现金流量表应当按照日常活动、投资活动、筹资活动的现金流量分别反映。本表所指的现金流量，是指现金的流入和流出。

本表"本年金额"栏反映各项目的本年实际发生数。本表"上年金额"栏反映各项目的上年实际发生数，应当根据上年现金流量表中"本年金额"栏内所列数字填列。

单位应当采用直接法编制现金流量表。

本表"本年金额"栏各项目的填列方法如下。

**1．日常活动产生的现金流量**

（1）"财政基本支出拨款收到的现金"项目，反映单位本年接受财政基本支出拨款取得的现金。本项目应当根据"零余额账户用款额度""财政拨款收入""银行存款"等科目及其所属明细科目的记录分析填列。

（2）"财政非资本性项目拨款收到的现金"项目，反映单位本年接受除用于购建固定资产、无形资产、公共基础设施等资本性项目以外的财政项目拨款取得的现金。本项目应当根据"银行存款""零余额账户用款额度""财政拨款收入"等科目及其所属明细科目的记录分析填列。

（3）"事业活动收到的除财政拨款以外的现金"项目，反映事业单位本年开展专业业务活动及其辅助活动取得的除财政拨款以外的现金。本项目应当根据"库存现金""银行存款""其他货币资金""应收账款""应收票据""预收账款""事业收入"等科目及其所属明细科目的记录分析填列。

（4）"收到的其他与日常活动有关的现金"项目，反映单位本年收到的除以上项目之外的与日常活动有关的现金。本项目应当根据"库存现金""银行存款""其他货币资金""上级补助收入""附属单位上缴收入""经营收入""非同级财政拨款收入""捐赠收入""利息收入""租金收入""其他收入"等科目及其所属明细科目的记录分析填列。

（5）"日常活动的现金流入小计"项目，反映单位本年日常活动产生的现金流入的合计数。本项目应当根据本表中"财政基本支出拨款收到的现金""财政非资本性项目拨款收到的现金""事业活动收到的除财政拨款以外的现金""收到的其他与日常活动有关的现金"项目金额的合计数填列。

（6）"购买商品、接受劳务支付的现金"项目，反映单位本年在日常活动中用于购买商品、接受劳务支付的现金。本项目应当根据"库存现金""银行存款""财政拨款收入""零余额账户用款额度""预付账款""在途物品""库存物品""应付账款""应付票据""业务活动费用""单位管理费用""经营费用"等科目及其所属明细科目的记录分析填列。

（7）"支付给职工以及为职工支付的现金"项目，反映单位本年支付给职工以及为职工支付的现金。本项目应当根据"库存现金""银行存款""零余额账户用款额度""财政拨款收入""应付职工薪酬""业务活动费用""单位管理费用""经营费用"等科目及其所属明细科目的记录分析填列。

（8）"支付的各项税费"项目，反映单位本年用于缴纳日常活动相关税费而支付的现金。本项目应当根据"库存现金""银行存款""零余额账户用款额度""应交增值税""其他应交税费""业务活动费用""单位管理费用""经营费用""所得税费用"等科目及其所属明细科目的记录分析填列。

（9）"支付的其他与日常活动有关的现金"项目，反映单位本年支付的除上述项目之外与日常活动有关的现金。本项目应当根据"库存现金""银行存款""零余额账户用款额度""财政拨款收入""其他应付款""业务活动费用""单位管理费用""经营费用""其他费用"等科目及其所属明细科目的记录分析填列。

（10）"日常活动的现金流出小计"项目，反映单位本年日常活动产生的现金流出的合计数。本项目应当根据本表中"购买商品、接受劳务支付的现金""支付给职工以及为职工支付的现金""支付的各项税费""支付的其他与日常活动有关的现金"项目金额的合计数填列。

（11）"日常活动产生的现金流量净额"项目，应当按照本表中"日常活动的现金流入小计"项目金额减去"日常活动的现金流出小计"项目金额后的金额填列；如为负数，以"－"号填列。

**2. 投资活动产生的现金流量**

（1）"收回投资收到的现金"项目，反映单位本年出售、转让或者收回投资收到的现金。本项目应该根据"库存现金""银行存款""短期投资""长期股权投资""长期债券投资"等科目的记录分析填列。

（2）"取得投资收益收到的现金"项目，反映单位本年因对外投资而收到被投资单位分配的股利或利润，以及收到投资利息而取得的现金。本项目应当根据"库存现金""银行存款""应收股利""应收利息""投资收益"等科目的记录分析填列。

（3）"处置固定资产、无形资产、公共基础设施等收回的现金净额"项目，反映单位本年处置固定资产、无形资产、公共基础设施等非流动资产所取得的现金，减去为处置这些资产而支付的有关费用之后的净额。由于自然灾害所造成的固定资产等长期资产损失而收到的保险赔款收入，也在本项目反映。本项目应当根据"库存现金""银行存款""待处理财产损溢"等科目的记录分析填列。

（4）"收到的其他与投资活动有关的现金"项目，反映单位本年收到的除上述项目之外与投资活动有关的现金。对于金额较大的现金流入，应当单列项目反映。本项目应当根据"库存现金""银行存款"等有关科目的记录分析填列。

（5）"投资活动的现金流入小计"项目，反映单位本年投资活动产生的现金流入的合计数。本项目应当根据本表中"收回投资收到的现金""取得投资收益收到的现金""处置固定资产、无形资产、公共基础设施等收回的现金净额""收到的其他与投资活动有关的现金"项目金额的合计数填列。

（6）"购建固定资产、无形资产、公共基础设施等支付的现金"项目，反映单位本年购买和建造固定资产、无形资产、公共基础设施等非流动资产所支付的现金；融资租入固定资产支付的租赁费不在本项目反映，在筹资活动的现金流量中反映。本项目应当根据"库存现金""银行存款""固定资产""工程物资""在建工程""无形资产""研发支出""公共基础设施""保障性住房"等科目的记录分析填列。

（7）"对外投资支付的现金"项目，反映单位本年为取得短期投资、长期股权投资、长期债券投资而支付的现金。本项目应当根据"库存现金""银行存款""短期投资""长期股权投资""长期债券投资"等科目的记录分析填列。

（8）"上缴处置固定资产、无形资产、公共基础设施等净收入支付的现金"项目，反映本年单位将处置固定资产、无形资产、公共基础设施等非流动资产所收回的现金净额予以上缴财政所支付的现金。本项目应当根据"库存现金""银行存款""应缴财政款"等科目的记录分析填列。

（9）"支付的其他与投资活动有关的现金"项目，反映单位本年支付的除上述项目之外与投资活动有关的现金。对于金额较大的现金流出，应当单列项目反映。本项目应当根据"库存现金""银行存款"等有关科目的记录分析填列。

（10）"投资活动的现金流出小计"项目，反映单位本年投资活动产生的现金流出的合计数。本项目应当根据本表中"购建固定资产、无形资产、公共基础设施等支付的现金""对外投资支付的现金""上缴处置固定资产、无形资产、公共基础设施等净收入支付的现金""支付的其他与投资活动有关的现金"项目金额的合计数填列。

（11）"投资活动产生的现金流量净额"项目，应当按照本表中"投资活动的现金流入小计"项目金额减去"投资活动的现金流出小计"项目金额后的金额填列；如为负数，以"－"号填列。

**3. 筹资活动产生的现金流量**

（1）"财政资本性项目拨款收到的现金"项目，反映单位本年接受用于购建固定资产、无形资产、公共基础设施等资本性项目的财政项目拨款取得的现金。本项目应当根据"银行存款""零余额账户用款额度""财政拨款收入"等科目及其所属明细科目的记录分析填列。

（2）"取得借款收到的现金"项目，反映事业单位本年举借短期、长期借款所收到的现金。本项目应当根据"库存现金""银行存款""短期借款""长期借款"等科目记录分析填列。

（3）"收到的其他与筹资活动有关的现金"项目，反映单位本年收到的除上述项目之外与筹资活动有关的现金。对于金额较大的现金流入，应当单列项目反映。本项目应当根据"库存现金""银行存款"等有关科目的记录分析填列。

（4）"筹资活动的现金流入小计"项目，反映单位本年筹资活动产生的现金流入的合计数。本项目应当根据本表中"财政资本性项目拨款收到的现金""取得借款收到的现金""收到的其他与筹资活动有关的现金"项目金额的合计数填列。

（5）"偿还借款支付的现金"项目，反映事业单位本年偿还借款本金所支付的现金。本项目应当根据"库存现金""银行存款""短期借款""长期借款"等科目的记录分析填列。

（6）"偿付利息支付的现金"项目，反映事业单位本年支付的借款利息等。本项目应当根据"库存现金""银行存款""应付利息""长期借款"等科目的记录分析填列。

（7）"支付的其他与筹资活动有关的现金"项目，反映单位本年支付的除上述项目之外与筹资活动有关的现金，如融资租入固定资产所支付的租赁费。本项目应当根据"库存现金""银行存款""长期应付款"等科目的记录分析填列。

（8）"筹资活动的现金流出小计"项目，反映单位本年筹资活动产生的现金流出的合计数。本项目应当根据本表中"偿还借款支付的现金""偿付利息支付的现金""支付的其他与筹资活动有关的现金"项目金额的合计数填列。

（9）"筹资活动产生的现金流量净额"项目，应当按照本表中"筹资活动的现金流入小计"项目金额减去"筹资活动的现金流出小计"金额后的金额填列；如为负数，以"－"号填列。

"汇率变动对现金的影响额"项目，反映单位本年外币现金流量折算为人民币时，所采用的现金流量发生日的汇率折算的人民币金额与外币现金流量净额按期末汇率折算的人民币金额之间的差额。

"现金净增加额"项目，反映单位本年现金变动的净额。本项目应当根据本表中"日常活动产生的现金流量净额""投资活动产生的现金流量净额""筹资活动产生的现金流量净额""汇率变动对现金的影响额"项目金额的合计数填列；如为负数，以"－"号填列。

现金流量表的编制附加说明。为方便现金流量表的编制，可以在编制各发生事项的同时再编一笔附加分录说明，然后根据分录填列现金流量表。

## 7.5.4　现金流量表的编制实例

【例7－4】从某事业单位2×19现金流量日常活动、投资活动、筹资活动事项中抽出一些事项，主要发生事项及其相关资料如表7－6所示。

该事业单位无所得税缴纳义务，无汇率变动影响。

表 7-6　　　　　　　　　日常活动、投资、筹资类科目发生额

编制单位：××××　　　　　　　2×19年　　　　　　　单位：元

| 日期 | 摘要 | 借 | 贷 | 序号 | 现金流入 | 现金流出 |
|---|---|---|---|---|---|---|
| 2月1日 | 支付工资 | | 11 000 | 1.6 | | 支付给职工以及为职工支付的现金 |
| 2月3日 | 提现 | | 800 | | | |
| 3月4日 | 财政基本拨款 | 100 000 | | 1.1 | 财政基本支出拨款收到的现金 | |
| 3月4日 | 购买固定资产 | | 3 000 | 2.5 | | 购建固定资产、无形资产、公共基础设施等支付的现金 |
| 3月7日 | 财政非资本性项目拨款 | 200 000 | | 1.2 | 财政非资本性项目拨款收到的现金 | |
| 3月10日 | 购买商品 | | 10 600 | 1.5 | | 购买商品、接受劳务支付的现金 |
| 4月1日 | 支付工资 | | 11 000 | 1.6 | | 支付给职工以及为职工支付的现金 |
| 4月3日 | 事业活动收到现金 | 3 000 | | 1.3 | 事业活动收到的除财政拨款以外的现金 | |
| 4月5日 | 收到3月应收款项 | 1 030 | | 1.4 | 收到的其他与日常活动有关的现金 | |
| 4月6日 | 支付税金 | | 420 | 1.7 | | 支付的各项税费 |
| 4月8日 | 进行公共基础设施投资 | | 5 000 | 2.5 | | 购建固定资产、无形资产、公共基础设施等支付的现金 |
| 4月10日 | 取得投资收益 | 120 | | 2.2 | 取得投资收益收到的现金 | |
| 4月30日 | 收回投资 | 22 000 | | 2.1 | 收回投资收到的现金 | |
| 5月1日 | 支付工资 | | 11 000 | 1.6 | | 支付给职工以及为职工支付的现金 |
| 5月2日 | 为职工购买电脑 | | 2 600 | 1.6 | | 支付给职工以及为职工支付的现金 |
| 5月3日 | 处置专利权 | 30 000 | | 2.3 | 处置固定资产、无形资产、公共基础设施等收回的现金净额 | |

| 日期 | 摘要 | 借 | 贷 | 序号 | 现金流入 | 现金流出 |
|------|------|------|------|------|----------|----------|
| 5月5日 | 投资股票 | | 1 000 | 2.6 | | 对外投资支付的现金 |
| 5月10日 | 上交处置专利权净收入 | | 3 000 | 2.7 | | 上缴处置固定资产、无形资产、公共基础设施等净收入支付的现金 |
| 5月15日 | 收到财政资本性项目拨款 | 10 000 | | 3.1 | 财政资本性项目拨款收到的现金 | |
| 5月18日 | 取得借款 | 2 000 | | 3.2 | 取得借款收到的现金 | |
| 5月28日 | 偿还借款 | | 1 000 | 3.4 | | 偿还借款支付的现金 |
| 5月28日 | 偿还利息 | | 120 | 3.5 | | 偿还利息支付的现金 |

编制该事业单位的2×19年现金流量表时，省略了"上年金额"一列数字。"本年金额"一列数字主要项目的填列说明如下。

（1）日常活动现金流入

本年经营流入＝100 000＋200 000＋3 000＋1 030＝304 030（元）

（2）日常活动现金流出

本年经营流出＝11 000＋10 600＋11 000＋420＋11 000＋2 600＝46 620（元）

（3）日常活动现金流量净额

本年经营活动现金净额＝304 030－46 620＝257 410（元）

（4）投资活动现金流入

本年投资流入＝120＋22 000＋30 000＝52 120（元）

（5）投资活动现金流出

本年投资流出＝3 000＋5 000＋1 000＋3 000＝12 000（元）

（6）投资活动现金流量净额

本年投资活动现金净额＝52 120－12 000＝40 120（元）

（7）筹资活动现金流入

本年筹资流入＝10 000＋2 000＝12 000（元）

（8）筹资活动现金流出

本年筹资流出＝1 000＋120＝1 120（元）

（9）筹资活动现金流量净额

本年筹资活动现金净额 = 12 000 − 1 120 = 10 880（元）

编制完成的事业单位 2×19 年度现金流量表如表 7−7 所示。

**表 7−7**　　　　　　　　　　　**现金流量表**

　　　　　　　　　　　　　　　　　　　　　　　　　　　　　　会政财 04 表

编制单位：××××　　　　　　2×19 年度　　　　　　　单位：元

| 项目 | 本年金额 | 上年金额 |
|---|---|---|
| 一、日常活动产生的现金流量： | | |
| 1.1　财政基本支出拨款收到的现金 | 100 000 | |
| 1.2　财政非资本性项目拨款收到的现金 | 200 000 | |
| 1.3　事业活动收到的除财政拨款以外的现金 | 3 000 | |
| 1.4　收到的其他与日常活动有关的现金 | 1 030 | |
| 日常活动的现金流入小计 | 304 030 | |
| 1.5　购买商品、接受劳务支付的现金 | 10 600 | |
| 1.6　支付给职工以及为职工支付的现金 | 35 600 | |
| 1.7　支付的各项税费 | 420 | |
| 1.8　支付的其他与日常活动有关的现金 | 0 | |
| 日常活动的现金流出小计 | 46 620 | |
| 日常活动产生的现金流量净额 | 257 410 | |
| 二、投资活动产生的现金流量： | | |
| 2.1　收回投资收到的现金 | 22 000 | |
| 2.2　取得投资收益收到的现金 | 120 | |
| 2.3　处置固定资产、无形资产、公共基础设施等收回的现金净额 | 30 000 | |
| 2.4　收到的其他与投资活动有关的现金 | 0 | |
| 投资活动的现金流入小计 | 52 120 | |
| 2.5　购建固定资产、无形资产、公共基础设施等支付的现金 | 8 000 | |
| 2.6　对外投资支付的现金 | 1 000 | |
| 2.7　上缴处置固定资产、无形资产、公共基础设施等净收入支付的现金 | 3 000 | |
| 2.8　支付的其他与投资活动有关的现金 | 0 | |
| 投资活动的现金流出小计 | 12 000 | |
| 投资活动产生的现金流量净额 | 40 120 | |
| 三、筹资活动产生的现金流量： | | |
| 3.1　财政资本性项目拨款收到的现金 | 10 000 | |

续表

| 项目 | 本年金额 | 上年金额 |
|---|---|---|
| 3.2　取得借款收到的现金 | 2 000 | |
| 3.3　收到的其他与筹资活动有关的现金 | 0 | |
| 　　　筹资活动的现金流入小计 | 12 000 | |
| 3.4　偿还借款支付的现金 | 1 000 | |
| 3.5　偿还利息支付的现金 | 120 | |
| 3.6　支付的其他与筹资活动有关的现金 | 0 | |
| 　　　筹资活动的现金流出小计 | 1 120 | |
| 　　　筹资活动产生的现金流量净额 | 10 880 | |
| 四、汇率变动对现金的影响额 | 0 | |
| 五、现金净增加额 | 308 410 | |

# 7.6　预算收入支出表

预算收入支出表是反映单位预算收支情况的报表。本节依据《政府会计制度》，阐述预算收入支出表的含义、内容，讲解预算收入支出表的编制方法。

## 7.6.1　预算收入支出表概述

预算收入支出表是反映单位在某一会计年度内各项预算收入、预算支出和预算收支差额的情况。

预算收入支出表是行政事业单位会计报表的重要组成部分，可以提供一定时期行政事业单位预算收入总额及构成情况、预算支出总额及构成情况，以及预算收支差额的数额等会计信息。行政事业单位应当定期编制预算收入支出表，披露行政事业单位在一定会计期间的预算情况。

## 7.6.2　预算收入支出表的内容

行政事业单位的预算收入支出表由表首标题和报表主体构成。报表主体部分包括编报项目、栏目及金额。

**1. 表首标题**

预算收入支出表的表首标题包括报表名称、编号（会政预 01 表）、编制单位、编表时间和金额单位等内容。由于预算收入支出表反映行政事业单位在某一时期的预算收支情况，属于动态报表，因此需要注明报表所属的期间，如

××××年度。

**2．编报项目**

预算收入支出表应当按照本年预算收入、本年预算支出的构成和本年预算收支差额情况分项列示，按本年预算收入、本年预算支出和本年预算收支差额等项目分层次排列。

**3．栏目及金额**

年报的预算收入支出表由"本年数"和"上年数"两栏组成。预算收入支出表的各栏数额，应当根据相关收支账户的"上年预算数"和"本年预算数"的发生额填列，或经过计算、分析后填列。

## 7.6.3　预算收入支出表的编制

本表反映单位在某一会计年度内各项预算收入、预算支出和预算收支差额的情况。

本表"本年数"栏反映各项目的本年实际发生数。本表"上年数"栏反映各项目上年度的实际发生数，应当根据上年度预算收入支出表中"本年数"栏内所列数字填列。如果本年度预算收入支出表规定的项目的名称和内容同上年度不一致，应当对上年度预算收入支出表项目的名称和数字按照本年度的规定进行调整，将调整后金额填入本年度预算收入支出表的"上年数"栏。

本表"本年数"栏各项目的内容和填列方法如下。

**1．本年预算收入**

（1）"本年预算收入"项目，反映单位本年预算收入总额。本项目应当根据本表中"财政拨款预算收入""事业预算收入""上级补助预算收入""附属单位上缴预算收入""经营预算收入""债务预算收入""非同级财政拨款预算收入""投资预算收益""其他预算收入"项目金额的合计数填列。

（2）"财政拨款预算收入"项目，反映单位本年从同级政府财政部门取得的各类财政拨款。本项目应当根据"财政拨款预算收入"科目的本年发生额填列。

"政府性基金收入"项目，反映单位本年取得的财政拨款收入中属于政府性基金预算拨款的金额。本项目应当根据"财政拨款预算收入"相关明细科目的本年发生额填列。

（3）"事业预算收入"项目，反映事业单位本年开展专业业务活动及其辅助活动取得的预算收入。本项目应当根据"事业预算收入"科目的本年发生额填列。

（4）"上级补助预算收入"项目，反映事业单位本年从主管部门和上级单位取得的非财政补助预算收入。本项目应当根据"上级补助预算收入"科目的本年发生额填列。

（5）"附属单位上缴预算收入"项目，反映事业单位本年收到的独立核算的附属单位按照有关规定上缴的预算收入。本项目应当根据"附属单位上缴预算收入"科目的本年发生额填列。

（6）"经营预算收入"项目，反映事业单位本年在专业业务活动及其辅助活动之外开展非独立核算经营活动取得的预算收入。本项目应当根据"经营预算收入"科目的本年发生额填列。

（7）"债务预算收入"项目，反映事业单位本年按照规定从金融机构等借入的、纳入部门预算管理的债务预算收入。本项目应当根据"债务预算收入"的本年发生额填列。

（8）"非同级财政拨款预算收入"项目，反映单位本年从非同级政府财政部门取得的财政拨款。本项目应当根据"非同级财政拨款预算收入"科目的本年发生额填列。

（9）"投资预算收益"项目，反映事业单位本年取得的按规定纳入单位预算管理的投资收益。本项目应当根据"投资预算收益"科目的本年发生额填列。

（10）"其他预算收入"项目，反映单位本年取得的除上述收入以外的纳入单位预算管理的各项预算收入。本项目应当根据"其他预算收入"科目的本年发生额填列。

"利息预算收入"项目，反映单位本年取得的利息预算收入。本项目应当根据"其他预算收入"科目的明细记录分析填列。单位单设"利息预算收入"科目的，应当根据"利息预算收入"科目的本年发生额填列。

"捐赠预算收入"项目，反映单位本年取得的捐赠预算收入。本项目应当根据"其他预算收入"科目明细账记录分析填列。单位单设"捐赠预算收入"科目的，应当根据"捐赠预算收入"科目的本年发生额填列。

"租金预算收入"项目，反映单位本年取得的租金预算收入。本项目应当根据"其他预算收入"科目明细账记录分析填列。单位单设"租金预算收入"科目的，应当根据"租金预算收入"科目的本年发生额填列。

## 2．本年预算支出

（1）"本年预算支出"项目，反映单位本年预算支出总额。本项目应当根据本表中"行政支出""事业支出""经营支出""上缴上级支出""对附属单位补助支出""投资支出""债务还本支出""其他支出"项目金额的合计数填列。

（2）"行政支出"项目，反映行政单位本年履行职责实际发生的支出。本项目应当根据"行政支出"科目的本年发生额填列。

（3）"事业支出"项目，反映事业单位本年开展专业业务活动及其辅助活动发生的支出。本项目应当根据"事业支出"科目的本年发生额填列。

（4）"经营支出"项目，反映事业单位本年在专业业务活动及其辅助活动之外开展非独立核算经营活动发生的支出。本项目应当根据"经营支出"科目的本年发生额填列。

（5）"上缴上级支出"项目，反映事业单位本年按照财政部门和主管部门的规定上缴上级单位的支出。本项目应当根据"上缴上级支出"科目的本年发生额填列。

（6）"对附属单位补助支出"项目，反映事业单位本年用财政拨款收入之外的收入对附属单位补助发生的支出。本项目应当根据"对附属单位补助支出"科目的本年发生额填列。

（7）"投资支出"项目，反映事业单位本年以货币资金对外投资发生的支出。本项目应当根据"投资支出"科目的本年发生额填列。

（8）"债务还本支出"项目，反映事业单位本年偿还自身承担的纳入预算管理的从金融机构举借的债务本金的支出。本项目应当根据"债务还本支出"科目的本年发生额填列。

（9）"其他支出"项目，反映单位本年除以上支出以外的各项支出。本项目应当根据"其他支出"科目的本年发生额填列。

"利息支出"项目，反映单位本年发生的利息支出。本项目应当根据"其他支出"科目明细账记录分析填列。单位单设"利息支出"科目的，应当根据"利息支出"科目的本年发生额填列。

"捐赠支出"项目，反映单位本年发生的捐赠支出。本项目应当根据"其他支出"科目明细账记录分析填列。单位单设"捐赠支出"科目的，应当根据"捐赠支出"科目的本年发生额填列。

**3. 本年预算收支差额**

"本年预算收支差额"项目，反映单位本年各项预算收支相抵后的差额。本项目应当根据本表中"本期预算收入"项目金额减去"本期预算支出"项目金额后的金额填列；如相减后金额为负数，以"－"号填列。

## 7.6.4　预算收入支出表的编制实例

【例7-5】某事业单位2×19年预算收入、支出类科目发生额如表7-8所示。其他相关资料如下。该事业单位无所得税缴纳义务。

表7-8　　　　　　　　　预算收入、支出类科目发生额

编制单位：××××　　　　　　　　2×19年　　　　　　　　单位：元

| 支出类 | 本年数 | 收入类 | 本年数 |
|---|---|---|---|
|  |  | 财政拨款预算收入 | 10 000 000 |
| 事业支出 | 1 500 000 | 其中：政府性基金收入 | 1 500 000 |
| 经营支出 | 200 000 | 事业预算收入 | 6 000 000 |
| 上缴上级支出 | 1 000 000 | 上级补助预算收入 | 1 000 000 |
| 对附属单位补助支出 | 1 000 000 | 附属单位上缴预算收入 | 300 000 |
| 投资支出 | 50 000 | 经营预算收入 | 250 000 |
| 债务还本支出 | 60 000 | 债务预算收入 | 200 000 |
| 其他支出 | 30 000 | 非同级财政拨款预算收入 | 70 000 |
| 其中：利息支出 | 13 000 | 投资预算收益 | 65 000 |
| 　捐赠支出 | 17 000 | 其他预算收入 | 70 000 |
|  |  | 其中：利息预算收入 | 20 000 |
|  |  | 　捐赠预算收入 | 30 000 |
|  |  | 　租金预算收入 | 20 000 |
| 支出合计 | 3 840 000 | 收入合计 | 17 955 000 |

编制该事业单位的2×19年预算收入支出表时，省略了"上年数"一列数字。"本年数"一列数字主要项目的填列说明如下。

（1）本年预算收入

本年预算收入＝10 000 000＋6 000 000＋1 000 000＋300 000＋250 000＋200 000＋70 000＋65 000＋70 000＝17 955 000（元）

（2）本年预算支出

本年预算支出＝1 500 000＋200 000＋1 000 000＋1 000 000＋50 000＋60 000＋30 000＝3 840 000（元）

（3）本年预算收支差额

本年预算收支差额＝17 955 000－3 840 000＝14 115 000（元）

编制完成的事业单位2×19年度预算收入支出表如表7-9所示。

表 7-9　　　　　　　　　　　　预算收入支出表

编制单位：××××　　　　　　2×19 年　　　　　　单位：元

| 项目 | 本年数 | 上年数 |
|---|---|---|
| 一、本年预算收入 | 17 955 000 | |
| （一）财政拨款预算收入 | 10 000 000 | |
| 其中：政府性基金收入 | 1 500 000 | |
| （二）事业预算收入 | 6 000 000 | |
| （三）上级补助预算收入 | 1 000 000 | |
| （四）附属单位上缴预算收入 | 300 000 | |
| （五）经营预算收入 | 250 000 | |
| （六）债务预算收入 | 200 000 | |
| （七）非同级财政拨款预算收入 | 70 000 | |
| （八）投资预算收益 | 65 000 | |
| （九）其他预算收入 | 70 000 | |
| 其中：利息预算收入 | 20 000 | |
| 捐赠预算收入 | 30 000 | |
| 租金预算收入 | 20 000 | |
| 二、本年预算支出 | 3 840 000 | |
| （一）行政支出 | | |
| （二）事业支出 | 1 500 000 | |
| （三）经营支出 | 200 000 | |
| （四）上缴上级支出 | 1 000 000 | |
| （五）对附属单位补助支出 | 1 000 000 | |
| （六）投资支出 | 50 000 | |
| （七）债务还本支出 | 60 000 | |
| （八）其他支出 | 30 000 | |
| 其中：利息支出 | 13 000 | |
| 捐赠支出 | 17 000 | |
| 三、本年预算收支差额 | 14 115 000 | |

# 7.7  预算结转结余变动表

## 7.7.1  预算结转结余变动表概述

预算结转结余变动表是反映单位在某一会计年度内预算结转结余的变动情况的报表。

预算结转结余变动表是行政事业单位会计报表的重要组成部分，可以提供一定时期行政事业单位预算结转结余各个组成项目金额的变动情况。行政事业单位应当定期编制预算结转结余变动表，披露行政事业单位在一定会计期间的预算结转结余状况。

## 7.7.2  预算结转结余变动表的内容

行政事业单位的预算结转结余变动表由表首标题和报表主体构成。报表主体部分包括编报项目、栏目及金额。

**1. 表首标题**

预算结转结余变动表的表首标题包括报表名称、编号（会政预02表）、编制单位、编表时间和金额单位等内容。由于预算结转结余变动表反映行政事业单位在某一时期的预算结转结余变动情况，属于动态报表，因此需要注明报表所属的期间，如××××年度。

**2. 编报项目**

预算结转结余变动表应当将本年数、上年数等情况分项列示，按年初预算结转结余、年初余额调整、本年变动金额、年末预算结转结余等项目分层次排列。

**3. 栏目及金额**

年报的预算结转结余变动表由"本年数"和"上年数"两栏组成。预算结转结余变动表的各栏数额，应当根据相关账户的"上年数"和"本年数"的发生额填列，或经过计算、分析后填列。

## 7.7.3  预算结转结余变动表的编制原则

本表"本年数"栏反映各项目的本年实际发生数。本表"上年数"栏反映各项目的上年实际发生数，应当根据上年度预算结转结余变动表中"本年数"

栏内所列数字填列。如果本年度预算结转结余变动表规定的项目的名称和内容同上年度不一致，应当对上年度预算结转结余变动表项目的名称和数字按照本年度的规定进行调整，将调整后金额填入本年度预算结转结余变动表的"上年数"栏。本表中"年末预算结转结余"项目金额等于"年初预算结转结余""年初余额调整""本年变动金额"三个项目的合计数。

### 7.7.4　预算结转结余变动表的报表数填列方法

#### 1．年初预算结转结余

"年初预算结转结余"项目，反映单位本年预算结转结余的年初余额。本项目应当根据本项目下"财政拨款结转结余""其他资金结转结余"项目金额的合计数填列。

（1）"财政拨款结转结余"项目，反映单位本年财政拨款结转结余资金的年初余额。本项目应当根据"财政拨款结转""财政拨款结余"科目本年年初余额合计数填列。

（2）"其他资金结转结余"项目，反映单位本年其他资金结转结余的年初余额。本项目应当根据"非财政拨款结转""非财政拨款结余""专用结余""经营结余"科目本年年初余额的合计数填列。

#### 2．年初余额调整

"年初余额调整"项目，反映单位本年预算结转结余年初余额调整的金额。本项目应当根据本项目下"财政拨款结转结余""其他资金结转结余"项目金额的合计数填列。

（1）"财政拨款结转结余"项目，反映单位本年财政拨款结转结余资金的年初余额调整金额。本项目应当根据"财政拨款结转""财政拨款结余"科目下"年初余额调整"明细科目的本年发生额的合计数填列；如调整减少年初财政拨款结转结余，以"－"号填列。

（2）"其他资金结转结余"项目，反映单位本年其他资金结转结余的年初余额调整金额。本项目应当根据"非财政拨款结转""非财政拨款结余"科目下"年初余额调整"明细科目的本年发生额的合计数填列；如调整减少年初其他资金结转结余，以"－"号填列。

#### 3．本年变动金额

"本年变动金额"项目，反映单位本年预算结转结余变动的金额。本项目应当根据本项目下"财政拨款结转结余""其他资金结转结余"项目金额的合计数填列。

（1）"财政拨款结转结余"项目，反映单位本年财政拨款结转结余资金的变动。本项目应当根据本项目下"本年收支差额""归集调入""归集上缴或调出"项目金额的合计数填列。

①"本年收支差额"项目，反映单位本年财政拨款资金收支相抵后的差额。本项目应当根据"财政拨款结转"科目下"本年收支结转"明细科目本年转入的预算收入与预算支出的差额填列；差额为负数的，以"－"号填列。

②"归集调入"项目，反映单位本年按照规定从其他单位归集调入的财政拨款结转资金。本项目应当根据"财政拨款结转"科目下"归集调入"明细科目的本年发生额填列。

③"归集上缴或调出"项目，反映单位本年按照规定上缴的财政拨款结转结余资金及按照规定向其他单位调出的财政拨款结转资金。本项目应当根据"财政拨款结转""财政拨款结余"科目下"归集上缴"明细科目，以及"财政拨款结转"科目下"归集调出"明细科目本年发生额的合计数填列，以"－"号填列。

（2）"其他资金结转结余"项目，反映单位本年其他资金结转结余的变动。本项目应当根据本项目下"本年收支差额""缴回资金""使用专用结余""支付所得税"项目金额的合计数填列。

①"本年收支差额"项目，反映单位本年除财政拨款外的其他资金收支相抵后的差额。本项目应当根据"非财政拨款结转"科目下"本年收支结转"明细科目、"其他结余"科目、"经营结余"科目本年转入的预算收入与预算支出的差额的合计数填列；如为负数，以"－"号填列。

②"缴回资金"项目，反映单位本年按照规定缴回的非财政拨款结转资金。本项目应当根据"非财政拨款结转"科目下"缴回资金"明细科目本年发生额的合计数填列，以"－"号填列。

③"使用专用结余"项目，反映本年事业单位根据规定使用从非财政拨款结余或经营结余中提取的专用基金的金额。本项目应当根据"专用结余"科目明细账中本年使用专用结余业务的发生额填列，以"－"号填列。

④"支付所得税"项目，反映有企业所得税缴纳义务的事业单位本年实际缴纳的企业所得税金额。本项目应当根据"非财政拨款结余"明细账中本年实际缴纳企业所得税业务的发生额填列，以"－"号填列。

**4. 年末预算结转结余**

"年末预算结转结余"项目，反映单位本年预算结转结余的年末余额。本项目应当根据本项目下"财政拨款结转结余""其他资金结转结余"项目金额的合计数填列。

（1）"财政拨款结转结余"项目，反映单位本年财政拨款结转结余的年末余额。本项目应当根据本项目下"财政拨款结转""财政拨款结余"项目金额的合计数填列。本项目下"财政拨款结转""财政拨款结余"项目，应当分别根据"财政拨款结转""财政拨款结余"科目的本年年末余额填列。

（2）"其他资金结转结余"项目，反映单位本年其他资金结转结余的年末余额。本项目应当根据本项目下"非财政拨款结转""非财政拨款结余""专用结余""经营结余"项目金额的合计数填列。本项目下"非财政拨款结转""非财政拨款结余""专用结余""经营结余"项目，应当分别根据"非财政拨款结转""非财政拨款结余""专用结余""经营结余"科目的本年年末余额填列。

## 7.7.5 预算结转结余变动表的编制实例

【例7-6】某事业单位2×19年12月31日结账后各资产、负债和净资产类会计科目余额如表7-10所示。据此编制该事业单位的预算结转结余变动表。

表7-10 会计科目余额

编制单位：×××× 2×19年12月31日 单位：元

| 会计科目 | 年初数 | 年末数 | 本年变动数<br>（依据本年明细科目发生数） |
|---|---|---|---|
| 财政拨款结转 | 600 000 | 1 100 000 | 500 000 |
| ——年初余额调整 | 0 | 0 | 0 |
| ——归集调入 | 0 | 0 | 550 000 |
| ——归集调出 | 0 | 0 | 20 000 |
| ——归集上缴 | 0 | 0 | 30 000 |
| ——单位内部调剂 | 0 | 0 | 0 |
| ——本年收支结转 | 0 | 0 | 0 |
| ——累计结转 | 600 000 | 1 100 000 | 500 000 |
| 财政拨款结余 | 800 000 | 1 000 000 | 200 000 |
| ——年初余额调整 | 0 | 0 | 200 000 |
| ——归集上缴 | 0 | 0 | 0 |
| ——单位内部调剂 | 0 | 0 | 0 |
| ——结转转入 | 0 | 0 | 0 |
| ——累计结转 | 800 000 | 1 000 000 | 200 000 |

续表

| 会计科目 | 年初数 | 年末数 | 本年变动数<br>（依据本年明细科目发生数） |
|---|---|---|---|
| 非财政拨款结转 | 100 000 | 150 000 | 50 000 |
| ——年初余额调整 | 0 | 0 | 10 000 |
| ——缴回资金 | 0 | 0 | 10 000 |
| ——项目间接费用或管理费 | 0 | 0 | 0 |
| ——本年收支结转 | 0 | 0 | 50 000 |
| ——累计结转 | 100 000 | 150 000 | 50 000 |
| 非财政拨款结余 | 250 000 | 380 000 | 130 000 |
| ——年初余额调整 | 0 | 0 | 130 000 |
| ——项目间接费用或管理费 | 0 | 0 | 0 |
| ——结转转入 | 0 | 0 | 0 |
| ——累计结转 | 250 000 | 380 000 | 130 000 |
| 专用结余 | 110 000 | 120 000 | 10 000 |
| 经营结余 | 400 000 | 200 000 | 200 000 |
| 其他结余 | 100 000 | 110 000 | 10 000 |

上述科目余额表中专用结余、经营结余、其他结余科目的本年变动额均未涉及转入预算收入与预算支出的差额，各项目均可根据各账户的期末余额、发生额分析填列。编制完成的年度预算结转结余变动表如表 7 - 11 所示。

年初预算结转结余 = 600 000 + 800 000 + 100 000 + 250 000 = 1 750 000（元）

表 7 - 11　　　　　　　预算结转结余变动表

会政预02表

编制单位：××××　　　　　2×19年　　　　　　　　　单位：元

| 项目 | 本年数 | 上年数 |
|---|---|---|
| 一、年初预算结转结余 | 1 750 000 | — |
| （一）财政拨款结转结余 | 1 400 000 | — |
| （二）其他资金结转结余 | 350 000 | — |
| 二、年初余额调整（减少以"-"号填列） | 340 000 | — |
| （一）财政拨款结转结余 | 200 000 | — |
| （二）其他资金结转结余 | 140 000 | — |
| 三、本年变动金额（减少以"-"号填列） | 540 000 | — |
| （一）财政拨款结转结余 | 500 000 | — |

续表

| 项目 | 本年数 | 上年数 |
|---|---|---|
| 1. 本年收支差额 | 0 | — |
| 2. 归集调入 | 550 000 | — |
| 3. 归集上缴或调出 | − 50 000 | — |
| （二）其他资金结转结余 | 40 000 | — |
| 1. 本年收支差额 | 50 000 | — |
| 2. 缴回资金 | − 10 000 | — |
| 3. 使用专业结余 | 0 | — |
| 4. 支付所得税 | 0 | — |
| 四、年末预算结转结余 | 2 630 000 | — |
| （一）财政拨款结转结余 | 2 100 000 | — |
| 1. 财政拨款结转 | 1 100 000 | — |
| 2. 财政拨款结余 | 1 000 000 | — |
| （二）其他资金结转结余 | 530 000 | — |
| 1. 非财政拨款结转 | 150 000 | — |
| 2. 非财政拨款结余 | 380 000 | — |
| 3. 专用结余 | 0 | — |
| 4. 经营结余（如有余额，以"−"号填列） | 0 | — |

## 7.8 财政拨款预算收入支出表

### 7.8.1 财政拨款预算收入支出表概述

财政拨款预算收入支出表是反映单位本年财政拨款预算资金收入、支出及相关变动的具体情况的报表。

财政拨款预算收入支出表是行政事业单位会计报表的重要组成部分，可以提供一定时期行政事业单位财政拨款收入、支出各个组成项目金额的变动情况。行政事业单位应当定期编制财政拨款预算收入支出表，披露行政事业单位在一定会计期间的财政拨款收入、支出的变动状况。

### 7.8.2 财政拨款预算收入支出表的内容

行政事业单位的财政拨款预算收入支出表由表首标题和报表主体构成。报表主体部分包括编报项目、栏目及金额。

**1．表首标题**

财政拨款预算收入支出表的表首标题包括报表名称、编号（会政预03表）、编制单位、编表时间和金额单位等内容。由于财政拨款预算收入支出表反映行政事业单位在某一时期的资产情况，属于动态报表，因此需要注明报表所属的期间，如×××年度。

**2．编报项目**

财政拨款预算收入支出表应当按照年初财政拨款结转结余、本年归集调入等情况分项列示，按一般公共预算财政拨款、政府性基金预算财政拨款等项目分层次排列。

### 7.8.3　财政拨款预算收入支出表的编制原则

财政拨款预算收入支出表"项目"栏内各项目，应当根据单位取得的财政拨款种类分项设置。其中"项目支出"项目下，根据每个项目设置；单位取得除一般公共财政预算拨款和政府性基金预算拨款以外的其他财政拨款的，应当按照财政拨款种类增加相应的资金项目及其明细项目。

### 7.8.4　财政拨款预算收入支出表的报表数填列方法

（1）"年初财政拨款结转结余"栏中各项目，反映单位年初各项财政拨款结转结余的金额。各项目应当根据"财政拨款结转""财政拨款结余"及其明细科目的年初余额填列。本栏中各项目的数额应当与上年度财政拨款预算收入支出表中"年末财政拨款结转结余"栏中各项目的数额相等。

（2）"调整年初财政拨款结转结余"栏中各项目，反映单位对年初财政拨款结转结余的调整金额。各项目应当根据"财政拨款结转""财政拨款结余"科目下"年初余额调整"明细科目及其所属明细科目的本年发生额填列；如调整减少年初财政拨款结转结余，以"－"号填列。

（3）"本年归集调入"栏中各项目，反映单位本年按规定从其他单位调入的财政拨款结转资金金额。各项目应当根据"财政拨款结转"科目下"归集调入"明细科目及其所属明细科目的本年发生额填列。

（4）"本年归集上缴或调出"栏中各项目，反映单位本年按规定实际上缴的财政拨款结转结余资金，及按照规定向其他单位调出的财政拨款结转资金金额。各项目应当根据"财政拨款结转""财政拨款结余"科目下"归集上缴"明细科目和"财政拨款结转"科目下"归集调出"明细科目，及其所属明细科目的本年发生额填列，以"-"号填列。

（5）"单位内部调剂"栏中各项目，反映单位本年财政拨款结转结余资金在单位内部不同项目等之间的调剂金额。各项目应当根据"财政拨款结转"和"财政拨款结余"科目下的"单位内部调剂"明细科目及其所属明细科目的本年发生额填列；对单位内部调剂减少的财政拨款结余金额，以"-"号填列。

（6）"本年财政拨款收入"栏中各项目，反映单位本年从同级财政部门取得的各类财政预算拨款金额。各项目应当根据"财政拨款预算收入"科目及其所属明细科目的本年发生额填列。

（7）"本年财政拨款支出"栏中各项目，反映单位本年发生的财政拨款支出金额。各项目应当根据"行政支出""事业支出"等科目及其所属明细科目本年发生额中的财政拨款支出数的合计数填列。

（8）"年末财政拨款结转结余"栏中各项目，反映单位年末财政拨款结转结余的金额。各项目应当根据"财政拨款结转""财政拨款结余"科目及其所属明细科目的年末余额填列。

## 7.8.5　财政拨款预算收入支出表的编制实例

【例7-7】XYZ事业单位2×19年度按照收付实现制计算的各项收支资料汇总情况如下。

1．各项预算收入汇总情况

财政拨款预算收入500万元（其中：基本支出——人员经费280万元、基本支出——日常公用经费120万元、项目拨款100万元），事业预算收入1 000万元（其中，科研事业收入200万元），上级补助预算收入10万元，附属单位上缴预算收入10万元，经营预算收入30万元，其他预算收入5万元。

2．各项预算支出汇总情况

事业支出1 200万元（其中：基本支出1 000万元，包括财政拨款用于人员经费280万元和日常公用经费120万元；项目支出200万元，包括财政拨款项目支出80万元和科研项目支出50万元），经营支出20万元，上缴上级单位支出5万元，对附属单位补助支出10万元。

3．各专项项目进展汇总情况

财政项目拨款100万元中包括2个项目：A项目拨款60万元，支出40万元，结转继续使用；B项目拨款40万元，支出40万元，年底已全部完成。

科研事业收入 200 万元中包括 3 个项目：甲项目 70 万元，费用支出 30 万元，结转继续研究；乙项目 90 万元，费用支出 40 万元，实际支出 20 万元，正在正常进行中；丙项目 40 万元，尚未发生费用支出，留待下年度使用。

4．预算会计核算的具体要求

（1）计算预算收入、预算支出总额与收支差额；（2）计算与核算财政拨款（项目支出）结转和结余；（3）计算与核算财政拨款（基本支出）结转和结余；（4）计算与核算非财政拨款结转；（5）计算与核算经营结余；（6）计算与核算其他结余；（7）计算非财政拨款结余；（8）计算与核算职工福利基金提取额（假设按照非财政拨款结余 20% 的比例提取职工福利基金）；（9）计算年末结转非财政拨款结余分配额；（10）计算分析年末全部预算结转结余金额；（11）编制 2×19 年财政拨款预算收入支出表。

5．解题过程分析

（1）预算收入总额＝财政拨款预算收入＋事业预算收入＋上级补助预算收入＋附属单位上缴预算收入＋经营预算收入＋其他预算收入

＝500＋1 000＋10＋10＋30＋5＝1 555（万元）

预算支出总额＝事业支出＋经营支出＋上缴上级单位支出＋对附属单位补助支出

＝1 200＋20＋5＋10＝1 235（万元）

预算收支差额＝预算收入总额－预算支出总额＝1 555－1 235＝320（万元）

（2）财政拨款（项目支出）的核算：

| 借：财政拨款预算收入——A 项目 | 600 000 |
|---|---|
| ——B 项目 | 400 000 |
| 贷：财政拨款结转——本年收支结转 | 1 000 000 |
| 借：财政拨款结转——本年收支结转 | 800 000 |
| 贷：事业支出——财政拨款支出（A 项目） | 400 000 |
| ——财政拨款支出（B 项目） | 400 000 |
| 借：财政拨款结转——本年收支结转（A 项目） | 200 000 |
| 贷：财政拨款结转——累计结转（A 项目） | 200 000 |

（3）财政拨款（基本支出）的核算（结余为 0）：

| 借：财政拨款预算收入——基本支出（人员经费） | 2 800 000 |
|---|---|
| ——基本支出（公用经费） | 1 200 000 |

　　　　　贷：财政拨款结转——本年收支结转　　　　　　 4 000 000

　　借：财政拨款结转——本年收支结转　　　　 4 000 000

　　　　　贷：事业支出——财政拨款支出（基本支出）　　 4 000 000

（4）非财政拨款结转＝科研事业收入－专项科研支出＝200－50＝150（万元）

　　借：事业预算收入——非财政专项资金收入（甲项目）　700 000

　　　　　　　　　——非财政专项资金收入（乙项目）　900 000

　　　　　　　　　——非财政专项资金收入（丙项目）　400 000

　　　　　贷：非财政拨款结转——本年收支结转　　　　 2 000 000

　　借：非财政拨款结转——本年收支结转　　　　 500 000

　　　　　贷：事业支出——非财政专项资金支出（甲项目）300 000

　　　　　　　　　——非财政专项资金支出（乙项目）200 000

　　借：非财政拨款结转——本年收支结转　　　　 1 500 000

　　　　　贷：非财政拨款结转——累计结转　　　　 1 500 000

（5）经营结余＝经营收入－经营支出＝30－20＝10（万元）

　　借：经营预算收入　　　　　　　　　　　　 300 000

　　　　　贷：经营结余　　　　　　　　　　　　 300 000

　　借：经营结余　　　　　　　　　　　　　　 200 000

　　　　　贷：经营支出　　　　　　　　　　　　 200 000

　　借：经营结余　　　　　　　　　　　　　　 100 000

　　　　　贷：非财政拨款结余分配　　　　　　　 100 000

（6）其他结余＝其他资金收入－其他资金支出＝825－685＝140（万元）

　　其中，其他资金收入825万元的组成内容如下：①事业预算收入1 000万元减去科研事业收入200万元为800万元；②上级补助预算收入10万元；③附属单位上缴预算收入10万元；④其他预算收入5万元。其他资金支出685万元的组成内容如下：①事业支出（基本支出）1 000万元减去财政拨款支出（基本支出）400万元为600万元；②事业支出（项目支出——其他资金支出）70（200－80－50）万元；③上缴上级单位支出5万元；④对附属单位补助支出10万元。

　　借：事业预算收入——其他资金收入　　　　 8 000 000

　　　　上级补助预算收入——其他资金收入　　　 100 000

　　　　附属单位上缴预算收入——其他资金收入　 100 000

|  | 其他预算收入——其他资金收入 | 50 000 |
| --- | --- | --- |
|  | 贷：其他结余 | 8 250 000 |
| 借：其他结余 |  | 6 850 000 |
|  | 贷：事业支出——基本支出（其他资金支出） | 6 000 000 |
|  | ——项目支出（其他资金支出） | 700 000 |
|  | 对附属单位补助支出 | 100 000 |
|  | 上缴上级单位支出 | 50 000 |
| 借：其他结余 |  | 1 400 000 |
|  | 贷：非财政拨款结余分配 | 1 400 000 |

（7）非财政拨款结余＝经营结余＋其他结余

＝10＋140＝150（万元）

或＝收支差额－（财政拨款结转＋财政拨款结余＋非财政拨款结转）

＝320－（20＋0＋150）＝150（万元）

（8）职工福利基金提取额＝非财政拨款结余×提取比例

＝150×20％＝30（万元）

| 借：非财政拨款结余分配 | 300 000 |
| --- | --- |
| 贷：专用结余——职工福利基金 | 300 000 |

（9）年末结转非财政拨款结余分配余额＝150－30＝120（万元）

| 借：非财政拨款结余分配 | 1 200 000 |
| --- | --- |
| 贷：非财政拨款结余——累计结余 | 1 200 000 |

经过上述结账，"非财政拨款结余分配"科目应无余额。"非财政拨款结余——累计结余"科目年末贷方余额为120万元，反映单位滚存的非财政拨款结余资金数额。

（10）财政拨款结转为20万元，财政拨款结余为0，非财政拨款结转为150万元，非财政拨款结余为120万元，专用结余为30万元，全部预算结转结余合计为320万元。

（11）编制2×19年财政拨款预算收入支出表，如表7-12所示。

表 7 – 12       **财政拨款预算收入支出表**

会政预 03 表

编制单位：XYZ 事业单位      2×19 年          单位：元

| 项目 | 年初财政拨款结转结余 | | 调整年初财政拨款结转结余 | 本年归集调入 | 本年归集上缴或调出 | 单位内部调剂 | | 本年财政拨款收入 | 本年财政拨款支出 | 年末财政拨款结转结余 | |
|---|---|---|---|---|---|---|---|---|---|---|---|
| | 结转 | 结余 | | | | 结转 | 结余 | | | 结转 | 结余 |
| 一、一般公共预算财政拨款 | | | | | | | | 5 000 000 | 4 800 000 | 200 000 | 0 |
| （一）基本支出 | | | | | | | | 4 000 000 | 4 000 000 | 0 | 0 |
| 1. 人员经费 | | | | | | | | 2 800 000 | 2 800 000 | 0 | 0 |
| 2. 日常公用经费 | | | | | | | | 1 200 000 | 1 200 000 | 0 | 0 |
| （二）项目支出 | | | | | | | | 1 000 000 | 800 000 | 200 000 | 0 |
| 1. A 项目 | | | | | | | | 600 000 | 400 000 | 200 000 | 0 |
| 2. B 项目 | | | | | | | | 400 000 | 400 000 | 0 | 0 |
| …… | | | | | | | | | | | |
| 二、政府性基金预算财政拨款 | | | | | | | | | | | |
| （一）基本支出 | | | | | | | | | | | |
| 1. 人员经费 | | | | | | | | | | | |
| 2. 日常公用经费 | | | | | | | | | | | |
| （二）项目支出 | | | | | | | | | | | |
| 1. ×× 项目 | | | | | | | | | | | |
| 2. ×× 项目 | | | | | | | | | | | |
| …… | | | | | | | | | | | |
| 总计 | | | | | | | | 5 000 000 | 4 800 000 | 200 000 | 0 |

# 7.9 附注

## 7.9.1 附注的概念

附注是对在会计报表中列示的项目所作的进一步说明，以及对未能在会计报表中列示项目的说明。附注是财务报表的重要组成部分。凡对报表使用者的决策有重要影响的会计信息，不论政府会计制度是否有明确规定，单位均应当充分披露。

## 7.9.2 附注的主要内容

附注主要包括下列内容。

（1）单位的基本情况。

单位应当简要披露其基本情况，包括单位主要职能、主要业务活动、所在地、预算管理关系等。

（2）会计报表编制基础。

（3）遵循政府会计准则、制度的声明。

（4）重要会计政策和会计估计。

单位应当采用与其业务特点相适应的具体会计政策，并充分披露报告期内采用的重要会计政策和会计估计。主要包括以下内容。

①会计期间。

②记账本位币，外币折算汇率。

③坏账准备的计提方法。

④存货类别、发出存货的计价方法、存货的盘存制度，以及低值易耗品和包装物的摊销方法。

⑤长期股权投资的核算方法。

⑥固定资产分类、折旧方法、折旧年限和年折旧率；融资租入固定资产的计价和折旧方法。

⑦无形资产的计价方法；使用寿命有限的无形资产，其使用寿命估计情况；使用寿命不确定的无形资产，其使用寿命不确定的判断依据；单位内部研究开发项目划分研究阶段和开发阶段的具体标准。

⑧公共基础设施的分类、折旧（摊销）方法、折旧（摊销）年限，以及其确定依据。

⑨政府储备物资分类，以及确定其发出成本所采用的方法。

⑩保障性住房的分类、折旧方法、折旧年限。

⑪其他重要的会计政策和会计估计。

⑫本期发生重要会计政策和会计估计变更的，变更的内容和原因、受其重要影响的报表项目名称和金额、相关审批程序，以及会计估计变更开始适用的时点。

### 7.9.3　会计报表重要项目的说明

单位应当按照资产负债表和收入费用表项目列示顺序，采用文字和数据描述相结合的方式披露重要项目的明细信息。报表重要项目的明细金额合计，应当与报表项目金额相衔接。报表重要项目说明应包括但不限于下列内容。

（1）货币资金的披露格式如表 7 - 13 所示。

表 7 - 13　　　　　　　　　货币资金的披露格式

| 项目 | 期末余额 | 年初余额 |
|---|---|---|
| 库存现金 | | |
| 银行存款 | | |
| 其他货币资金 | | |
| 合计 | | |

（2）应收账款按照债务人类别披露的格式如表 7 - 14 所示。

表 7 - 14　　　　　　应收账款按照债务人类别披露的格式

| 债务人类别 | 期末余额 | 年初余额 |
|---|---|---|
| 政府会计主体： | | |
| 部门内部单位 | | |
| 单位 1 | | |
| …… | | |
| 部门外部单位 | | |
| 单位 1 | | |
| …… | | |
| 其他： | | |
| 单位 1 | | |
| …… | | |
| 合计 | | |

注1：“部门内部单位”是指纳入单位所属部门财务报告合并范围的单位（下同）。

注2：有应收票据、预付账款、其他应收款的，可比照应收账款进行披露。

（3）存货的披露格式如表7－15所示。

表7－15　　　　　　　　　　　存货的披露格式

| 存货种类 | 期末余额 | 年初余额 |
|---|---|---|
| 1. | | |
| …… | | |
| 合计 | | |

（4）其他流动资产的披露格式如表7－16所示。

表7－16　　　　　　　　其他流动资产的披露格式

| 项目 | 期末余额 | 年初余额 |
|---|---|---|
| 1. | | |
| …… | | |
| 合计 | | |

注：有长期待摊费用、其他非流动资产的，可比照其他流动资产进行披露。

（5）长期投资。

①长期债券投资的披露格式如表7－17所示。

表7－17　　　　　　　　　长期债券投资的披露格式

| 债券发行主体 | 年初余额 | 本期增加额 | 本期减少额 | 期末余额 |
|---|---|---|---|---|
| 1. | | | | |
| …… | | | | |
| 合计 | | | | |

注：有短期投资的，可比照长期债券投资进行披露。

②长期股权投资的披露格式如表7－18所示。

表7－18　　　　　　　　　长期股权投资的披露格式

| 被投资单位 | 核算方法 | 年初余额 | 本期增加额 | 本期减少额 | 期末余额 |
|---|---|---|---|---|---|
| 1. | | | | | |
| …… | | | | | |
| 合计 | | | | | |

③当期发生的重大投资净损益项目、金额及原因。

（6）固定资产。

①固定资产的披露格式如表7－19所示。

表 7－19　　　　　　　　　　固定资产的披露格式

| 项目 | 年初余额 | 本期增加额 | 本期减少额 | 期末余额 |
|---|---|---|---|---|
| 一、原值合计 | | | | |
| 其中：房屋及构筑物 | | | | |
| 　　通用设备 | | | | |
| 　　专用设备 | | | | |
| 　　文物和陈列品 | | | | |
| 　　图书、档案 | | | | |
| 　　家具、用具、装具及动植物 | | | | |
| 二、累计折旧合计 | | | | |
| 其中：房屋及构筑物 | | | | |
| 　　通用设备 | | | | |
| 　　专用设备 | | | | |
| 　　家具、用具、装具 | | | | |
| 三、账面价值合计 | | | | |
| 其中：房屋及构筑物 | | | | |
| 　　通用设备 | | | | |
| 　　专用设备 | | | | |
| 　　文物和陈列品 | | | | |
| 　　图书、档案 | | | | |
| 　　家具、用具、装具及动植物 | | | | |

②已提足折旧的固定资产名称、数量等情况。

③出租、出借固定资产以及固定资产对外投资等情况。

（7）在建工程的披露格式如表 7－20 所示。

表 7－20　　　　　　　　　　在建工程的披露格式

| 项目 | 年初余额 | 本期增加额 | 本期减少额 | 期末余额 |
|---|---|---|---|---|
| 1. | | | | |
| 　　…… | | | | |
| 合计 | | | | |

（8）无形资产。

①各类无形资产的披露格式如表 7－21 所示。

表 7 - 21 各类无形资产的披露格式

| 项目 | 年初余额 | 本期增加额 | 本期减少额 | 期末余额 |
|---|---|---|---|---|
| 一、原值合计 | | | | |
| 　　1. | | | | |
| 　　　　…… | | | | |
| 二、累计摊销合计 | | | | |
| 　　1. | | | | |
| 　　　　…… | | | | |
| 三、账面价值合计 | | | | |
| 　　1. | | | | |
| …… | | | | |

②计入当期损益的研发支出金额、确认为无形资产的研发支出金额。

③无形资产出售、对外投资等处置情况。

（9）公共基础设施。

①公共基础设施的披露格式如表 7 - 22 所示。

表 7 - 22 公共基础设施的披露格式

| 项目 | 年初余额 | 本期增加额 | 本期减少额 | 期末余额 |
|---|---|---|---|---|
| 原值合计 | | | | |
| 　　市政基础设施 | | | | |
| 　　　　1. | | | | |
| 　　　　　　…… | | | | |
| 　　交通基础设施 | | | | |
| 　　　　1. | | | | |
| 　　　　　　…… | | | | |
| 　　水利基础设施 | | | | |
| 　　　　1. | | | | |
| 　　　　　　…… | | | | |
| 　　其他 | | | | |
| 　　　　…… | | | | |
| 累计折旧合计 | | | | |
| 　　市政基础设施 | | | | |
| 　　　　1. | | | | |
| 　　　　　　…… | | | | |

续表

| 项目 | 年初余额 | 本期增加额 | 本期减少额 | 期末余额 |
|---|---|---|---|---|
| 　交通基础设施 | | | | |
| 　　1. | | | | |
| 　　　…… | | | | |
| 　水利基础设施 | | | | |
| 　　1. | | | | |
| 　　　…… | | | | |
| 　其他 | | | | |
| 　　…… | | | | |
| 账面价值合计 | | | | |
| 　市政基础设施 | | | | |
| 　　1. | | | | |
| 　　　…… | | | | |
| 　交通基础设施 | | | | |
| 　　1. | | | | |
| 　　　…… | | | | |
| 　水利基础设施 | | | | |
| 　　1. | | | | |
| 　　　…… | | | | |
| 　其他 | | | | |
| 　　…… | | | | |

②确认为公共基础设施的单独计价入账的土地使用权的账面余额、累计摊销额及变动情况。

③已提取折旧继续使用的公共基础设施的名称、数量等。

（10）政府储备物资的披露格式如表 7 - 23 所示。

表 7 - 23　　　　　　　　政府储备物资的披露格式

| 物资类别 | 年初余额 | 本期增加额 | 本期减少额 | 期末余额 |
|---|---|---|---|---|
| 1. | | | | |
| 　…… | | | | |
| 合计 | | | | |

注：如单位有因动用而发出需要收回或者预期可能收回但期末尚未收回的政府储备物资，应当单独披露其期末账面余额。

（11）受托代理资产的披露格式如表 7 - 24 所示。

表 7 – 24                              受托代理资产的披露格式

| 资产类别 | 年初余额 | 本期增加额 | 本期减少额 | 期末余额 |
|---|---|---|---|---|
| 货币资金 | | | | |
| 受托转增物资 | | | | |
| 受托储存保管物资 | | | | |
| 罚没物资 | | | | |
| 其他 | | | | |
| 合计 | | | | |

（12）应付账款按照债权人类别披露的格式如表 7 – 25 所示。

表 7 – 25                     应付账款按照债权人类别披露的格式

| 债权人类别 | 期末余额 | 年初余额 |
|---|---|---|
| 政府会计主体： | | |
| 部门内部单位 | | |
| 单位 1 | | |
| …… | | |
| 部门外部单位 | | |
| 单位 1 | | |
| …… | | |
| 其他： | | |
| 单位 1 | | |
| …… | | |
| 合计 | | |

注：有应付票据、预收账款、其他应付款、长期应付款的，可比照应付账款进行披露。

（13）其他流动负债的披露格式如表 7 – 26 所示。

表 7 – 26                          其他流动负债的披露格式

| 项目 | 期末余额 | 年初余额 |
|---|---|---|
| 1. | | |
| …… | | |
| 合计 | | |

注：有预计负债、其他非动负债的，可以比照其他流动负债进行披露。

（14）长期借款。

①长期借款按照债权人披露的格式如表 7 – 27 所示。

**表 7－27　　　　　　　长期借款按照债权人披露的格式**

| 债权人 | 期末余额 | 年初余额 |
|---|---|---|
| 1. | | |
| …… | | |
| 合计 | | |

注：有短期借款的，可比照长期借款进行披露。

②单位有基建借款的，应当分基建项目披露长期借款年初数、本年变动数、年末数及到期期限。

（15）事业收入按照收入来源的披露格式如表 7－28 所示。

**表 7－28　　　　　事业收入按照收入来源的披露格式**

| 收入来源 | 本期发生额 | 上期发生额 |
|---|---|---|
| 来自财政专户管理资金 | | |
| 本部门内部单位 | | |
| 　单位 1 | | |
| 　…… | | |
| 本部门以外同级政府单位 | | |
| 　单位 1 | | |
| 　…… | | |
| 其他 | | |
| 　单位 1 | | |
| 　…… | | |
| 合计 | | |

（16）非同级财政拨款收入按收入来源的披露格式如表 7－29 所示。

**表 7－29　　　　非同级财政拨款收入按收入来源的披露格式**

| 收入来源 | 本期发生额 | 上期发生额 |
|---|---|---|
| 本部门以外同级政府单位 | | |
| 　单位 1 | | |
| 　…… | | |
| 本部门以外非同政府单位 | | |
| 　单位 1 | | |
| 　…… | | |
| 合计 | | |

（17）其他收入按照收入来源的披露格式如表 7－30 所示。

表 7 - 30　　　　　　　　**其他收入按照收入来源的披露格式**

| 收入来源 | 本期发生额 | 上期发生额 |
|---|---|---|
| 本部门内部单位 | | |
| 　　单位 1 | | |
| 　　…… | | |
| 本部门以外同级政府单位 | | |
| 　　单位 1 | | |
| 　　…… | | |
| 本部门以外非同级政府单位 | | |
| 　　单位 1 | | |
| 　　…… | | |
| 其他 | | |
| 　　单位 1 | | |
| 　　…… | | |
| 合计 | | |

（18）业务活动费用。

①按经济分类的披露格式如表 7 - 31 所示。

表 7 - 31　　　　　　　　**按经济分类的披露格式**

| 项目 | 本期发生额 | 上期发生额 |
|---|---|---|
| 工资福利费用 | | |
| 商品和服务费用 | | |
| 对个人和家庭的补助费用 | | |
| 对企业补助费用 | | |
| 固定资产折旧费 | | |
| 无形资产摊销费 | | |
| 公共基础设施折旧（摊销）费 | | |
| 保障性住房折旧费 | | |
| 计提专用基金 | | |
| 　　…… | | |
| 合计 | | |

注：有单位管理费用、经营费用的，可比照业务活动费用表进行披露。

②按支付对象的披露格式如表 7 - 32 所示。

表 7 - 32　　　　　　　　　按支付对象的披露格式

| 支付对象 | 本期发生额 | 上期发生额 |
|---|---|---|
| 本部门内部单位 | | |
| 　　单位 1 | | |
| 　　…… | | |
| 本部门以外同级政府单位 | | |
| 　　单位 1 | | |
| 　　…… | | |
| 其他 | | |
| 　　单位 1 | | |
| 　　…… | | |
| 合计 | | |

注：有单位管理费用、经营费用的，可比照业务活动费用表进行披露。

（19）其他费用按照类别披露的格式如表 7 - 33 所示。

表 7 - 33　　　　　　　　　其他费用按照类别披露的格式

| 费用类别 | 本期发生额 | 上期发生额 |
|---|---|---|
| 利息费用 | | |
| 坏账损失 | | |
| 罚没支出 | | |
| …… | | |
| 合计 | | |

（20）本期费用按照经济分类的披露格式如表 7 - 34 所示。

表 7 - 34　　　　　　　　　本期费用按照经济分类的披露格式

| 项目 | 本年数 | 上年数 |
|---|---|---|
| 工资福利费用 | | |
| 商品和服务费用 | | |
| 对个人和家庭的补助费用 | | |
| 对企业补助费用 | | |
| 固定资产折旧费 | | |
| 无形资产摊销费 | | |
| 公共基础设施折旧（摊销）费 | | |
| 保障性住房折旧费 | | |

续表

| 项目 | 本年数 | 上年数 |
|---|---|---|
| 计提专用基金 | | |
| 所得税费用 | | |
| 资产处置费用 | | |
| 上缴上级费用 | | |
| 对附属单位补助费用 | | |
| 其他费用 | | |
| 本期费用合计 | | |

注：单位在按照政府会计制度规定编制收入费用表的基础上，可以根据需要按照此表披露的内容编制收入费用表。

### 7.9.4 本年盈余与预算结余的差异情况说明

为了反映单位财务会计和预算会计因核算基础和核算范围不同所产生的本年盈余数与本年预算结余数之间的差异，单位应当按照重要性原则，对本年度发生的各类影响收入（预算收入）和费用（预算支出）的业务进行适度归并和分析，披露将年度预算收入支出表中"本年预算收支差额"调节为年度收入费用表中"本期盈余"的信息。有关披露格式如表 7-35 所示。

表 7-35　　　　本年盈余与预算结余的差异情况的披露格式

| 项目 | 金额 |
|---|---|
| 一、本年预算结余（本年预算收支差额） | |
| 二、差异调节 | — |
| （一）重要事项的差异 | |
| 加：1. 当期确认为收入但没有确认为预算收入 | |
| （1）应收款项、预收账款确认的收入 | |
| （2）接受非货币性资产捐赠确认的收入 | |
| 2. 当期确认为预算支出但没有确认为费用 | |
| （1）支付应付款项、预付账款的支出 | |
| （2）为取得存货、政府储备物资等计入物资成本的支出 | |
| （3）为购建固定资产等的资本性支出 | |
| （4）偿还借款本息支出 | |
| 减：1. 当期确认为预算收入但没有确认为收入 | |
| （1）收到应收款项、预收账款确认的预算收入 | |
| （2）取得借款确认的预算收入 | |

| 项目 | 金额 |
|---|---|
| 2. 当期确认为费用但没有确认为预算支出 | |
| （1）发出存货、政府储备物资等确认的费用 | |
| （2）计提的折旧费用和摊销费用 | |
| （3）确认的资产处置费用（处置资产价值） | |
| （4）应付款项、预付账款确认的费用 | |
| （二）其他事项差异 | |
| 三、本年盈余（本年收入与费用的差额） | |

### 7.9.5　其他重要事项说明

（1）资产负债表日存在的重要或有事项说明。没有重要或有事项的，也应说明。

（2）以名义金额计量的资产名称、数量等情况，以及以名义金额计量理由的说明。

（3）通过债务资金形成的固定资产、公共基础设施、保障性住房等资产的账面价值、使用情况、收益情况及与此相关的债务偿还情况等的说明。

（4）重要资产置换、无偿调入（出）、捐入（出）、报废、重大毁损等情况的说明。

（5）事业单位将单位内部独立核算单位的会计信息纳入本单位财务报表情况的说明。

（6）政府会计具体准则中要求附注披露的其他内容。

（7）有助于理解和分析单位财务报表需要说明的其他事项。

# 7.10　会计报表的审核、汇总与分析

## 7.10.1　会计报表的审核

行政事业单位对已编好的会计报表应认真审核后上报，上级部门对所属单位会计报表应认真审核，然后汇总。会计报表的审核包括技术性审核和政策性审核两个方面。

（1）技术性审核

技术性审核主要审核会计报表的数字是否正确，表内有关项目是否完整，

有关数字之间的勾稽关系是否正确，有无漏报和错报的情况，会计报表的报送是否及时等。在审核会计报表时，应注意审核以下四方面的数字关系。

①上下年度有关数字的一致性。如资产负债表、基本数字表、经费拨款收支明细表的年初数和上年年末数是否一致。

②审核上下级单位之间的上缴、下拨数是否一致。如上级单位的经费拨款支出和下级单位的经费拨款收入是否一致，上级单位的专项资金拨出和下级单位的拨入专项资金是否一致等。

③审核会计报表中的有关数字和业务部门提供的数字是否一致。

④审核会计报表之间的有关数字是否一致。如资产负债表中的固定资产年末数要与固定资产统计表（附表）数字相核对等。

（2）政策性审核

政策性审核主要是审核会计报表中反映的各项资金收支是否符合政策、制度，有无违反财经纪律的现象。

①对各项收入的审核。应着重审查各项收入是否符合政策性规定，预算资金的取得是否符合预算和用款计划，其他收入的收费标准是否符合有关规定，应缴预算款是否及时、足额上缴，有没有截留、挪用等。

②对各项支出的审核。着重审查各项支出是否按预算和计划执行，有没有违反国家统一规定的开支范围和开支标准以及其他财务制度的规定，有没有将预算外支出挤入预算内报销，是否存在乱拉资金、乱上计划外项目、盲目扩大基本建设规模的问题等。

通过以上各种审核后，将审核无误的会计报表进行汇总，编制本系统或二级会计单位的汇总会计报表。

## 7.10.2  会计报表的汇总

会计报表应当层层汇总编制。基层单位的会计报表，应根据登记完整、核对无误的账簿记录和其他有关资料编制，切实做到账表相符，不得估列代编。主管会计单位和二级会计单位，应根据本级报表和经审核后的所属单位会计报表编制汇总会计报表，借以反映全系统的预算执行情况和资金活动情况。汇总会计报表的种类和内容、格式与基层会计报表相同。汇总编制时应将相同项目的金额加计总额后填列，但上下级单位之间对应的上缴、下拨数以及系统内部各单位之间的往来款项应相互冲销。如上级单位拨出经费与所属单位的拨入经费对冲，系统内部本单位的暂收款和所属单位的暂付款相互冲销等，以免重复计算。

## 7.10.3 会计报表分析

会计报表分析，即对会计报表所提供的数据进行加工、分解、比较、评价和解释。会计报表分析是会计记账、编制报表的继续。一方面，由于会计报表是会计人员在日常会计核算的基础上编制而成的，因而会计报表是对过去事项的再现，对行政事业单位的财务情况反映具有历史性；另一方面，会计报表还要服务于众多的使用者，比如本单位管理人员、上级主管单位管理人员以及财政部门等。而他们的目的又存在差异，因此，会计报表具有多种目的性。对一个具体决策者而言，必须在分析会计报表之后，才能做出有效的决策。同时，行政事业单位预算会计报表虽然反映了单位在一定时期预算执行的结果和财务收支的状况，但由于预算收支错综复杂，涉及报告期内全部业务活动，会计报表数字还不能具体地说明预算执行结果的好坏及其形成原因。为了进一步弄清预算在执行中超支或结余的具体情况和原因，以肯定成绩、找出差距、改进预算管理工作，就需要对会计报表的数字资料、各项指标内在因素的相互关系进行全面分析、研究，总结预算管理工作中的经验、教训，探索增收节支、提高资金使用效益的途径，也为编制下年度预算提供线索和依据，达到不断提高预算管理水平的目的。

行政事业单位会计报表分析的内容一般有：对编制计划完成情况的分析、对预算收支情况的分析和对财务状况的分析等。

（1）对编制计划完成情况的分析

行政事业单位在分析会计报表时，应当进一步挖掘单位的内部潜力，并为编制下期计划提供资料；应当分析编制计划的完成情况，并查明未完成计划的原因。编制计划的完成情况，可根据各项基本数字进行分析，然后分析没有完成计划的原因，采取切实可行的必要措施，解决存在的问题。

现以某行政单位为例，编制基本数字对比分析表，其格式和内容如表 7 – 36 所示。

表 7 – 36　　　　　　　　　基本数字对比分析
单位：××行政单位　　　　2×10 年 12 月 31 日

| 项目 | 工资月开支的职工人数（人） | 由单位开支的离退休人数（人） | 小轿车（辆） | 吉普车（辆） | 摩托车（辆） |
|---|---|---|---|---|---|
| 本年计划数 | 500 | 65 | 1 | 1 | 2 |
| 本年实际数 | 495 | 70 | | 1 | 2 |
| 上年实际数 | 500 | 65 | | 1 | 2 |

①编制计划已按计划完成，该单位 2×10 年年末工资月开支的职工人数计划为 500 人，本年工资月开支的实际职工人数为 495 人，上年实际工资月开支职工人数为 500 人。本年实际工资月开支人数与计划数和上年数相比，减少 5 人，原因就是本年有 5 人退休。

②计划购置小轿车和吉普车各 1 辆、摩托车 2 辆，经上级批准实际购吉普车 1 辆、摩托车 2 辆。

（2）对预算收支具体情况的分析

由于行政事业单位一般收入较少、支出较多，因此，应重点对预算支出具体情况进行分析。在对预算支出具体情况分析时，应先根据行政事业单位预算会计报表有关资料，编制预算支出情况分析表，以便逐项进行分析。

现以某行政单位为例，编制预算支出情况分析表，其格式和内容如表 7－37 所示。

表 7－37　　　　　　　　　预算支出执行情况分析

单位：××行政单位　　　　　2×10 年 12 月 31 日　　　　　单位：元

| 预算科目<br>名称 | 全年支出<br>预算数 | 全年实际支出<br>累计数 | 超支（＋）或<br>节约（－） | 超支或节约<br>占全年预算（％） |
|---|---|---|---|---|
| 行政机关经费 | 253 000 | 243 560 | － 9 440 | － 3.73 |
| 工资 | 78 000 | 71 500 | － 6 500 | － 8.33 |
| 职工福利费 | 25 000 | 24 400 | － 600 | － 2.4 |
| 离退休人员费 | 14 000 | 13 100 | － 900 | － 6.43 |
| 公务费 | 60 200 | 80 560 | ＋ 20 360 | ＋ 33.82 |
| 设备购置费 | 73 000 | 50 000 | － 23 000 | － 31.51 |
| 修缮费 | 800 | 1 000 | ＋ 200 | ＋ 25 |
| 业务费 | 1 500 | 2 000 | ＋ 500 | ＋ 33.33 |
| 其他费用 | 500 | 1 000 | ＋ 500 | ＋ 100 |

从预算支出情况分析表可见，该行政单位行政机关经费的全年实际支出累计数为 243 560 元，比全年支出预算数 253 000 元节约了 9 440 元，全年实际累计支出数为预算数的 96.27％，比全年支出预算数节约 3.73％，这是好的。进一步分析发现，节约额较大的是设备购置费，比全年支出预算数节约了 23 000 元，全年实际支出累计数为预算数的 68.49％，比全年支出预算数节约 31.51％，主要是因为单位主动压缩了某些商品的购置。尽管总支出节约了，但其中几项费用增加较多。公务费全年支出预算数为 60 200 元，全年实际支出累计数为 80 560 元，比全年支出预算数超支 20 360 元，超过 33.82％，这主要是因为当年物价上涨幅度较大，影响了费用开支，在管理上极可能存在漏洞，对

此应进一步找出原因，堵住漏洞，节约开支。修缮费全年实际支出累计数为1 000 元，比全年支出预算数 800 元超支 200 元，绝对数虽然小，但超支相对数却为 25%，这主要是因为当年修缮用材料价格上涨。业务费全年支出预算数为1 500 元，全年实际支出累计数为 2 000 元，超支 500 元，比全年支出预算数增长了 33.33%。经分析发现，这主要是放松了业务费管理的结果，应认真总结经验教训，加强业务费用的管理。其他费用全年支出预算数为 500 元，全年实际支出累计数为 1 000 元，超过全年支出预算数 100%，这主要是因为增加了职工教育支出，包括文化教育、爱国教育等。这项费用的超支经认真核实，确是教育支出增加，应是正当的。

（3）对财务状况的分析

财务状况分析主要是分析行政事业单位最开始预算中的资产、支出、负债收入和净资产的增减变化是否正常、合法，从而更加合理、有效地使用预算资金。财务分析的主要依据是资产负债表和有关的明细资料。一般对以下内容进行分析。

①对库存现金和银行存款的分析。即分析是否符合现金管理制度和银行结算制度的规定，有无出现挪用现金、违反现金库存限额管理、超过规定的范围加大库存现金以及通过借条抵现等现象，对银行存款的支取是否符合预算的批准。对银行支出数与实际数的差额，一般应是行政事业单位进行正常业务所需的周转金，如果差额太大，则须查找原因，并做进一步分析。

②分析固定资产增减变化及其来源是否正当、合理。即分析新增固定资产中各类固定资产所占比重各为多少，重大的固定资产购置是否给予了优先安排，减少的固定资产是否合理、有无合法的手续，现有固定资产利用状况如何，有无长期闲置积压现象，等等。

③分析检查各项材料物资。即检查其采购入库有无计划，库存是否合理，有无超储积压，领用出库是否符合规定的手续，材料物资的管理制度是否健全，等等。

④拨入经费的分析。即分析由上级部门或财政机关拨款的预算资金是否根据预算的用款计划及时、足额地拨付。其中有多少是用于转拨所属单位的，是否及时、足额地拨付，如有追加或追减预算部分，则应据以对原批准预算数字进行相应调整并与上级部门复核相符。

⑤往来款项的分析。主要分析各种暂存款、暂付款等的数额及未结清的原因；对长期未能清算的款项，应追查原因，及时处理。

⑥应缴预算款分析。分析应缴预算款是否及时、足额解缴，如未及时解缴应查明拖欠的原因。

⑦其他收入分析。分析其他收入的来源是否正当、合法，有关收费标准有没有违反国家的物价政策，有没有将应缴预算款和经费支出收回的款项作为其他收入入账。

## 7.10.4　会计报表分析的方法

会计报表分析的方法有比较分析法、结构分析法、因素分析法等。其中用的比较普遍的是比较分析法和结构分析法。本小节主要介绍比较分析法在行政事业单位会计报表分析中的运用。

（1）根据分析目的，做好资料的收集、整理工作

行政事业单位的会计报表服务于众多的使用者，比如本单位管理人员、上级主管单位管理人员以及财政部门等。而他们的使用目的又存在差异，因此，会计报表具有多目的性。对一个具体使用者来说，他必须根据自己的需要，确定分析目的，并根据分析目的，收集、整理资料，分析会计报表。

行政事业单位会计报表分析一般采用比较分析法，用于比较的参照物可以有预算（计划）数、上期数、历史最好数、其他单位同类指标数。这就要求具体分析前，根据分析目的收集需要的相关信息。比较分析法要求对比的指标之间应具备可比性，因而在分析前，必须对收集的资料进行必要的调整，使它们符合统一口径。

（2）进行对比分析，找出差异

比较分析法比较的既可以是绝对数，也可以是相对数。若是前者，则分析得出的是金额变动数；若是后者，则分析得出的是比例变动数。通过研究这些变动数，可以发现对比数据之间的差异，从而发现存在的问题和可挖掘的潜力。

（3）分析存在的问题和可挖掘的潜力

对比数据之间的差异可表现为两方面：要么是好的差异，要么是不好的差异。前者说明可通过挖掘潜力降低支出或增加收入，后者则表现为问题的存在。差异的产生有两个原因：单位内部原因和宏观环境原因。通过分析这两方面就可以得出差异产生的原因，从而可以进一步挖掘潜力，扩大好的差异；或者解决问题，消除不好的差异。

（4）总结经验，提出措施

为了完善体制，最后还应该总结经验，提出改善的措施，为进一步挖掘潜

力和解决问题提供体制保障。

　　比较分析法的步骤如图 7 – 3 所示。

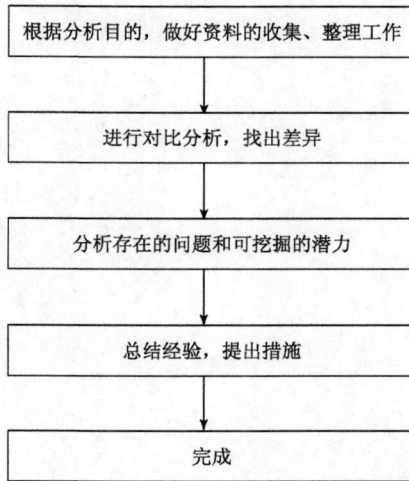

```
┌─────────────────────────────────────┐
│  根据分析目的，做好资料的收集、整理工作  │
└─────────────────────────────────────┘
                  │
                  ▼
┌─────────────────────────────────────┐
│         进行对比分析，找出差异          │
└─────────────────────────────────────┘
                  │
                  ▼
┌─────────────────────────────────────┐
│       分析存在的问题和可挖掘的潜力       │
└─────────────────────────────────────┘
                  │
                  ▼
┌─────────────────────────────────────┐
│          总结经验，提出措施            │
└─────────────────────────────────────┘
                  │
                  ▼
┌─────────────────────────────────────┐
│               完成                   │
└─────────────────────────────────────┘
```

**图 7 – 3　比较分析法的步骤**